DAS WESTGERMANISCHE

von der Herausbildung im 3. bis zur Aufgliederung
im 7. Jahrhundert – Analyse und Rekonstruktion

VERLAG INSPIRATION UN LIMITED

Wolfram Euler

DAS WESTGERMANISCHE

von der Herausbildung im 3. bis zur Aufgliederung
im 7. Jahrhundert – Analyse und Rekonstruktion

VERLAG INSPIRATION UN LIMITED

Bibliographische Information der Deutschen Nationalbibliothek

Die Deutsche Nationalbibliothek verzeichnet diese Publikation in der Deutschen Nationalbibliographie; detaillierte bibliographische Daten sind im Internet unter http://dnb.d-nb.de abrufbar.

© 2013 Verlag Inspiration Un Limited, London/Berlin

Alle Rechte vorbehalten. Nachdruck, auch auszugsweise, sowie Verbreitung durch Bild, Funk, Fernsehen, Internet und Datenverarbeitungssysteme jeder Art nur mit vorheriger schriftlicher Genehmigung des Verlages.

Karten auf dem Einband, S. 20 und 24: Dr. Robert Pfeffer/Gießen

Bildnachweise: Buchrückseite und S. 17: Andreas Rau (ZBSA, Schleswig), © TLDA Weimar, Mit freundlicher Genehmigung des Thüringischen Landesamtes für Denkmalpflege und Archäologie, Weimar; S. 178: Archäologisches Freilichtmuseum Oerlinghausen.

Umschlag: Katja Reimer, Zeichensetzen GmbH, 35578 Wetzlar

Satz: Maximilian Moj, München

Druck: naberDruck GmbH, 76549 Hügelsheim

ISBN 978-3-9812110-7-8 – Preis: 49,00 Euro

Inhalt

Vorwort des Herausgebers	8
Vorwort des Autors	10

1. EINLEITUNG

1.1. Das Germanische, Überlieferung der germanischen Sprachen	12
1.2. Geschichtliches	19
1.3. Aufgliederung des Westgermanischen	27
1.4. Ingwäonen, Istwäonen und Erminonen	35
1.5. Das Westgermanische – Sprachstufe oder Sprachbund?	36
1.6. Westgermanisch und Voralthochdeutsch als Grundlage dieser Untersuchung	38

2. PHONOLOGIE DES WESTGERMANISCHEN

2.1. Die Veränderungen im Überblick	41
2.1.1. Der Vokalismus	41
2.1.2. Der Konsonantismus	44
2.2. Westgermanisch-nordische Neuerungen	51
2.3. Spezifisch westgermanische und spätere Neuerungen	53

3. MORPHOLOGIE DES WESTGERMANISCHEN

3.1. Neuerungen des Westgermanischen	59
3.1.1. Gemeinsame Neuerungen mit dem Nordischen	59
3.1.2. Spezifisch westgermanische Neuerungen	60
3.1.3. Nordseegermanische und anglofriesische Neuerungen	62
3.1.4. „Innerdeutsche" Neuerungen	63
3.1.5. Gemeinsamkeiten zwischen dem Altenglischen und Nordischen	64
3.2. Flexion der Substantive	66
3.2.1. Maskulina und Neutra auf *-a-*, *-ja-* und *-wa-*	66
3.2.2. Feminina auf *-ō-*, *-jō-* und *-wō-*	71
3.2.3. Stämme auf *-i-*	73
3.2.4. Stämme auf *-u-*	76
3.2.5. Stämme auf Nasal	79
3.2.6. Reste der heteroklitischen Neutra	83
3.2.7. Mehrsilbige Stämme auf *-r-*	84

3.2.8.	Mehrsilbige Stämme auf -nt-	86
3.2.9.	Mehrsilbige Stämme auf Verschlusslaut	87
3.2.10.	Wurzelnomina	89
3.2.11.	Stämme auf Sibilant	94

3.3. Adjektive und Partizipien — **95**

3.3.1.	Die starke Flexion	96
3.3.2.	Die schwache Flexion	99
3.3.3.	Die Komparation der Adjektive	101
3.3.4.	Die Adverbien und ihre Komparation	105

3.4. Die Pronomina — **106**

3.4.1.	Das Personalpronomen	106
3.4.1.1.	Ungeschlechtige Personalpronomina und Possessiva	106
3.4.1.2.	Geschlechtige Personalpronomina	111
3.4.2.	Demonstrativpronomina	113
3.4.2.1.	Das Demonstrativ þa-	113
3.4.2.2.	Nahdeiktische Demonstrativa	116
3.4.2.3.	Ferndeiktische Demonstrativa	117
3.4.3.	Identitätspronomina	118
3.4.4.	Interrogativa	118
3.4.5.	Relativpronomen	120
3.4.6.	Indefinitpronomina	120

3.5. Die Numeralia — **122**

3.5.1.	Kardinalia	122
3.5.2.	Ordinalia	129
3.5.3.	Sonstige Zahlbezeichnungen	131

3.6. Flexion und Stammbildung der Verben — **132**

3.6.1.	Die starken Verben	132
3.6.1.1.	Das Präsenssystem	133
3.6.1.1.1.	Aktivum	133
3.6.1.1.2.	Relikte des Passivs	135
3.6.1.2.	Das Präteritalsystem der starken Verben	136
3.6.1.3.	Relikte des Aoristsystems	138
3.6.1.4.	Präteritalpartizip	141
3.6.1.5.	Die Stammklassen der starken Verben	141
3.6.2.	Die schwachen Verben	150
3.6.2.1.	Das Präsenssystem	151
3.6.2.1.1.	Verben mit Stammauslaut -ja-	151
3.6.2.1.2.	Verben auf -ō-	154
3.6.2.1.3.	Verben auf -ē-	156
3.6.2.1.4.	Verben auf -na-/-nō-	159
3.6.2.2.	Das Präteritalsystem der schwachen Verben	160
3.6.3.	Präteritopräsentia	162

3.6.4.	Athematische Verben	168
3.6.4.1.	Das Verbum *wesană „sein"	168
3.6.4.2.	Das Verbum *dōnă „tun"	170
3.6.4.3.	Die Verben *gǣnă „gehen" und *stānă „stehen"	173
3.6.4.4.	Das Verbum *willjană „wollen"	176

4. ARCHAISMEN UND INNOVATIONEN IM WORTSCHATZ

4.1. Archaische Begriffe im Althochdeutschen und Altenglischen — 179
4.1.1.	Allgemeines	179
4.1.2.	Natur	181
4.1.3.	Familie, Gesellschaft	184
4.1.4.	Haustiere	187
4.1.5.	Nahrung, Handel	188
4.1.6.	Technik, Kriegswesen	189
4.1.7.	Mythologie, Religion	191

4.2. Nordische Erbwörter ohne westgermanische Entsprechungen — 194

4.3. Nur im Gotischen belegte germanische lexikalische Archaismen — 197

5. SCHLUSS: AUSWERTUNG, AUSBLICK — 201

6. TEXTPROBEN

6.1. Sprichwörter und Redensarten — 204

6.2. Heidnische Texte und Heldendichtung in westgermanischer Sprache — 205
6.2.1.	Die Runeninschrift von Gallehus	205
6.2.2.	Die Offa-Sage	206
6.2.3.	In langobardischem Dialekt: Das Hildebrandslied	207

6.3. Texte christlichen Inhalts (in merowingisch-fränkischer Sprache) — 215
6.3.1.	Das Taufgelöbnis	215
6.3.2.	Das Vaterunser	217
6.3.3.	Die Weihnachtsgeschichte nach Lukas	220

ZUSAMMENFASSUNG — 226

ENGLISH SUMMARY — 229

BIBLIOGRAPHIE — 232

ABKÜRZUNGEN — 244

Vorwort des Herausgebers

Im Herbst 2009 hat der *Verlag Inspiration Un Limited* mit Dr. Wolfram Euler eine Monographie über das früheste Germanisch noch vor der Ersten Lautverschiebung vorgelegt. Die Arbeit schloss eine Lücke, denn niemand hatte bis dahin diesen Sprachzustand, wie er im 1. Jahrtausend vor Christus, etwa in der Hallstatt- und La-Tène-Zeit, gegolten hatte, zusammenfassend untersucht.

Nicht nur der Erfolg dieses Buches in Wissenschaft und beim breiteren Publikum hat uns dazu ermutigt, nun eine zweite altgermanistische Grundlagenarbeit von Wolfram Euler vorzulegen. Es war vielmehr die Tatsache, dass es hier eine zweite, ähnlich große Forschungslücke gab: Unübersehbar groß ist die Zahl der Aufsätze und Monographien, die sich mit der (spät-)urgermanischen Sprache, wie sie vermutlich kurz vor der Zeitenwende gesprochen wurde, befassen. Im Stammbaum der Sprachentwicklung ist das die Stelle, ab der das Gotische eigene Wege gegangen ist und sich von den übrigen altgermanischen Sprachen wegentwickelt hat. Merkwürdigerweise ist die nächste Verzweigungsstelle in diesem Stammbaum der altgermanischen Sprachentwicklung nicht annähernd so gut erforscht: Wie sah eigentlich dieses „Westgermanisch" aus, das im turbulenten 5. Jahrhundert gesprochen wurde? Da diese Sprache kaum aufgeschrieben wurde, ist die unmittelbare Beleglage ausgesprochen dünn. Aber die Nachfolgesprachen Althochdeutsch, Altsächsisch, Altenglisch, Altniederländisch und Altfriesisch sind einander noch so ähnlich, dass sich dieser Sprachzustand dennoch ziemlich gut beschreiben lässt.

Nachdem Wolfram Euler uns aufgezeigt hat, dass hier tatsächlich eine erhebliche Forschungslücke besteht, haben wir uns auf das verlegerische Wagnis dieses Buches eingelassen. Es präsentiert sich mit festem Einband und mit nur wenigen Illustrationen auch äußerlich ganz als wissenschaftliche Arbeit. Für Laien kann des dennoch interessant sein. Man muss ja nicht Linguist sein, um beispielsweise die Gemeinsamkeiten und Unterschiede der deutschen und der englischen Sprache besser verstehen zu wollen. Wen solche Fragen interessieren, der wird in diesem Buch auf fast jeder Seite Entdeckungen machen können, denn das hier beschriebene Westgermanisch ist die letzte gemeinsame Vorform dieser beiden Sprachen.

A propos Deutsch und Englisch. In Großbritannien bestätigen mehrere neue humangenetische Untersuchungen, dass sich einheimische Engländer von der Bevölkerung in Norddeutschland und Friesland genetisch kaum unterscheiden, viel weniger jedenfalls als von den Menschen in Schottland und Wales. Auch die frühmittelalterliche skandinavische Besiedlung in Großbritannien lässt sich genetisch heute sehr genau nachweisen, ja sogar für die verschiedenen Regionen prozentual quantifizieren. Im vorliegenden Buch wird deutlich, dass die Humangenetik damit in beiden Fällen genau den sprachlichen Befund bestätigt.

Die westgermanische Sprache, die Wolfram Euler in diesem Buch so akribisch herausarbeitet, ist mehr als eine theoretische Konstruktion. Sie kommt sicher den untereinander noch nahe verwandten Dialekten nahe, die die ersten germanischen Siedler in Großbritannien, die frühen Franken in Gallien aber auch die Alemannen, Baiern und Thüringer dieser Epoche gesprochen haben. Dies bestätigt nicht zuletzt eine unscheinbare Entdeckung, die Anfang 2012 gelungen ist. Auf einem Kamm aus dem 3. Jahrhundert, der einige Jahre zuvor in Erfurt-Frienstadt gefunden worden war, wurde unter dem Mikroskop die Runeninschrift *ka[m]ba* entdeckt. Diese Inschrift, so kurz sie ist, bestätigt eine zentrale Annahme über das frühe Westgermanisch, nämlich den Ausfall von auslautendem Sibilant bei den maskulinen Stämmen auf *-a-*. Zu Recht hat Sven Ostritz, der Präsident des Thüringischen Landesamts für Archäologie und Denkmalpflege, diese Inschrift daher als ersten originalen Beleg der westgermanischen Sprache bezeichnet.

Mit der vorliegenden Arbeit, die These sei gewagt, kann die Geschichte der deutschen Sprache nun in 400-Jahres-Schritten bis in die La-Tène-Zeit zurückverfolgt werden: Das Neuhochdeutsche (Gegenwart), Frühneuhochdeutsche (um 1600), Mittelhochdeutsche (um 1200) sowie Althochdeutsche (um 800) sind umfassend beschrieben und erforscht, auch über das rekonstruierte (späte) Urgermanisch kurz vor Christi Geburt gibt es viel Literatur. Mit seiner Monographie von 2009 über das frühe Germanisch hat Wolfram Euler diese Abfolge mit der Beschreibung des Zustandes um die Mitte des 1. Jahrtausends vor Christus um eine Stufe nach hinten verlängert. Das vorliegende Buch wiederum beschreibt den Zustand um 400 nach Christus und schließt damit die Lücke zwischen Antike und Karolingerzeit.

Der Verlag dankt Dr. Wolfram Euler für Forschungsarbeit auf hohem Niveau, für seine Offenheit für Anregungen und nicht zuletzt für seine Geduld. Er dankt Herrn Prof. Dr. Alfred Bammesberger für seine Bereitschaft, das Manuskript zu sichten und Sir Sebastian John Lechmere Roberts für das Redigieren des *English Summary* dieses Buches. Und er dankt sehr herzlich Herrn Dr. Ronald Berndt in Ansbach, der diese Publikation in Zusammenarbeit mit dem Verein *Sprachwissenschaft im Dialog e.V.* in Jena großzügig unterstützt hat. Das Buch hätte ohne diese Förderung nicht in der vorliegenden Form erscheinen können.

Konrad Badenheuer

Verlag Inspiration Un Limited

Vorwort des Autors

Zwischen dem Ende der germanischen Spracheinheit im 1. Jahrhundert v. Chr. und den frühesten althochdeutschen und altsächsischen Sprachdenkmälern vergingen über 900 Jahre, in denen germanische Völker und Stämme durch ihre Wanderungen und die Gründung mehrerer Königreiche Mittel- und Südeuropa ein neues Gesicht gaben. Diese geschichtlichen Umwälzungen führten zur Aufgliederung des bis dahin noch mehr oder weniger einheitlichen Germanisch in Einzelsprachen, was in einer noch weitgehend schriftlosen Zeit die nahezu unvermeidliche Folge der Wanderungsbewegungen über große Entfernungen war. Aber wann und wie ist diese Ausdifferenzierung geschehen, und inwieweit lassen sich Zwischenstufen rekonstruieren und grammatisch darstellen? Diese große Frage betrifft besonders die westgermanischen Sprachen. Denn zum einen ist hier mit der angelsächsischen Landnahme Britanniens, dem Aufstieg des Frankenreiches und der Expansion der Alemannen und Langobarden in das heutige Süddeutschland und die Schweiz bzw. nach Norditalien im 5. bis 7. Jahrhundert nach Christus am meisten geschehen, und zum anderen sind gerade diese Sprachen anders als das Ost- und Nordgermanische in dieser umwälzenden Zeit abgesehen von winzigen Texten nicht überliefert.

Das Nordgermanische begann sich erst ab dem 9. Jahrhundert, also zu Beginn der Wikingerzeit, in Einzelsprachen aufzugliedern. Nachdem sich das Westgermanische bereits mit der Ausbreitung mehrerer Stämme (Markomannen, Alemannen, Langobarden) nach Süden ab dem 3. Jahrhundert und der Landnahme Britanniens durch Angeln, Jüten und Sachsen im 5. Jahrhundert vom Nordgermanischen wegentwickelt hatte, waren bald auch die Unterschiede zwischen den westgermanischen Einzelsprachen größer als die innerhalb des Nordgermanischen.

Während das Gotische – vor allem durch Wulfilas Bibelübersetzung – ab dem späten 4. Jahrhundert und das Urnordische durch die ältesten Runeninschriften sogar schon ab dem ausgehenden 2. Jahrhundert überliefert sind, gibt es aus dieser Zeit abgesehen von einer sehr kleinen Zahl kürzester und oft kaum verständlicher Runeninschriften noch keine westgermanischen Sprachdenkmäler. Doch liegen die ab dem 7./8. Jahrhundert überlieferten westgermanischen Einzelsprachen Althochdeutsch, Altenglisch, Altsächsisch, Altniederländisch (Altniederfränkisch) und Altfriesisch noch so nahe beieinander, dass für das 4. und 5. Jahrhundert ein näherungsweise einheitliches Westgermanisch angenommen werden kann.

So viel über diese Dinge seit bald 200 Jahren geforscht wurde und wird, einen zusammenfassenden grammatischen Abriss dieses westgermanischen Sprachzustandes in der Völkerwanderungszeit gibt es bisher nicht. Es ist der Gegenstand dieser Arbeit, diese Lücke zu schließen.

Das vorliegende Buch richtet sich an Linguisten wie auch an sprachlich Interessierte allgemein. Um das Buch möglichst leserfreundlich zu gestalten, wurde auf unnötig ausführliche Anmerkungen mit umfangreichen Literaturangaben verzichtet, insbesondere bei allgemein anerkannten Vergleichen und Etymologien. Aus dem selben Grund wird auf die Erörterung fragwürdiger Etymologien und Erklärungen verzichtet und Zitate von außergermanischen Belegen werden auf das Notwendige beschränkt. Soweit altindische Formen angeführt werden, sind diese dem Rigveda entnommen. Für das Altenglische wird die Schreibung des Westsächsischen bevorzugt. Die Belege der urnordischen Wörter wie auch der westgermanischen Runeninschriften sind der Darstellung von Wolfgang Krause (1966) entnommen.

Im Übrigen wurde eine terminologische Vereinfachung vorgenommen: Die hier rekonstruierte Sprache um 400 n. Chr. oder kurz danach müsste streng genommen „proto-westgermanisch" genannt werden, um begrifflich exakt zu unterscheiden von Merkmalen westgermanischer Einzelsprachen, die nicht oder nicht sicher bereits in diesem früheren Sprachzustand gegolten haben. Im Zuge der Arbeit an diesem Buch hat sich indes herausgestellt, dass hier kaum Verwechslungsgefahr besteht. Deswegen wird hier in derselben Weise meistens der kürzere Begriff „westgermanisch" anstelle von „proto-westgermanisch" verwendet, in dem in der Literatur „indogermanisch" anstelle des an sich exakteren Teriminus „proto-indogermanisch" etabliert ist.

Das Vorwort möchte ich nicht abschließen, ohne Herrn Konrad Badenheuer nochmals herzlich zu danken. Er hat dieses Buch nicht nur in technisch-verlegerischer Hinsicht, sondern auch auf sachlicher Ebene mit zahlreichen eigenen Vorschlägen und Überlegungen begleitet und gefördert. Über das Korrekturlesen und Redigieren hinaus hat er durch Literaturrecherchen, Nachfragen und Änderungsvorschläge dem Buch wichtige Impulse gegeben. Das Teilkapitel 1.5 und die Zusammenfassung stammen aus seiner Feder.

Wolfram Euler

1. Einleitung

1.1. Das Germanische, Überlieferung der germanischen Sprachen

Das Germanische stellt innerhalb der indogermanischen Sprachen ähnlich wie das Baltische und Slawische eine bis heute recht geschlossene Sprachgruppe dar. Es bestehen kaum Zweifel, dass sich das Germanische seit der Ausgliederung aus der Gruppe der westindogermanischen Sprachen im frühen 2. Jahrtausend v. Chr. bis ungefähr zum 2. Jahrhundert v. Chr., also mindestens rund 1500 Jahre lang, als eine im wesentlichen homogene Einzelsprache entwickelt hat[1]. Sowohl der historisch-archäologische Befund als auch die vielen Gemeinsamkeiten aller germanischen Sprachen gegenüber anderen indogermanischen Sprachen setzen eine sehr lange einheitliche Entwicklung der protogermanischen Sprache voraus. Zu ihnen gehören die Lautverschiebung der Okklusive, die Veränderung der indogermanischen Tenues nach Verners Gesetz sowie der Ersatz des freien indogermanischen Wortakzents durch die Initialbetonung, im Formensystem sowohl die schwache Adjektivflexion als auch das Dentalpräteritum der schwachen Verben und die Präteritopräsentien, außerdem im Grundwortschatz eine Reihe von gemeinsamen Lexemen ohne außergermanische Entsprechung.

Dass die Lautverschiebung erst während der La-Tène-Zeit, also zwischen dem 5. und 1. Jahrhundert v. Chr. stattgefunden hat, wird durch Lehnwörter vor allem aus dem Keltischen (Gallischen) bezeugt[2]. Beispiele hierfür sind *rīgs „König, Herrscher" und *rīgion „Königsherrschaft, Königreich", von denen ersteres in got. *reiks* „Herrscher" und ahd. *-rīh* (in Königsnamen) und letzteres in allen altgermanischen Sprachen bewahrt ist, in *reiki*, ahd. *rīhhi*, ags. *rīce*, an. *ríki*. Ein weiteres Lehnwort liegt vor in ahd. *zūn* „Zaun, Verschanzung", ags. *tūn* „Einfriedung, Hof, Siedlung" (daraus engl. *town* „Kleinstadt"), an. *tún* „Zaun, Hofplatz, Stadt" aus urg. *tūna-*, letztlich aus gall. *dūnon*, wohl „umzäunte Siedlung" (in Ortsnamen), vgl. auch air. *dún* „Burg, Festung"[3]. Zusätzlich bestätigt wird dies durch zwei wahrscheinlich aus dem Skythischen stammende Substantive, die auch ins Griechische gelangten und beide bei Herodot belegt sind, vgl. ahd. *hanaf*, ags. *hænep*, an. *hampr* aus spg. *χanapiz*, älter prg. *kánabis* genau mit gr. κάνναβις „Hanf" sowie got. *paida* „Leibrock", ahd. *pfeit* „Unterkleid" und ags. *pād* „Mantel" sowie finn. *paita* „Hemd" aus spg. *paidō* und prg. *baitá* mit gr. βαίτη „Hir-

---

1   Siehe dazu jetzt Euler 2009: 24–30.
2   Siehe zur Datierung der germanischen Lautverschiebung jetzt Euler 2009: 64–72: frühestens ab dem 5. Jahrhundert v. Chr. mit Beispielen vor allem der keltischen Lehnwörter: Zuerst und möglicherweise sehr früh erfolgte die Aspiration der Tenues, deren Spirantisierung aber jedenfalls im Westen der Germania erst ab dem 2. Jahrhundert v. Chr. Etwas anders jetzt Mottausch 2011: 1f.: Lautverschiebung im 5./4. Jahrhundert.
3   Skeptisch dazu Udolph, der wegen der Verbreitung der Ortsnamen Urverwandtschaft annimmt (Hinw. 12.6.2013).

tenrock"; demnach wäre skyth. (oder balkanidg.?) *baitā* wie *kánabis* um die Mitte des 1. Jahrtausends ins Protogermanische übernommen worden[4].

Im Verlauf der Völkerwanderung, also ab dem 1. Jahrhundert v. Chr. hat sich das Germanische in die drei Dialektbereiche Ost-, Nord- und Westgermanisch aufgegliedert, wobei gewisse Unterschiede – insbesondere zwischen Ost- und Westgermanisch – wohl schon sehr früh bestanden hatten[5]. Die Reihenfolge dieser Aufgliederung war lange umstritten. Heute besteht weitestgehend Einigkeit, dass sich zunächst einige später als „ostgermanisch" bezeichneten Stämme, namentlich Goten aus Südskandinavien und dem Ostseeraum im 1. Jahrhundert v. Chr., aber auch Burgunder, Wandalen, Gepiden und andere Stammesverbände[6] durch Abwanderung von der verbliebenen west- und nordgermanischen Gemeinschaft lösten. Gegenüber dem späten Urgermanischen des 1. Jahrhunderts v. Chr. hebt sich das Westgermanische teilweise durch ähnliche Neuerungen wie das Urnordische ab. Die zunächst langsame Ausbreitung der Westgermanen nach Süden ohne einen Abbruch zu den jeweils nördlicheren verwandten Stämmen hatte nämlich zur Folge, dass das Nord- und Westgermanische gegenüber den ostgermanischen Dialekten trotz aller bereits bestehenden dialektalen Unterschiede zunächst weiterhin eine Einheit bildeten und nicht nur Altertümlichkeiten gegenüber dem Ostgermanischen beibehielten, sondern vor allem auch gemeinsame Neuerungen im phonologischen und morphologischen wie im lexikalischen Bereich durchführten, an denen das Gotische als ostgermanische Sprache keinen Anteil mehr hatte. Etliche phonologische, morphologische und lexikalische Altertümlichkeiten des Gotischen, komplementär dazu zahlreiche gemeinsame Neuerungen des Westgermanischen und Nordischen, aber auch umgekehrt Archaismen in den letztgenannten Sprachen bestätigen diesen Schluss mit an Sicherheit grenzender Wahr-

---

4   Zur Herkunft von germ. *χanapi-* s. Seebold 1999a: 628f., ferner Voyles 1992: 78, der auf die Stelle bei Herodot verweist. Wahrscheinlich gelangte die Bezeichnung für den Hanf nicht eher zu den Germanen als zu den Griechen, s. Ernst/Fischer 2001: 52. Allgemeines zur Verbreitung des Hanfes in Mitteleuropa in der Eisenzeit (als Narkotikum) s. bei Mallory/Adams 1997: 266f. Zu germ. got. *paida* bzw. dessen Herkunft s. Krause 1968: 34 und Lehmann 1986: 271, die allerdings beide thrakische Herkunft erwägen (geographisch weniger wahrscheinlich).
5   Die Stelle in Tacitus' *Germania* 43,1, wonach nur ein Teil der Germanen in der Sprache mit den Sueben übereingestimmen hätten („*referunt*"), lässt für die Frage, inwieweit es bereits zu dieser frühen Zeit mundartliche Unterschiede unter den germanischen Stämmen gab, kaum sichere Schlüsse zu, da er dann weitere Stämme nennt, deren Sprache angeblich mit jener der Gallier beziehungsweise der Pannonier übereingestimmt hätte. Am ehesten dürfte sich das Ostgermanische relativ früh von der übrigen Germania sprachlich entfernt haben.
6   Bei Jordanes, *Getica* §§ 25 und 94, ist eine Auswanderungssage der Goten überliefert, siehe hierzu auch Euler 1985: 5–8. Dass Goten jedenfalls auf Gotland gesiedelt haben, das belegen der Inselname und die Runeninschrift auf der Spange von Etelhem (s. dazu Seite 14 und Anm. 10). Soweit noch Goten in Südskandinavien geblieben waren, konnte deren Dialekt vom nah verwandten Urnordisch offenbar immer noch absorbiert werden. Auf der Insel Gotland ist – im Gegensatz zu Östergötland – im 1. Jahrhundert v. Chr. keine Fundverarmung nachgewiesen (s. Hachmann 1970: 464f.), so dass man annehmen kann, dass die dortigen Goten verblieben seien und ihr Idiom später zugunsten des Späturnordischen aufgegeben haben, aus dem dann das Altgutnische hervorgegangen ist. Andererseits rechnet Nydén in einer Zusammenfassung der Fundergebnisse auf Gotland für die Zeit zwischen 500 v. Chr. und Christi Geburt (!) mit einem entwickelten Schiffsbau und folglich mit einer engen Kommunikation über die Ostsee hinweg (1998: 475). Udolph hält dagegen eine Ausgliederung des Ostgermanischen vom Festland aus, angelehnt an die deutschen Mittelgebirge und an Beskiden und Karpaten für wahrscheinlicher, „da sie dort auf das slavische Kerngebiet stoßen" (Hinweis 12.6.2013).

scheinlichkeit, s. Genaueres dazu auf Seite 51–53 und 59f.[7]. Die west- und nordgermanischen Neuerungen können folglich der Zeit zwischen dem 1. und 5. Jh. nach Chr., also zwischen dem Ende der germanischen Spracheinheit und der Trennung zwischen West- und Nordgermanisch infolge der Abwanderung der Angeln, Sachsen und Jüten (s. Seite 21–23) zugeordnet werden.

Die Überlieferung des Germanischen setzt bekanntlich in den Einzelsprachen zu Zeiten ein, die um Jahrhunderte voneinander entfernt sind. Der innergermanische Sprachvergleich basiert insofern – wie auch der interne Vergleich anderer indogermanischer Sprachgruppen – auf einer überlieferungsgeschichtlichen Schieflage.

Das älteste uns bekannte germanische Sprachdenkmal ist die Inschrift auf dem Helm B von Negau (Slowenien) in einem nordetruskischen Alphabet mit dem Text *harigasti teiva*..., vielleicht im Sinn von „Heergast dem (Gott) Teiw" (= ahd. *Ziu*), wahrscheinlich stammt sie aus der Mitte des 1. Jahrhunderts v. Chr. und ist vielleicht in einem frühen westgermanischen Randdialekt (vielleicht Markomannisch) abgefasst[8].

Das Ostgermanische ist uns fast ausschließlich durch die Übersetzung der Bibel (mit Ausnahme des Buches der Könige) ins Westgotische durch Bischofs Wulfila um 375 n. Chr. bekannt, die aber nur in ziemlich geringen Teilen (vom Alten Testament nur wenige Stellen) erhalten ist. Das Ostgotische in Italien ist nur in ein paar Verkaufsurkunden, Satzglossen und wohl auch in einem Trinkspruch aus dem 6. Jahrhundert überliefert; weitere gotische Sprachdenkmäler stammen aus ganz verschiedenen Orten und Zeiten, darunter wenige Runeninschriften aus der Völkerwanderungszeit (u. a. der Goldring von Pietroassa, Rumänien, Ende des 4. Jahrhunderts, und die Spange von Etelhem auf Gotland, um 500), ein gotisches Runenalphabet (in der Alcuin-Handschrift von Salzburg, um 900 n. Chr.) und das krimgotische Vokabular von Busbecq (um 1560)[9].

Die Überlieferung des Nordgermanischen setzt im ausgehenden 2. Jahrhundert n. Chr. mit urnordischen Runeninschriften ein, die aber erst aus der Zeit nach

---

7   Siehe die wgerm.-nord. Entsprechungen bei Nielsen 1981: 215–220 in einer Auflistung mit Verweisen zu ausführlicheren Erläuterungen, außerdem dazu jetzt Euler 2002 mit einer Auflistung der gemeinsamen Neuerungen sowie Überlegungen zur Herausbildung der westgermanisch-nordischen Sprachgrenze.

8   Der etruskische Bronzehelm wird auf etwa 400 v. Chr. datiert, die Inschrift wurde aber erst viel später angebracht, spätestens um 50 v. Chr., als der Helm kurz vor einer Invasion der Römer vergraben wurde. Ungewöhnlich ist die Lage des Fundortes bei Negau (Negova). Selbst nach dem historisch überlieferten Eintreffen der Markomannen in Böhmen ab dem Jahre 9 v. Chr. (mithin nach der Entstehung dieser Inschrift) trennten immer noch rund 200 Kilometer überwiegend keltisch besiedelten Berglandes das germanische Sprachgebiet vom Fundort des Helmes. Siehe jetzt zu dieser Inschrift Nedoma 2002: 58–61 (mit umfangreicher Literatur), der hier Männernamen im Nominativ vermutet und von „progressiven wgerm. Dialekten" spricht, und Seebold 1999b (mit teilweise anderer Interpretation); allgemein wird diese Inschrift auf das 1. Jahrh. v. Chr. datiert (so Seebold 1999b: 264 und Nedoma 2002: 60).

9   Siehe zur Überlieferung des Gotischen vor allem Krause 1968: 16–25.

400 in größerer Anzahl vorliegen. Ab dem 6. Jahrhundert ändert sich die Sprache, und man bezeichnet sie als Späturnordisch. Mit dem Beginn der Wikingerzeit mehren sich die Runeninschriften noch stärker, wobei sich deren Sprache dem Altnordischen nähert. Ab dem 12. Jahrhundert werden Rechtstexte und Sagas in altnordischer, genauer überwiegend altisländischer Sprache aufgezeichnet; nach 1200 entstehen auch altdänische und altschwedische Gesetzestexte. Zwischen dem Beginn der inschriftlichen und der literarischen Überlieferung liegen also rund 1000 Jahre.

Wesentlich später beginnt die Überlieferung des Westgermanischen, sie ist zudem in der Frühphase viel spärlicher. Da die Germanen in Britannien und Mitteleuropa bereits im 6. und 7. Jahrhundert christianisiert wurden, sind aus diesem Raum, also in westgermanischen Dialekten, viel weniger Runeninschriften erhalten[10]. Eine Untersuchung aus dem Jahre 1997 dokumentiert für ganz Mitteleuropa (ohne die Niederlande) nur 65 Runenobjekte mit 50 lesbaren Inschriften[11], von denen ein großer Teil aber nur aus einem einzigem Wort – oft einem Namen – besteht. Der geographische Schwerpunkt dieser Funde liegt in Süddeutschland[12]. Für die vorliegende Untersuchung sind diese Inschriften trotz ihres minimalen Umfangs von großem Interesse, denn die meisten dieser Objekte datieren aus dem 4.–6. Jahrhundert, sie liegen also sowohl zeitlich als auch geographisch im Zentrum des westgermanischen Bereichs. Aus ganz Großbritannien waren bis 1997 nur 23 Runenobjekte mit 16 lesbaren Inschriften bekannt (alle aus England und zwar fast ausnahmslos aus Gegenden an oder nahe der Ost- und Südküste), von denen wiederum sieben aus nur einem Wort bestehen[13]. Aus den Niederlanden waren 22 Objekte bekannt, von denen nahezu alle aus den Provinzen Groningen und Friesland, also dem (westfriesischen) Norden des Landes stammten. Dieser kleine Bestand zeigt – soweit les- und interpretierbar – tatsächlich friesische Charakteristika und wird deswegen auch das „friesische Korpus" der Runeninschriften genannt[14].

Aus anderen Teilen der Niederlande war bis zum Fund der schnell berühmt gewordenen Inschrift von Bergakker im Jahre 1996 keine einzige Runeninschrift bekannt. Diese Inschrift mit 17 eindeutig lesbaren Runen beginnt mit einem Eigennamen, dem drei weitere Wörter folgen. Für den Fund, der in die Zeit um 450 nach Christus datiert wird, liegen inzwischen mindestens acht wissenschaftliche Deutungsversuche vor[15]. Immerhin besteht Einigkeit darüber, dass es sich

---

10 Zu den festlandgermanischen Inschriften s. Krause 1966: 277–311 sowie Düwel 2001: 56 70 und die Studie von Fingerlin/Düwel/Pieper 2004; zu den ags. Inschriften s. die Monographie von Page 1999 sowie den Sammelband von Bammesberger, *Old English Runes and their Continental Background* (1991). Speziell zur Inschrift von Etelhem (Krause Nr. 14) s. Euler 1985, 10f.
11 Looijenga 1997: 156 (Karte der Fundorte in Deutschland).
12 Looijenga 1997: 131.
13 Looijenga 1997: 161 (Karte der Fundorte in England) und 173.
14 Looijenga 1997: 175–177 (mit Karte der Fundorte in den Niederlanden).
15 Speziell zur Inschrift von Bergakker s. vor allem Bammesberger 1999 und Mees 2002.

höchst wahrscheinlich um das älteste niederfränkische und sicher um eines der ältesten westgermanischen Sprachdenkmäler handelt.

Zu den für die Rekonstruktion des Protowestgermanischen besonders wichtigen Runenfunden gehört ferner die rheinfränkische Inschrift auf der Bügelspange aus Freilaubersheim im ausgehenden 6. Jahrhundert. Hinzu kommen zwei weitere Inschriften des 6. Jahrhunderts aus dem süddeutsch-alemannischen Raum, die trotz ihres ähnlichen Wortlautes *NN wraet (uraet) runa* „NN ritzte die Runen" wie in der Inschrift von Freilaubersheim ein paar wichtige Einblicke in die Sprache des dortigen Raumes (wahrscheinlich Alemannisch) zulassen; s. dazu Genaueres auf Seite 29. Die wichtigste Erkenntnis aus diesen Inschriften ist, dass die Zweite Lautverschiebung offenbar erst im 7. Jahrhundert begann.

Im April des Jahres 2012 wurde eine Runeninschrift auf einem Kamm entdeckt, der etwa zehn Jahre zuvor in Erfurt-Frienstadt ausgegraben worden war. Die Inschrift aus dem 3. Jahrhundert besteht nur aus dem Wort *kaba*, das sicher *kamba* „Kamm" (aus spg. **kambaz*) gelesen werden kann, auch wegen des Vergleichsfundes einer in Friesland gefundenen Inschrift auf einem Kamm mit dem Wortlauf *kobu* (Toornwerd bei Groningen, 8. Jahrhundert[16]), abgekürzt für *kombu*. Der sprachliche Aussagewert der Inschrift besteht darin, dass mit diesem einen Wort der bis dahin nur erschlossene Verlust von auslautendem Sibilant *-s* bzw. *-z* als westgermanischem Spezifikum bezeugt ist (vgl. Seite 53). Wenngleich bei einem einzelnen Beleg Vorsicht vor weiterreichenden Schlussfolgerungen geboten ist[17], bemerkte der thüringische Landesarchäologe Sven Ostritz zu Recht, diese Inschrift belege „das erste Mal, dass dieses Westgermanische nicht nur ein Konstrukt der Sprachwissenschaft ist, sondern dass es eine tatsächlich gesprochene Sprachform gewesen ist, die hier das erste Mal in niedergelegter Form gefasst werden konnte"[18].

Im Frankenreich, in dem mit der Taufe des Frankenkönigs Chlodwigs (vermutlich im Jahr 496) das Christentum bereits Einzug gehalten hatte, brach die Tradition der Runeninschriften anders als in Skandinavien ab. Im 8. Jahrhundert entstehen die ersten althochdeutschen Glossare (darunter im Raum Paris), und im 9. Jahrhundert werden erstmals Texte überwiegend christlichen Inhalts niedergeschrieben. Das Hildebrandslied, ein letztlich ostgotischer Sagenstoff um den König Theoderich, das wohl durch langobardische und bairische Vermittlung nach Norden gelangt war, ist in Fulda um 830 in einer fränkisch geprägten Mischsprache abgefasst worden, es enthält altsächsische und einzelne oberdeutsche Einflüsse[19].

---

16 Zur Inschrift von Toornwerde s. Looijenga 1997: 179 und Klingenschmitt 2002: 465.
17 Dieser Umstand bestätigt, dass dieser Kamm aus der Region stammt und nicht etwa aus Skandinavien stammt, da die Inschrift urn. **kambaR* gelautet haben müsste.
18 Sven Ostritz im Gespräch mit Beatrix Novy, in dradio.de/dlf, *Kultur heute*, 15.4.2012.
19 Siehe Allgemeines zur Sprache des Hildebrandsliedes bei Lühr 1982, Bd. I, S. 10–30, bes. 28, zu den bair. und sächs. Elementen S. 41–47 bzw. 47–75. Zur Herkunft des Sagenstoffes s. Lühr 1982, 361–374 (kritisch, aber nicht ablehnend gegenüber einer langobardischen Vermittlung). Ein entsprechendes Phänomen einer epischen Misch-

1.1. Das Germanische, Überlieferung der germanischen Sprachen

Die Runeninschrift „ka[m]ba" auf dem Kamm von Erfurt-Frienstadt in mehrfacher Vergrößerung. Auf dem Einband dieses Buches wurde diese Inschrift durch Retouche besser sichtbar gemacht. Der Kamm ist aus Hirschgeweih gefertigt und misst 12,5 cm.

Nahezu zeitgleich wird der Tatian, eine Evangelienharmonie, ebenfalls im Kloster Fulda vom Lateinischen ins Althochdeutsche, genauer in eine rein fränkische Sprache übersetzt. Aus derselben Zeit stammen auch die altsächsischen Texte des Heliand und der Genesis, die später ins Altenglische übertragen wurde. Die literarische Überlieferung des Althochdeutschen und Altniederdeutschen beginnt also zur Zeit Ludwigs des Frommen im noch ungeteilten Karolingerreich. Das zum Niederdeutschen gehörige Altniederländische oder genauer Altniederfränkische ist erst ab dem 10. Jahrhundert überliefert, am Anfang stehen Interlinearglossen zu lateinischen Psalmen im Wachtendonckschen Psalter[20].

Hundert Jahre später als das Frankenreich, um 600 n. Chr., wurde auch England christianisiert. Und so sind zwar bis in das 8. Jahrhundert einige Runeninschriften in nordhumbrischem, also anglischem Dialekt überliefert (darunter Frank's Casket, um 700 n. Chr.), danach bricht diese Tradition auch hier ab. Ab dem 8. Jahr-

---

sprache zeigt das Homerische in ionischem Dialekt, aber zugleich mit äolischen und bisweilen arkadischen Einflüssen.
20 Siehe dazu de Grauwe 1979 und 1982; allgemein zur Überlieferung des Altniederländischen referierte Alexander Schwager auf der 37. Österreichischen Linguistentagung am 5. Dezember 2009. Einen grammatischen Abriss des Altniederländischen s. bei Quak 1992: 81–123.

hundert wurden dann altenglische Texte niedergeschrieben, darunter die Eintragung von Cædmons Hymnus, der Vespasian-Psalter und einige Urkunde, ebenfalls in anglischem Dialekt. Unter König Alfred dem Großen (871–900) gewannen in Britannien die Westsachsen die Vorherrschaft, so dass die altenglischen Texte des 10. und 11. Jahrhunderts in deren Sprache abgefasst sind, darunter um 1000 n. Chr. das Beowulf-Epos. Dialektale Unterschiede gab es im Altenglischen nicht nur zwischen dem Anglischen und Sächsischen, sondern auch innerhalb kleiner Gebiete. So ist das frühe Westsächsisch des 9. Jahrhunderts (im Englischen auch „Alfredian Saxon" oder „Classical West Saxon" genannt) nicht der ganz direkte Vorläufer des Westsächsischen des 10./11. Jahrhunderts (im Englischen auch „Late West Saxon" oder „Æthelwoldian Saxon" genannt), sondern weist zu diesem zusätzlich auch dialektale Unterschiede auf, obwohl der Geburtsort von Alfred dem Großen, Wanating (heute Wanatage, Oxfordshire), nur 60 Kilometer nördlich von Winchester, dem Zentrum des späteren Westsächsischen liegt.

Am spätesten beginnt die Überlieferung des Friesischen, größtenteils mit Rechtstexten. Wurde die *Lex Frisionum* im Jahr 802 noch in lateinischer Sprache aufgezeichnet, so sind die ostfriesischen „17 Küren" kaum vor 900 entstanden, und das westfriesische Schulzenrecht wurde erst im 11. Jahrhundert niedergeschrieben[21]. Wie erwähnt gibt es außerdem eine sehr kleine Zahl runenfriesischer Inschriften des 5. bis 8. Jahrhunderts, die aber wegen ihres minimalen Umfangs und oft unklaren Inhalts für die Rekonstruktion des frühesten Friesisch kaum mehr hergeben als Hinweise zur Phonologie[22].

Zu keiner Zeit also sind ost-, nord- und westgermanische Texte zugleich niedergeschrieben worden. Aus der Zeit von Wulfilas Bibelübersetzung ins Westgotische sind bereits zahlreiche urnordische Runeninschriften erhalten, die uns ein zwar lückenhaftes, aber teilweise aussagekräftiges Bild ihrer Sprache vermitteln, wie vor allem die Grammatik von Krause 1971 zeigt. Außerhalb Skandinaviens war der Brauch, Gegenstände mit Runeninschriften zu versehen, viel weniger verbreitet, und so sind uns aus dieser Zeit nicht annähernd so viele westgermanische Sprachdenkmäler erhalten. Umso mehr stellt sich somit die Frage nach dieser Sprache, wie sie etwa im 5. Jahrhundert, also zur Zeit der Landnahme der Angeln, Sachsen und Jüten in Britannien um 450, und gut eine Generation später zur Zeit des Frankenfürsten Chlodwigs und des Ostgotenkönigs Theoderichs, gesprochen wurde.

Die Zielsetzung dieses Buches ist die Beschreibung dieser westgermanischen Sprache mit ihrem Lautsystem und ihrem Formenbestand im Bereich des Nomens, Pronomens und Verbums, wobei immer wieder sogar zwischen dem „Proto-Westgermanischen" um 400 n. Chr. (das also auch noch letzter Vorläufer der Sprache der anglischen und sächsischen Siedler auf Großbritannien war) und

---

21 Zum Beginn der friesischen Überlieferung s. Ramat 1976: 91–116 sowie mehrere Beiträge im Sammelband von Munske (2001, Teil III 1 und 2).
22 Looijenga 1997: 175–195.

einem frühen Fränkisch um 500 bzw. im 6. Jahrhundert (jedenfalls vor der Zweiten Lautverschiedung) unterschieden werden kann. Die in diesem Buch als „Westgermanisch" (abgekürzt „wgerm.") bezeichneten Rekonstrukte zielen auf den früheren Zeitpunkt ab, wobei in sehr vielen Fällen Unterschiede entweder mutmaßlich nicht vorlagen oder jedenfalls nicht aufgewiesen werden können. Angesichts der Umwälzungen in Mitteleuropa vor allem im 5. Jahrhundert muss man jedenfalls mit stärkeren sprachlichen Veränderungen in dieser Zeit rechnen, insbesondere im Vergleich zum Urnordischen, in dessen Gebiet zu jener Zeit politisch und sprachlich viel weniger geschah. Legt man nun für dieses zu erschließende Westgermanisch eine Zeitspanne zwischen dem 3./4. Jahrhundert, als die Unterschiede zum Nordgermanischen allmählich größer wurden und der Zweiten Lautverschiebung im 7. Jahrhundert, also rund 300 bis 400 Jahre zugrunde, dann stellt sich auch die Frage nach den sprachlichen Entwicklungen innerhalb dieses Zeitraumes.

1.2. Geschichtliches[23]

Seit dem Einfall der Gallier im Jahr 387 v. Chr., also gut 800 Jahre lang, war Rom von Besetzungen und Plünderungen verschont geblieben. Die Kimbern und Teutonen wurden in Südgallien bzw. Oberitalien bzw. in den Jahren 102 und 101 v. Chr. vernichtend geschlagen. Auch der Suebenfürst Ariovist vermochte Cäsars Eroberung Galliens bis 51 v. Chr. nicht zu verhindern. Kurz vor der Zeitenwende gelang Rom die Eroberung Germaniens bis zur Elbe, doch schon im Jahr 9 n. Chr. mussten die Römer mit der Niederlage gegen die Cherusker unter deren Fürst Arminius sich wieder auf die Rheingrenze zurückziehen, und damit wendete sich langfristig das Schicksal Roms. Zu dieser Zeit breiteten sich zunächst lediglich die festlandgermanischen Stämme der Markomannen, Sueben und Quaden in südöstliche Richtung nach Böhmen und Mähren aus, der Höhepunkt römischer Machtentfaltung – auch in Mitteleuropa – wurde erst später erreicht, im 2. Jahrhundert unter den Kaisern Trajan und Hadrian. Erst ab der Mitte des 3. Jahrhunderts expandierten Franken nach Südwesten in Richtung Gallien und rheinaufwärts, und im Jahr 259 überrannten Alemannen den römischen Limes und nahmen große Teile des heutigen Baden-Württembergs in Besitz, um 271 musste Rom außerdem die Provinz Dakien im heutigen Rumänien aufgeben, nachdem sich dort Goten festgesetzt hatten. Die gesamte Nordgrenze des Reiches verlor ihre Sicherheit, fortan bestimmten überwiegend Germanen die Geschicke Mitteleuropas. Rom hatte seine Stellung als einziges Machtzentrum des Imperium Romanum verloren und Konstantin, der als erster Kaiser das Christentum tolerierte, erklärte im Jahr 324 Byzanz zur Hauptstadt seines Reiches. Nur drei Jahre nach der Erhebung dieses Glaubens zur Staatsreligion durch Theodosius, im Jahr 395 n. Chr., beendete die Teilung des Römischen Reiches in ein römisch-lateinisches Westreich und ein griechisch geprägtes Ostreich die Großmachtstellung des Imperiums.

---

23 An dieser Stelle sei auf die neue Monographie von Bleckmann (2009) über die Germanen (mit Schwerpunkt Geschichte der Völkerwanderung) hingewiesen.

1. Einleitung

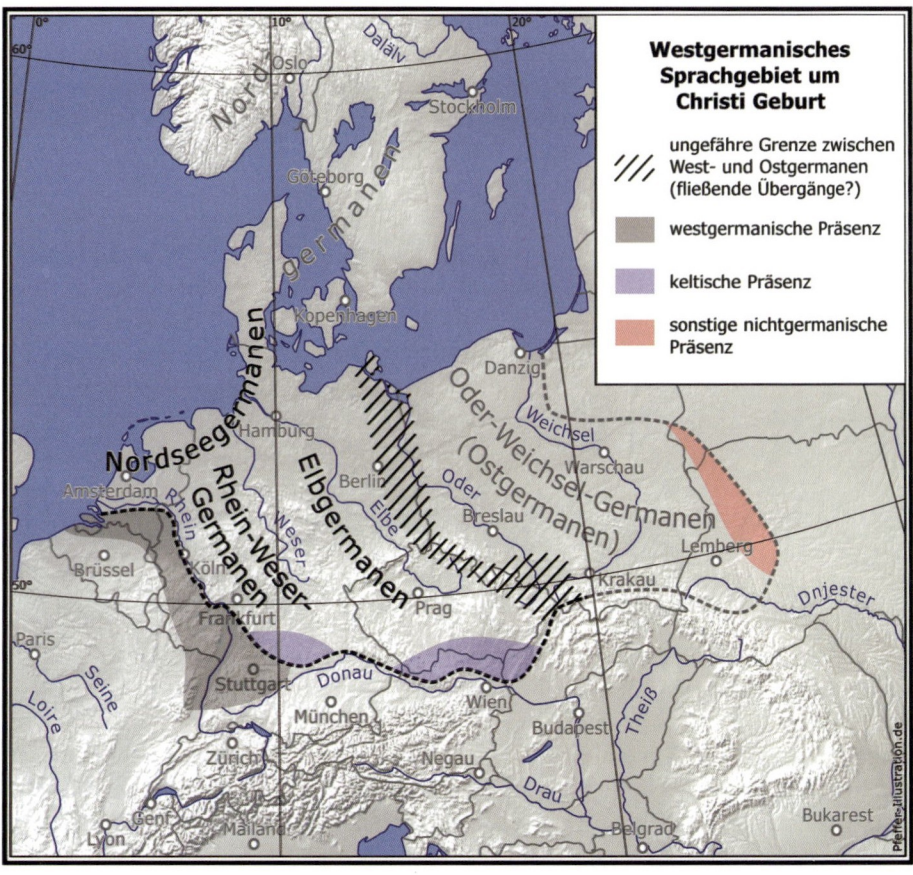

Um das Jahr 380 n. Chr. hatte Bischof Wulfila seine Bibelübersetzung abgeschlossen. Zur selben Zeit begannen die Hunnen für mehrere Jahrzehnte, Ost- und Mitteleuropa heimzusuchen, als erste gerieten die Ostgoten und Gepiden unter ihre Herrschaft. Im Jahr 406 überschritt ein Teil der Sueben zusammen mit ostgermanischen Wandalen den Rhein und zog weiter durch Gallien, über die Pyrenäen gelangen die Sueben 409 auf die Iberische Halbinsel, wo sie sich im Nordwesten, dem heutigen Galizien, festsetzen. Die Westgoten wiederum wanderten aus ihren Siedlungsgebieten in Mösien, dem heutigen Nordbulgarien, nach Nordwesten und fielen in Italien ein. Im Jahr 410 n. Chr. eroberten sie unter ihrem König Alarich Rom, noch im selben Jahr zogen sie nach Südgallien und bis 415 weiter nach Spanien. Von Tolosa (Toulouse) aus gründeten sie 418 ein eigenes Reich, das erst im Jahre 711 durch die Araber besiegt und vernichtet wurde.

Diese einschneidenden Ereignisse zwangen das Weströmische Reich um 410 dazu, nach über 450-jähriger Präsenz seine Truppen endgültig aus Britannien abzuziehen. Nach der Überlieferung der Briten Gildas und der *Historia Brittonum* des Nennius rief daraufhin der keltisch-britannische Fürst Vortigern zum Kampf gegen die vielleicht ebenfalls keltischen Pikten und Skoten im Norden auf, und um 428 setzen sich dann zunächst Jüten in Britannien fest. Die genauesten Angaben zur Landnahme der Angelsachsen in Britannien macht der Angelsachse Beda Venerabilis in seiner um 730 verfassten *Historia ecclesiastica gentis Anglorum*. Danach wurde das Land im Jahr 449 von Angeln, teilweise auch Sachsen und Jüten erobert und besiedelt (vgl. Buch 1, Kap. 15).

Nach der Abwanderung der Angeln, die ungefähr das Gebiet des heutigen Schleswig-Holstein bewohnt hatten, sowie eines Teils der Sachsen und der wohl ebenfalls westgermanischen Jüten[24] breiteten sich die Dänen, die ursprünglich die dänischen Inseln und Teile Südschwedens – darunter Schonen – bewohnt hatten, nach Jütland und in das weitgehend entvölkerte südliche Schleswig aus[25]. Diese Neubesiedlung Jütlands und des größten Teils von Schleswig durch die Dänen führte letztlich zur Entstehung einer klaren Sprachgrenze ohne fließende Übergänge im späteren deutsch-dänischen Grenzgebiet, Dänen grenzten nun unmittelbar an die Sachsen. Darüber hinaus nahm im 8. und 9. Jahrhundert ein Teil der Friesen, deren Dialekt dem Anglischen näher als dem der Sachsen stand, von Südwesten her die nordfriesischen Inseln und eine schmalen Streifen des gegenüberliegenden Festlandes in Besitz[26]. Zu diesem Zeitpunkt hatte sich eine klare sächsisch-dänische (also zugleich west- und nordgermanische) Sprachgrenze schon herausgebildet, denn die Absonderung zwischen West- und Nordgermanisch war offenbar spätestens im 7. Jahrhundert n. Chr. abgeschlossen[27].

Was Großbritannien angeht, so gibt es heute deutliche Hinweise, dass der ersten germanischen Besiedlungswelle Mitte des 5. Jahrhunderts weitere Auswanderer aus Kontinentaleuropa gefolgt sind. Jürgen Udolph hat darauf hingewiesen, dass viele Ortsnamen in England keine Parallelen im alten Siedlungsgebiet der Angeln und Jüten haben, dafür aber enge Parallelen in Gebieten direkt südlich des

---

24 Dass die Jüten zu den Westgermanen gehörten, wird trotz der dürftigen Beleglage im Allgemeinen angenommen (u. a. eindeutig von Neumann 2000a: 92f.). – Am Plausibelsten erscheint indes die Annahme eines Dialektkontinuums im Sinne von Seebold 1995: 185, s. dazu Anm. 44.

25 Neckel (1927: 7f.) sieht im Erhalt der Stammesnamen Jütland und Sachsen gegenüber der bloßen „Landschaftsbezeichnung" Angeln in Schleswig ein Indiz für die einstige geographische Lage der Angeln zwischen Jüten im Norden und Sachsen im Süden wie auch für die vollständige Abwanderung der Angeln. – Jürgen Udolph ist der Ansicht, dass der Name der Angeln nicht nur mit dem gleichlautenden Landschaftsnamen in Holstein erklärbar sei; Beda hat erst im 8. Jahrhundert über diese Vorgänge des 5. Jahrhunderts berichtet und sei schon deswegen nicht über alle Zweifel erhaben (Hinweis an den Autor vom 12.6.2013).

26 Zur Ausbreitung der Friesen nach Norden s. Ramat 1976: 43, und in jüngster Zeit bes. Sjölin 1998a: 53f., der den Anstieg des Meeresspiegels als Ursache der Ausbreitung vermutet; außerdem Århammar 1995: 65–69 und 87, der annimmt, dass die Friesen der ersten Einwanderungswelle im 8./9. Jahrhundert auf den Inseln Schleswigs keine „vorfriesische" Restbevölkerung mehr angetroffen haben.

27 Zur Herausbildung der westgermanisch-nordischen Sprachgrenze bemerkt Haugen in einem grundlegenden Werk (1984: 143): „Der graduelle Übergang zwischen Nord- und Westgermanisch wurde durch Abwanderung der westgermanischen Völker aus Jütland und die Besetzung der Halbinsel durch die Dänen unterbrochen." Siehe jetzt außerdem Seebold 1998: 13, der als Ursachen der Sprachgrenze zwischen dem Sächsischen und Dänischen die Abwanderung „großer Teile der Völker Jütlands nach Britannien" und das Nachrücken der Dänen nennt und als Entstehungszeit dieser Grenze eben das 6. Jahrhundert ansetzt.

Ärmelkanals, in Holland/Flandern sowie im heutigen Westfalen und Niedersachsen; dies sei nur so zu erklären, dass viele England-Siedler der Völkerwanderungszeit aus eben diesen Gebieten stammten[28]. Die englisch-friesischen Parallelen erklärt er damit, dass zumindest die jütischen Siedler England nicht auf dem direkten Weg über die Nordsee erreicht hätten, sondern zunächst durch Friesland gewandert seien und dann über die Kanalküste England erreicht hätten[29]. Andere Autoren vertreten hier teilweise vermittelnde Positionen[30], wobei Udolphs aus dem Befund der Ortsnamen gezogene Schlüsse zwar immer wieder übersehen, aber kaum mehr in Frage gestellt werden[31]. Neueste Forschungen von Archäologie und Humangenetik legen hier ohnehin ein „Sowohl als auch" nahe. Britische Frühgeschichtler und Archäologen haben schon vor längerem darauf hingewiesen, dass die rasche Verdrängung der Kelten in den Westen Großbritanniens ohne größere Einflüsse auf die germanische Neubevölkerung nicht ohne Weiteres zu erklären ist. Eine nicht überlieferte (weitere) Zuwanderung aus Friesland, Sachsen und dem bereits fränkischen Nordfrankreich etwa bis ins 6. Jahrhundert erscheint insofern umso plausibler als sie zugleich die augenfälligen angelsächsisch-friesischen Parallelen (s. Seite 55) und die erwähnten Ortsnamendubletten mit erklären würde.

Den Kenntnisstand zu Beginn des 21. Jahrhunderts über die völkerwanderungszeitliche Besiedlung Großbritannien hat Historiker Christopher Snyder so zusammengefasst: „Siedler aus dem anglischen Schleswig-Holstein und Fünen lebten seit dem frühen 5. Jahrhundert in den Midlands und im Nordosten Englands, diejenigen aus Norwegen erreichten Norfolk und Humberside im späten 5. Jahrhundert, Sachsen aus dem Raum zwischen Weser und Elbe siedelten in der Mitte des 5. Jahrhunderts im Themsetal, in Wessex und Sussex, etwa um die selbe Zeit wanderte einige Jüten aus Jütland nach Kent. Dazu kamen weitere kleinere Gruppen germanischer Einwanderer, unterscheidbar durch ihre materielle Kultur, einschließlich Franken im südöstlichen England (5./6. Jahrhundert) und Skandinavier aus dem südlichen und westlichen Norwegen, die sich im letzten Viertel des 5. Jahrhunderts niederließen. Eine friesische Einwanderung nach Großbritannien wurde neuerdings verworfen."[32] Dieses Bild basiert aber primär auf archäologischen Befunden, die Streuung der Ortsnamen führt zu ganz anderen Schlüssen[33]. Ohnehin hatte bereits kurz zuvor eine Anfang 2002 publizierte humangenetische Untersuchung ergeben, dass die autochthone Bevölkerung Mittel- und Ostenglands ausgerechnet mit den Menschen im niederländischen Westfriesland sehr eng

---

28 Siehe Udolph 1995: 229ff. (zusammenfassende Auswertung auf S. 265–267) und jetzt 2010: 286–293, jeweils mit Erörterung verschiedener Ortsnamentypen sowie Karten mit den betroffenen Ortsnamen.
29 Udolph 1995: 265 und 2010: 291f. (Auswertungen).
30 So vor allem Eggers (2000: 94f.), der sowohl eine direkte Abwanderung aus Jütland nach Britannien als auch einen Umweg über Friesland für möglich hält – was die sprachliche Nähe des Friesischen zum Anglischen mit erklären könnte; etwas anders Nielsen 2000a: 349f., der den Beginn der Abwanderung in Niedersachsen annimmt.
31 Allgemein zur Abwanderung der Angeln, Sachsen und Jüten nach Britannien jetzt Euler 2002: 22–27.
32 Snyder 2003: 86.
33 Hinweis von Jürgen Udolph an den Autor, 12.6.2013.

verwandt ist – hinsichtlich der untersuchten Merkmale sogar statistisch ununterscheidbar. Von Männern in Nordwales hingegen unterscheiden sich einheimische Engländer genetisch ganz erheblich und auch deutlich stärker als von einer norwegischen Vergleichsgruppe[34]. Das vielleicht wichtigste Fazit der Autoren dieser Studie ist: „Die beste Erklärung für unsere Befunde ist, dass der angelsächische kulturelle Wandel in Mittelengland mit einer Masseneinwanderung aus Kontinentaleuropa zusammengefallen ist."[35]

Diese und ähnliche Studien haben zu einer noch andauernden, intensiven Diskussion über Umfang und Verlauf der völkerwanderungszeitlichen Besiedelung Großbritanniens geführt. Viele Fragen sind hier bisher offen. Beispielsweise kann die teilweise vermutete Wanderung von Jüten und Angeln über friesisches Gebiet nur die *sprachlichen* altenglisch-altfriesischen Gemeinsamkeiten halbwegs erklären, während die genetische Übereinstimmung offenbar eine friesische Einwanderung voraussetzt. Um diese und ähnliche Fragen zu klären, wurde im Jahre 2011 das auf fünf Jahre angelegte, interdisziplinäre Projekt *„Roots of the British, 1000 BC – AD 1000, Histories, Genetics and the Peopling of Britain"* initiiert[36]. Genetiker, Linguisten, Onomastiker und Archäologen streben damit ein möglichst umfassendes Bild der frühen Kultur-, Sprach- und Bevölkerungsgeschichte Großbritanniens an. Geklärt werden soll nicht nur der bisher völlig ungewisse zahlenmäßige Umfang[37] der frühgeschichtlichen Besiedlung der Insel, sondern möglichst auch deren regionaler und zeitlicher Ablauf sowie die Einflüsse, die die west- und nordgermanischen Zuwanderungswellen auf die Frühgeschichte der englischen Sprache hatten.

Zurück ins bewegte 5. Jahrhundert. In Westeuropa setzten sich die Umwälzungen fort. Inzwischen hatten die Hunnen mehrere ostgermanische Stämme unterworfen. Im Jahr 451 kämpften in der Schlacht auf den Katalaunischen Feldern Weströmer mit Westgoten, Burgundern und Franken gegen Hunnen mit Ostgoten und Gepiden, es standen sich dort also die eng verwandten West- und Ostgoten als Feinde gegenüber; mit dem Tode des Königs Attila 453 zerfiel das Reich der Hunnen. Trotzdem war das Schicksal des Weströmischen Reiches besiegelt. Infolge der Kriegswirren in Gallien erhielten die Franken den Status von Föderaten Roms, um 455 gründeten sie dort ein eigenes Reich, dieser Vorgang markiert auch das Ende der römischen Herrschaft im heutigen West- und Süddeutschland nach fast einem halben Jahrtausend. Im Jahre 486 nahmen sie unter ihrem Fürsten Chlod-

---

34 Waele et al. 2002: 1008–1021, insbes. S. 1013.
35 Waele et al. 2002: 1016, Zitat: "The best explanation for our findings is that the Anglo-Saxon cultural transition in Central England coincided with a mass immigration from the continent."
36 An dem Projekt sind mehrere Universitäten beteiligt, die Koordination liegt bei der University of Leicester; nähers dazu unter http://www2.le.ac.uk/projects/impact-of-diasporas/Roots
37 Die Schätzungen der Zuwanderung des 5. Jahrhunderts vom europäischen Festland reichen von 10-20.000 bis zu 200.000 Menschen; einen Überblick mit Quellenangaben gibt der Artikel „Anglo-Saxon Settlement of Britain" in der englischen Wikipedia. – Der Archäologe Heinrich Härke diskutiert in einem aktuellen Beitrag Schätzungen von bis zu 500.000 männlichen Siedlern und kommt letztlich auf 100.000 bis 200.000 Einwanderer im Laufe von einhundert Jahren (Härke 2011: 8 und 20).

1. Einleitung

wig die Reste der römischen Provinz Gallien – das Reich des Dux Syagrius – gänzlich in Besitz[38]; kurz vor 500 trat Chlodwig zum Christentum über.

Im Jahr 476 setzte Odoaker, Fürst der ostgermanischen Skiren, den letzten weströmischen Kaiser Romulus Augustulus ab, 17 Jahre später wurde er selbst vom Ostgotenkönig Theoderich getötet. Romanen, die noch nördlich der Alpen siedeln, wurden 488 aufgefordert, nach Italien zurückzukehren, und die meisten taten das offenbar auch. Der neu gebildete Stamm der Bajuwaren, der sich großteils aus Siedlern wohl markomannischer Herkunft aus *Baia*, dem heutigen Böhmen zu-

---

[38] Zur Frühgeschichte der Franken bis Chlodwig s. Anton 1995: 414–421; zu den ältesten Berichten über die Ausbreitung der Franken im 3. Jahrhundert Seebold 2000: 48ff.

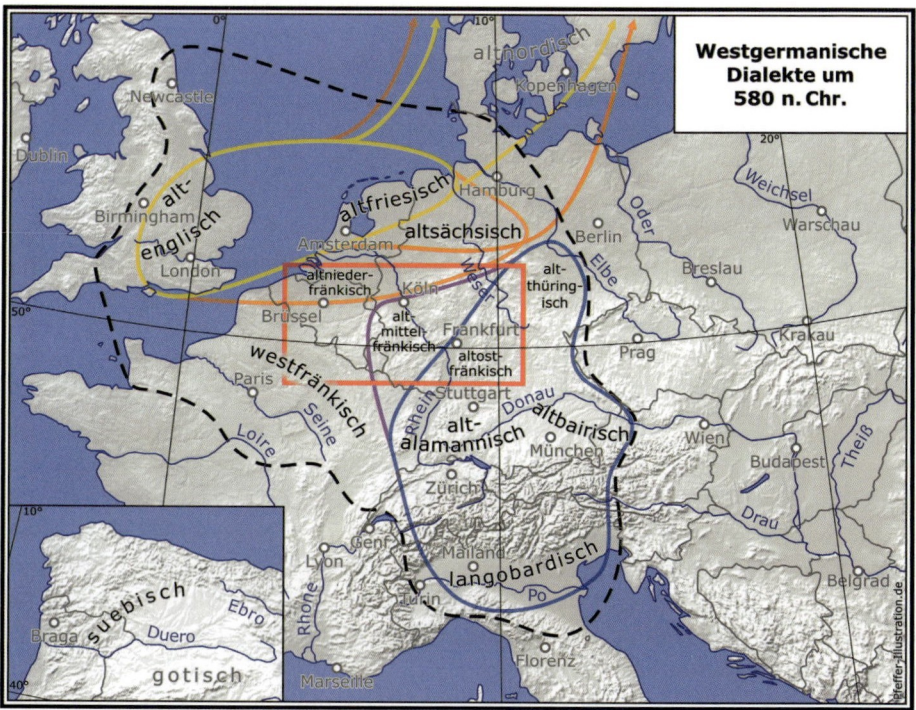

Diese Karte verdeutlicht die geographisch und dialektal zentrale Stellung des Fränkischen innerhalb des Westgermanischen. In Nordfrankreich, in den langobardisch beherrschten Teilen Italiens und im swebischen Galizien war das Westgermanische nur Sprache der Oberschicht. Das selbe galt zu dieser Zeit auch noch für einen Gebietsstreifen entlang der Mosel im Zentrum dieser Karte. Hier wurde die romanische Volkssprache später an das Althochdeutsche assimiliert, in den zuvor genannten Gebieten war es umgekehrt. Nordöstlich der gestrichelten Linie in Frankreich hat ausweislich der Ortsnamen eine bedeutende fränkische Minderheit gelebt. Das Frankenreich selbst reichte schon seit 536 n. Chr. bis ans Mittelmeer.

sammensetzte, nahm Teile dieser Gebiete in Besitz und drang im 6. Jahrhundert in das heutige Süd- und Osttirol sowie nach Kärnten vor. Ebenfalls um 490 siedelten sich die Langobarden im Gebiet des heutigen Mähren und Niederösterreich an, also südöstlich der ehemals markomannischen Gebiete in Böhmen, in denen ab dem späten 1. Jahrhundert v. Chr. (ebenfalls westgermanische) Quaden gesiedelt hatten. Um 546 breiteten sie sich nach Pannonien, in das heutige Ungarn aus und im Jahr 568 eroberten sie Oberitalien, wo sie sich auch ansiedelten. Mit dem Sieg Chlodwigs über die Alemannen 496, der der Anlass für seine Konversion zum katholischen (nicht arianischen) Glauben war, erreichten die Franken eine Machtstellung in Westeuropa, die die Grundlage für die späteren Erfolge Karl Martells und die Siege Karls des Großen im 8. Jahrhundert bildete.

Am Ende des 5. Jahrhunderts waren an die Stelle des Weströmischen Reiches vier Königreiche getreten, das Ostgotenreich in Italien, das Westgotenreich, das – westgermanische – Swebenreich in Spanien und schließlich das Frankenreich in Gallien. In Italien wurden die Ostgoten 553 zwar von Oströmern vernichtend geschlagen, deren Herrschaft wurde aber nur 15 Jahre später von den Langobarden übernommen; in Spanien überdauerte das Swebenreich bis zur Eroberung durch die Westgoten im Jahre 585, deren Reich wiederum bis zur Eroberung durch die Araber im Jahr 711. Dem Frankenreich hingegegen gelang unter Karl dem Großen der Aufstieg zur führenden Macht in Europa, der als erster Kaiser im abendländischen Europa die Grundlagen für die spätere Staatenwelt in Mitteleuropa, insbesondere Frankreich und Deutschland, schuf.

Staats- und Verwaltungssprache blieb in den germanischen Königreichen weiterhin das Lateinische, die politische Aufteilung des einstigen Imperiums führte aber dazu, dass sich die Sprache der romanischen Bevölkerung insbesondere in Gallien immer weiter vom Lateinischen entfernte. Selbst Gregor von Tours (ab 573 Bischof) schreibt seine *Historia Francorum* in einem stark verwilderten Latein und bittet im Vorwort seine Leser dafür geradezu um Verzeihung[39]. Die Herrschaft der fränkischen Merowinger über die romanischsprachigen Gebiete im Westen ihres Reiches führt dazu, dass Hunderte Wörter aus dem Fränkischen in das Gallromanischen entlehnt werden, viele davon aus dem Kriegswesen[40]. Mehrere Hundert dieser Begriffe leben bis heute im Französischen fort, etliche sind als Lehnwörter weiter ins Englische, ins Niederländische oder auch „zurück" ins Deutsche gewandert.

Während sich Westgoten und Sweben in Spanien und Langobarden in Italien mit der einheimischen romanischen Bevölkerungsmehrheit vermischten und dadurch allmählich nicht nur sprachlich assimilierten, konnte sich das Fränkische im Merowingerreich gegenüber dem Lateinischen und Romanischen viel besser behaupten. Zwar erreichte auch das Fränkische erst unter Karl dem Großen, mehr

---

39 Siehe zur Sprache Gregors von Tours jetzt Euler 2005a: 35f.
40 Siehe eine Zusammenstellung der fränkischen Lehnwörter nach wie vor bei Gamillscheg 1934: 152–234 (nach Sachgruppen geordnet).

als 300 Jahre nach dem Zusammenbruch der römischen Staatsstrukturen, den Rang einer Schriftsprache. Dennoch konnte es sich auch in größeren Teilen des heutigen Frankreichs viel länger halten als das Westgotische und Langobardische in Spanien respektive Italien. Hauptgrund ist die größere Stabilität der fränkischen Herrschaft und wohl auch der größere germanische Bevölkerungsanteil gegenüber der jeweiligen romanischsprachigen Mehrheit. Letztere wird nicht zuletzt durch ein dichtes Netz von Ortsnamen westgermanisch-fränkischer Herkunft in Frankreich nördlich der Loire belegt[41], dem eine wesentlich geringere Zahl langobardischer Ortsnamen in Norditalien gegenübersteht – etwa die charakteristischen Namen auf *-engo*, die den deutschen Toponymen auf *-ingen* entsprechen. Erst im 10. Jahrhundert kam das (West)fränkisch-Althochdeutsche in Nordfrankreich soweit außer Gebrauch, dass selbst im Hochadel bereits Altfranzösisch gesprochen wurde. Insgesamt scheint sich die in den folgenden Jahrhunderten (und im Grunde bis heute) äußerst stabile romanisch-deutsche Sprachgrenze im politisch eher unsicheren 10. Jahrhundert entlang der Mehrheitsverhältnisse herausgebildet zu haben. Bezeichnenderweise gab es im heutigen Rheinland-Pfalz noch bis ins 11. Jahrhundert im Mosel- und im unteren Saartal zwischen Trier und Koblenz eine größere romanische Sprachinsel, das sogenannte Moselromanisch[42].

Zurück ins frühe Mittelalter. Im Jahr 813 sah sich Karl der Große veranlasst, eine Synode in Tours einzuberufen. Man wollte nunmehr längst bestehenden Verhältnissen Rechnung tragen, indem man die Auslegung der Heiligen Schrift auch *in rusticam romanam linguam aut theotiscam*, also in den Sprachen der jeweiligen Landbevölkerung statt bis dahin nur auf Latein gestattete. Mit diesem Synodenbeschluss waren für die romanische wie für die westgermanisch-fränkische Sprache des einfachen Volkes die Kirchentore – und zugleich die Pforten zur Kaiserpfalz – geöffnet, beide traten nun im Karolingerreich als eigene Schriftsprachen wenigstens für den weltlichen Bereich neben das Kirchenlatein. Zahlreiche Begriffe vor allem aus dem Militär- und Verwaltungswesen wurden in die galloromanische Sprache übernommen, vor allem im heutigen Nordfrankreich hat ein offenbar großer Anteil fränkischer Siedler ein dichtes Netz germanischer Ortsnamen hinterlassen und die galloromanische Sprache stark beeinflusst. Jedenfalls hat das ohnehin bereits großflächig verbreitete und zentral gelegene Fränkische im Zeitraum von Chlodwig bis zu Karl dem Großen sowohl gegenüber dem Lateinischen als auch gegenüber anderen germanischen Idiomen klar an Bedeutung gewonnen[43] – ein zusätzlicher Grund, diese Sprache als wichtigsten und in gewissem Sinne geradezu repräsentativen Vertreter des Westgermanischen zu betrachten. Doch handelte es sich dabei zunächst noch um ein Westgermanisch schlechthin, oder bildete das Fränkische bereits einen Dialekt innerhalb des Westgermani-

---

41 Siehe zu den germanisch Einflüssen etwa die altfranzösische Grammatik von Wolf/Hupka 1981: 13–15.
42 Siehe dazu einen Aufsatz von Post 2004 mit einer Reihe von Flurnamen im Moselgebiet, einer Karte der Sprachinsel auf S. 11 und einer abschließenden Auswertung auf S. 35.
43 Ausführliches zur Geschichte der Merowinger vom 5. bis zum 8. Jahrhundert s. jetzt im Buch von Geary 1996.

schen? Zur Beantwortung dieser Frage ist ein Überblick über die Neuerungen des Westgermanischen selber sowie innerhalb des Westgermanischen notwendig.

1.3. Aufgliederung des Westgermanischen

Vom Ostgermanischen können wir uns wie gesagt fast nur anhand des Gotischen ein Bild machen. Das Nordgermanische um 400 n. Chr. ist uns durch urnordische Runeninschriften wenigstens teilweise zugänglich, das Urnordische hat sich in dieser Zeit nicht nachweislich dialektal aufgegliedert. Die Sprache der bekannten Inschrift auf dem Goldenen Horn von Gallehus (Nordschleswig, um 400 n. Chr.; Krause Nr. 43) unterscheidet sich nicht von Inschriften aus Schweden oder Norwegen aus derselben Zeit. So entspricht der Satzbau *ek hlewagastiR holtijaR horna tawido* „Ich Hlewagast, Holtes Sohn machte das Horn" genau dem der Inschrift von Einang (Norwegen, Ende des 4. Jahrhunderts; Krause Nr. 63): *[ek go]dagastiR runo faihido* „Ich Godagast malte die Rune". Selbst Neuerungen gegenüber dem Westgermanischen sucht man im Nordischen dieser Zeit vergebens – was einzelne Forscher dazu veranlasste, die Sprache der urnordischen Runeninschriften als „Nordwestgermanisch" zu bezeichnen[44].

Das Westgermanische war, wie in dieser Arbeit gezeigt wird, bis in das 5. Jahrhundert hinein noch ähnlich wie das Urnordische eine dialektal nur wenig gegliederte Sprache; auch das Vordringen der Alemannen bis zum Oberrhein um 260 n. Chr. dürfte daran kaum etwas geändert haben. Erst die Umwälzungen in Mitteleuropa nach 400 dürften stärkeren Sprachwandel und dialektale Aufgliederungen in einer Weise beschleunigt haben, dass sich dann im Zeitraum zwischen der angelsächsischen Landnahme in Britannien und Chlodwig, also im 5. Jahrhundert, innerhalb des Westgermanischen klarere Dialektgrenzen herauszubilden begannen.

Dass sich Sprachen von Auswanderern oft erst nach Jahrhunderten von ihrer Heimatsprache absetzen, dafür gibt es viele historische Beispiele. Innerhalb des Nordischen beispielsweise hat sich das Altisländische noch im 12. und 13. Jahrhundert, also 400 Jahre nach der Besiedelung Islands durch die Wikinger, nur wenig vom Altnorwegischen unterschieden. Ebenso dürfte sich die Sprache der Sachsen, Angeln und Jüten nach der Landnahme in Britannien um 450 zumindest im 6. Jahrhundert jedenfalls noch nicht so weit entfernt haben, dass eine Verständigung mit Sachsen auf dem Festland unmöglich geworden wäre – die sprachlichen Einflüsse

---

44 Antonsen (1975: 26f.) beurteilt die Sprache der nordischen Runeninschriften bis 500 n. Chr. (in seiner Sammlung Nr. 1–93) nicht wie Krause als urnordisch, sondern noch als „North-Western Germanic", erst ab Inschriften aus späterer Zeit sieht er sie als nordgermanisch an. Penzl (1989: 93) setzt seinerseits das Urnordische mit dem (späten) Urgermanischen gleich: „Die Sprache der Gallehusinschrift und den anderen Runentexten der Periode ist die natürliche Ursprache aller nord- und westgermanischen Dialekte." Vorsichtiger Seebold 1995: 185, der im zurückgebliebenen Nordwestgermanischen ein „Kontinuum" sieht, und Nielsen 2000a: 291, der in seinem Stammbaumschema das Nordische der Runeninschriften zwischen 200 und 400 v. Chr. als „Early Runic" definiert.

der britannischen Kelten sollten sich erst viel später, im Mittelenglischen, bemerkbar machen[45].

Als nächstes bleiben die Neuerungen des Westgermanischen selber gegenüber den anderen germanischen Sprachen zu betrachten. Gegenüber dem Nordischen allein lässt sich im 5. und 6. Jahrhundert noch kaum eine Neuerung des Westgermanischen nachweisen. Das auslautende germ. *-z (vor allem in Endungen des Nominativ Singular), das im Gotischen als -s und im Altnordischen als -r (in den urnordischen Runeninschriften sogar noch als -R) erscheint, dürfte im Westgermanischen um das 3. Jahrhundert n. Chr. geschwunden sein. Dafür spricht jedenfalls das Nebeneinander der Matronennamen *Aflims* „den Kräftigen" und *Gabims* „den Geberinnen" (ubische Inschriften, 1. – 3. Jahrhundert) mit erhaltenem -s bzw. -z im Rheinland einerseits und der Form *ka[m]ba* „Kamm" in der 2012 entdeckten Runeninschrift von Erfurt-Frienstadt aus der Mitte 3. Jahrhundert mit bereits verlorenem *-z in Thüringen andererseits. Für genaue und sichere Angaben über Zeitpunkt und Verlauf dieses Lautwandels fehlt bisher die Materialbasis. Die Form *runa* in den drei Inschriften von Freilaubersheim, Neudingen und Pforzen im 6. Jahrhundert zeigt gegenüber urn. *runoR* endgültig und eindeutig den Schwund von* -z (s. zu diesen Inschriften Seite 29) und ermöglicht die Datierung dieses Vorgangs allerspätestens wohl im 5. Jahrhundert[46]. Eine weitere charakteristische Neuerung des Westgermanischen sind die Formen der 2. Person Sg. im Präteritum des Indikativs der starken Verben mit demselben Stamm wie im Plural und der Endung -i, zumal das Gotische und Nordische die alte Endung -t wie bei den Präteritopräsentia bewahrt haben, vgl. got. und an. *gaft* gegenüber ahd. *gābi*, ags. *gǣbe* „du gabst"[47]. Im Präsens des Verbums „sein" dringen im Westgermanischen Formen mit anlautendem b- vor, vgl. ahd. *bim, bist*, as. *bium, bist*, ags. *bēom, bis(t)* gegenüber got. *im, is* und an. *em, est (ert)*. Andere Neuerungen, besonders auf morphologischem Gebiet, fallen dagegen weniger ins Gewicht. Vielfach sind morphologische Kategorien auch verlorengegangen. Dazu gehören das Pronomen *hi-* „dieser" (wenigstens als Demonstrativ), der Dativ des Reflexivpronomens (got. *sis*, an. *sér*), die Deklination der Dekaden von „20" bis „60" und die Klasse der schwachen Verben mit Nasalsuffix vom Typ got. *ga-waknan* und an. *vakna* „erwachen"[48]. In allen diesen Fällen stellt sich die Frage, ob das Fehlen dieser

---

45 Vennemann 2005: 16–22 erläutert nachvollziehbar, warum der Einfluss des keltischen Substrats auf das frühe Englisch erst nach so langer Zeit wirksam wurde und warum dabei Syntax und Tempussystem weit stärker verändert wurden als das Lexikon der englischen Sprache.

46 Siehe zur Inschrift von Freilaubersheim jetzt Bammesberger 1998: 8, wo er *runa* als Plural interpretiert (ebenso wie Nielsen 2000a: 277). Zur Inschrift von Neudingen Scardigli 1986, 351–354, zur Inschrift von Pforzen Düwel 1999: 130–137 (ebenfalls mit Pluralansatz von *runa*) und zu allen drei Inschriften Nielsen 2000a: 180 und Düwel 2001: 57ff.

47 Siehe Schlerath 1983: 65. Die Formen auf -i wurden mehrfach überzeugend als Relikte von Aoristen gedeutet, s. Hirt 1932: 152f., der außer der Entsprechung ahd. *bugi* = gr. ἔφυγες auch *stigi* = ἔστιχες und *liwi* = ἔλιπες anführt; zustimmend Meid 1971: 13ff., der auf die formale Nähe von perfektischem *bhughmé* (Plural zu *bhóugha*) und aoristischem *bhugh(o)mé* verweist; vgl. Seite 139f. dieser Arbeit.

48 Siehe die wgerm. Neuerungen bei Rösel 1962: 59–78 (bes. im pronominalen Bereich) und Nielsen 1981: 158–179 (auch mit ambivalenten Beispielen) sowie 2000a: 241–247. Klingenschmitt (2002) setzt sogar für die

1.3. Aufgliederung des Westgermanischen

Formkategorien in den westgermanischen Einzelsprachen nur deren späterer Überlieferung geschuldet ist. Dies ist bei der Rekonstruktion des Westgermanischen um 400 n. Chr. in jedem Einzelfall zu prüfen, wobei es naturgemäß fast immer bei Plausibilitätsüberlegungen bleiben muss.

Wie wenig zumindest das südliche Westgermanisch wohl noch um 500 dialektal aufgegliedert war, das belegen schlaglichtartig die drei mehrfach erwähnten, kurzen Runeninschriften aus dem 6. Jahrhundert. Sie wurden allesamt innerhalb des späteren althochdeutschen Sprachraumes gefunden und haben einen stereotypen Inhalt. So enthält die Bügelspange aus Freilaubersheim die rheinfränkische Aufschrift *boso wraet runa* „Boso ritzte die Runen" (ausgehendes 6. Jahrhundert, s. Krause Nr. 144). Ganz analog lautet die Inschrift in einem Frauengrab bei Neudingen/Baar (in Schwaben) *bliþguþ uraet runa* „Bliedgunde ritzte die Runen", und die Inschrift auf einem Elfenbeinring aus Pforzen im Allgäu *aodliþ uraet runa* „Odlind ritzte die Runen" (um 600 n. Chr.). Alle drei Inschriften sind in einem Vorläufer des Althochdeutschen abgefasst, wobei der Lautstand – soweit die kurzen Formeln diesen Schluss zulassen – schon einige Zeit vor dem 6. Jahrhundert, als diese Inschriften entstanden sind, der selbe gewesen sein kann (s. auch vorherige Seite mit Anm. 46). Jedenfalls zeigen diese Inschriften wie auch die wenigen anderen festlandgermanischen Inschriften noch keine Spuren der zweiten Lautverschiebung[49], wenngleich diese schon bald danach, um 600, eingesetzt haben kann und im südlichsten Westgermanischen spätestens um 700 abgeschlossen war[50].

Was den fehlenden Auslautsibilanten im Wort *runa* angeht, so liegen ein paar nur wenig ältere urnordische Runeninschriften aus Südschweden vor, darunter eine Inschrift auf dem Stein von Järsberg (Beginn des 6. Jahrhunderts, Krause Nr. 70): *ek erilaR runoR w(a)ritu* „ich Eril die Runen ritze" sowie die Inschrift auf dem Stein von Istaby (um 625, Krause Nr. 98): *hAþuwulafR hAeruwulafiR warAit runAR þAiAR* „Haduwulf, Sohn des Heruwulf, ritzte diese Runen". Ins Auge fällt bei allen drei voralthochdeutschen Inschriften wie gesagt der Konsonantismus vor der hochdeutschen Lautverschiebung[51] und das Fehlen des Sibilanten im Auslaut von *runa* im Gegensatz zu den nordischen Inschriften. Dies sind wichtige bekannte Merkmale des Zustands des Urnordischen und des Voralthochdeutschen um 600 n. Chr.

Nominalstämme auf -*a*-, -*ō*- und -*i*- urwestgermanische Paradigmen an, die sog. überkurzen Vokale im Nom. und Akk. Sg. der *a*- und *i*-Stämme müsste man indes ebenso für das Späturnordische voraussetzen.

49 Siehe dazu eine ausführliche Untersuchung der voralthochdeutschen Runeninschrift auf die 2. Lautverschiebung hin jetzt bei Schwerdt 2000: 209–233.

50 Siehe dazu Nedoma 2006: 39 mit dem Hinweis, dass die Zweite Lautverschiebung in den Runeninschriften nicht sofort nachvollzogen sein muss.

51 Das Fehlen der Lautverschiebung ist nach Scardigli 1986: 351 nicht etwa graphisch bedingt, die stereotype Formel *wraet runa* in allen drei Inschriften zeugt zusätzlich für einen im oberdeutschen Raum noch nicht vollzogenen Lautwandel.

1. Einleitung

Geographisch dazwischen kann die Abwanderung der Angeln, Sachsen und Jüten bei Volksstämmen im Nordseeraum zu sprachlichen Veränderungen geführt haben, und zwar auf lautlicher und morphologischer Ebene. Offenbar entstand vielleicht noch kurz vor, aber spätestens bald nach dieser Abwanderung eine engere Sprachgemeinschaft oder ein Sprachbund zwischen den Frühformen des Friesischen und Angelsächsischen (genauer des Anglischen) und bedingt auch des Altsächsischen (Niederdeutschen), denn es gibt zahlreiche teils recht einschneidende gemeinsame phonologische und morphologische Neuerungen dieser drei Idiome; siehe Seite 54f. und 62f.[52]. Diese Sprachgemeinschaft wird in der Literatur allgemein als „Nordseegermanisch" bezeichnet, teilweise auch noch als „Ingwäonisch", s. dazu Kapitel 1.4., Seite 35f.

Darüber hinaus teilt das Angelsächsische speziell mit dem Altfriesischen weitere Neuerungen. Sie müssen in den ersten etwa 200 Jahren nach der angelsächsischen Landnahme in Britannien entstanden sein, weil sie in den bald nach 700 entstandenen frühesten altenglischen Texten bereits vorliegen. Völlig klar lässt sich diese anglofriesische Schicht aber nicht vom Nordseegermanischen trennen, und einzelne Autoren stellen ihre Existenz in Frage[53]. Gemeinsame Neuerungen haben das Friesische und Angelsächsische vorwiegend auf phonologischem Gebiet (siehe dazu Seite 55) und im Wortschatz vollzogen, wobei hier einige Parallelen bis heute bestehen. – Im 8. Jahrhundert jedenfalls missionierten angelsächsische Mönche Friesland und seine sprachlich nahe verwandten Bewohner, selbst 300 Jahre nach der Landnahme der Angelsachsen dürfte noch ein Kontakt zur einstigen Heimat auf dem Festland und damit auch zu den Friesen bestanden haben, der über den immer bestehenden Handel über die Nordsee hinausging. Auf jeden Fall hatten sich zwischen der Landnahme Britanniens durch Angeln und Sachsen im 5. Jahrhundert und der altsächsischen Dichtung im 9. Jahrhundert die nordseegermanischen Dialekte noch so wenig voneinander entfernt, dass ganze Passagen der altsächsischen Genesis fast wörtlich ins Altenglische übertragen werden konnten (vgl. V. 1–25 in der altsächsischen mit V. 790–817 in der angelsächsischen Fassung in der Heliand-Ausgabe von Behaghel/Mitzka 1965)[54].

---

52 Siehe die nordseegermanischen wie auch die anglofriesischen Neuerungen vor allem bei Nielsen 1981, 103–153; Auswertung auf S. 258 (zurückhaltend bezüglich der Chronologie). Lexikalische Gleichungen s. bei Löfstedt 1963/65 und 1967 (Bedeutungsbereiche Vieh und Landwirtschaft bzw. Rechtswesen); aufgrund der hohen Anzahl dieser Gleichungen bejaht Löfstedt eine besonders enge Verwandtschaft des Angelsächsischen mit dem Friesischen, auch wenn dies die lexikalischen Gleichungen im 7. und 8. Jahrhundert, als zwischen Friesland und England ein reger Austausch geherrscht habe (1969: 35–39). Anders Sjölin 1973: 329–331, der einer anglofriesischen Zwischenstufe im chronologischen Sinne kritisch-ablehnend gegenübersteht, und Krogh 1996: 405, der die nordseegermanischen Neuerungen auf den Zeitraum vom 3. bis zum 5. Jahrhundert datiert; wahrscheinlicher ist ein kürzerer Zeitraum im Zusammenhang mit der angelsächsischen Landnahme. Anglofriesische Neuerungen im phonologischen Bereich s. bei Nielsen 2001: 513–521.
53 Literatur zu den anglofriesischen Entsprechungen siehe in Anm. 52. Ablehnend zum Anglofriesischen Sjölin 1973: 329ff., der eher an nordseegermanische Gemeinsamkeiten denkt, und Stiles 1995: 211f., der auf die teilweisen Übereinstimmungen auch zum Altsächsischen hinweist. Nielsen (2001: 520) datiert den Beginn der nordseegerm. Gemeinsamkeiten ab dem 5. Jahrhundert mit dem Beginn der ags. Landnahme in Britannien, und Kortlandt (2008: 270f.) räumt für die anglofriesischen Neuerungen nur einen Zeitraum vom 5. bis zum 6. Jahrhundert ein (zwischen der Landnahme der Sachsen und der Anglier in Britannien), nach einer Tabelle der genannten wie auch der spezifisch ags. Neuerungen.
54 Siehe aber auch Braune/Helm 1969: 156ff.

Die Herausbildung dieser nordseegermanischen Gemeinschaft trug innerhalb des Westgermanischen zur Ausgliederung des nachmaligen Althochdeutschen bei, das sich später seinerseits durch die Zweite Lautverschiebung im 7. Jahrhundert von der gemeinsamen Ausgangsbasis wegentwickelte. Dadurch bekam das Altsächsische eine Mittelstellung zwischen dem Anglofriesischen und dem Althochdeutschen. Spätestens um die Mitte des 8. Jahrhunderts war die westgermanische Sprache in die vier Dialektgruppen Althochdeutsch, Altsächsisch, Friesisch und Angelsächsisch zerfallen.

Andererseits gab es um diese Zeit weiterhin ein Kontinuum zwischen dem Hoch- und Niederdeutschen. Einige der nicht überlieferten fränkischen Mundarten dieser Zeit bildeten geradezu das „missing link" zwischen dem Ober- und Niederdeutschen, wenngleich sie selbst sich untereinander spätestens mit dem Vordringen der Zweiten Lautverschiebung deutlicher zu unterscheiden begannen. Dies hängt mit der Heterogenität der Franken zusammen, die ein Stammesverband waren, was sich bereits in ihrem Namen niederschlug: Dieser tauchte im 3. Jahrhundert n. Chr. zuerst als (latinisiertes) *Francus* auf[55]. Mit dem Machtzuwachs der Merowinger und später Karolinger breitet sich der Stammesname der Franken aus. In karolingischer Zeit erstreckte sich dann der „fränkische" Dialektraum wie ein breiter Streifen vom Gebiet des nördlichen Frankreich und den Niederlanden (West- und Niederfränkisch) über das mittlere Rheintal (Ripuarisch) und die Pfalz (Moselfränkisch) bis hin zum Oberlauf des Main (Ostfränkisch). Dass in diesem, in Ost-West-Richtung über 800 Kilometer langen Gebiet in althochdeutscher Zeit kein einheitlicher Dialekt (mehr) gesprochen wurde, wird durch Texte aus dem fränkischen Sprachraum bestätigt, wobei das Niederfränkische noch nicht einmal die hochdeutsche Lautverschiebung mitvollzogen hatte. Vielmehr hatte die überregionale Stammesbezeichnung der Franken Germanen verschiedener Dialektgebiete eingeschlossen[56]. So verwundert es nicht, dass es zwischen den althochdeutschen Mundarten (also vor allem dem „Fränkischen") und dem niederdeutschen Altsächsischen – gegen die divergierenden Tendenz der nordseegermanischen Neuerungen – auch zu Annäherungen kam, vor allem in der Flexion der Substantive und Pronomina. Die Tatsache, dass diese Neuerungen den ganzen deutschen Sprachraum erfasst hatten, als die Zweite Lautverschiebung zunächst im oberdeutschen Dialektraum einsetzte, setzt voraus, dass diese im 6. Jahrhundert vollzogen waren; Spezielleres hierzu s. auf Seite 55–57[57].

Da im Voralthochdeutschen die Zweite Lautverschiebung bis um 600 noch nicht begonnen hatte, bildeten in dieser Zeit die festlandgermanischen Mundarten vom

---

55 Zur Etymologie und ältesten Belegen des fränkischen Stammesnamens s. Beck 1995: 373f., zuletzt Seebold 2000: 44–48.
56 Zur inneren Gliederung des „Fränkischen" s. jetzt Quak 1995: 374–381.
57 Zu den ahd.-as. Gemeinsamkeiten s. Rösel 1962,:17–20; auch die Monographie von Kienles (1969) führt in der Formenlehre deutlich vor Augen, inwieweit das Althochdeutsche und Altsächsische in der Flexion geschlechtiger Pronomina miteinander kongruieren (s. bes. das Demonstrativ S. 188f.); zur Brechung von *iu* zu *io, eo* s. von Kienle 1969, 25.

Alemannischen bis hin zum Altsächsischen also noch eine Einheit, die durch den Aufstieg des Frankenreiches jedenfalls soweit gefördert wurde, dass bis zur althochdeutschen Zeit abgesehen von der Lautverschiebung noch keine einschneidenden Dialektgrenzen entstanden. Trotz erster Neuerungen im Nordseegermanischen um 500 n. Chr. veränderte sich auf dem Festland im Westgermanischen zunächst noch nicht allzu viel. Eine zusätzliche Dialektgrenze zwischen dem Fränkischen und dem oberdeutschen Alemannischen entwickelt sich erst mit der Zweiten Lautverschiebung, die sich nach früherer Anschauung von Süden nach Norden ausbreitete[58]; offenbar vollzog sie sich im 7. Jahrhundert, sichere Belege dafür tauchen erst in den *Leges Langobardorum* um 700 auf, nämlich in Begriffen wie *sculdahis* „Schultheiß", *camphio* „Kämpfer" und *crapuuurfin* „Grabwurf", auch die Urkunden von Sankt Gallen im 8. Jahrhundert bestätigen, dass die Lautverschiebung vollzogen war[59]. Als ihre wahrscheinlichste Ursache gilt der Einfluss romanischer Idiome auf die gesamte Artikulation (Prosodie) der südgermanischen Dialekte dieser Zeit[60].

Innerhalb des Oberdeutschen entstand ein eigener bairischer Dialekt erst im frühen Mittelalter: Nach dem Ende der Herrschaft Roms im Jahre 488 bestand im östlichen Rätien noch eine ethnische Vielfalt. Neben Romanen, Norikern und Ostgoten lebten dort Alemannen sowie elbgermanische Markomannen aus *Baia*, bis zum 1. Jahrhundert v. Chr. dem Siedlungsgebiet der keltischen *Boii* im heutigen Nord-böhmen. Alemannen und Markomannen gaben Rätien um 500 n. Chr, endgültig ein westgermanisches Gepräge, und dabei entstand der neue Stammesname der Bajuwaren, in latinisierter Form *Baiovarii*, derallgemein als „Männer aus Baia" interpretiert wird[61]. Dieser Stammesname erscheint erstmals um 551 bei Jordanes, s. Get. § 280, wo er die Siedlungsgebiete der Sueben definiert: *regio illa Suavorum ab oriente Baiovaros habet, ab occidente Francos, a meridie Burgundiones, a septentrione Thoringos* „In dem Gebiet der Sueben leben im Osten Bajuwaren, im Westen Franken, im Süden Burgunder und im Norden Thüringer".

Die Bajuwaren waren also schon damals die östlichen Nachbarn der (alemannischen) Sueben oder Suaben und übernahmen letztlich deren Dialekt, ohne dass dieser – soweit wir das erkennen können – bis in althochdeutsche Zeit hinein

---

58 Siehe Allgemeines zur Ausbreitung der Lautverschiebung jetzt bei Goblirsch 2005: 156–160; über deren dialektale Ausbreitung ebda. S. 182–199.
59 Siehe diese langobardischen Lexeme bei van der Rhee 1970 im Hauptteil, dem alphabetischen Vokabular, sowie allgemein zu deren Lautverschiebung Schwerdt 2000: 257–267. Auch einzelne Lehnwörter mit Affrikaten und Spiranten im Italienischen, wie *zaffo* „Zapfen (!), Spund" und *bussāre* „schlagen, klopfen" (vgl. ahd. *bōzzan* „stoßen"), belegen die Zweite Lautverschiebung im Langobardischen, s. dazu Gamillscheg 1935, 129–174 und Scardigli 1987: 281–285.
60 Siehe Schwerdt 2000: 383 und 395.
61 Über die Herkunft und Stammesbildung der Bajuwaren s. jetzt die Aufsätze von Reindel (zu schriftlichen Quellen) sowie Fischer und Geisler (zur Archäologie) in einem zur Bajuwarenausstellung in Rosenheim und Mattsee 1988 erschienenen Sammelband.

1.3. Aufgliederung des Westgermanischen

schon eine eigene Entwicklung durchgemacht hätte[62]. Für eigenen altbairischen Dialekt gibt es aber bis in althochdeutsche Zeit hinein noch keine Hinweise. Mit der Aufgliederung des Oberdeutschen hat sich vor allem Willi Mayerthaler befasst[63]: Gemäß seiner 1986 publizierten These gibt es gar kein „urbairisches Lautgesetz", vielmehr sei das „Urbairische" schlicht eine Variante des damaligen Alemannischen – von Mayerthaler „Alemannisch B" genannt –, das in der vormaligen römischen Provinz Raetia II östlich des Lechs gesprochen worden sei. Diese Interpretation hat inzwischen recht viel Zustimmung gefunden, weniger hingegen seine Definition selbst des Ostfränkischen und südlichen Rheinfränkischen als „Alemannisch C"[64]. Mayerthaler fasst somit alle althochdeutschen Mundarten, also all diejenigen Idiome, die die Zweite Lautverschiebung durchgeführt haben, unter dem Begriff „Alemannisch" zusammen.

Dieser neue Stamm stand aber nicht nur mit seinen Nachbarstämmen nördlich der Alpen in enger Verbindung, sondern auch mit den Langobarden in Norditalien. Diese gehörten wie die Markomannen zu den Elbgermanen, die die östliche Teilgruppe der Westgermanen bildeten. Nach dem Ende der Herrschaft Westroms nördlich der Alpen um 488 hatten sie, wie erwähnt, im Gebiet des heutigen Mähren und Niederösterreich gesiedelt (also südöstlich der ehemals markomannischen Gebiete in Böhmen) und sich um 546 in das heutige Ungarn ausgebreitet, seit dem Jahr 568 beherrschten sie Oberitalien[65]. Durch die Heirat des Langobardenherzogs Agilulf mit der bairischen Prinzessin Theodolinde im Jahr 591 entstand eine dauerhafte Verbindung zwischen Bajuwaren und Langobarden, die Dynastie der Agilulfinger endete erst mit der Eroberung Pavias durch Karl den Großen im Jahr 774. Sicher konnten Bajuwaren und Langobarden einander mühelos verstehen, nicht zuletzt weil beide Dialekte die oberdeutsche Lautverschiebung durchlaufen hatten[66]. Wie bereits erwähnt, gaben die Langobarden ihre Sprache später zugunsten der romanischen Volkssprache auf[67]. Übrig geblieben sind eine Reihe westgermanisch-langobardischer Lehnwörter in den norditalienischen Dialekten sowie zahlreiche Toponyme, namentlich die Ortsnamen auf *-engo* vor allem im Zentrum der Poebene, die unmittelbar den deutschen Ortsnamen auf *-ing(en)* entsprechen.

---

62 Spätestens im 6. Jahrhundert ist der Lautwandel von $\bar{e}_1$ zu $\bar{a}$ vollzogen, wogegen er im Urnordischen bereits im 4. Jahrhundert abgeschlossen war, wie mehrere Runeninschriften zeigen. Gregor von Tours verwendet im Gegensatz zu Jordanes noch die Form *Suebi* (s. u. a. Historia Francorum 2,2).
63 Bestritten wird eine alemannisch-bairische Dialektgrenze zu Recht noch mindestens für das frühe Althochdeutsche von Mayerthaler 1986, der es vielmehr als ein Ergebnis einer „Ansiedlung von Alemannen in einem von Protoladinern besiedelten Raum" beurteilt (S. 67).
64 Siehe vor allem Mayerthaler 1986: 62ff. mit der Tabelle, in der er selbst das Südfränkische als Alemannisch einschätzt.
65 Sehr informativ ist das Kapitel „Das Reich an der Donau" im Buch von Menghin 1985, S. 21–84.
66 Wichtigste Zeugen für die Zugehörigkeit des Langobardischen zum Oberdeutschen sind einzelne Lehnwörter mit Affrikaten und Spiranten in den romanischen Mundarten Italiens; s. dazu Anm. 59.
67 Als Ursachen des Aussterbens des Langobardischen sieht Menghin (1985, 190f.) einen sozialen und ethnischen Ausgleich mit den einheimischen Romanen.

Soweit wir den langobardischen Lehnwörtern entnehmen können, gab es zumindest phonologisch noch kaum einen Unterschied zum Altalemannischen[68].

Zusammenfassend kann man sagen, dass zunächst mit der Herausbildung des Nordseegermanischen etwa im 6. Jahrhundert der Vorläufer des Niederdeutschen (Altsächsischen) und damit auch eine Dialektgrenze zum Mitteldeutschen entstand. Zwischen dem Mittel- und Oberdeutschen – oder genauer gesagt: zwischen dem Merowingisch-Fränkischen und dem Alemannischen – entstand eine vergleichbare Unterschiedlichkeit aber erst im 7. Jahrhundert durch die Hochdeutschen Lautverschiebung. Doch dürften diese Unterschiede selbst danach zunächst noch so gering gewesen sein, dass eine Verständigung gut möglich blieb. Durchaus in diesem Sinne werden in den Reichsannalen im Zusammenhang mit der Unterwerfung Tassilos von Baiern im Jahr 788 die westgermanischen Stämme als *Franci et Baioarii, Langobardi et Saxones* zusammen erwähnt, also ein niederdeutscher Stamm ebenso wie die in in Italien siedelnden Langobarden. In den Straßburger Eiden von 842, die die Teilung des Karolingerreiches besiegeln, steht der *romana (lingua)* des Westfrankenreiches die *teudisca lingua,* die Sprache aller Festlandgermanen des östlichen Reiches gegenüber – und dies ungeachtet der Entwicklungen, die das Niederdeutsche mit dem Anglofriesischen im Nordseeraum gemeinsam vollzogen hatte, einerseits und der Zweiten Lautverschiebung andererseits, die zu dieser Zeit bereits den gesamten oberdeutschen Sprachraum erfasst hatte.

Das nachfolgende Stammbaum-Modell[69] gibt die hier diskutierte Aufgliederung des Westgermanischen vereinfacht wieder, wobei die (Doppel-)Pfeile starke (wechselseitige) Beeinflussungen bezeichnen:

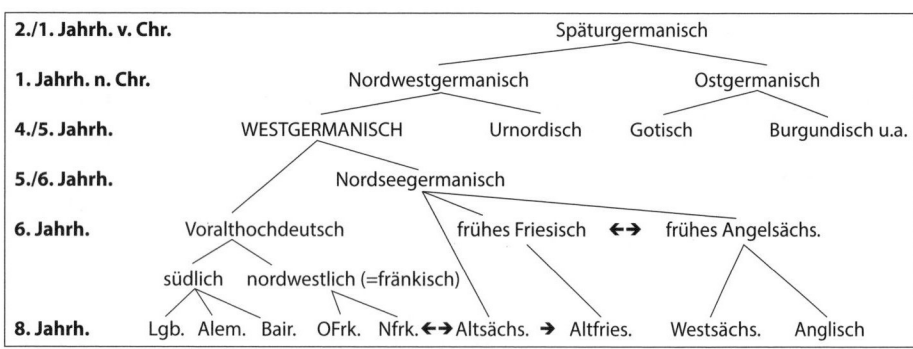

---

68 Speziell zur Sprache der Langobarden s. nach wie vor die Grammatik von Bruckner 1895 sowie den zweiten Teil des Buches von Scardigli 1987 (über die Langobarden und deren Sprache, ab S. 191). Zur Latinisierung der langobardischen Personennamen s. jetzt Tischler 1989: 197ff. So wurden etwa ein Name der *a*-Stämme wie *Liutprant* als *o*-Stamm und ein Name der *ō*-Stämme wie *Adalberga* als *ā*-Stamm übernommen.
69 Bekanntlich hatte bereits 1872 der Sprachforscher Johannes Schmidt seine Wellentheorie der Stammbaumtheorie von August Schleicher 1861 gegenübergestellt. Die Wellentheorie kann die gegenseitigen Beeinflussungen zwischen Nachbardialekten wiedergeben, wozu die Stammbaumtheorie naturgemäß nicht in der Lage ist. August Leskien suchte 1876 beide Modelle so miteinander in Einklang zu bringen, dass er zwischen kontinuierlichen Sprachveränderungen und Sprachwandel infolge von Ausbreitungen oder Wanderungsbewegungen der Sprecher, (wie im Falle des Germanischen) insbesondere bis zur Zeit um Christi Geburt, unterschied.

1.4. Ingwäonen, Istwäonen und Erminonen

In Tacitus' *Germania,* Kap. 2, und in den *Historiae naturales,* Buch 4, Kap. 96–100, von Plinius dem Älteren werden drei mythologische Stammesgruppen der Germanen erwähnt, nämlich bei Plinius *Ingvaeones, Istvaeones* und *Hermiones* und bei Tacitus *Ingaevones, Istaevones* und *Herminones*. Doch diese Begriffe sind inhaltlich sehr unklar und haben in der Forschungsgeschichte schon viel Verwirrung gestiftet, weswegen sie bisher bewusst unerwähnt geblieben sind.

Kurz gesagt wurden die Ingwäonen früher wegen der Ortsangabe bei Tacitus (Bewohner am Rand des „Ozeans", d. h. der Nordsee) mit den Nordseegermanen gleichgesetzt, also mit den Vorfahren der Angeln, Sachsen und Friesen, obwohl bereits Plinius (nat. 4, 99) nicht diese Stämme, sondern die Kimbern, Teutonen und Chauken zu den Ingwäonen rechnet[70]. Die Erminonen identifizierte man meist mit den Elbgermanen, weil Plinius (nat. 4, 96) die Sueben, Hermunduren, Chatten und Cherusker zu ihnen zählt[71]. Ganz unklar blieb und bleibt, welche Stämme zu den Istwäonen gehört haben.

Mag es sich hier bei allen drei Gruppen im wesentlichen um westgermanische Stammesverbände gehandelt haben, so wirft die Verknüpfung dieser mythischen Völkernamen mit späteren Ethnonymen doch unbeantwortbare Fragen auf, zumal diese drei Bezeichnungen aus einer Zeit stammen, in der eine dialektale Aufgliederung des West- oder Festlandgermanischen wahrscheinlich noch nicht eingesetzt hatte[72].

Die aktuellere Vor- und Frühgeschichte verwendet diese drei Begriffe denn auch kaum mehr, dafür aber die Sammelbegriffe „Nordseegermanen", „Weser-Rhein-Germanen" und „Elbgermanen". Zu letzteren werden aufgrund ihrer Siedlungsgebiete an der Elbe in den ersten Jahrhunderten n. Chr. gewöhnlich die Sueben, Markomannen und Langobarden (nicht aber die Chatten und Cherusker) gerechnet, während die Weser-Rhein-Germanen ebenfalls aus geographischen Gründen vor allem mit den Vorfahren der Franken (und früher auch mit den „Istwäonen") in Verbindung gebracht werden beziehungsweise wurden. In der älteren Forschung dienten diese Begriffe noch zur Unterscheidung germanischer Stammesgruppen nach ihren Grabsitten und nicht ihrer dialektalen Zugehörigkeit[73].

---

70 Die Bezeichnung *Ingvaeones* wird im Allgemeinen mit dem Namen an. *Yngvi* (Stammvater des altschwedischen Königshauses) und sogar toch. B *enkwe* „Mensch" verbunden, s. dazu Neumann 2000b: 431f.,
71 Die Bezeichnung *Herminones* wird von der communis opinio mit ahd. as. *irmin-,* ags. *eormen-* „groß, riesig, gewaltig", an. *jǫrmun-* „groß" in Verbindung gebracht, s. Neumann 1989: 515f., der auch den gotischen Königsnamen **Ermanarik* als „rex universalis" interpretiert. Udolph verweist außerdem auf die völlig passende Deutung des Namens *Irminsul* als „große Säule" und auf Ortsnamen, u. a. *Ermstedt* bei Erfurt, alt *Ermenstatt* „große Stadt"; Hinweise an den Autor vom 12.6.2013. Siehe auch S. 184
72 Siehe dazu Neumann 1989: 515, der diese mythischen Begriffe schon zur Zeit des Tacitus als nicht mehr lebendig beurteilt.
73 Siehe dazu Steuer 2006: 530.

Unter den modernen geographischen Sammelbegriffen hat sich in der sprachwissenschaftlichen Fachliteratur nur „Nordseegermanisch" für das Angelsächische, Friesische und bedingt Altsächsische aufgrund ihrer dialektalen Gemeinsamkeiten (s. Seite 54f.) durchgesetzt[74]. Lediglich dieser Begriff wird folglich auch in diesem Buch so verwendet. Eine ausführlichere Diskussion der drei antiken Stammesbezeichnungen wie der drei geographischen Begriffe der heutigen Forschung mit allen ihren Problemen erübrigt sich damit[75]; näheres dazu findet sich in den Artikeln zu den sechs genannten Begriffen (wie zum Begriff „Westgermanisch" allgemein) im „Reallexikon der germanischen Altertumskunde".

1.5. Das Westgermanische – Sprachstufe oder Sprachbund?

Eine Schlüsselfrage für diese gesamte Arbeit ist, wie bereits mehrfach angeklungen, ob das Westgermanische der Völkerwanderungszeit eine eigene Sprachstufe gebildet hat oder ob die westgermanischen Besonderheiten durch die Effekte eines so genannten Sprachbundes zu erklären sind. Im erstgenannten Falle hätte es zu einem bestimmten Zeitpunkt und in einer bestimmten Region eine – wenn auch womöglich kleine – Gruppe gegeben, die ein Idiom gesprochen hätte, das zumindest die überwiegende Mehrheit der phonologischen, morphologischen und lexikalischen Merkmale aufgewiesen hat, die die westgermanischen Sprachen von den anderen germanischen Sprachen unterscheiden. Im letztgenannten Falle wären diese gemeinsamen Merkmale dadurch zu erklären, dass nah verwandte westgermanische Dialekte bzw. Einzelsprachen einander so beeinflusst haben, dass diese Gemeinsamkeiten in den Nachfolgesprachen aufzuweisen sind, ohne dass je eine Gruppe existiert hat, deren Sprache diese Merkmale (vollständig oder zumindest in großen Teilen) enthalten hätte. Eine wissenschaftliche Rekonstruktion protowestgermanischer Gemeinsamkeiten wäre aber nur im erstgenannten Falle sinnvoll, weil diese Rekonstrukte dann auch den Anspruch erheben könnten, eine zu einer bestimmten Zeit und in einer bestimmten Region tatsächlich gesprochene Sprache zu beschreiben.

Eben diese Frage wurde auch für das sogenannte Anglo-Friesische diskutiert. Auf der Basis der bekannten anglo-friesischen phonologischen Neuerungen (vgl. Seite 55) wurde zeitweilig eine eigene anglo-friesische Sprachstufe als Vorläufersprache des Altenglischen und Altfriesischen angenommen und versucht, die entsprechende Protosprache zu rekonstruieren. Diese Versuche blieben insofern ohne tragfähiges Ergebnis, als die Nachfolgesprachen eine Mischung von Altem und Neuem in Phonologie, aber vor allem Morphologie und Lexikon enthielten, die mit der Annahme einer gemeinsamen Protosprache letztlich unvereinbar ist. Folg-

---

74 Siehe dazu Nielsen 2000b: 432–439.
75 Die germanische Sprachforschung verwendet diese antiken wie modernen Stammesbegriffe nur noch sehr zurückhaltend, zumal sie die Zusammenarbeit mit der Archäologie nach dem Zweiten Weltkrieg stark beschränkt hat, s. zu dieser Problematik Euler/Badenheuer 2009: 30–36.

lich wurde die These einer anglofriesischen Sprachstufe ab den 1960er Jahren immer weniger vertreten und ist heute überholt. Die dennoch nachweisbaren anglo-friesischen Gemeinsamkeiten werden plausibler durch die Wirkungen eines Sprachbundes erklärt (s. dazu Literatur in Anm. 53).

War es beim Westgermanischen genauso? Solange Texte fehlen, die diese Frage beantworten können – und immer wieder tauchen neue Splitter auf, die zumindest Hinweise geben, wie zuletzt die Erfurter Runeninschrift – kann diese Frage nur indirekt beantwortet werden: Je größere Teile eines angenommenen Protowestgermanisch widerspruchslos erschlossen werden können, umso wahrscheinlicher ist es, dass diese Sprache in ähnlicher Weise eine historische Realität beschreibt, wie das beispielsweise für das Protoindogermanische heute ganz allgemein angenommen wird. Weisen nun alle westgermanischen Einzelsprachen vom Angelsächsischen bis zum Oberdeutschen Gemeinsamkeiten, vor allem Neuerungen, in Phonologie, Morphologie und Wortschatz zugleich auf, so spricht dies klar für die historische Existenz einer westgermanischen Sprachstufe. Anders als im Falle des „Anglo-Friesischen" wird die Existenz einer solchen Sprachstufe denn auch kaum bestritten[76], sie wird vielmehr in einschlägigen Grammatiken und Handbüchern zumeist implizit vorausgesetzt, ebenso in den vielen Aufsätzen, die zumindest einzelne westgermanische Lexeme, Formen oder Paradigmen rekonstruieren und die in diesem Buch zitiert werden.

Explizite Zustimmung zur Existenz einer proto-westgermanischen Zwischenstufe hat unlängst Don Ringe geäußert und zugleich eine treffende Beschreibung der mit ihrer Erforschung verbundenen Komplikationen gegeben: „Dass das Nordgermanische eine in sich geschlossene Untergruppe [des Germanischen] ist, ist völlig offensichtlich, da alle seine Dialekte eine lange Folge gemeinsamer Innovationen teilen, einige davon wirklich frappierend. Dass das selbe auch für das Westgermanische gilt, wurde zwar bestritten, aber ich werde ... aufzeigen, dass sämtlich westgermanischen Sprachen einige höchst ungewöhnliche Innovationen teilen, die uns nachgerade dazu zwingen, einen westgermanischen evolutionären Zweig [„clade"] anzusetzen. Freilich ist die interne Untergruppierung sowohl des Nord- als auch des Westgermanischen reichlich verworren und es erscheint klar, dass sich beiden Unterfamilien in ein Netz von Dialekten diversifiziert haben, die lange in Kontakt miteinander geblieben sind (in einigen Fällen bis in die Gegenwart)."[77]

Eben diese proto-westgermanische Sprache wurde aber – im Gegensatz zum Urnordischen – bisher noch nicht in Form einer Grammatik zusammenfassend dargestellt. In diesem Buch soll es geschehen.

---

76 Zu den Skeptikern gehört Robinson, Orrin W. 1992: 17f.
77 Ringe 2006: 213f.

1.6. Westgermanisch und Voralthochdeutsch als Grundlage dieser Untersuchung

Im 9. Jahrhundert bestanden also im Gesamtgebiet der *teudisca lingua* drei große Dialekträume: der des Althochdeutschen mit dem Fränkischen und Alemannisch-Bairischen und jener des Altniederdeutschen oder Altsächsischen. – Für das 5. Jahrhundert kann man jedenfalls davon ausgehen, dass sich allenfalls zwischen dem Fränkischen und Sächsischen, nicht aber zum Alemannischen hin bereits eine Dialektgrenze herauszubilden begann. Folglich könnte das Fränkische dieser Zeit auch stellvertretend für das Voralthochdeutsche, bedingt sogar für das Westgermanisch insgesamt behandelt werden, wenngleich etwa zwischen dem Beginn der angelsächsischen Landnahme und den voralthochdeutschen Runeninschriften hundert unruhige Jahre liegen, in denen mit raschem Sprachwandel zu rechnen ist. Spezifisch westgermanische Neuerungen im phonologischen, morphologischen und lexikalischen Bereich geben allen Anlass zur Erforschung gerade dieser Sprachstufe. Aber auch westgermanische Altertümlichkeiten, die im Gotischen und im Nordischen trotz dessen früherer Überlieferung fehlen, etwa Relikte des Aoristes und der Instrumental, belegen, dass es einen spezifisch westgermanischen Sprachzustand gegeben haben muss. Diese Zwischenstufe zwischen dem Urgermanischen und den westgermanischen Einzelsprachen wird in diesem Buch genauer analysiert und – soweit es möglich ist – rekonstruiert.

Dabei lässt sich zeigen, dass sich das Westgermanische in der Völkerwanderungszeit wesentlich früher als das Nordische allmählich und offenbar in mehreren Phasen aufgesplittert hat. Die Abwanderung der Angeln sowie von Teile der Jüten und Sachsen nach Britannien führte zunächst zur Entstehung einer nordseegermanischen Dialektgemeinschaft, während im mittel- und süddeutschen Raum noch ein in sich relativ geschlossenes Westgermanisch gesprochen wurde. Die vielleicht typischste Ausgrägung dieser nicht überlieferten Sprache war das Merowingisch-Fränkische des 5. Jahrhunderts, also die Sprache König Chlodwigs und seiner Zeitgenossen. Es war zugleich ein Vorläufer des Westfränkisch-Althochdeutschen, aus dem das Galloromanische mehrere Hundert Wörter – vor allem im Bereich des Kriegswesens – übernommen hat (s. Seite 25 mit Anm. 40). Zumindest ein Teil dieser Entlehnungen muss bereits in voralthochdeutscher, d. h. eben merowingisch-fränkischer Zeit geschehen sein, da Formen vor der Zweiten Lautverschiebung vorausgesetzt werden. Zwei bekannte Beispiele dafür sind die französischen Worte frz. *galoper* und prov. *galaupar* „galoppieren" aus merow.-fränk. *$wala\chi laopan(\bar{a})$, vgl. nhd. *laufen*, sowie *frapper* (afrz. *fraper*) „schlagen, treffen" aus merow.-fränk. *$\chi rapōn(\bar{a})$ „raufen, raffen" vgl. gleichbedeutend ahd. *raffōn* und eben nhd. *raffen*. Der Anlaut *fr-* in *frapper* ist ein zusätzlicher Hinweis, dass die Entlehnung früh geschehen ist, zu einem Zeitpunkt, als das anlautende *h* noch frikativisch als χ artikuliert wurde, denn *$hrapōn$ hätte wohl *$rap(p)er$ ergeben. Insgesamt hat das Französische an die 1000 Lexeme altfränkischer Herkunft aus rund 700 verschiedenen Etyma übernommen, von denen einige auch wieder ausgestorben sind.

1.6. Westgermanisch und Voralthochdeutsch als Grundlage dieser Untersuchung

Im heutigen Südwestdeutschland ist in wenigen Runeninschriften des 6. Jahrhunderts eine Vorstufe des Alemannischen innerhalb dieser westgermanischen Zwischenstufe greifbar. Da die Zweite Lautverschiebung zu dieser Zeit noch nicht vollzogen war, gab es wie bereits erwähnt zwischen dem Alemannischen und Fränkischen noch keine klare Dialektgrenze. Zu Recht wird dieses südliche Westgermanisch deswegen in der Literatur auch als Voralthochdeutsch bezeichnet, wobei dieser Begriff im Folgenden mit „vahd." abgekürzt wird. Für die Dialekträume des Ober- und Mitteldeutschen werden die Begriffe „Alemannisch" bzw. „Fränkisch" wie in der Zeitstufe des Althochdeutschen beibehalten. Für das Fränkische wird dort, wo es zur genauen Abgrenzung vom rund 300 Jahre jüngeren Althochdeutsch-Fränkischen angezeigt ist, auch die Bezeichnung „Merowingisch" oder „Merowingisch-Fränkisch" gebraucht, wobei es sich hierbei genau genommen um ein westfränkisches Idiom handelt. In der englischen Fachliteratur wird für die fränkischen Varietäten des 4.–8. Jahrhunderts, d. h. bis zum Beginn der Überlieferung althochdeutscher Texte, auch der Begriff „Old Frankish" verwendet.

Das Westgermanische um 400, also vor der Abwanderung der Angeln und Sachsen, das Fränkische der frühen Merowinger im 5. Jahrhundert und das Voralthochdeutsche im 6. Jahrhundert unterschieden sich gewiss in ähnlicher Weise voneinander wie etwa das frühe Althochdeutsche des Hildebrandsliedes um 830 und das späte Althochdeutsche des Physiologus um 1070. Doch ebenso wie althochdeutsche Grammatiken jeweils von der älteren Sprachstufe ausgehen, orientiert sich auch diese Abhandlung insbesondere in den rekonstruierten Formen an der frühen Zeitstufe des Westgermanischen.

Immer wieder wird in dieser Untersuchung nicht nur auf das späte Urgermanisch nach der Ersten Lautverschiebung, sondern auch auf die frühe Stufe vor dieser Lautverschiebung zurückgegriffen, insbesondere bei wichtigen Vergleichen mit Formen anderer indogermanischer Sprachen. Für diese beiden Sprachstufen werden wie in der Monographie des Verfassers von 2009 über das früheste Germanisch und mit den dort dargelegten Gründen die Begriffe „Protogermanisch" für den Zustand vor der 1. Lautverschiebung und für die in der Literatur üblicherweise als „Urgermanisch" bezeichnete Sprachstufe kurz vor Christi Geburt (und mithin nach der Ersten Lautverschiebung) „Späturgermanisch" verwendet (abgekürzt „prg." und „spg.")[78]; wo dieser Unterschied keine Rolle spielt wird aber auch weiter der etablierte Begriff Urgermanisch (urg.) verwendet. Unter den westgermanischen Einzelsprachen stehen die am frühesten überlieferten Sprachen Althochdeutsch, Altsächsisch und Altenglisch (Angelsächsisch) wie in bisherigen

---

78 Anstelle von „protogermanisch" verwendet Mottausch in seiner neuesten Monographie 2011 den Begriff „frühurgermanisch" für das Germanische vor der 1. Lautverschiebung (bereits im Titel „Der Nominalakzent im Frühurgermanischen"). Mottausch differenziert dort innerhalb des Urgermanischen nach der Lautverschiebung zwischen „Urg. I" (4./3. Jahrh.), „Urg. II" (nach Herausbildung der Anfangsbetonung, 3./2. Jahrh.) und „Urg. III" (nach dem Zusammenfall von *o mit a, 1. Jahrh. v. Chr. bis 2. Jh. n. Chr.), s. dort S. 2, zu seinen Datierungen S. 173f.

Grammatiken im Vordergrund. Wo immer es Erkenntnisgewinne bringt, werden auch das Altfriesische (als Nächstverwandten des Altenglischen) und das Altniederfränkische oder Altniederländische, das zwischen dem niederdeutschen Altsächsischen und dem mitteldeutschen Fränkischen steht, berücksichtigt.

Die Notation der westgermanischen Rekonstrukte folgt in dieser Arbeit überwiegend der literaturüblichen Schreibung des späten Urgermanisch. Die Schreibung *ch* in den fränkischen Fürstennamen erlaubt es, auch für das Westgermanische χ als gutturale Spirans wie im späten Urgermanisch (aus prg. *k) sicher anzunehmen und dann auch so zu schreiben. Außerdem werden die germanischen Diphtonge *ai und *au hier in westgermanischen Rekonstrukten *ae* und *ao* geschrieben, da in den voralthochdeutschen Runeninschriften des 6. Jahrhunderts germ. *ai mit *ae* in *wraet, uraet* „ritzte" und in den frühesten althochdeutschen Sprachdenkmälern germ. *au mit *ao*, etwa in *laos* „frei, beraubt" und *haoh* „hoch", vgl. got. *laus* „los, leer" bzw. *háuhs*, wiedergegeben werden. Da spg. *ē im 5. Jahrhundert im Westgermanischen zu $\bar{æ}$ geöffnet wurde (s. Seite 51f.), wird dieses auch in den westgermanischen Rekonstrukten verwendet. Ein vierter Unterschied von der literaturüblichen Notation betrifft die für das Proto-Westgermanische anzunehmenden überkurzen Auslautvokale. In den westgermanischen Einzelsprachen sind auslautende Endungen bei langer Stammsilbe geschwunden, es ist aber wahrscheinlich, dass diese vor dem völligen Verlust zunächst zu überkurzen Vokalen abgeschwächt wurden (siehe dazu Seite 43f.). Diese werden hier ähnlich wie in der Umschrift altslawischer Texte mit den Graphemen $\breve{a}$, $\breve{\imath}$ und $\breve{u}$ wiedergegeben. Selbstverständlich kann diese Schreibung der Rekonstrukte nur den Lautstand wiedergeben, wie er für das Westgermanische im 5. Jahrhundert wahrscheinlich war; eine letzte Gewissheit darüber, wie diese Sprache tatsächlich geklungen hat, gibt es nicht.

2. Phonologie des Westgermanischen

2.1. Die Veränderungen im Überblick

2.1.1. Der Vokalismus

Im Großen und Ganzen ist das germanische Phoneminventar auch im Westgermanischen, speziell im Voralthochdeutschen und damit auch im Fränkischen des 5. Jahrhunderts, erhalten geblieben, soweit es nicht zusammen mit dem Nordischen sowie gegenüber allen anderen germanischen Sprachen einzelne Neuerungen vollzogen hat. Hier werden die wichtigsten Neuerungen des West- und Nordgermanischen sowie des Westgermanischen alleine dargestellt, außerdem auch die nordseegermanischen und anglofriesischen Neuerungen Bei letzteren ist zu berücksichtigen, dass im Altenglischen gerade die Kurzvokale mannigfaltige (und in den anglischen und westsächsischen Dialekten häufig voneinander abweichende) Veränderungen erfahren haben, beispielsweise Aufhellungen, Verdumpfungen oder auch Brechungen vor Liquida oder *h* + Konsonant.

Die germanischen Kurzvokale sind im Westgermanischen weitgehend bewahrt, wobei in spg. **a* idg. **a, *o* und **ə* zusammengefallen sind, vgl. got. *akrs*, ahd. *ackar*, as. *akkar*, ags. *æcer*, an. *akr* „Acker, Feld" mit lat. *ager*, gr. ἀγρός „ds." und ai. *ájra-* „Ebene, Flur", das Zahlwort got. *ahtau*, ahd., as. *ahto*, ags. *eahta* mit lat. *octō*, gr. ὀκτώ, ai. *aṣṭā́, aṣṭā́u*, und got. *fadar*, ahd. *fater*, as. *fader*, ags. *fæder*, an. *faðir* „Vater" mit lat. *pater*, gr. πατήρ, ai. *pitā́* „Vater" (aus idg. **pə₂tḗr* mit *a*-färbendem Laryngal). Im Altenglischen wurde **a* also vielfach entweder unter Einfluss benachbarter Phoneme aufgehellt zu *æ* oder vor Liquida oder *h* + Konsonant gebrochen zu *ea*, im Anglischen vor Nasal verdumpft zu *o* (wie in angl. *mon* gegenüber ws. *man*). Spg. **e* wurde im Gotischen außer vor *r, h* und *ƕ* immer zu *i* aufgehellt, im West- und Nordgermanischen dagegen nur vor Nasal + Konsonant, etwa in ahd. *bintan*, as., ags. *bindan* und an. *binda* „binden", sowie vor *i* und *j*, z. B. in ahd., as. *biris*, ags. *birest* „du trägst", und innerhalb des Deutschen auch vor *u* der Folgesilbe, wie in ahd., as. *biru*, aber vgl. ags. *bere* „ich trage", sowie in Enklitika, u. a. in der Präposition ahd., as., ags. *in* und an. *í* (aus urn. **in*, vgl. gr. ἐν). Spg. **u* wurde im Gotischen vor *r, h* und *ƕ* durchweg zu *o* (geschrieben *aú*) gesenkt, im Westgermanischen und bedingt im Nordischen aber nur vor *a* der Folgesilbe, wie in ahd., as., ags. *horn*, urn. *horna*, vgl. dazu auch got. *haúrn* „Horn" (mit Senkung vor *r*, aber vgl. ahd. *c(h)orn, korn*, ags. *corn* mit urn. *-kurne*, Dativ). Zu den Lautentwicklungen von **e* und **u* s. auch die Hinweise auf Seite 52 und 54 im Abschnitt über die nordisch-westgermanischen und die rein westgermanischen Neuerungen. Demgegenüber tritt der *a*-Umlaut von *i* zu *e* nicht überall auf, vgl. ahd., as. *wer* „Mann", ags. *wer* mit got. *waír* „Mann" und an. *verr* „Mann, Ehemann" (also analog zur Brechung von *u* vor *r*), aber ahd. *wehha* gegenüber von as. *wica*, ags. *wicu*, an. *vika* „Woche", dagegen kann das *i* in *wizzan* „wissen" (= as., ags., got. *witan*) auf Analogie zu den Präsensformen basieren.

2. Phonologie des Westgermanischen

Auch die germanischen Langvokale sind im Westgermanischen großenteils bewahrt. In urg. *ō sind idg. *ā und *ō zusammengefallen, das im Althochdeutschen schon bald zu *uo* diphthongiert wurde, vgl. zu Ersterem got. *brōþar*, as. *brōđar*, ags. *brōþor*, an. *bróðir* und mit Diphthongierung ahd. *bruoder* „Bruder" genau mit lat. *frāter*, ai. *bhrā́tā* usw. „Bruder"[79]. Lediglich urg. *ē$_1$ wurde im Urnordischen und später auch im Westgermanischen über *ǣ* zu *ā* verdunkelt, s. dazu Seite 51f.. Dagegen ist spg. *ē$_2$ erhalten in as., ags. *hēr* und an. *hér*, vgl. auch got. *hēr*, aber mit späterer Brechung ahd. *hiar* „hier" (Pronominaladverb zum Demonstrativ zu got. *hi-* usw. „dieser"); im West- und Nordgermanischen ist es bei den starken Verben der 7. Klasse großenteils an die Stelle der Reduplikation im Präteritum getreten (s. Seite 145f.).

Idg. *ai* und *au* sind mit *oi* bzw. *ou* im Germanischen zu *ai* bzw. *au* wie *a* und *o* zu *a* zusammengefallen. Auch diese Diphthonge sind im Westgermanischen weithin bewahrt: spg. *ai* als *ae* in vahd. *wraet*, *uraet* „ritzte" (Runeninschriften) und spg. *au* in den frühesten althochdeutschen Sprachdenkmälern als *ao* in *laos* „frei, beraubt" und *haoh* „hoch", vgl. got. *laus* „los, leer" bzw. *háuhs*. Erst später wird im Althochdeutschen *ae* (= spg. *ai*) vor *r*, *h* und *w* zu *ē* und *ao* (= spg. *au*) vor *h* und den meisten dentalen Konsonanten zu *ō* monophthongiert. In den nordseegermanischen Sprachen sind dagegen beide Diphthonge monophthongiert worden, *au* im Anglofriesischen zu *ā* und im Angelsächsischen später zu *ēa* gebrochen; eine Runeninschrift auf einem Solidus (5. Jahrhundert) mit dem Substantiv *skanamodu* „Schönmut" (im Vorderglied *skāna-* aus *skauna-*) zeigt noch den Lautstand vor der Brechung[80]. Die indogermanischen Diphthonge mit *e*-Anlaut, *ei* und *eu* blieben zunächst erhalten; ersterer wurde dann im Germanischen zu *ī* monophthongiert, nur in *teiva-* „Gott" (Inschrift von Negau) und im Namen einer Göttin *Alateiviae*[81] tritt er noch zutage, vgl. ags. *Tīw* (= ahd. *Ziu*, Kriegsgott) und an. *tívar* „Götter". Der Diphthong *eu* wurde nur im Gotischen und Urnordischen zu *iu* aufgehellt, erhalten ist er noch im überlieferten Stammesnamen *Teutoni* (bereits bei Caesar, *Bellum Gallicum* belegt) sowie in westgermanischen Belegen, und zwar einerseits in voralthochdeutschen Runeninschriften im Adjektiv *leub*, Fem. *leoba* „lieb"[82] und im Altenglischen als *-ēo-*, vgl. also got. *þiuda*, an. *þjóð* „Volk" (mit einzelsprachlicher Brechung) gegenüber ahd. *diot*, as. *thiod* und ags. *þēod* „Volk, Leute" (ebenfalls mit späterer Brechung).

Die Langdiphthonge idg. *-ēi* und *-ēu* wurden im Gotischen zu *-ai* bzw. *-au* gekürzt (im Dativ Sg. der femininen *i*-Stämme bzw. generell der *u*-Stämme, s. dazu

---

79 Der Wandel von *ā, genauer *ā̃ zu ō geschah wahrscheinlich erst im 1. Jahrh. n. Chr., wie vor allem got. *Rūmōneis* „Römer" bezeugt, s. dazu den Aufsatz von Stifter 2009, zu *Rūmōneis* dort S. 270f.
80 Aufgrund dieses Lautstandes wurde diese Inschrift früher sogar dem Friesischen zugeschrieben, s. aber jetzt dazu vor allem Sjölin 1998b: 32 und Düwel 2001: 85f. sowie Nielsen 2001: 515, zurückhaltender Page 2001: 525; datiert wurde die Inschrift anhand des Abbilds des Kaiser Honorius (um 423 verstorben).
81 Inscr. Rhen. Bramb. 197, zum Götternamen mit dem Diphthong s. Krause 1971: 25.
82 Siehe Einzelnes zu südgermanischen Runeninschriften mit diesem Adjektiv jetzt bei Fingerlin/Düwel/Pieper 2004: 244ff.

Seite 75 bzw. 76), im West- und Nordgermanischen erscheint einstiges *-ēu hingegen als -iu, vgl. also den Dativ got. *sunau* mit ahd. *fridiu* „dem Frieden" und urn. *kunimudiu* (Eigenname), zumindest der lange *u*-Diphthong war offenbar noch im Protogermanischen vorhanden.

Im Auslaut weist das Urnordische gegenüber dem zeitgleichen Bibelgotischen noch einen teilweise archaischeren Zustand auf, beispielsweise ist die Nominativendung der Maskulina auf -a- als -aR noch vollständig erhalten gegenüber got. -s und Endungslosigkeit in den westgermanischen Einzelsprachen. Mag der Stammauslaut -a im Nominativ Singular der *a*-Stämme noch im 1. Jahrhundert n. Chr. vorhanden gewesen sein, u.a. im Personennamen *Chariovalda* (vgl. zu diesem an. *Haraldr* s. Seite 43 mit Anm. 83), so muss man damit rechnen, dass der Auslautvokal *-a im Westgermanischen des 5. Jahrhunderts wenn nicht bereits geschwunden, so doch zu einem überkurzen Vokal *-ă oder offenerem *-ŏ abgeschwächt wurde – ähnlich wie im Slawischen auslautendes protoslaw. *-a zu -ъ; die Lautentwicklung von protoslaw. **vilka* „Wolf" über altbulgarisch *vlъkъ* zu neubulgarisch *vъlk* stimmt somit mit jener von frühem wgerm. **wulfa* über späteres **wulfã* zu ahd. *wolf* recht genau überein[83]. Bestätigt wird dieser Lautwandel durch friesische Formen *habuku* und *ka[m]bu* (in einer Runeninschrift auf dem Geweih von Oostem, um 800), auch *kombu* (auf dem Knochenkamm von Torrnwerd, 8. Jahrhundert) sowie ags. *skanamodu* „Schönmut" (auf einem Solidus des Kaiser Honorius, 5. Jahrhundert) mit der Endung -u, obwohl für beide Substantive die Zugehörigkeit zu den *a*-Stämmen feststeht[84], vgl. zu Ersterem das finn. Lehnwort aus dem Germanischen *kampa* „Kamm" und die Runeninschrift von Erfurt-Frienstadt *ka[m]ba* (3. Jahrhundert, s. dazu Seite 68), ferner ags. *camb (comb)* „Kamm", an. *kambr* „Kamm, Gebirgskamm", lit. *žambas* „Kante", ai. *jámbha-* „Backen-, Mahlzahn", toch. B *keme* „Zahn" usw. und zu Letzterem got. *mōþs* (Gen. *mōdis*) „Zorn", ags. *mōd* n., as. *mōd* m. „Sinn, Mut" und ahd. *muot* m., n. „Sinn" als Maskulina auf -*a*-; unter diesen Voraussetzungen müsste dann die Endung -*a* in **daga* bis etwa zum 5. Jahrhundert zu *-ă oder eher offenem *-ŏ gekürzt und später gänzlich geschwunden sein – die archaischen Schreibungen in den späten Inschriften können traditionell-virtuell begründet sein[85].

Entsprechendes gilt auch für auslautendes *-i im Nominativ der *i*-Stämme, wonach frühes wgerm. **gasti* über **gastĭ* zu *gast* reduziert wurde, vgl. dazu wiederum urn. *-gastiR* mit vollständiger Endung und einen parallelen Lautwandel im Slawischen von protoslaw. **gasti* „Gast" über abg. *gostь* zu nbg. *gost*. Nur bei

---

83 Siehe den Ansatz von überkurzem *-ă im Auslaut im Wgerm. bei Klingenschmitt 2002: 463. Zum Slawischen s. Holzer 1998: 61ff.
84 Die drei Belege auf Runen- bzw. Münzinschriften fries. *kombu, kabu* „Kamm" (Knochenkamm von Torrnwerd, s. dazu Klingenschmitt 2002: 465, bzw. Geweih von Oostem, beide 8. Jahrh.) sowie ags. *skanamodu* „Schönmut" lassen auf einen überkurzen Vokal *-ŏ nach langer Wurzelsilbe schließen, s. zu diesen Inschriften Sjölin 1998b: 31f. und Düwel 2001: 85f. Die Inschrift auf dem Geweih lautet: *ælb kabu deda habuku*, nach Düwel: „Für Aelb den Kamm machte Habuk."
85 Etwa wie frz. -*e* in *mère* „Mutter", *fille* „Tochter".

kurzsilbigen Stämmen blieb auslautendes -i erhalten, wie in ahd., as. *wini* „Freund", vgl. urn. *winiR*[86]. Ebenso ist bei den *u*-Stämmen auslautendes -*u* nur in Substantiven mit kurzer Wurzelsilbe bis in die Einzelsprachen bewahrt, darunter in ahd., as., ags. *sunu* „Sohn", vgl. dazu genau got. *sunus*, in langsilbigen Substantiven jedoch geschwunden, darunter in ahd. *hant*, as., ags. *hand* „Hand", vgl. got. *handus*.

Langvokalische Endungen, zumindest jene, die nicht durch auslautenden Konsonant gedeckt waren, wurden im Westgermanischen wie im Urnordischen gekürzt. Hierbei wurde dort *-ō zu -u verdunkelt, im Gotischen dagegen zu -a aufgehellt, z. B. in ags. *giefu* „Gabe" gegenüber got. *giba*. In Endungen mit Auslautkonsonant wurde ähnlich wie im Urnordischen langes *-ō- zu -a- aufgehellt, etwa in der femininen Akkusativendung des Plurals in urn. *runoR > runAR*, vgl. dazu vahd. *runa* in den Inschriften von Freilaubersheim, Neudingen und Pforzen (s. dazu Seite 53). Endsilbendiphthonge wurden zumeist monophthongiert, s. dazu Seite 52; eine Ausnahme bildet die Endung -*iu* aus dem Langdiphthong urg. *-ēu, s. dazu Seite 76. Zu weiteren Diphthongen mit auslautendem Folgekonsonant siehe Einzelnes unter den Flexionsparadigmen.

2.1.2. Der Konsonantismus

Im Konsonantensystem hebt sich das Germanische von den anderen indogermanischen Sprachen durch seine Lautverschiebung sämtlicher Okklusive ab. Diese Veränderung wird aufgrund ihrer grundlegenden Bedeutung im Folgenden nochmals dargestellt, bevor auf die Veränderungen vom späteren Urgermanischen zum Westgermanischen dargestellt werden.

Im Bereich der nichtokklusiven Konsonanten (Nasale und Liquidae) hat das Urgermanische wie auch das Westgermanische noch kaum nennenswerte Veränderungen vollzogen. Lediglich ursprünglich auslautendes prg. *-n* (etwa in Akkusativendungen) ist geschwunden, wie vor allem got. *sunu* „den Sohn" gegenüber dem Pronomen *þana* „den" zeigt; in den Einzelsprachen wurde weiter -*m* zu -*n* aufgehellt, z. B. in ahd. *dēn* aus *dēm* (Dativ Plural desselben Pronomens). Konsonantisches *j* und *w* blieben ebenfalls großenteils erhalten, ersteres schwand allerdings vielfach in intervokalischer Stellung, z. B. in ahd. *sāen*, an. *sá* gegenüber got. *saian*. Auch in postkonsonantischer Stellung schwanden beide Reibelaute spätestens in den Einzelsprachen, vor allem -*j*- außerhalb des Gotischen, wie in ahd. *heffen*, ags. *hebban* gegenüer as. *heffian* und got. *hafjan* „heben", dagegen ist -*w*- in dieser Stellung außer im Gotischen überall geschwunden, darunter in ahd. *gazza* und an. *gata* gegenüber got. *gatwō* „Gasse, Pfad".

---

86 Siehe den Ansatz von überkurzem *-ī im Auslaut im Wgerm. bei Klingenschmitt 2002: 463.

2.1. Die Veränderungen im Überblick

Im kombinatorischen Lautwandel wurden im Urgermanischen verschiedene Konsonanten an benachbarte Liquide und Nasale assimiliert, darunter *s* vor Nasal im Inlaut. Ein Reflex davon erscheint noch in den gotischen pronominalen Dativen *þamma* „dem" und *hvamma* „wem" mit Doppelschreibung des Nasals noch sichtbar, vgl. dagegen noch umbr. *pusme* „wem" und apr. *stesmu, kasmu* „dem" bzw. „wem" mit erhaltenem Sibilant. Der labiale Reibelaut *w* wurde beispielsweise in got. *kinnus* „Wange", ahd. *chinni*, an. *kinn* „Kinn" aus prg. **génwus* und in den Steigerungsformen got. *minniza, minnists* „klein", „kleinster" aus prg. **mínwison-, *mínwisto-* vom vorausgehenden Nasal assimiliert (s. Seite 78 bzw. 102). Im Adjektiv got. *fulls*, ahd. *fol*, an. *fullr* „voll" aus prg. **pulnós* (vgl. noch lit. *pìlnas* „voll" und ai. *pūrṇá-* „voll") und im Substantiv in ahd. *wolla* usw. „Wolle" aus prg. **wulnā́* (= lat. *lāna*, ai. *ū́rṇā-*) wurde umgekehrt der Nasal völlig an die Liquida angeglichen.

Nicht allgemein anerkannt ist hingegen die Assimilation von *n* nach stimmhaften Spiranten zu Tenues im späten Urgermanischen im Sinn von Kluges Gesetz, die wahrscheinlich unabhängig von der germanischen Lautverschiebung später erfolgte[87]. Diese Assimilation wurde außer unter Nomina auch in Verben mit angeblich ursprünglichem Nasalsuffix wie ahd. *leckōn*, as. *likkōn*, ags. *liccian* „lecken" angenommen, demnach sei spg. **likkōn* aus idg. **ligʰnáh₂-* entstanden, vgl. ohne Nasal got. *bilaigōn* „belecken", außerhalb des Germanischen gr. λείχειν usw. „lecken"[88]. Doch gibt es hierzu wenigstens unter Substantiven Gegenbeispiele, z. B. ags. *swefen* „Schlaf, Traum" und an. *svefn* „Schlaf" (= ai. *svápna-* „Schlaf, Traum", gr. ὕπνος) und ahd. *bodam*, as. *bo|om*, ags. *botm*, an. *botn* „Boden" = ai. *budhná-* „Boden, Grund", in denen der Nasal erhalten blieb[89].

Am Wortende kam es im Urgermanischen zum Schwund von Konsonanten. Dass auslautende dentale Okklusive erst im späten Urgermanisch geschwunden sein können, geben Langvokale und Diphthonge im Auslaut zu erkennen, die ohne Deckung durch einen Konsonanten verkürzt worden wären. So liegt z. B. in der Optativform got. *baírai* „er möge tragen" einstiges **-t* vor, vgl. dazu genau ai. *bháret*, aber auch gr. φέροι mit ebenfalls geschwundenem Dental. In Pronominaladverbia wie got. *hidrē* ist offensichtlich ablativisches idg. **-d* geschwunden, vgl. dazu lat. *citrā* „diesseits", alat. *exstrād* „außerhalb".

Erhalten geblieben ist *s* im Auslaut bis zum Zerfall der germanischen Spracheinheit, in unbetonter Stellung wurde es indes im späteren Urgermanisch wie die stimmlosen Spiranten aus den ursprünglichen Tenues im Sinn von Verners Gesetz

---

87 Lühr (1988: 190) spricht von einer „von der germ. Lautverschiebung unabhängigen späteren Erscheinung".
88 Siehe dieses Beispiel bei Lühr 1980: 249f. und jetzt Scheungraber 2010: 118f.
89 Positiv zu Kluges Gesetz jedoch trotz der Gegenbeispiele Lühr 1980: 252f. und 1988: 331–344, die diese aufgrund von Restitution interpretiert, und jetzt Scheungraber 2010: 109–115, die diesen Lautwandel in Vortonstellung postuliert. Auf S. 116–129 führt sie noch weitere schwache Verbgleichungen mit einstigem Nasal an, allerdings fast nur aus dem Westgermanischen (zum Verbum für „lecken" s. ebda. S. 118f; mit nordischer Parallele ahd. *rucchen* „rücken, entfernen" = an. *rykkja* „rücken, werfen", s. S. 121).

sonorisiert (s. Seite 48f.), also in unbetonter Stellung sonorisiert. Im Nordischen kehrt dieses *z zunächst als Graphem urn. R, später als r wieder; im Westgermanischen entwickelte sich sonorisiertes *z intervokalisch ebenfalls zu r, im Auslaut besteht es nur in Einsilblern als -r fort, ansonsten schwindet es dort. Dagegen verliert es im Gotischen infolge der Auslautverhärtung seine Stimmhaftigkeit verliert, vgl. also etwa das Personalpronomen got. *is* gegenüber ahd. *er*.

Zu weiteren Lautveränderungen sei auf die westgermanisch-nordischen, westgermanischen sowie nordseegermanischen Neuerungen verwiesen.

Die indogermanischen Tenues *p, *t, *k und *k^w wurden zunächst aspiriert und dann vermutlich erst viel später weiter zu stimmlosen Spiranten *f, *þ, *χ und *$χ^w$ verschoben. Bereits nach der Aspiration der ursprünglichen Tenues konnten die indogermanischen Mediae *b, *d, *g und *g^w „nachrücken" und als p, t, k und k^w die Stelle der stimmlosen Tenues einnehmen. Als letztes verloren die indogermanischen Mediae Aspiratae *b^h, *d^h, *g^h und *g^{wh} ihre Aspiration, ohne mit den altererbten Mediae zusammenzufallen, da diese sich zu Tenues verhärtet hatten, vor allem im Inlaut entwickelten sie sich zu stimmhaften Spiranten[90]. Diese Lautverschiebung soll nun anhand von Beispielen veranschaulicht werden; zu beachten ist wiederum, dass im Altenglischen intervokalisches *h* unter Ersatzdehnung des vorausgehenden Vokals geschwunden ist.

Der indogermanische Verlar *k* (mit dem der Palatal zusammengefallen war) wurde im frühen Germanischen zunächst aspiriert, weiter zur Spirans und schließlich in den Einzelsprachen zum bloßen Hauchlaut verschoben, vgl. also im Anlaut got. *hund*, ahd. *hunt*, as. *hund* und ags. *hund(red)* mit lat. *centum*, kymr. *cant* „hundert"; im Inlaut got. *faíhu* „Vermögen", ahd. *fihu* „Vieh", as. *fehu, fihu* und ags. *feoh* „Vieh, Besitz" mit alat. *pecu*, apr. *pecku* „Vieh". Doch liegt zumindest im Stammesnamen *Cimbri* noch eine unverschobene Tenuis vor, s. dazu Seite 50. Die Media *g* kehrt im Germanischen als *k* wieder, vgl. im Anlaut got., ahd. *kniu*, as. *kneo, knio* und ags. *cnēo* mit lat. *genu*, gr. γόνυ „Knie", im Inlaut got. *aukan* „sich mehren", ahd. *ouhhōn* „hinzufügen", an. *auka* „vermehren" mit lat. *augēre* „vermehren", lit. *áugti* „wachsen". Die einstige Media aspirata g^h im Anlaut liegt vor in ahd. *gans*, ags. *gōs*, an. *gás*, vgl. dazu lat. *(h)anser*, gr. χήν „Gans", im Inlaut in got. *steigan*, ahd. *stīgan*, ags. *stīgan*, an. *stíga* „steigen", vgl. dazu gr. στείχειν „steigen, schreiten", air. *tíagu* „gehe"; die fast ausnahmslose Schreibung *g* täuscht darüber hinweg, dass zumindest im Inlaut der Guttural eine stimmhafte Spirans *g* darstellte, was nur noch im Altenglischen direkt erkennbar ist.

Auch die dentale Tenuis *t* wurde im Germanischen aspiriert und zur Spirans þ verschoben (im Althochdeutschen weiter zur Media *d*), vgl. im Anlaut das Zahl-

---

90 Diesen Zusammenfall der ursprünglichen Tenues in unbetonter Stellung mit den ursprünglichen Mediae aspiratae als stimmhafte Spiranten (aufgrund von Verners Gesetz) notiert Scheungraber ausdrücklich (2010: 112), bei allerdings sonst anderer Ansicht über den Ablauf der ersten Lautverschiebung.

2.1. Die Veränderungen im Überblick

wort für „drei", got. *þreis, an. þrír, as. thria, ags. þrī(e), ahd. drī mit lat. trēs, gr. τρεῖς, im Inlaut got. waírþan, ahd. werdan „werden" mit lat. vertere, -ō „wenden, drehen". Auch hierzu findet sich noch ein germanischer Stammesname in unverschobener Lautform: Teutoni (s. dazu Seite 50). Die dentale Media d wiederum wird zur Tenuis t (und im Althochdeutschen weiter zur Affrikata z) verschoben, vgl. als Beispiel mit anlautendem Dental das Zahlwort für „zehn", got. taíhun, as. tehan, ags. tȳn, tīen, ahd. zehan mit lat. decem, gr. δέκα usw., im Inlaut das Substantiv für „Fuß", got. fōtus, as., ags. fōt, ahd. fuoz mit lat. pēs, pedis, gr. πούς, ποδός. Die dentale Media aspirata dh kehrt im Germanischen als Media, im Althochdeutschen als Tenuis t wieder, vgl. im Anlaut got. daúr, as., ags. dor, ahd. tor „Tor" mit gr. θύρα „Tür", lat. foris „Tür(flügel)", im Inlaut got. midjis, ags. mid, an. miðr „mittlerer" sowie as. middi und ahd. mitti „Mitte" mit lat. medius, ai. mádhya- usw. „mittlerer", hier zeigt das Altnordische noch die Spur der stimmhaften dentalen Spirans.

Ganz analog wurden die Labiale verschoben. Zur Tenuis p im Anlaut vgl. das Wort für „Vieh" (unter den gutturalen Tenues), im Inlaut vgl. ahd. neuo „Enkel, Neffe", an. nefi „Neffe, Verwandter" mit lat. nepōs „Enkel", ai. nápāt „Enkel, Abkömmling" sowie ahd., ags. nift „Enkelin, Nichte", an. nipt „Schwestertochter" (mit Assimilation aus *-ft) mit lat. neptis „Enkelin" und ai. naptī́s „Tochter, Enkelin". Die labiale Media b war im Indogermanischen recht selten, daher gibt es hierzu nur wenige Gleichungen: Der in den Etymologika allgemein verbreitete Vergleich von ahd. pfuol „Pfuhl" mit lit. balà und aksl. blato „Sumpf" überzeugt semantisch völlig, formal aber nur unter der Voraussetzung einer Ablautstufe von idg. *bal-/bāl-; auch ahd. slaf „träge", an. slápr „Faulpelz" wird zu Recht mit aksl. slabъ „schwach", ferner lit. slãbnas „ds." verglichen unter Ansatz einer Wurzel idg. *slab-. Die einstige labiale Media aspirata bh findet sich als Media im Anlaut wieder im Verbum got. baíran, ahd. beran „tragen", vgl. dazu lat. ferre, gr. φέρειν, ai. bhárati „ds.", im Inlaut in ahd. nibul „Nebel", ags. neowol „Dunkel", an. nifl-, vgl. lat. nebula „Nebel", gr. νεφέλη „Wolke", ai. nábhas- „Gewölk". Am genauesten reflektiert das Altenglische mit der Schreibung w noch die stimmhafte Spirans b.

Die Labiovelare blieben trotz der Lautverschiebung bis in die germanischen Einzelsprachen vor allem im Anlaut als solche erhalten, vgl. also im Anlaut got. hva, ahd. hwaz, as. hwat, ags. hwæt, an. hvat mit ai. kád, lat. quod „was" aus idg. *k^wód, im Inlaut indes got. leihvan „leihen", ahd., as. līhan „(ver)leihen, hergeben" (und ags. līon „leihen" mit geschwundenem h) usw. mit lat. linquere, gr. λείπειν „zurücklassen", ai. riṇákti „lässt, überlässt" usw. aus idg. *$leik^w$-/lik^w-. Auch die Media hat als Labiovelar bis in die Einzelsprachen überlebt (im Gegensatz zu anderen indogermanischen Einzelsprachen), vgl. z.B. got. qiman, ahd. queman usw. „kommen" mit lat. venīre „kommen", gr. βαίνειν „gehen", ai. gácchati „ds." usw. aus idg. *g^wem-, im Inlaut got. riqis, an. rǫkkr „Finsternis, Dunkel" mit gr. ἔρεβος „ds.", ai. rájas- „Staub, Düsterkeit" aus idg. *$rég^w$es-.

47

Nur die ursprüngliche Media aspirata der Labiovelare *g^{wh} wurde reduziert, sie zeigt jedoch verschiedene Reflexe: Gleichungen wie got. *warmjan* „wärmen", ahd. *warm* und an. *varmr*„warm" = ai. *gharmás* „ds.", lat. *formus* (erst bei Paulus ex Festo ein paarmal für „calidus" bezeugt) und got. *bidjan*, ahd. *bitten*, as. *biddian*, ags. *biddan*, an. *biðja* = air. *guidid* „bittet", gr. ϑέσσομαι[91] und awest. *jaiðiiemi* „bitte" lassen sich morphologisch wie semantisch problemlos auf idg. *$g^{wh}ormós$* bzw. *$g^{wh}éd^{h}yeti$* (3. Person Sg.) zurückführen. Dabei ist die Reduzierung des Labiovelars zum bloßen Labial (wohl als stimmhafte Spirans wenigstens vor *a* und hellen Vokalen) im Urgermanischen, also die Lautentwicklung von *$g^{wh}ormós$* über *gwarmaz* zu *warmaz* bzw. von *$g^{wh}éd^{h}yō$* über *gwiðjō* zu *biðja* „ich bitte" anzunehmen. Als Beleg für *g* vor dunklen Vokalen aus idg. *g^{wh}* überzeugt das Substantiv ags. *gūð*, an. *gunnr, guðr* „Kampf" (aus spg. *gundī-*, prg. *$g^{wh}untī-$*) aus semantischen Gründen, vgl. heth. *kuenzi*, ai. *hánti* „schlägt, tötet" (aus idg. *$g^{wh}énti$*), gr. ϑείνειν „töten", air. *gonaid* „verwundet" usw.[92] Beispiele für Media aspirata im Inlaut sind etwa got. *snaiws*, ags. *snāw* (= ahd. *snēo* = lit. *sniẽgas*, aksl. *sněgъ* „Schnee" aus idg. *$snoig^{wh}ós$*, vgl. auch gr. νίφα (Akk., nur bei Hesiod belegt), lat. *nix, nivis* „Schnee" und air. *snigid* „regnet"; völlig erhalten ist dieser Labiovelar im Verbum got. *siggwan*, an. *syngva* (= ahd. *singan*), das allgemein mit gr. ὀμφή „Stimme" (poet.) auf Grundlage einer Verbalwurzel *$seng^{wh}$-* etymologisch verbunden wird[93]. Grundsätzlich neigte offensichtlich die labiovelare Media aspirata im Protogermanischen dazu, ihren velaren Bestandteil aufzugeben, dies bestätigen jedenfalls die eben behandelten Lexeme; im Fall von ags. *gūð*, an. *gunnr, guðr* hingegen kann der labiale Bestandteil vor dem dunklen Vokal dissimilatorisch geschwunden sein.

Gemäß dem Lautentwicklungsgesetz des dänischen Linguisten Karl Verner wurden die einstigen Tenues *p, t* und *k* allerdings nur im Anlaut und in betonter Inlautstellung letztlich zu stimmlosen Spiranten verschoben, im Anlaut möglicherweise über die Zwischenstufe von Affrikaten (ähnlich wie die germanischen Tenues später im Althochdeutschen im Anlaut zu Affrikaten wurden); bis dahin blieb der bewegliche Akzent also noch erhalten. In unbetonter Stellung entwickelten sich die Tenues hingegen wie die alten Mediae aspiratae *bh, dh, g^h* und *g^{wh}* zunächst zu stimmhaften Spiranten *b, ð, g* und *gw* und weiter zu einfachen Mediae *b, d, g* bzw. *w* oder *g*. Bis zum Abschluss dieser Lautverschiebung blieb der bewegliche Akzent also noch erhalten.

Auch stimmloses *s* wurde ursprünglich im Germanischen ähnlich im Sinn von Verners Gesetz behandelt wie die spirantisierten Tenues: In unbetonter Stellung

---

91 Nur in Hesychglosse, Aorist ϑάσσασϑαι aber bereits in den homerischen Epen belegt.
92 Siehe zur Entwicklung der labiovelaren Media aspirata im Anlaut im Germ. die Abhandlung von Seebold 1980 (speziell zu den Lexemen für „warm" und „bitten" dort S. 466f. bzw. 479f., zu *gūð, gunnr* S. 451–457).
93 Es fällt auf, dass im Keltischen die indogermanischen labiovelaren Mediae zu Labialen reduziert wurden, die Mediae aspiratae hingegen ihren velaren Anlaut behielten.

wurde der Sibilant zu -z- (urn. -R-) sonorisiert, dies wird nicht zuletzt bei den starken Verben sichtbar, sofern deren Wurzel mit ursprünglichem s ausgelautet hatte.

Beispiele dieser Konsonantenalternation im Sinn von Verners Gesetz gibt es für alle vier Artikulationsarten. So spiegelt das Verhältnis von ahd. *swehur* „Schwiegervater" zu *swigar* „Schwiegermutter" genau die indogermanischen Betonung wider, vgl. dazu ai. *śváśura-* „Schwiegervater" bzw. *śvaśrū́-* „Schwiegermutter" und russ. *sv'ókor* bzw. *svekróvь* aus idg. *$sweḱuros$ bzw. *$sweḱrū́s$[94]. Ein analoges Verhältnis findet sich auch bei der einstigen dentalen Tenuis, vgl. got. *brōþar – fadar*, ahd. *bruoder – fater* am ehesten mit ai. *bhrā́tā* „Bruder" – *pitā́* „Vater". Für die einstige labiale Tenuis lässt sich nur die Alternation ahd. *afur – abur* „abermals, wiederum" heranziehen, vgl. dazu ai. *ápara-* „hinterer, späterere" – *aparám* „später, künftig"[95]. Die frühere labiovelare Tenuis hat demgegenüber in unbetonter Stellung den velaren Bestandteil verloren, so in ahd. *liwum*, Präteritum Plural zu *līhan* „leihen", vgl. lat. *linquere*. Sofern also jeweils die indogermanisch ererbte Tenuis in Vortonstellung auftritt, wird sie bereits im Protogermanischen wie eine ehemalige Media aspirata behandelt, auch im Fall des Labiovelars, wo *w* ja seinerseits als Fortsetzer von idg. *g^{wh} gesichert ist. Diese Konsonantenalternation tritt vor allem im Präteritum der ablautenden starken Verben – besonders im Althochdeutschen – als „grammatischer Wechsel" klar in Erscheinung (s. dazu Seite 148–150).

Nicht weniger überzeugend als nach dieser bislang gängigen Theorie lässt sich freilich eine zeitliche andere Abfolge von Lautverschiebung, Verners Gesetz und Übergang zum expiratorischen Akzent (Anfangsbetonung) vertreten:

1) Zunächst erfolgte eine Aspiration der altererbten Tenues *p, t, k* und des Labiovelars k^w, was als Vorstufe der ersten Lautverschiebung interpretiert werden kann[96].
2) Anschließend erfolgte die mit dem Begriff „Verners Gesetz" verbundene akzentbedingte Verzweigung in der Entwicklung der idg. Tenues: Während die neuen Laute p^h, t^h, k^h und k^{wh} in unbetonter Stellung zu b^h, d^h, g^h und g^{wh} abge-

---

94 Einen Sonderfall stellt das Substantivpaar an. *úlfr* „Wolf" – *ylgr* „Wölfin" dar, das sicher auf urn. *wulfaR* bzw. *wulgiR* basiert, dieses spiegelt seinerseits zweifellos wie ai. *vŕ̥kas* „Wolf" – *vr̥kī́s* „Wölfin" indogermanische Betonungsverhältnisse wider, setzt also idg. *$wl̥k^wos$ – *$wl̥kī́s$ fort; im Femininum wurde der Labiovelar vor -*i*- spätestens in protogermanischer Zeit zum Velar, im Maskulinum umgekehrt der Labiovelar zum Labial reduziert, s. dazu jetzt Schaffner 2001: 62. Die Abweichung in germ. *p* (vgl. auch lat. *lupus*) gegenüber den meisten anderen indogermanischen Sprachen wird verschieden interpretiert, nach Krause (1968: 126) liegt Ferndissimilation vor, und Bammesberger (1990: 101f.) leitet *wulfaz* aus *wulhwaz* her, doch ist diese Dissimilation gewiss vor der Lautverschiebung erfolgt, wie Schaffner überzeugend postuliert; in ags. *wylf* „Wölfin" wurde offensichtlich das *f* vom Maskulinum übernommen, s. zu *ylgr*, *wylf*, vgl Seite 183.
95 Siehe dieses Beispiel bei Krahe 1966: 87, außerdem jetzt Mayrhofer 1992: 84, der *ápara-* mit got. *afar* „nach" vergleicht.
96 Ähnlich wurden im Urgriechischen die indogermanischen Mediae aspiratae zunächst zu Tenues aspiratae verhärtet und dann in nachklassischer Zeit zu stimmlosen Spiranten verschoben, s. dazu eine Tabelle bei Meier-Brügger 1992: 108 mit Literaturangaben.

schwächt wurden und so mit den altererbten Mediae aspiratae zusammenfielen, blieb in betonter Stellung alles beim Alten.
3) Mit Sicherheit erst danach fand die Verschiebung des Akzents auf die Stammsilbe statt.
4) Ebenfalls erst danach – so die hier vertretene Ansicht – entwickelten sich die aspirierten Tenues zu den stimmlosen Frikativen $f, \ þ, \ \chi$ und χ^w weiter, die alten und neuen Mediae aspiratae hingegen zu den stimmhaften Frikativen $ƀ, \ đ, \ g$ und g^w – eine Veränderung, die als erste Lautverschiebung oder Grimms Gesetz allgemein bekannt ist.

Die Abschwächung aspirierter Tenues zu aspirierten Mediae in unbetonter Stellung ist phonologisch ein winziger Schritt, der näher liegt als die Annahme, dass stimmlose Frikative in unbetonter Stellung sonorisiert worden seien[97]. Die Vereinfachung gemäß der hier vertretenen Ansicht lässt die Abläufe klarer und schlüssiger erscheinen und setzt vor allem einfachere Zwischenstufen voraus als die traditionell angenommene Aspiration der Tenues, die folgende Verschiebung zu stimmlosen Spiranten und schließlich deren Sonorisierung in unbetonter Stellung[98].

Dass die Germanische Lautverschiebung noch um 100 v. Chr. nicht abgeschlossen war, bezeugen die Stammesnamen *Cimbri* und *Teutoni*, die Caesar mehrfach zusammen erwähnt, vgl. dazu die nordjütländischen Gebietsbezeichnungen Himmerland (altdänisch *Himbersysæl)* und Thy (altdänisch *Thytesysæl*); doch wurden die anlautenden Okklusive *k* und *t* zu dieser Zeit sehr wahrscheinlich bereits aspiriert ausgesprochen. Als nächstes wurde der anlautende Velar im Anlaut zur Affrikata $k\chi$ verschoben, u. a. im Namen eines Batavers *Chariovalda* neben einem Markomannennamen *Catuvalda* (beide bei Tacitus belegt)[99]. Im Fränkischen der Merowingerzeit war diese Affrikata weiter zur stimmlosen Spirans χ reduziert, wie in den Fürstennamen *Childerich, Chlodwig, Chlothar, Chilperich* (in lateinischen Texten als *Childericus, Chlodivicus, Chlotharius* überliefert). Im Althochdeutschen schließlich war die Spirans zu einem bloßen Hauchlaut *h* abgeschwächt[100].

Diese Lautverschiebungsregeln gelten freilich nicht ohne ein paar wichtige Ausnahmen. Sämtliche Tenues, denen unmittelbar der Sibilant *s* vorausging, blieben unverschoben, vgl. got., ags. *standan*, ahd. *stantan* und an. *standa* „stehen" mit lat. *stare* „ds.", außerdem got. *skaban* „schaben, scheren", ahd. *scaban* „schaben, ausradieren", ags. *sc(e)afan* „schaben, kratzen" und an. *skafa* „schaben" genau

---

[97] Dieser Zusammenfall der (aspirierten) Tenues mit den Mediae aspiratae wird bereits von van Coetsem (1970: 63) ansatzweise vertreten.
[98] Siehe hierzu jetzt ausführlich Euler 2009: 54f. und 62f. Anders Mottausch 2011: 2, der Verners Gesetz erst nach der Spirantisierung der ehemaligen Tenues datiert (mit Verweis auf die analoge Sonorisierung von *s* zu *z*). Möglicherweise erfolgte die Spirantisierung etwa zur selben Zeit wie die Sonorisierung nach Verners Gesetz.
[99] Siehe zur Verschiebung der idg. Tenues jetzt Euler 2009: 67–70.
[100] Siehe dazu Goblirsch 2005: 144f.

mit lat. *scabere-ō* „schaben, kratzen" sowie got. *speiwan*, ahd. *spīwan*, ags. *spiowan* und an. *spýja* „speien" mit lat. *spuere* „ds.".

Sofern auf die gutturale oder labiale Tenuis ein **t* folgte, wurde diese in späturgermanische Zeit spirantisiert, während das *t* wiederum bewahrt blieb. Der erstere Lautwandel tritt in der Gleichung der Präteritalform got. *waúrhta* (zu *waúrkjan*) = ahd. *worhta* (Isidor) = ags. *worahtæ* = urn. *worahto* (letztere mit Sprossvokal; Steininschrift von Kirkheaton bzw. Stein von Tune[101]) „wirkte" auf[102]. Der andere Lautwandel erscheint in ahd. *haft*, ags. *hæft* „gefangen", die ihrerseits auf einem Etymon **χaftaz* (< **kaptós*) basieren, vgl. dazu lat. *captus* „gefangen", air. *cacht* „Sklavin" (aus urkelt. **kaptā*). Ging der Spirans zusätzlich ein Nasal voraus, so verschwand dieser unter Ersatzdehnung des vorausgehenden Vokals, etwa in got. *þāhta*, ahd. *dāhta* und ags. *þōhte* „dachte" sowie an. *þátta* „ich gewahrte" (mit Schwund der Spirans und daher Geminierung des *t*) aus spg. **þaŋχt-ō*. Diese Lautentwicklung erfolgte wahrscheinlich kaum vor dem 1. Jahrhundert n. Chr., also erst zu Beginn der Völkerwanderung, wie der Stammesname *Tencteri* (bei Caesar belegt, niederrheinischer Volksstamm) bezeugt.

2.2. Westgermanisch-nordische Neuerungen

Das Westgermanische hat einige Neuerungen nur zusammen mit dem Nordgermanischen vollzogen, außerdem gibt es einige rein westgermanische Innovationen. Gegenüber dem Ostgermanischen weisen das West- und Nordgermanische in phonologischer Hinsicht einen deutlich rezenteren Zustand auf.

1) Urg. **ē₁* wird im Westgermanischen wie im Nordischen zu *ā* (im Angelsächsischen nur zu *ǣ* und im Friesischen nur unter bestimmten Bedingungen) geöffnet, bei Gregor von Tours erscheint noch die Form *Suebi*, bei Jordanes (6. Jahrhundert) dagegen schon *Suavi*[103]. Auch in den urnordischen Runeninschriften ist *ā* aus urg. **ē* mehrfach belegt, darunter in den Personennamen *swabaharjaR* (Inschrift von Rö, Krause Nr. 73; um 400 n. Chr.) und *sigimaraR* (Ellestad, Krause Nr. 59, um 600); vgl. dazu bei Tacitus den PN *Segimerus*). Zu got. *mekeis* „Schwert" (nur Akk. Sg. *meki*, Eph. 6,17) gibt es eine urnordische Parallele *makija* in der Inschrift von Vimose (Krause Nr. 22, 3. Jahrhundert, vgl. auch an. *mækir* „ds."). Im Merowingisch-Fränkischen ist der Lautwandel von

---

[101] Siehe zur ags. Inschrift mit dem Wortlaut *eoh worohtæ* Düwel 2001: 74, zur urn. Inschrift Krause Nr. 72.
[102] Nach dieser Spirantisierung schließlich schwindet ein etwaiger Nasal vor der ohnehin jungen Spirans *ch* + *t* unter Dehnung des vorausgehenden Vokals, etwa in got. *þāhta*, ahd. *dāhta* „dachte" aus spg. **þaŋχtō*.
[103] Zum Lautwandel *ē > ā* im Stammesnamen *Suebi/Suavi* s. jetzt Laitenberger 1998, IXsq., der diesen aufgrund einer Grabinschrift von 429 mit dem Wortlaut *Ermengon suaba* schon für das 4. Jahrhundert ansetzt. Bestätigt wird dieser Lautwandel um 500 eindeutig durch das fränkische Wort *brādo* (= nhd. *Braten*), das ins Lateinische als *brādō* entlehnt wird und dort bei Anthimus § 14 (im Kochbuch für den Frankenkönig Theoderich, um 515) belegt ist, vgl. auch noch als Fortsetzer davon frz. *braon* „Bratenstück"; hinzuzufügen wäre auch **grātan* (= got. *grētan*) „weinen, klagen", daraus afrz. *regrater* „beklagen, betrauern", neufrz. *regretter* „bedauern". Siehe zu beiden Substantiven Gamillscheg 1934: 204 bzw. 235f

*ē₁ zu ā jedenfalls vollzogen, in der westgermanischen Sprachstufe dürfte dieser Vokal wohl schon relativ offen als *ǣ ausgesprochen worden sein.
2) Urg. *e wird vor Nasal + Konsonant zu i aufgehellt, z. B. in ahd. *bintan*, ags. *bindan* und an. *binda*, im Gotischen dagegen grundsätzlich, sofern nicht r, h oder hv folgen.
3) In Nebensilben sind urg. *ai und *au im West- und Nordgermanischen zu ē und ō monophthongiert, vgl. got. *gibais* mit ahd. *gebēs* und an. *gefir* (aus urn. *gebēR*) sowie got. *magaus* mit urn. *magoR minas* „meines Knaben, Sohnes" (Vetteland, Krause Nr. 60, um 350) und ahd. *fridoo, frido* „des Friedens" (Benediktinerregel, Cod.Sang. 916, bzw. Isidor, an beiden Stellen für lat. *pacis*!). Umstritten ist freilich, ob im Gotischen in Nebensilben *ai und *au nicht ihrerseits zu offenem ē bzw. ō monophthongiert sind, da diese sowohl für offenes e und o verwendet werden (vor r, h, hv und in Fremdwörtern wie *Naubaimbair*) als auch für ursprüngliche Diphthonge (im Optativ Präsens, vgl. got. *baírais, -ai* mit gr. φέροις, -οι, wie eben im Gen. Sg. der u-Stämme, vgl. *sunaus* mit lit. *sūnaũs*); die Schreibung von got. *ai* und *au* enthält somit eine ähnliche Ambivalenz wie jene der neuenglischen Grapheme a und o[104].
4) Auslautendes *-ō wird im Gotischen zu -a, im West- und Nordgermanischen zu -u gekürzt, vgl. got. *giba* mit ahd. und urn. *gibu* „ich gebe" (Brakteat-Inschrift von Seeland, Krause Nr. 127).
5) Im Dat. Pl. der a-Stämme hat das Gotische die Endung -am, die wgerm. Sprachen und das Nordische zeigen -um, vgl. got. *dagam* mit ahd. *tagum*, as., ags. *dagum* und an. *døgum* (urn. auch den genuinen i-Stamm *gestumR*, s. dazu Seite 65).
6) Das Westgermanische hat wie das Urnordische die Tendenz zu Sprossvokalen, etwa in ahd. *worahta*, ags. *worohtæ* und urnord. *worahto* (letztere Formen in Runeninschriften, s. Seite 52) gegenüber got. *waúrhta* „wirkte" (aber auch gegenüber späterem *wurte, orte* und an. *orte*).
7) Die Konsonantenfolge *þl* findet sich nur im Gotischen, sonst erscheint im Anlaut *fl*, vgl. got. *þliuhan* mit ahd. *fliohan* und an. *flýja* „fliehen". Inlautend ist es zu -hl- reduziert oder unter Vokalkontraktion geschwunden, vgl. got. *maþljan* „reden" mit ahd. *gimahalen* und ags. *gemǣljan* sowie an. *mæla* „sprechen".
8) Die inlautende stimmhafte Spirans des Germanischen z ist in den westgermanischen Sprachen wie im Altnordischen zu r geworden, vgl. got. *maiza* mit an. *meiri* und ahd. *mēro* „größer"; im Urnordischen ist sie noch als -R- erhalten (im Personennamen *HraRaR*), im Fränkischen wohl noch als stimmhaftes z, etwa in *kaozjan(ă)* (daraus frz. *choisir* „auswählen" und prov. *causir* „wählen", s. unten).
9) Die gutturale Media ist im West- und Nordgermanischen vor j geminiert, vgl. as. *leggian* mit an. *leggja* gegenüber got. *lagjan* „legen".

---

104 Ausführlich behandelt ist die Frage nach den gotischen Diphthongen bei Austefjord 1973, 163–169, der zwar letztlich Monophthongierung annimmt, aber auch auf die Schreibung *taujan – tawida* hinweist, die für den Beibehalt der Diphthonge spricht.

10) Auslautendes -ns im Akkusativ Pl. ist nur im Gotischen erhalten, vgl. got. *þans* mit altpreuß. *stans* und griech. (kret.) τονς, im übrigen Germanischen aber unter Ersatzdehnung von *a* geschwunden: ags. *þā*, an. *þá*.

2.3. Spezifisch westgermanische und spätere Neuerungen

Phonologische Neuerungen des Westgermanischen gegenüber dem Gotischen und Nordischen gibt es nur wenige:

1) Auslautendes spg. *-z (vor allem in Endungen des Nom. Sg.) erscheint im Gotischen als *-s* und im Altnordischen als *-r*, im Urnordischen in den Runeninschriften sogar noch als *-R, während es im Westgermanischen vielleicht schon früh geschwunden ist. Dies wurde jedenfalls wegen des Personennamens *Chariovalda* (ein Bataver, Tac. Ann. 2,11, vgl. zu diesem an. *Haraldr* „Heerwald") oft vermutet, doch ist spg. *-z in den Matronennamen *Aflims* „den Kräftigen" und *Gabims* „den Geberinnen" (ubische Inschriften, 1.–3. Jahrhundert) noch erhalten, so dass der Sibilant im Auslaut jedenfalls in dieser Region kaum vor dem 3. Jahrhundert geschwunden sein kann. Für einen auch nicht viel späteren Verlust spricht die Runeninschrift von Erfurt-Frienstadt mit dem Wort *kaba*, sicher als *kamba* „Kamm" (aus spg. *kambaz) zu lesen (s. Seite 28). Die Form *runa* in den Inschriften von Freilaubersheim und Neudingen/Baar im 6. Jahrhundert gegenüber urn. *runoR, runAR* spricht hingegen dafür, dass -z im frühen 6. Jahrhundert auf jeden Fall geschwunden war (s. Seite 28). In Einsilblern, vor allem Pronomina, ist der stimmhafte Sibilant indes im Althochdeutschen und -niederländischen noch erhalten, vgl. etwa ahd. *wĭr* gegenüber as. *wĭ, we* und ags. *wĕ*.[105] Dagegen ist inlautendes *-z- zwar im Urnordischen noch als -R- erhalten, im Westgermanischen jedoch bereits zu -r- sonorisiert, vom stimmhaften Sibilanten findet sich dort kaum eine Spur; vielleicht indirekt frz. *choisir* „auswählen" und prov. *causir* „wählen" aus fränk. *kaozjan(ă) (= got. *kausjan* „kosten, kennen lernen", vgl. nhd. „kiesen, küren"[106]), das wohl wie *choisir* mit stimmhaftem *s* gesprochen wurde.
2) Die inlautende labiovelare Media des Urgermanischen ist im Westgermanischen zum Guttural reduziert worden, vgl. got. *siggwan* und an. *syngva* mit ahd., ags. *singan*.
3) Im Westgermanischen werden nicht nur Gutturale, sondern auch andere Konsonanten (abgesehen von *r*) vor *j* geminiert, vgl. z. B. ahd. *bitten*, as. *biddian* und ags. *biddan* gegenüber got. *bidjan* und an. *biðja* oder ahd. *chunni*, as. *kunni*, ags. *cynn* gegenüber got. *kuni* und an. *kyn* „Geschlecht". Tenues werden auch

---
105 Siehe dazu Nielsen 1981: 146, Quak 1992: 100.
106 Siehe dazu Gamillscheg 1934: 276f., der Entlehnung aus dem Gotischen aufgrund der Seltenheit gotischer Lehnwörter im Frz. ablehnt. Dagegen nimmt Meyer-Lübke (1968: 381) gotische Herkunft an (ohne Begründung).

vor Liquidae geminiert (unter Ausbildung eines Sprossvokals), wie in ahd. *ackar*, as. *ackar*, ags. *æcer* gegenüber got. *akrs* und an. *akr*.
4) Urg. **e* wird vor *i* und *j* zu *i* aufgehellt, z. B. in ahd., as. *biris*, ags. *birest* „du trägst" gegenüber von got. *baíris* und an. *berr*, im Althoch- und Altniederdeutschen auch vor *u*, z. B. in ahd., as. *biru* „ich trage" gegenüber von ags. *bere*.
5) Der Vokal *u* wird unter Einfluss von ursprünglichem *a* in der Folgesilbe zu *o* gebrochen, etwa in ahd., as., ags. *gold* gegenüber got. *gulþ*, an. *gull* oder in ahd., as. *korn*, ags. *corn* gegenüber urn. *-kurne* (Dativ, einmal belegt als *walhakurne* „Welschkorn", Metapher für Gold, auf einem Brakteat von Tjurkö, Schweden) – aber vgl. ahd., as., ags. *horn* mit urn. *horna* (auf dem Horn von Gallehus, Nordschleswig) und sogar ahd. *wolf* gegenüber von ags. *wulf*, got. *wulfs* und urn. *wulAfR* neben *wolAfR* (beides in den Steininschriften von Blekinge)[107]. Dass dieser *a*-Umlaut schon im merowingischen Fränkisch eingetreten sein muss, belegen die Namen des Fürsten *Chlod-wīg*, eig. „kampfberühmt") und seines Sohnes *Chlot-hari* („heerberühmt"), deren Vorderglied auf spg. **χluđa-* beruht, einer einstigen Partizipialbildung, vgl. ai. *śrutá-* als Partizip zu *śru-* „hören" (auch in Personennamen wie *śrutá-sena-*, sementisch = fränk. *Chlot-har*), gr. κλυτός „berühmt" (poet., ebenfalls in Komposita wie κλυτό-πωλος „rosseberühmt", von Hades) und air. *cloth* n. „Ruhm".
6) Kurzvokale in Auslautsilben werden zu überkurzen Vokalen abgeschwächt und schwinden später völlig (s. Seite 43f.). Langvokale in Auslautsilben werden gekürzt (s. Seite 44). Letzteres muss später geschehen sein, weil sonst die dadurch entstandenen kurzen Auslautvokale ebenfalls geschwunden wären.
7) Infolge von Vokalschwund im Auslaut werden ungedeckte Liquidae und Nasale (diese im Altenglischen nur nach langer Wurzelsilbe) silbisch, vgl. etwa ahd. *fogal*, as. *fugal*, ags. *fugol* mit got. *fugls* und an. *fugl* „Vogel" bzw. ahd. *zeichan*, as. *tēkan*, ags. *tācen* mit got. *taikns* und an. *teikn* „Zeichen".

Auf phonologischer Ebene hebt sich das Westgermanische also zunächst noch kaum vom Urnordischen ab. Alle sonstigen Neuerungen, die sich darüber hinaus innerhalb des Westgermanischen gegenüber dem Nordischen entwickeln, sind jünger und nur jeweils auf einen Teilbereich des Westgermanischen beschränkt, sei es auf die nordseegermanische oder anglofriesische Dialektgruppe oder auf das Althochdeutsche. Letztlich bewahrt demnach gerade das Fränkische den ältesten Lautstand gegenüber der althochdeutschen Lautverschiebung im Süden und mehreren charakteristischen lautlichen Neuerungen des Nordseegermanischen, also des Altsächsischen, Altfriesischen und Angelsächsischen im Norden besonders gut; selbst das Altniederländische nimmt an den nordseegermanischen Neuerungen nur bedingt teil:

1) Urg. *a* ist vor Nasalen im Nordseegermanischen zu *o* verdunkelt, etwa in ags., afries. *mon*, as. *-mon* (gegenüber got. *manna*, ahd. *man*).

---

[107] Siehe zur Brechung von *u* im Urnordischen bes. Krause 1971: 27f. und 70f.

2) Die Diphthonge *ai und *au sind zu Langvokalen monophthongiert, vgl. as. wēt, afries. wet, ae. wāt mit ahd. weiz, got. wait „ich, er weiß" und as. ōga, afries. age und bedingt ags. ēage (westsächs., vielleicht über ou, ēu, ēa) mit ahd. ouga, got. augō[108]. Im frühesten Althochdeutschen sind die Diphthonge ai und au hingegen noch erhalten, s. dazu Seite 42. Der Diphthong *eu wird bisweilen durch einen gutturalen Gleitlaut gebrochen, etwa im Zahlwort für „neun", s. dazu Seite 126.
3) Nasal schwindet vor Spiranten, wie im Zahlwort as., ags. fīf, afries. fīf, in der Pronominalform as., ags. ūs, afries. us sowie in as., ags. cū|, afries. kūth (= ahd. fimf, uns, kund, vgl. auch anl. uns[109]).
4) Vor kurzen Vokalen ist r umgestellt, wie in as. hers, afries., ags. hors gegenüber ahd. hros „Ross".

Darüber hinaus vollzogen das Altenglische und Altfriesische noch weitere gemeinsame Lautveränderungen gegenüber den „kontinental-westgermanischen" Dialekten, aus denen später das Deutsche hervorging, insbesondere[110]:

1) Die Gutturale k und g sind in beiden Sprachen palatalisiert, etwa in afries. tsiurke, ags. cirice (engl. church) gegenüber as. kirika, ahd. kirihha. Die Media g ist im Anlaut spirantisiert, z. B. in ags. gieldan und afries. ielda gegenüber as. geldan (daneben aber auch ieldan).
2) Verlust von g- im Präfix ga- (gi-).
3) Urg. a ist in beiden Sprachen aufgehellt, vgl. ags. blæd und afries. bled gegenüber ahd. blat, as. blad.
4) Urg. e wird vor Liquida + Konsonant wie vor h zu einem Diphthong gebrochen, wie in ags. gieldan und afries. ielda (s. Beispiel unter 1).
5) Langes ā ist vor Spiranten zu ō gerundet, z. B. in ags. brōhte, afries. brochte gegenüber ahd., as. brāhta „brachte".

Gegenüber allen anderen germanischen Sprachen hebt sich das Althochdeutsche durch die Zweite oder Hochdeutschen Lautverschiebung ab. Mit ihr wurden die germanischen Tenues zu Affrikaten im Anlaut und nach Konsonant auch im Inlaut sowie weiter zu Spiranten in intervokalischer Stellung und im Auslaut verschoben. Freilich war die Reduzierung der Affrikaten zu Spiranten im letzteren Fall in althochdeutscher Zeit noch nicht abgeschlossen; im Westfränkischen finden sich noch Schreibungen wie guats „was", atz „aß" und matzer „Messer"[111]. Beispiele

---

108 Siehe diese Phasen des Lautwandels von germ. *au zu ags. ēa bei Lehnert 1969: 52; vielleicht liegt aber eine Brechung aus *ā vor (s. Seite 42) Im Westfriesischen hat sich ein entsprechender Lautwandel bis zu ea offenbar unabhängig vom Altenglischen vollzogen, vgl. westfries. bread mit nordfries. brood, brwd „Brot" (s. Århammar 1995, 73f.).
109 Siehe diese anl. Pronominalform bei Quak 1992: 100.
110 Eine chronologische Aufstellung der anglofriesischen Lautwandel s. bei Kortlandt 2008: 271f.
111 Siehe dazu Gusmani 2001: 145 und 152 sowie Goblirsch 2005: 202.

2. Phonologie des Westgermanischen

für diese Lautverschiebung finden sich in jeder althochdeutschen Grammatik[112]. Hier darum nur folgende Beispiele:

Velar erscheint anlautend als Affrikata in ahd. *chorn*, vgl. dagegen as. *korn*, ags. *corn*, got. *kaúrn* „Korn, Getreide", ebenso inlautend in ahd. *denchen* gegenüber as. *thenkian* und *þagkjan* „denken, überlegen", doch blieb dieser Lautwandel auf das Alemannische und Südbairische beschränkt[113]; Velar im intervokalischen Inlaut findet sich als Spirans in ahd. *sah(ch)an* „streiten, " gegenüber as., got. *sakan* „ds.", im Auslaut in ahd. *ouh* „auch" = as. *ōk* „auch, und" = got. *auk* „denn". Für Dentale lassen sich folgende Beispiele anführen: im Anlaut das Zahlwort ahd. *zehan* = as. *tehan* = got. *taíhun*, nach Konsonant das Substantiv ahd. *herza* = as. *herta* = got. *haírto* „Herz" sowie zwischen Vokalen ahd. *ezzan* = as. *etan* = got. *itan* „essen" und im Auslaut das Pronomen ahd. *daz* = as. *that* = got. *þata*. An Beispielen mit Labial wären zu nennen: im Anlaut das Lehnwort ahd. *pfunt* = as., got. *pund* aus lat. *pondus* „Gewicht", nach Konsonant das Verbum ahd. *hel(p)fan* = as. *helpan*, got. *hilpan* sowie zwischen Vokalen ahd. *slāfan* = as. *slāpan*, got. *slēpan* und im Auslaut ahd. *scif* = as., got. *skip*.

Des Weiteren wurden im Althochdeutschen geographisch bis ins Fränkische hinein auch die anderen Dentale verschoben, zum einen urg. *d* zu *t*, sei es im Anlaut in *tag* gegenüber as. *dag* und got. *dags* oder im Inlaut in ahd. *biotan* „bieten, verkündigen" gegenüber as. *biudan* „bieten, gebieten" und got. *ana-biudan* „entbieten, befehlen". Die germanische stimmlose Spirans *þ*, *th* wurde im Althochdeutsche sonorisiert (in der Schreibung mit *dh* wiedergegeben) und weiter zu *d* verschoben, anlautend etwa in *denchen* gegenüber as. *thenkian* und *þagkjan* (s. Seite 46) und inlautend in *queđan* gegenüber as. *queđan* (mit stimmhafter Spirans) und got. *qiþan* „sagen, sprechen". Weniger konsequent, vornehmlich im Anlaut und nur innerhalb des Oberdeutschen wurden auch die Mediea *b* und *g* zu *p* und *k* verschoben.

Das Voralthochdeutsche, also auch das Merowingisch-Fränkische, hat dagegen bis zur Zweiten Lautverschiebung gegenüber dem Nordseegermanischen noch den westgermanischen Lautstand beibehalten. Diese Lautverschiebung setzte zweifellos zuerst im oberdeutsch-alemannischen Dialektraum ein, frühestens im 6. Jahrhundert, da die Runeninschriften von Pforzen und Neudingen aus dieser Zeit noch keine Spur dieses Lautwandels zeigen (s. Seite 29). Im Merowingisch-Fränkischen hatte um 500 n. Chr. die Zweite Lautverschiebung mit Sicherheit ebenfalls noch nicht begonnen, wie die Lehnwörter im Galloromanischen bestätigen, z. B. frz. *bouter* „hinlegen" = prov. *botar* „schlagen" aus *bōtan* (bereits mit

---

[112] Ausführliches zu Alter und Ausbreitung der Zweiten Lautverschiebung s. bei Sonderegger 1974: 156–167, außerdem jetzt Allgemeines bei Goblirsch 2005: 137–214. Genaueres zu den Phasen der Lautverschiebung s. bei Vennemann 1987: 247, der eine relative Chronologie Affrizierung – Geminierung – Frikativierung annimmt.
[113] In Teilen des alemannischen Dialektraumes wird die gutturale Affrikata sogar auch im Anlaut zur Spirans abgeschwächt – ebenso wie auch die labiale Affrikata, s. dazu Goblirsch 2005: 203.

Monophthongierung aus merow.-fränk. *baotan(ă)*, vgl. ahd. *bōzzan* „stoßen"), außerdem *galoper* = prov. *galaupar* „rennen, galoppieren" aus *wal lōpan < *wala χlaopan(ă)* „gut laufen" (vgl. ahd. *loufan*) und frz. *frapper* (afrz. *fraper*) „schlagen, treffen" aus fränk. *χrapōn(ă)*, vgl. nhd. *raffen*[114] (vgl. Seite 38). Auch urg. *d war im Fränkischen noch nicht zu *t* verschoben worden, etwa in *medus* „Honigwein, Met" (latinisiert, im 6. Jahrh. belegt, vgl. dazu ahd. *metu (-o)*)[115]. Die Beispiele ließen sich vermehren. Dagegen war im 8. Jahrhundert, zu Beginn der althochdeutschen Überlieferung, die Zweite Lautverschiebung im Alemannisch-Oberdeutschen dann weithin abgeschlossen; auch die Rechtstermini in den *Leges Langobardorum* bestätigen dies (um 700, s. dazu Seite 32).

Auch die Mittelsilbensynkope nach langem Wurzelvokal war in voralthochdeutscher Zeit noch nicht vollzogen; dies zeigt ein Verb der ersten schwachen Klasse in der rheinfränkischen Inschrift von Freilaubersheim mit dem Gruß *þ[i]k daþina golida* „dich grüßte Daþina", vgl. dazu genau got. *goljan* „grüßen" und an. *gœla* „aufmuntern, trösten"[116].

Manche Lautwandel werden in einzelnen Dialekträumen zu verschiedenen Zeiten durchgeführt. Dies gilt etwa für den *i*-Umlaut von *a* zu *e*, der im merowingischen Fränkisch bereits auftaucht, etwa in *heri-berga* „Heerlager, Herberge" (daraus frz. *héberge* „Herberge", = ahd. *heri-berga* „Heerlager, Wohnung"; aber vgl. italien. *albergo* „Gasthaus" aus got. *hari-bergō*) und *heriwald* (daraus frz. *héraut* „Herold", etymologisch identisch mit dem Namen *Chariovalda*, an. *Haraldr*, s. Seite 43)[117]. Andererseits gibt es noch im 8. Jahrhundert althochdeutsche Belege ohne *i*-Umlaut, wie die Formen *angil* „Engel", *stantis* „du stehst", *sah(ch)is* „increpas, du zankst" usw. in den Glossen zum Abrogans.

Die wenigen weiteren phonologischen Neuerungen des Althochdeutschen (Alemannisch und Fränkisch) fallen nicht stark ins Gewicht. Dies trifft für die Monophthongierung von *ai* zu *ē* vor *r, h* und *w* zu, die bereits um 700 eintrat, etwa in *ēr* „Erz" und *sēo* „See", vgl. got. *aiz* und *saiws*, jeweils in denselben Bedeutungen. Dagegen setzte die Monophthongierung von *au* zu *ō* vor dentalen Konsonanten und Liquidae erst rund 100 Jahre später ein, wie in *lōs* aus älterem *laos* (Hildebrandslied, V. 22) „beraubt; böse, zuchtlos", vgl. got. *laus* „leer, los", und *hōren* „hören" gegenüber got. *hausjan* „ds.". Auch langes *ō* wurde erst in althochdeutscher Zeit zu *uo* diphthongiert, z. B. in *tōn > tuon* „tun, machen", ebenso *ē₂* zu *ia* in ahd. *hiar* gegenüber as., got. *hēr* „hier"[118]. Die Brechung von *iu* zu *io* vor *a* in

---

114 Siehe die ersteren Verben Beispiele bei Gamillscheg 1934: 221, 243 und 265, die ersteren beiden Verben bei Meyer-Lübke 1968: 109 bzw. 793.
115 Siehe Meyer-Lübke 1968: 449 und Kluge-Seebold 1995: 555.
116 Siehe dazu Krause 1966: 284.
117 Siehe Gamillscheg 1934: 256 bzw. 171 und Meyer-Lübke 1968: 341 bzw. 345.
118 Für dieses *ē₂* stellt die Gleichung des Ortsadverbs für „hier" die einzig sichere Gleichung dar, s. dazu Bammesberger 1986b: 147f.

der Folgesilbe, insbesondere unter den starken Verben der 2. Klasse (s. Seite 142), haben das Althochdeutsche und Altsächsische gemeinsam durchgeführt.

Der Hauchlaut *h* ist vor Liquida oder vor *w* geschwunden, u.a. in *hros* > *ros* „Pferd" bzw. *hwer* > *wer* „wer". Auslautendes *-m*, vor allem in den Endungen des Dativ Plural, wird zu *-n* abgeschwächt, eine Lautentwicklung, die bereits im Protogermanischen und in anderen indogermanischen Sprachen insbesondere in den Endungen des Akkusativ Singular stattgefunden hatte.

Zumindest im Westfränkischen wurde germ. **w-* im Anlaut mit einem gutturalen Vorschlag *g-* artikuliert, wie Schreibungen in den Pariser Glossen belegen, z.B. *guaz* „was" (= ahd. *(h)waz*) und *guez* „ich weiß" (ahd. *weiz*); dieses **gw-* wurde in den romanischen Sprachen mit der Schreibung *gu-* wiedergegeben und verlor im Französischen schließlich das labiale Element, vgl. etwa frz. *guérir* „heilen" aus fränk. **warjan(ă)* (daraus nhd. *wehren*) und *garder* „bewachen, bewahren" aus fränk. *wardōn(ă)* (daraus nhd. *warten*)[119].

---

[119] Dieser Lautwandel von ursprünglichem **w* zu *gw-* wurde auch im Britannischen vollzogen, z.B. in kymr. *gwr*, korn. und bret. *gour* gegenüber air. *fer* „Mann" (= lat. *vir*); s. dazu Schrijver 1999: 34.

3. Morphologie des Westgermanischen

3.1. Neuerungen des Westgermanischen

3.1.1. Gemeinsame Neuerungen mit dem Nordischen

Vor dem eigentlichen grammatischen Abriss des Westgermanischen des 5. Jahrhunderts werden hier zunächst in einem kurzen Überblick die Neuerungen im morphologischen Bereich innerhalb des Germanischen dargestellt. Das Gotische weist hier vielfach einen wesentlich archaischeren Zustand auf als das Westgermanische und Nordische, was morphologische Neuerungen bereits für das noch bis zum 3., wenn nicht 4. Jahrhundert in sich geschlossene Sprachgebiet des West- und Nordgermanische voraussetzt:

1) Im Gotischen sind noch mehrere Vokativformen belegt, so unter den *a*-Maskulina *þiudan*, unter den *i*-Stämmen *gast* und unter den *u*-Stämmen *sunau* (vgl. dazu an den entsprechenden Bibelstellen kirchenslaw. *synu* sowie ferner lit. *sūnaũ* und sogar altind. *sūno*); sonst finden sich im Germanischen bis auf wenige Namensformen im Urnordischen in der Funktion des Vokativs nur noch Nominativformen.
2) Das Nominalsuffix -*dūþs* (mit etymologischen Parallelen im Lateinischen und Keltischen) existiert nur noch im Gotischen in wenigen Abstrakta.
3) Das Westgermanische und Nordische haben ein eigenes Demonstrativ mit *s*-Formans ausgebildet, das freilich in den Einzelsprachen verschieden flektiert, vgl. ahd. *desēr, desiu, diz* mit an. *siá (þessi)* c., *þetta* n. (wikingernord. noch *sasi, susi, þatsi*).
4) Das Zahlwort got. *fidwor* (krimgot. *fyder*) zeigt einen noch etymologisch durchsichtigeren Lautstand als seine Parallelen im West- und Nordgermanischen (ahd. *fior*, ags. *fēower*, an. *fjórir*).
5) Der Dual hat sich nur im Gotisch-Ostgermanischen unter den Personalpronomina und in der Verbalflexion gehalten. Im Westgermanischen und Altnordischen gibt es den Dual nur noch in teilweise bereits wiederum relikthaften Pronominalformen.
6) Im Gotischen sind bei den schwachen Verben die Endungen des Plurals im Indikativ und im Optativ noch mit der Reduplikation -*dēd*- voll ausgebildet, im Westgermanischen und Nordischen hingegen zu bloßem Dental vereinfacht, vgl. got. *sōki-dēd-un* mit ahd. *suohtun* und an. *sóttu* „suchten, griffen an". Schon in der urnordischen Inschrift von Tune um 400 n. Chr. (also fast zeitgleich mit Wulfila) taucht eine verkürzte Form auf: *[me]R woduride staina þrijoR dohtriR dalidun* „Mir, Wodurid, bereiteten drei Töchter den Stein" (s. Krause Nr. 72)[120].

---

120 Siehe auch Düwel 2001: 38 f. mit derselben Übersetzung von *dalidun*.

7) Die Reduplikation der Wurzelsilbe der starken Verben in der 7. Klasse ist im Gotischen noch voll ausgeprägt, im West- und Nordgermanischen aber nur noch in Resten, vgl. got. *saiso* mit an. *sera* „ich säte" und *haíhait* mit ags. *heht* „hieß". Sonst hat sich dafür außerhalb des Ostgermanischen jedoch weitgehend $\bar{e}_2$ (> ahd. *ia*, vgl. *hiaz*) durchgesetzt[121].
8) Imperativformen der 3. Person finden sich nur noch im Gotischen.
9) Auch das zweifelsohne indogermanisch ererbte Mediopassiv des Urgermanischen (mit Parallelen im Indoiranischen und Griechischen) ist als flexivische Kategorie nur noch im Gotischen vorhanden. Im Urnordischen und Altenglischen existiert noch als Reliktform *haite, haite-ka* „ich heiße" bzw. *hātte* (allgemeine Singularform), gegenüber got. *haitada* (ursprünglich 3. Person Sg.), s. Einzelnes zum Passiv auf Seite 135f.

Auf der anderen Seite gibt es nur sehr wenige Neuerungen des Gotischen gegenüber den anderen germanischen Sprachen. So hat im Gotischen eine deutliche Vermischung der durch das Vernersche Gesetz eingetretenen „Konsonantenalternation" insbesondere in der Flexion der starken Verben eingesetzt; diese ist insbesondere im Althochdeutschen noch ohne jede Vermischung erhalten. Die wichtigste Neuerung des Gotischen bildet die Endung des Genitiv Plural auf -*ē* außerhalb der Feminina auf -*ō*-, -*ōn*- und -*ein*-, während die Formen in den anderen germanischen Sprachen mit ahd. -*o* und ags., an. -*a* (urn. -*ō* in *arbijano* „der Erben", Stein von Tune) durchweg idg. *-*ōm* mit Schleifton fortsetzen.

3.1.2. Spezifisch westgermanische Neuerungen

Zahlreich sind die spezifisch westgermanischen Neuerungen im morphologischen Bereich gegenüber dem Gotischen und Nordischen[122]:

1) Bei den femininen *i*-Stämmen sind im Gotischen und Nordischen noch volle Endungen des Gen. Sg. aus idg *-ois* erhalten, vgl. got. *anstais* „Gunst" und an. *nauþar* „Not" gegenüber ahd., as. *ensti* und ags. *ēste*.
2) Die Verwandtschaftsbezeichnungen auf -*r*- weisen noch Ablautstufen im Stammauslaut auf, vgl. besonders die nullstufigen Formen im Dat. Sg. got. *fadr* und an. *feþr* (aus germ. *faðri*) sowie im Plural got. *broþrjus* und auch urn. *dohtriR* (Tune, Krause Nr. 72) gegenüber den hochstufigen Formen im Westgermanischen (s. Genaueres auf Seite 85f.).

---

121 Siehe Bammesberger 1986b: 147, der den Vokalismus in ahd. *hiaz* aus *$h\bar{e}_2t$ als „Neuablaut" definiert.
122 Siehe die wgerm. Neuerungen bei Rösel 1962, 59–78 (bes. im pronominalen Bereich) und Nielsen 1981, 158–179 (auch mit ambivalenten Beispielen). Klingenschmitt (2002: 464f.) setzt sogar für die Nominalstämme auf -*a*-, -*ō*- und -*i*- urwestgermanische Paradigmen an; die sog. überkurzen Vokale im Nom. und Akk. Sg. der *a*- und *i*-Stämme müsste man indes ebenso für das Späturnordische voraussetzen, wogegen der Abfall des Sibilanten im Auslaut tatsächlich eine wgerm. Neuerung darstellen. Die Form *Chariovalda* besagt für sich allein kaum etwas – in Tac. Ann. 2,62sq. findet sich ein ähnlicher Name *Catualda* für einen Goten (den Gegenspieler des Markomannenfürsten Marbod).

3) Die Neutra auf Sibilant haben ihren Stamm nur im Gotischen und Nordischen auch im Sg. erhalten, im Westgermanischen sind sie infolge des Sibilantenschwunds im Auslaut gewöhnlich zu *a*-Stämmen umgebildet worden, nur ganz vereinzelt erscheint der Stamm im Wgerm. auch im Sg., z. B. im Gen. Sg. *hrindires* „des Rindes".[123].
4) Die indogermanisch ererbten Präsenspartizipien auf -*nd*- sind im Westgermanischen zu *ja-/jō*-Stämmen erweitert worden. Innerhalb der schwach flektierenden Präsenspartizipien hat sich im Gotischen und Nordischen der Stamm auf -*n*-, im Femininum auf *-ī-n-* (vom Nominativ Sg. her) durchgesetzt, vgl. got. *gibandei* mit an. *gefandi* gegenüber ahd. *gebantiu*.
5) Im Westgermanischen ist ein neues Ordinale für „erster" gebildet worden: ahd. *ēristo*, as. *ērist*, ags. *ǣrest* – gegenüber got. *fruma* und an. *fyrstr* (vgl. dazu auch ags. *forma* bzw. ahd. *furisto*), s. Seite 129f.
6) Die Dekadenbezeichnungen für „20" bis „60" werden nur im Gotischen und Nordischen noch dekliniert im Gegensatz zu den Univerbierungen im Westgermanischen.
7) Die alten Dativformen des Reflexivpronomens bestehen nur noch im Gotischen und Altnordischen, vgl. got. *sis* mit an. *sér* gegenüber nichtreflexiven Pronomina im Westgermanischen.
8) Das Demonstrativ *þa*- hat seinen Suppletivstamm *sa-, sō-* nur in got. *sa, sō* und an. *sá, sú* bewahrt, ebenso wie auch in anderen indogermanischen Sprachen der *s*-Stamm im Nom. Sg. m. und f. wiederkehrt. Im Westgermanischen ist dieser (bis auf ags. *se*) durch den *þa*-Stamm ersetzt worden (in ahd. *der*, as. *the*).
9) Im Personalpronomen der 2. Person Pl. ist im Westgermanischen der Sibilant vor *w* weggefallen, vgl. got. *izwis* und an. *yþr* mit ahd. *iu* und ags. *ēow* „euch" sowie das Possessivum *izwar* und an. *yþvarr* mit ahd. *iuwēr* und ags. *ēower*.
10) Das nahdeiktische Demonstrativ *hi*- ist im Gotischen noch als Paradigma in verschiedenen Kasus belegt (wie seine etymologischen Entsprechungen im Baltischen und Slawischen) und auch im Urnordischen durch den Akkusativ *hino hali* „diesen Stein" und späteres *hin* gesichert (Stein von Strøm, Krause Nr. 50, um 600, bzw. Steinplatte von Eggja, Krause Nr. 101, um 700), im Westgermanischen aber nur noch relikthaft in Zeitangaben vorhanden, wie in ahd. *hiutu*, ags. *hēodæg* „heute" (letzteres selten belegt).
11) Zu got. *hvarjis* und an. *hverr* „wer, welcher" gibt es keine etymologische Parallele im Westgermanischen, stattdessen aber eine Entsprechung in lit. *kurìs* „welcher".
12) In der 2. Person Sg. im Präteritum des Indikativs der starken Verben haben das Gotische und Nordische die alte Endung -*t* wie bei den Präteritopräsentia bewahrt, die ja wie die starken Präterita auf dem indogermanischen Perfekt fußen. Das Westgermanische weist hier Formen mit demselben Stamm wie im Plural und der Endung -*i* auf, vgl. got. und an. *gaft* gegenüber ahd. *gābi* „du gabst" – wohl auf der Grundlage einer alten Aoristform, s. S. 138–141.

---

[123] Zur Stammbildung und Flexion der *s*-Stämme s. Schlerath 1995: 254–258.

13) Der Infinitiv ist deklinabel (wie in ahd. *zi beranne* = ags. *tō berenne* „zu tragen", s. Seite 135).
14) Die schwache Verbalklasse mit Nasalsuffix lebt nur im Gotischen und Nordischen weiter, vgl. got. *ga-waknan* mit an. *vakna* „erwachen".
15) Im Präsens des Verbums „sein" dringen im Westgermanischen Formen mit anlautendem *b-* (aus idg. *$*b^h\bar{u}$-*) vor (teilweise bis in den Plural), vgl. ahd. *bim, bist*, as. *bium, bist*, ags. *bēom, bis(t)* gegenüber got. *im, is* und an. *em, est (ert)*.
16) In der Bezeichnung für „Sonne" haben das Gotische und Altnordische *l-* und *n-*Stamm, das Westgermanische dagegen nur den *n-*Stamm erhalten, vgl. got. *sauil* und *sunnō* mit an. *sól* (allgemein) bzw. *sunna* (poetisch) gegenüber ahd. *sunna* und ags. *sunne*.

In der Morphologie unterscheidet sich das Westgermanische also recht deutlich vom urgermanischen Sprachzustand und vom Gotischen. Gegenüber dem zeitgleichen Nordischen ist dieser Unterschied geringer, weil dieses etliche Neuerungen mit dem Westgermanischen gemeinsam vollzogen hat. Im Einzelnen bleiben manche Fragen offen, da das Urnordische nur relikthaft in meist kurzen Runeninschriften überliefert ist und wir gerade dessen Verbalmorphologie nur sehr unvollständig kennen.

3.1.3. Nordseegermanische und anglofriesische Neuerungen

Wie im Bereich der Phonologie sind auch in der Flexion die nordseegermanischen Sprachen bald eigene Wege gegangen:

1) Die Endung des Nom. pl. m. der *a-*Maskulina in as. *dagos* und ags. *dagas* gegenüber an. *dagar* basiert auf einer Verallgemeinerung endbetonter Substantive, in denen *-s* erhalten geblieben ist; bloßes *-z*, das bei stammbetonten Substantiven vorausgesetzt werden muss, ist im Auslaut im Westgermanischen geschwunden.
2) Auslautendes *-u* (= got. *-a*) im Plural der Neutra ist im Nordseegermanischen bei kurzer Wurzelsilbe erhalten, bei langer dagegen geschwunden, z. B. in as., ags. *fatu* „Fässer", afries. *skipu* „Schiffe" gegenüber as. *barn*, ags. *bearn* „Kind", afries. *word* (= got. *barna, waúrda*). Ähnliches wie für *-u* gilt auch für *-i*.
3) Im Dat. Sg. der *u-*Stämme weichen die nordseegermanischen Sprachen von den übrigen west- und nordgermanischen Sprachen ab, vgl. as. *suno* und afries., ags. *suna* aus germ. *$*sunau$ (< idg. $*s\bar{u}n\acute{o}u$, vgl. ai. *sūnáu*?) gegenüber ahd. *suniu, sitiu* und urn. *kunimudiu* (PN in der Inschrift von Tjurkø, Krause Nr. 136) mit *-iu* aus germ. *$*-eu$; mehrdeutig ist got. *sunau* (aus $*s\bar{u}n\acute{o}u$ oder $*s\bar{u}n\acute{e}u$).
4) Unter den Pronomina verlieren etliche Formen auslautendes *-r*, vgl. as., afries. *mi, thi*, ags. *me, þe* mit ahd. *mir, dir* und got. *mis, þus* sowie as., afries. *wi*, ags.

we und as. *ge, gi*, afries. *ji*, ags. *ge* mit ahd. *wir, ir* und got. *weis, jus*, außerdem das Interrogativ as. *hwe*, afries., ags. *hwa* mit ahd. *hwer*.
5) Das alte Personalpronomen der 3. Person Sg. m., das noch in got. *is*, ahd. *er* vorliegt (vgl. lat. *is*, lit.-lett. *jis*), ist im Nordseegermanischen durch eine Form mit *h*-Anlaut *he* ersetzt worden (as. *he, hi*, afries. *hi*, ags. *he*).
6) In der Konjugation sind im Plural aller Tempora und Modi die Formen durch jene der 3. Person ersetzt worden, vgl. as., ags. *helpað*, afries. *helpa* mit ahd. *helfames, -et, -ant* im Präsens und as. *hulpun*, afries., ags. *hulpon* mit ahd. *hulfum, -ut, -un*. Das Altniederfränkische (Niederländische) hat diese Neuerung jedoch nicht vollzogen; wahrscheinlich wurde diese zumindest auch im frühen Altsächsisch erst kurz vor der Abwanderung der Angeln, also um 400 n. Chr. durchgeführt[124]: In einer Runeninschrift auf einem Knochen (bei Brake an der Unterweser gefunden) erscheint eine Pluralform *latam* „lasst uns", die auch von Nielsen als Beweis dafür beurteilt und in der Sprache dem „pre Old-Saxon Ingvaeonic West-Germanic" zugeordnet wurde[125].
7) Die Formen der schwachen Verben der 3. Klasse (auf *ē*) sind größtenteils durch jene der *ōn*-Verben verdrängt worden; nur ganz wenige Paradigmen zeigen noch Reste des *ē*-Stammes, darunter as. *hebbian* und ags. *habban* gegenüber ahd. *habēn*.

3.1.4. „Innerdeutsche" Neuerungen

Auf der anderen Seite nimmt das Altsächsische als niederdeutscher Dialekt auch an einigen morphologischen Neuerungen des Althochdeutschen (vor allem im Bereich der Pronominalflexion) teil. Zurückzuführen ist das aber wahrscheinlich erst auf fränkischen Einfluss seit dem 5. Jahrhundert, diese „gesamtdeutschen" Gemeinsamkeiten sind somit jünger als die nordseegermanischen Neuerungen:

1) Die Nominativform der *ō*-Feminina ist durch die Akkusativform ersetzt worden, vgl. ahd., as. *geba* mit ags. *giefu* „Gabe" und an. *skǫr* „Hand" (got. *giba* kann Nominativ wie Akkusativ fortsetzen).
2) Im Femininum des Personalpronomens der 3. Person haben sich die Formen mit *s*-Anlaut auf den Akkusativ ausgebreitet (ahd., as. *sia*), im Plural sind diese sogar in den Nom. und Akk. aller Genera vorgedrungen (ahd. *sie, sio, siu*, as. *sea, sia* m., f. und *siu* n.); ein ganz ähnliches Bild bieten die entsprechenden *i*-haltigen Formen des Demonstrativs ahd. *der*, as. *the*.

---

124 Siehe dazu Quak 1992: 104f. und 110 (zu den Formen der starken bzw. schwachen Verben) und Krogh 1996: 333.
125 Die Echtheit dieser Inschrift gilt seit der Arbeit von Peter Pieper (1989: 145–147) wieder als gesichert. Zum Text s. Nielsen 2000b: 437, zustimmend Pieper 2006: 503f. Bereits Krogh (1996: 336) datiert die Verallgemeinerung der Pluralform noch auf die Zeit vor der ags. Landnahme in Britannien. Der Inhalt dieser Inschrift ist freilich unklar mit dem Wortlaut *latam [...]hari kunni [...]e hagal*, s. dazu Düwel 2001: 65 mit der Übersetzung „Lasst uns Herr – Geschlecht – Weh-Hagel" und Pieper: „Lassen wir, Inghari, Geschlecht des Ingwe, Hagel".

3) Auch im Akk. Sg. m. des Demonstrativs und Interrogativs haben das Althochdeutsche und Altsächsische gegenüber anderen germanischen Sprachen gemeinsam geneuert, vgl. ahd. *den, wen* und as. *thena, wena* mit *e*-Vokal gegenüber got. *þana, hvana*, an. *þann* und auch ags. *þone, hwone* (aus germ. **þan, hvan*, idg. **tóm, kʷóm*, vgl. gr. τόν, apr. *stan*). Das Friesische hat hier uneinheitliche Formen: *thene* bzw. *hwane, hwene*.
4) Das Altenglische und Altnordische haben im Genitiv Pl. noch alte Pronominalformen, im Althochdeutschen und Altsächsischen hat sich dagegen (wie im Gotischen) der Singularstamm mit einfachem Kurzvokal auf den Plural ausgebreitet; vgl. ags. *þāra* und an. *þeira* mit altpreuß. *steison* und altind. *teṣā́m* gegenüber got. *þizē, -ō*, ahd. *dero*, as. *thero* und auch afries. *ther(a)*.
5) Das Althochdeutsche und Altsächsische stimmen nicht nur in den obliquen Kasus des eben genannten Demonstrativs, sondern auch in der Flexion des starken Adjektivs weitgehend miteinander überein.
6) Ähnlich wie einige ebengenannte Formen des Demonstrativs enthält auch das Interrogativ mit der Bedeutung „wer von beiden" im Althochdeutschen und Altsächsischen *e*-Vokal im Gegensatz zu den anderen germanischen Sprachen, vgl. ahd. *(h)wedar*, as. *(h)weðar* gegenüber ags. *hwæþer*, an. *hvaðar* und got. *hwaþar* (aus spg. **χwaþaraz*, idg. *kʷóteros*, daraus gr. πότερος, lit. *katràs* usw.).
7) Das Pronominaladverb ahd. *herōt*, as. *herōd* „hierher" steht isoliert da gegenüber älterem got. *hidrē*, an. *hidra* und ags. *hider* (vgl. dazu m. E. lat. *citrā* „diesseits").

Dies ist die Ausgangslage, von der aus im Folgenden das morphologische System des Proto-Westgermanischen in Umrissen rekonstruiert wird. Ausgangspunkt sind die jeweils ältesten überlieferten Sprachzustände des Althochdeutschen und Altsächsischen, wobei das deutlich rezentere Angelsächsische und Altfriesische immer dann herangezogen werden, wenn diese Sprachen zur Rekonstruktion beitragen können. Im Gegensatz zur Phonologie lässt sich für den morphologischen Bereich erkennen, dass sich hier das Voralthochdeutsch-Alemannische ebenso wie das merowingische Fränkisch etwa zu Beginn des 6. Jahrhunderts gegenüber dem Westgermanischen, wie es um 400 n. Chr. wohl noch ohne größere dialektale Differenzierungen existiert hatte, weiterentwickelt haben muss. Da die Überlieferung des Althochdeutschen erst im 8. Jahrhundert einsetzt, ergeben sich mitunter Probleme beim Ansatz grammatischer Formen für das Westgermanische des (frühen) 5. Jahrhunderts wie des Fränkischen und Alemannischen rund 100 Jahre später.

3.1.5. Gemeinsamkeiten zwischen dem Altenglischen und Nordischen

Da zwischen dem Westgermanischen und Urnordischen bis zur Abwanderung der Angeln im 5. Jahrhundert ein dialektales Kontinuum bestand, bleibt zu fragen, ob es zwischen dem Altenglischen und Nordischen spezifische Gemeinsamkeiten

3.1. Neuerungen des Westgermanischen

gibt und zwar solche, die nicht sekundär mit dem Beginn dänisch-wikingischer Siedlungen in Ostengland im 9. Jahrhundert entstanden sind. Tatsächlich finden sich mehrere gemeinsame morphologische Neuerungen dieser Art. Die wichtigsten sind[126]:

1) Sowohl im Altenglischen wie im Nordischen wurde die Endung des Dativ Pl. von den *a*- auf die *i*-Stämme übertragen, vgl. urnord. *gestumR*, an. *gestum* mit ags. *giestum* gegenüber ahd. *gestim* (und hybridem as. *gestium*) wie got. *gastim*.

2) Bei den Maskulina und Neutra auf *-n-* ist im Nordischen, Altenglischen und Altfriesischen vorausgehendes *-a-* vom Akk. her auch auf Genitiv und Dativ übertragen worden, vgl. an., afries. *hana* und ags. *honan* gegenüber got. *hanins, -in* und ahd. *hanen* „Hahn"; dieser Ablaut *-en- (-in-)/-an-* ist voreinzelsprachlicher Herkunft, vgl. den got. Gen. *gumins* – Akk. *guman* „Mann" mit dem lat. Gen. *hominis* – alat. Akk. *homonem* (bei Ennius ann. 138). Die Runeninschrift von Tune mit der Dativphrase *after woduride witadahlaiban* „nach Wodurid, dem Brotwart" bestätigt, dass dieser Vorgang im Urnordischen bereits um 400 n.Chr. vollzogen war.

3) Im Angelsächsischen und Nordischen ist der Stamm des Genitiv und Dativ Pl. im Demonstrativ *þa-* auf oblique Kasus des Sg. übertragen worden, vgl. im Gen. und Dat. Sg. f. ags. *þǣre* und an. *þeirar, þeiri* gegenüber ahd. *dera, -u*, as. *thera, -u* und afries. *ther(e)* (vgl. altind. *tásyāḥ, -ai*) und im Dat. Sg. m. ags. *þām*, afries. *tha(m)* und an. *þeim* gegenüber ahd. *demu*, as. *themu* und got. *þamma* (vgl. altpreuß. *stesmu*, altind. *tásmai*).

4) Die Endung des Akk. Sg. der Pronominalflexion und der starken Adjektivflexion lautete im Germanischen zweifellos auf *-anV aus; unter den Possessiva bestätigen dies sowohl got. *meinana, þeinana, seinana* als auch ahd. *mīnan, dīnan, sīnan*; im Urnordischen ist hingegen der Akk. Sg. *magu minino* „meinen Sohn" belegt (Kjølevik, Krause Nr. 75), eine Form, die eher mit ags. *mīn-ne* übereinstimmt[127].

5) An das Zahlwort für „100" ist eine Erweiterung *-raþ* angetreten, vgl. ags., afries. *hundred*, an. *hundrað* gegenüber got. *hund* und noch ahd. *hunt*.

Zwar können diese Neuerungen als „Bagatellfälle" (Endungen der *n*-Deklination), gemeinsame Altertümlichkeiten (Akkusativ Sg. der Pronomina) oder unabhängige Parallelentwicklungen (Dativ Plural der *i*-Stämme auf *-um*) gewertet bzw. erklärt werden. Möglich ist aber eben auch eine gegenseitige Beeinflussung der beiden Sprachen bereits im 5. Jahrhundert n. Chr., wie sie ja rund 400 Jahre später infolge der wikingisch-dänischen Präsenz in England historisch und sprachlich gut belegt ist.

---

[126] Siehe die ags.-(afries.)-an. Übereinstimmungen bei Ramat 1976: 73–78, weitere bei Nielsen 1981: 187–214.
[127] Siehe den Vergleich von der ags. Akk.-Endung *-ne* (in *ænne* „einen") mit *minino* bei Brunner 1965: 252 und jetzt auch bei Nielsen 2000a: 157, der an einen Einfluss von *hino* „diesen" denkt.

Angesichts des kontinuierlichen Überganges zwischen Nord- und Westgermanisch bis zum 5. Jahrhundert, aber vor allem angesichts der sicheren westgermanisch-nordischen Gemeinsamkeiten ist es sinnvoll, auch das Urnordische mit seinen Entwicklungen insbesondere im Auslautvokalismus zu berücksichtigen, um Anhaltspunkte über das frühe Westgermanische zu gewinnen. Sichere Schlussfolgerungen sind hier kaum möglich, zumal das Urnordische noch um 400 n. Chr., als dessen Runeninschriften wesentlich häufiger werden, in phonologischer wie morphologischer Hinsicht ein teilweise deutlich archaischeres Gepräge aufweist als die überlieferten westgermanischen Einzelsprachen.

3.2. Flexion der Substantive

Innerhalb des Westgermanischen ist außer den vier Kasus Nominativ, Genitiv, Dativ und Akkusativ im Althochdeutschen und im Altenglischen unter den Stämmen auf -*a*- noch der Instrumental als eigener Kasus erhalten, während der Vokativ auch bei den Maskulina mit vokalischem Stammauslaut spurlos geschwunden ist. Sonst zeigt die Formen bereits ein Gepräge, das dem Althochdeutschen schon sehr nahe kommt. Im Folgenden werden Paradigmen der einzelnen Stammklassen wie in den Grammatiken der Einzelsprachen vorgeführt.

3.2.1. Maskulina und Neutra auf -*a*-, -*ja*- und -*wa*-

Die häufigste („produktivste") Stammklasse unter den Substantiven ist im Westgermanischen wie bereits im Urgermanischen und auch in anderen indogermanischen Sprachen jene mit dem Stammauslaut -*a*-, und zwar sowohl unter den Maskuina wie den Neutra. Sie umfasst zum einen primäre Substantive ohne weitere Grundlagen, darunter Tierbezeichnungen wie got. *wulfs* = urn. *wulfaR* = ahd., as. *wolf* = ags. *wulf*, alle aus prg. *wúlpos, vgl. dazu außerhalb des Germanischen ai. *vŕkas*, apr. *wilks*, aksl. *vlъkъ* usw. „Wolf", alle aus idg. *wĺkʷos, oder jene für „Pferd" (s. dazu Seite 187), zum andern Ableitungen, seien es Verbalsubstantive auf bloßen Themokal -*a*- wie jenes für „Schnee" (s. dazu Seite 71) oder Thematisierungen von Wurzelnomina wie das Wort für „Knie" (s. Seite 71). Hinzu kommen Ableitungen mit dem Suffix -*ja*- wie das denominale Substantiv für „Heer", got. *harjis* = ahd., as. *heri* = ags. *here* = an. *herr*, vgl. dazu den Personennamen *Chario-valda* vor allem lit. *kãrias* „Heer; Krieg" (zu *kãras* „Krieg" gehörig, s. Seite 70) und das deverbale Substantiv für „Gefolgsmann", ags. *secg* „Mann, Krieger", an. *seggr* „(Gefolgs)mann", vgl. dazu genau lat. *socius* „Genosse" (zum Verbum *sequī* „folgen" gehörig, s. Seite 191). Dazu kommen noch Deverbativa auf -*na*- mit indogermanischer Grundlage wie das Substantiv für „Schlaf" (s. Seite 179f.) und auf -*ra*- wie jenes für „Trift, Acker", vgl. got. *akrs*, ahd. *ackar*, an. *akr* „Acker, Feld" mit lat. *ager*, gr. ἀγρός „ds." (zu an. *aka* „fahren" gehörig, vgl. dazu ai. *ájati* „treibt", gr. ἄγειν, lat. *agere* „führen"). An denominalen Ableitun-

3.2. Flexion der Substantive

gen wären die Diminutiva auf -*la*- zu nennen, z. B. mhd. *verkel* n., vgl. dazu lat. *porculus* und lit. *paršĕlis* (*ja*-Stamm), alle mit der Bedeutung „Ferkel", ein Diminutiv zu ags. *fearh* m. „Ferkel", vgl. dazu lat. *porcus* „zahmes Schwein", mir. *orc* „junges Schwein" usw. In der ausführlichen Wortbildungslehre von Krahe/Meid 1969, in der die Nomina auf -*a*- nach vorausgehenden Konsonanten des Stammauslauts gegliedert sind, werden noch weitere komplexere Stammbildungsformantien dargestellt.

In dieser Nominalklasse treten auch die aussterbenden Kasus im Singular noch in Erscheinung, im Westgermanischen der Instrumental, im Gotischen der Vokativ. In der folgenden Tabelle der Maskulina auf -*a*- werden daher alle wichtigen germanischen Sprachen einschließlich des Spätgurgermanischen (nach der Ersten Lautverschiebung), des Gotischen und Urnordischen zum Vergleich wie auch das Westgermanische mit dem Paradigma für „Tag" aufgeführt, da dieses in den Einzelsprachen am besten belegt ist und spg. **dagaz* fortsetzt (vgl. dazu auch lit. *dãgas* „Sommerhitze", zu *dègti* „brennen"). Das altenglische Paradigma *dæg* ist hier entbehrlich, da dessen Deklinationsendungen mit denen des Altsächsischen übereinstimmen, nur die Instrumentalendung des Singulars ist zu -*e* (< wgerm. **-u*) abgeschwächt. Die Endungen dieser und der wichtigsten anderen Stammklassen im Westgermanischen wurden bereits von Klingenschmitt 2002 rekonstruiert[128].

Singular	Spg.	Got.	Ahd.	As.	Wgerm.	Urn.
Nom.	**dagaz*	*dags*	*tag*	*dag*	**dagă*	**dagaR*
Gen.	**dagaz*	*dagis*	*tages*	*dages,-as*	**dagas*	**dagas*
Dat.	**dagai*	*daga*	*tage*	*dage*	**dagē*	**dagē*
Akk.	**dagan*	*dag*	*tag*	*dag*	**dagă*	**daga*
Instr.	**dagō*	-	*tagu*	*dagu*	**dagu*	**dagu* (?)
Vok.	**dage*	*dag*				**dag*
Plural						
Nom.	**dagōz*	*dagōs*	*taga*	*dagos*	**dagā*	**dagōR*
Gen.	**dagōn*	*dagē*	*tago*	*dago*	**dagō*	**dagō*
Dat.	**dagumiz*	*dagam*	*tagum*	*dagum*	**dagum*	**dagumR*
Akk.	**daganz*	*dagans*	*taga*	*dagos*	**daga*	**dagā*

Als Beispiel für das Neutrum sei das Substantiv für „Wort" herausgegriffen, das etymologisch genau lat. *verbum* (< alat. **vorbom* < westidg. **wr̥dʰom*) entspricht:

	Spg.	Got.	Ahd.	As.	Wgerm.	Urn.
Nom./Akk.						
Singular	**wurdan*	*waúrd*	*wort*	*word*	**worđă*	**worda*
Plural	**wurdō*	*waúrda*	*wort*	*word*	**worđŭ*	**wordu*

---

128 Siehe Klingenschmitt 2002: 465, der sogar eine Lokativform auf **-i* im Singular ansetzt.

Das Westgermanische hat sich hier also dem Stand des Althochdeutschen und Altsächsischen schon stark angenähert, lässt aber noch die Nähe zum Urnordischen erkennen, wogegen das Gotische als ostgermanische Sprache stärker abweicht, insbesondere mit der Endung *-ē* des Genitiv Plural. Die urnordischen Formen lassen sich anhand einzelner Formen anderer Substantive dieser Stammklasse gut erschließen und geben indirekt einigen Aufschluss für das Westgermanische, zumal die Endungen etymologisch durchweg übereinstimmen.

Im Westgermanischen sind die Endungen auf Kurzvokal + Konsonant geschwunden, als Kurzvokal ist die Endung des Nominativ Singular der Maskulina mit bereits geschwundenem Sibilant noch im Personennamen *Chariovalda* (vgl. dazu genau an. *Haraldr* „Heerwalt") erhalten[129]. In den Formen *kombu* und *ka[m]bu* auf friesischen Runeninschriften sowie ags. *skanamodu* „Schönmut" erscheint allerdings die Endung *-u*, obwohl für beide Substantive die Zugehörigkeit zu den *a*-Stämmen feststeht, vgl. zu ersterem *ka[m]ba* in der Inschrift von Erfurt-Frienstadt und finn. *kampa* „Kamm" (Lehnwort aus dem Germanischen) usw. und zu letzterem got. *mōþs* (Gen. *mōdis*) „Zorn" usw. als Maskulina auf *-a-*; wahrscheinlich wurde die Endung *-a* in **daga* bis zum 5. Jahrhundert zu **-ă* oder eher offenem **-ŏ* gekürzt und schwand später gänzlich (s. zu dieser Vokalschwächung Seite 43 mit Anm. 83). Aufgrund des Schwundes von Sibilant und Vokal im Auslaut fielen Nominativ, Akkusativ und Vokativ formal zusammen (im Gegensatz zum Gotischen). Die auslautenden Langvokale sind reduziert worden; im Neutrum Plural dürfte wie im Nominativ Singular der femininen *ō*-Stämme *-u* zumindest bei Substantiven mit kurzer Wurzelsilbe erhalten geblieben sein wie im Nordseegermanischen noch in literarischer Zeit, z. B. in as., ags. *fatu* „Fässer", bei langer Wurzelsilbe ist es in den Einzelsprachen dagegen geschwunden.

Im Nominativ Plural kann das auslautende *-s* kaum anders als durch einstige Endbetonung erklärt werden[130]. Diese Endung hat sich dann im Nordseegermanischen als as. *-os*, ags. *-as* durchgesetzt, während sich im Althochdeutschen im Nominativ die ursprünglich unbetonte allomorphe Endung *-ā* aus **-ō* behauptet hat und auch im Akkusativ die ererbte Endung **-a* aus **-anz* erhalten ist, wobei der Lautwandel von **-ō* zu *-ā* im Nominativ jenem im Nordischen entspricht (vgl. an. *dagar* aus urn. **dagōR*); die Länge im Nominativ ist durch Belege bei Notker gesichert[131]. Ähnliches wie für die Endung des Nominativ Plural gilt für jene des Genitiv Singular mit *-s*, auch wenn diese Endung ursprünglich auf Vokal prg. **-o-*

---

129 Ein Bataver, bei Tacitus Ann. 2,11 belegt.
130 Siehe Krahe 1966: 126 und Nielsen 1981: 103 sowie Wagner 1986: 43 (letzterer mit Hinweis auf die 2. Person Singular des Präteritums ahd. *frumitōs* „du fördertest", wo *-ōs* wegen einstiger Endbetonung erhalten geblieben sei.
131 Siehe Bammesberger 1990: 46 und jetzt auch Klingenschmitt 2002: 465 sowie auch Krogh 1996: 295; anders noch Nielsen 1981: 103, der ahd. *-a* als verallgemeinerte Akkusativendung interpretiert, und umgekehrt Wagner 1986: 42, der die Nominativendung als verallgemeinert betrachtet und für eine erhaltene Akkusativendung den Ansatz **-an* postuliert. Im Anl. ist im Gegensatz zu As. die Endung *-a* verallgemeinert worden, s. dazu Quak 1992: 83.

auslautete, vgl. dazu bedingt die Endung in ahd. *tages* oder im indogermanischen Erbwort *wolfes* „des Wolfes", genauer aber in as. *dagas, wolfas* mit jener in ai. *vŕkasya*, apr. *wilkas* „des Wolfes"; auch die urnordische Endung *-as* deutet auf eine verallgemeinerte Endbetonung spg. *-asa, prg. *-óso hin[132]. Allerdings stehen hier zwei Ablautdubletten nebeneinander, die letztere Endung hat nur im Nordseegermanischen eine genaue Parallele, während ahd., as. *-es* wie got. *-is* eine Endung *-esa fortsetzen[133]. Genauer stimmt die Endung des Dativ Singular *-ē mit dem Urnordischen überein, wenngleich dort eindeutig eine Länge *-ē* in den Formen *woduridē* (Personenname) und *walhakurnē* „Welschkorn" (für Gold) vorliegen muss, die im Altnordischen zu *-i* abgeschwächt wurde, zumal die Runeninschrift von Möjbrö (Schweden, um 450) die Phrase *ana hahai* „auf dem Renner" (für das Pferd) mit archaischer Diphthongendung enthält. Die gotische Endung *-a* kann sowohl *-ē als auch *-ai fortsetzen, in jedem Fall ist für das späte Urgermanisch von einer einstigen Lokativendung *-ai* aus idg. *-oi, vgl. gr. δόμοι, lat. *domī* usw.,„zu Hause", auszugehen, die dann auch im Westgermanischen zu *-ē monophthongiert und später, wohl schon in merowingischer Zeit, zu *-e* gekürzt wurde[134]. Im Instrumental Singular kann auslautendes *-u* bei Substantiven mit langsilbiger Wurzel lautgesetzlich zu *-ŭ* abgeschwächt worden und schon in merowingischer Zeit geschwunden sein, doch bestand hier offenbar das Bedürfnis der Markierung dieses Kasus, so dass diese Endung analog beibehalten wurde[135]; im Gotischen ist die Instrumentalendung lautlich mit der Dativendung *-a* zusammengefallen.

Im Plural stehen die Endungen der obliquen Kasus im Westgermanischen ebenfalls völlig mit jenen des Urnordischen in Einklang. Der Genitiv lautete im Althochdeutschen und Altsächsischen in allen Stammklassen auf *-o* aus, im Urnordischen ist die Endung *-ō* durch einzelne Belege wie *arbijano* „der Erben" gesichert, später wurde sie dort zu *-a* abgeschwächt. Auch die Dativendung ahd., as. *-um* deckt sich mit dem Nordischen, wobei in der späturnordischen Inschrift von Stentoften (Schweden, um 650) noch der auslautende Sibilant in den Formen *borumR* „den Söhnen" und *gestumR* „den Gästen" (mit analoger Endung nach den *a*-Stämmen) erhalten ist. Allerdings sind die ursprünglich langvokalischen Endungen im merowingischen Fränkisch und vielleicht schon im Westgermanischen um 400 n. Chr. im Gegensatz zum Urnordischen gekürzt worden, während die ehe-

---

[132] Mottausch (2011: 167) beurteilt die Endung mit hellem Vokal got. *-is*, ahd. *-es* als älter, die Endungen mit *-a*- dagegen als Ausgleich innerhalb der *a*-Flexion.
[133] Zum Genitiv der germ. *a*-Stämme s. den Aufsatz von Bjorvand 1991, der urn. *-as* als Ersatz zur Verdeutlichung gegenüber *-aR* im Nominativ, *-es* im Westgermanischen jedoch als „Neubildung" beurteilt, s. S. 115 bzw. 109; anders zu urn. *-as* Bammesberger 1990: 41, der von Vorformen auf *-óso ausgeht (ähnlich Krahe 1965: 9).
[134] Zur Dativendung der. *a*-Stämme im Urn. s. Krause 1971: 116, Antonsen 1986: 342 und Nielsen 2000a: 86, die diese Endung als konservative Variante zu monophthongiertem *-ē ansehen; dieses Schwanken zwischen zwei Endungsvarianten findet sich auch in nhd. *am Tage/am Tag* (dort Nullmorphem). Zur gotischen Endung *-a* s. Bammesberger 1990: 42 (der einen Lokativ annimmt); zustimmend Euler 2009: 85. Auch im Westgerm. kann *-ē durchaus spg. *-ai fortsetzen, s. dazu Klingenschmitt 2002: 465. Ramat (1981: 58) setzt bereits spg. *wulfai an.
[135] Klein (2004: 249) und Klingenschmitt (2002: 465) gehen von einem Schwund des *-u* bei den langsilbigen Stämmen aus.

mals kurzvokalischen Endungen im Nominativ und Akkusativ Singular im Westgermanischen noch als überkurze Vokale (s. Seite 43f.) vorhanden waren[136].

Wie die Substantive auf bloßes -a- flektieren auch jene auf -ja- und -wa-. Am genauesten sind die Nominative dieser Stämme im Urnordischen erhalten, etwa in den Personennamen *swabaharjaR* und *-holtijaR* (letzteres in der Regel nach Langvokal, aber auch z. B. in *steinawarijaR*) sowie in *þewaR*[137], während in got. *harjis* „Heer" und *haírdeis* „Hirte" (aus spg. *-jaz nach kurzer bzw. *-ijaz nach langer Wurzelsilbe gemäß Sievers Gesetz) sowie in *þius* „Diener" der Stammauslautvokal -a- wie bei den bloßen *a*-Stämmen geschwunden ist. Im Westgermanischen liegt im Nominativ und Akkusativ Singular sowie Neutrum Plural wiederum Nullmorphem vor, so dass das jeweilige Allophon *j* und *w* im ungedeckten Auslaut als Vokal -i bzw. -u erscheint. Hier seien daher die westgermanischen Parallelen des Substantivs für „Heer, Menge, Volk" zusammengestellt, das germanisch ererbt ist (vgl. den Personennamen *Chariovalda* und urn. *-harjaR*) und in gallischen Stammesnamen *Tricorii, Petrocorii* und air. *cuire* „Schar" sowie in lit. *kãrias* „Heer; Krieg" (zu *kãras* „Krieg" gehörig) genaue Entsprechungen hat, die alle auf idg. *kóryos* „Kriegerschar" zurückgehen. Die Substantive mit langem Wurzelvokal flektieren im Westgermanischen genauso wie die kurzvokalischen, z. B. ahd. *hirti*, as. *hirdi*, ags. *hyrde* (wgerm. *χirdī*, vgl. got. *haírdeis* „Hirte") und das Neutrum ahd. *rīhhi*, as. *rīki*, ags. *rīce* (wgerm. *rīkī*, vgl. got. *reiki* „Reich")[138]. Der Anschaulichkeit halber wird auch das altenglische Paradigma wiedergegeben, im Althochdeutschen ersatzweise das Substantiv für „Hirte", da *heri* dort zum Neutrum geworden ist:

Singular	Spg.	Got.	Ahd.	As.	Ags.	Wgerm.
Nom.	*χarjaz	harjis	hirti	heri	here	*χeri
Gen.	*χarjas	harjis	hirtes	heries	heries	*χerjes
Dat.	*χarjai	harja	hirtie	herie	herie	*χerjē
Akk.	*χarjan	hari	hirti	heri	here	*χeri
Instr.	*χarjō		hirtiu	heriu	herie	*χerju
Plural						
Nom.	*χarjōz	harjōs	hirte, -a	herios	herias	*χerjā
Gen.	*χarjōn	harjē	hirtio	herio	heria	*χerjō
Dat.	*χarjumiz	harjam	hirtum,-im	herium	herium	*χerjum
Akk.	*χarjanz	harjans	hirte, -a	herios	herias	*χerja

Die Casus recti des neutrischen Substantiv für „Stamm, Geschlecht" lauten:

---

136 Siehe ein westgermanisches Paradigma mit den überkurzen Vokalen sowie bereits gekürzten Langvokalen bei Klingenschmitt 2002: 465.
137 Siehe dazu Krause 1971: 94f. und 117.
138 Siehe Klein 2001: 248 mit Ansatz von wgerm. *rīkī aus spg. *rīkijan.

	Nom./Akk.	Spg.	Got.	Ahd.	As.	Ags.	Wgerm.
Singular		*kunjan	kuni	kunni	kun(ni)	cyn(n)	*kunni
Plural		*kunjō	kunja	kunni	kunni	cyn(n)	*kunnju

Im Althochdeutschen schwindet -j- vor den Endungen allmählich überall, im Altenglischen bei den kurzvokalischen Stämmen im Singular und bei langvokalischen Stämmen auch im Plural geschwunden. Die Endung des Nominativ/Akkusativ Plural im Althochdeutschen -e ist wahrscheinlich aus *-ja gekürzt worden, im Dativ Plural ist die Endung der ohnehin ähnlich lautenden Obliquusendungen von den i-Stämmen her eingedrungen[139].

Ähnliches wie für die Stämme auf -ja- gilt für jene auf -wa-, auch dort erscheint bei Nullmorphem -u, dasin allen westgermanischen Sprachen auch -o geschrieben wird. Hier sei das Substantiv für „Schnee" im Singular aufgeführt, das wie das zugrundeliegende Verbum indogermanisch ererbt ist, vgl. lit. sniẽgas, aksl. sněgъ „Schnee" aus idg. *snoig^{wh}ós und got. sneiwan, ahd. ags. snīwan mit lit. sniẽgti, gr. νείφειν, lat. ninguere „schneien" neben air. snigid „es regnet".

Singular	Spg.	Got.	Ahd. = As.	Ags.	Wgerm.
Nom.	*snaiwaz	snaiws	snēo	snāw	*snaewă
Gen.	*snaiwas	snaiwis	snēwes	snāwes	*snaewes
Dat.	*snaiwai	snaiwa	snēwe	snāwe	*snaewē
Akk.	*snaiwan	snaiws	snēo	snāw	*snaewă

Beispiel für ein Neutrum ist got., ahd. kniu, as. knio, ags. cnēo „Knie"aus wgerm. *kniu; dieses Substantiv ist im Germanischen thematisiert worden, zugrunde liegt ein indogermanisches Neutrum auf -u-, vgl. lat. genu, gr. γόνυ usw. „Knie":

3.2.2. Feminina auf -ō-, -jō- und -wō-

Unter den Feminina sind die Substantive auf -ō- im Germanischen am produktivsten geworden. Auch hier finden sich unter den primären Substantiven mehrere mit indogermanischer Herkunft, darunter got. aƕa „Fluss, Gewässer", ahd., as. aha, ags. ēa „Wasser, Fluss", an. á „Fluss" aus spg. *aχwō, prg. *ák^{w}ā, vgl. genau lat. aqua „Wasser" und lett. aka „Quelle". Beispiel für ein Deverbativ auf bloßes -ō- ist ahd. forsca „Frage" (= ai. pr̥cchā́ „ds.", zu pr̥ccháti „fragt"), dagegen treten die Motionsfeminina auf -ō- im Germanischen nur als Adjektive auf. Ein Denominativ auf -jō- ist ahd. auwia, ouwa „Aue" = ags. (angl.) ēg = an. ey „Insel" aus spg. *a(g)wjō (wgerm. und urn. *auju), eine Ableitung des eben genannten Wortes für „Wasser, Fluss". Erwähnenswert sind ferner die Ableitungen auf *-þō- und *-đō-, wie das Substantiv got. jūnda „Jugend" aus prg. *juwuntā́, vgl. lat. iuventa „ds."

---

[139] Siehe Krahe 1965: 17 und von Kienle 1969: 135.

(Denominativ zu *iuvenis* „Jüngling") und die (häufigen) Adjektivabstrakta wie got. *háuhiþa* = ahd. *hōhida* = an. *hœð* „Höhe".

Das germanisch ererbte Substantiv für „Gabe", ein Deverbativ zu got. *giban*, ahd., as. *geban*, ags. *giefan* und an. *gefa*, findet sich in allen älteren Einzelsprachen wieder, die Flexionsendungen stimmen durchweg miteinander überein:

Singular	Spg.	Got.	Ahd.	As.	Ags.	Wgerm.	An.
Nom.	*gebō	giba	geba	geba	giefu	*gebu	gjǫf
Gen.	*gebōz	gibōs	geba, -u	geba	giefe	*gebā	gjafar
Dat.	*gebōi	gibai	gebu	gebu	giefe	*gebu	gjǫf
Akk.	*gebōn	giba	geba	geba	giefe	*geba	gjǫf
Plural							
Nom./Akk.	*gebōz	gibōs	gebā	geba	giefa	*gebā	gjafar
Gen.	*gebōn	gibō	gebōno	gebono	gief(en)a	*gebō(nō)	gjafa
Dat.	*gebōm	gibōm	gebōm	gebum	giefum	*gebōm	gjǫfum

Wiederum kongruiert das Westgermanische weithin mit dem Nordischen. Allerdings wurde innerhalb des Deutschen im Singular die Akkusativendung *-a* (aus stoßtonigem *-ōn*) auf den Nominativ übertragen. Andererseits stimmt das Altenglische zwar in den meisten Kasus mit dem Deutschen etymologisch überein, im Nominativ Singular hat es aber noch die alte Endung *-u* bei Feminina mit kurzsilbigem Stamm und im Genitiv Plural die einfache Endung *-a* beibehalten (vgl. zu letzterem got. *gibō*). Der Nominativ ags. *giefu* steht mit an. *gjǫf* aus urn. *gebu* (belegt ist *laþu*) in Einklang und setzt somit spg. *gebō* fort, vgl. im Finnischen das urgermanische Lehnwort *rūnō* „Gedicht"; auch im Westgermanischen, vielleicht noch in merowingischer Zeit, hat der Nominativ also *gebu* gelautet. Nach langer Wurzelsilbe ist die Endung des Casus rectus im Westgermanischen jedoch lautgesetzlich geschwunden, etwa in ahd. *diot*, as. *thiod* „Volk, Menge", ags. *þēod* „Volk, Leute" (aus wgerm. *þeudū*), vgl. dagegen got. *þiuda* „Volk" und außerhalb des Germanischen apr. *tauto* „Land", lit. *tautà*, lett. *tauta* „Volk", ferner osk. *touto*, umbr. *totam* (Akk.) „civitas" = keltib. *tauta-* „populus", air. *tūath* „Volk" usw. Das Nordische hat demgegenüber die Akkusativform auf den Nominativ übertragen. Im Dativ haben das Westgermanische und das Urnordische die einstige Instrumentalendung *-u* übernommen, für beide ist also *gebu* ansetzen, während das Gotische mit dem Diphthongauslaut die indogermanisch ererbte Endung des Dativs oder Lokativs bewahrt hat[140]. Im Genitiv Singular wie im Nominativ und Akkusativ Plural basieren die Formen der westgermanischen Sprachen zweifellos auf *gebā*, für das Urnordische wäre *gebōR* anzusetzen, beide setzen spg. *gebōz* fort; sowohl im Westgermanischen wie im Nordischen wurde also *ō* zu *ā* bzw. *a* aufgehellt, bestätigt wird dies durch die drei voralthochdeutschen Runen-

---

140 Siehe Krahe 1965: 21 und Krogh 1996: 348.

inschriften mit dem Satztypus *NN wrait/uraet runa* gegenüber urn. *runoR waritu* und jüngerem *warAit runAR* mit eindeutigen Pluralformen (s. dazu Seite 29). Im Dativ Plural hat das Althochdeutsche die westgermanische Form am genauesten bewahrt, im Genitiv ist indes die Endung der Feminina auf *-ōn-* vorgedrungen, vgl. dazu auch ags. *giefena* neben *giefa*; zumindest im merowingischen Fränkisch hat somit der Genitiv **gebōno*, im Westgermanischen hingegen wohl noch **gebo* gelautet, dessen Endung wie got. *-ō* in *gibō* schleiftoniges **-õn* fortsetzt[141].

Neben den Feminina auf bloßes **-ō-* gab es im Germanischen auch solche auf **-jō-*, die im Nominativ Singular auf bloßes **-ī* endeten und eine eigene indogermanische Stammklasse, den sogenannten *devī*-Typus fortsetzten; dieser war im Indogermanischen vor allem unter den Motionsfeminina zu Maskulina außerhalb der *o*-Stämme produktiv. Im Gotischen ist dieser Typus noch am deutlichsten mit der Nominativendung *-i* erkennbar, z. B. in *mawi* „Mädchen" = an. *mey* „ds.", *þiwi* „Magd" = an. *þý* „Magd, Sklavin" = ahd. *diu* „Dienerin, Magd", as. *thiu(i), thiwa* „Magd" (s. dazu auch Seite 186f.). In den westgermanischen Sprachen geben nur noch vereinzelte Nominativformen diese Stammklasse zu erkennen, etwa ahd. *sunte* neben *suntea* „Sünde" und as. *hel* neben *hellia* „Hölle" (mit Verlust des Stammauslauts), wobei im Altenglischen der Nominativ ohnehin endungslos ist, etwa in *hell* „Hölle". In allen anderen Kasus flektieren diese Feminina in den westgermanischen Sprachen wie jene auf bloßes *-ō-*. Auch im Altnordischen ist die Nominativendung geschwunden, darunter in *mey* (s. oben)[142]. Hier das Paradigma für „Mädchen" im Singular:

Singular	Spg.	Got.	Ahd.	As.	Wgerm.	An.
Nom.	*magwī	þiwi	sunte	hel	*þiwi	mær
Gen.	*magwjōz	þiujōs	suntea, -u	hellia	*þiwiā	meyjar
Dat.	*magwjōi	þiujai	suntiu	helliu	*þiwiu	meyju
Akk.	*magwjōn	þiuja	suntea	hellia	*þiwia	mey

Ein ähnliches Bild zeigen die Feminina auf **-wō-*, wenngleich hier keine gesonderte Stammklasse zugrunde liegt, sondern endungslose Formen des Nominativ Singular im Althochdeutschen durch den Stammauslaut verursacht wurden, z. B. *brā* neben *brāwa* „Braue" und *clō* neben *clāwa* „Klaue" (vgl. dazu genau ags. *clēa* „ds." aus **klau*); für das Merowingisch-Fränkische wäre der Nominativ **klāw(u)*, für das Westgermanische **klēwu* anzusetzen.

3.2.3. Stämme auf *-i-*

Im Germanischen gibt es wie in anderen indogermanischen Sprachen maskuline und feminine Substantive mit dem Stammauslaut *-i-*, und zwar wiederum primäre

---

141 Siehe dazu bes. Krahe/Seebold 1967: 39, vgl. auch Krause 1968: 155.
142 Daneben gibt es im Nordischen noch vereinzelte Substantive, die einen sog. *vr̥kī*-Typ fortsetzen, darunter *ylgr* „Wölfin" (Genitiv *ylgjar*), vgl. dazu genau ai. *vr̥kī́s* „ds.", aber ags. *wylf* „ds." mit *-f-* von *wulf* her.

oder abgeleitete. Zu ersteren gehört das indogermanische Erbwort für „Schaf", ahd. *au* (Pl. *awi*) = as. *ewi* „Lamm" = an. *ær* „Mutterschaf" (s. Seite 187f.). Andere Substantive auf bloßes -*i*- stellen Deverbativa dar, z. B. ahd. *wurt* = as. *wurd* = ags. *wyrd* = an. *urð* „Schicksal" aus spg. **wurðis*; zu got. *waírþan* = ahd., as. *werðan*, ags. *weorþan* = an. *verða* „werden, geschehen". Besonders ragen die produktiven Verbalsubstantive auf *-þi- und *-ði- heraus, darunter das zweifellos germanisch ererbte Femininum got. *ga-dēþs* = ahd. *tāt* = as. *dād* = ags. *dǣd* = an. *dáð* „Tat" aus spg. **dēðis* zum Verbum ahd. *tōn, tuon*, as., ags. *dōn*.

In allen germanischen Einzelsprachen, vor allem im Singular sind die Maskulina vollständig, in den obliquen Kasus des Plurals teilweise von den Stämmen auf -*a*- beeinflusst worden. Anschaulich zeigt das das indogermanische Erbwort für „Gast, Fremder", spg. **gastiz* vgl. dazu genau lat. *hostis* „Fremder, Feind", aksl. *gostь* „Gast":

Singular	Spg.	Gotisch	Ahd.	Ags.	Wgerm.	An. (Urn.)
Nom.	*gastiz	gasts	gast	giest	*gastĭ	(gastiR)
Gen.	*gastes	gastis	gastes	giestes	*gastes	gests
Dat.	*gastai	gasta	gaste	gieste	*gastē	gesti
Akk.	*gasti	gast	gast	giest	*gastĭ	gest
Instr.	*gastjō		gastiu	gieste	*gastiu (?)	
Vok.	*gasti	gast				
Plural						
Nom.	*gastijiz	gasteis	gesti	giestas	*gastī	gestir
Gen.	*gastjō	gastē	gest(e)o	giesta	*gastjō	gesta
Dat.	*gastimz	gastim	gestim	giestum	*gastim	(gestumR)
Akk.	*gastinz	gastins	gesti	giestas	*gasti	gesti

Im Altsächsischen lautet dieses Paradigma fast gleich wie im Althochdeutschen mit Ausnahme der Form des Dativ Plural *gestium*, und im Genitiv Singular erscheint wie bei den *a*-Maskulina die Endung -*as*, weswegen die altsächsischen Formen in der obigen Tabelle nicht eigens aufgeführt werden. Zu ags. *giest* hat sich im Plural die *a*-Flexion sogar völlig durchgesetzt, und bereits im Späturnordischen ist im Dativ Plural die Form *gestumR* belegt (mit Umlaut im Gegensatz zum Nominativ -*gastiR*), ebenfalls mit einer Endung der *a*-Flexion, während im Gotischen nur die Form *gastē* im Genitiv Plural eine Endung der *a*-Stämme aufweist. Für die westgermanische Sprachstufe kann man im Nominativ und Akkusativ Singular noch **gastĭ* mit überkurzem Auslautvokal annehmen[143].

Bei kurzsilbigen Stämmen ist auch hier in den westgermanischen Sprachen in den Casus recti des Singulars die Endung -*i* erhalten geblieben, wie in ahd., as. *wini*,

---

[143] Siehe diesen Ansatz bei Klingenschmitt 2002: 463, etwas anders noch Klein 2001: 248 mit Ansatz wgerm. **gasti*.

ags. *wine* „Freund", letzteres hat sogar noch den genuinen Nominativ und Genitiv Plural *wini, winig(e)a* ähnlich wie im Althochdeutschen und Altsächsischen beibehalten. Andererseits flektiert as. *wini* im Singular wie ein Stamm auf *-ia-* analog zu den singularischen Obliquusformen. Mit dessen westgermanischen Parallelen stimmt urn. *winiR* (daraus an. *vinr* „ds.") genau überein, so dass man für das Merowingisch-Fränkische wie Westgermanische als Grundform des Casus rectus im Singular **wini* rekonstruieren kann.

Im Gegensatz zu den Maskulina haben die Feminina die ursprüngliche Flexion der *i*-Stämme im Singular bewahrt, wie die Paradigmen dies bestätigen; im Plural flektieren sie in den westgermanischen Sprachen wie im Gotischen erwartungsgemäß genau wie die Maskulina, nur im Altnordischen ist die Nominativendung auf den Akkusativ übertragen worden. Hier seien mehrere Paradigmen aufgelistet, zu got. *qēns* „Ehefrau" vgl. as. *quān* „Frau", ags. *cwēn* „Frau, Gattin; Fürstin, Königin" und an. *kván* „Frau, Ehefrau" (dazu außerhalb des Germanischen ai. *jāni-* „Weib, Gattin", s. auch Seite 184f.), zu ahd. *anst* „Gunst" vgl. got. *ansts* „ds." aus spg. **anstiz*, zu as. *nōd*, an. *nauþr* „Not" got. *nauþs* „ds." aus spg. **nauþiz*:

Singular	Spg.	Gotisch	Ahd.	As.	Wgerm.	An.
Nom.	**kwēniz*	*qēns*	*anst*	*nōd*	**kwǣnĭ*	*nauþr*
Gen.	**kwēnaiz*	*qēnais*	*ensti*	*nōdi*	**kwǣni*	*nauþar*
Dat.	**kwēnēi*	*qēnai*	*ensti*	*nōdi*	**kwǣni*	*nauþ*
Akk.	**kwēnin*	*qēn*	*anst*	*nōd*	**kwǣnĭ*	*nauþ*

Die angelsächsischen Feminina auf *-i-* (nicht in obiger Tabelle) stimmen in der Flexion mit den deutschen Parallelen überein, nur in den obliquen Kasus zeigen sie abgeschwächtes *-e*, im Plural flektieren sie wie die *ō*-Feminina. Die obliquen Endungen *-i* im Westgermanischen können indes nur prg. **-eis, -ei* fortsetzen, während die gotischen und nordischen Genitivendungen auf ablautendem **-ois* und die gotische Dativendung wohl auf einem Langdiphthong **-ēi* (wie gr.-dial. πόληι „der Stadt", Dativ) beruhen. Die urnordische Dativform kann wie die im Westgermanischen auf kurzes **-i* aus **-ei* ausgelautet haben[144]. Im Genitiv ist eine Dublette prg. **-eis/-ois* denkbar, ähnlich wie in der Genitivendung der *a*-Stämme mit spg. **-es* und *-as*, vgl. Seite 69.

Unter den Feminina haben kurzsilbige *i*-Stämme das *-i* im Nominativ und Akkusativ Singular nur im Altsächsischen bewahrt, nicht jedoch im Althochdeutschen, z. B. in as. *ewi* „Lamm" gegenüber ahd. *au* (Pl. *awi*) „Mutterschaf", vgl. dazu an. *ǽr* „Mutterschaf" (aber mit Flexion nach dem Vorbild der Wurzelnomina) und

---

144 Zu diesen obliquen Kasusendungen der Feminina im Germ. s. Bammesberger 1990: 126; zur wgerm. obliquen Kasusendung *-i* s. Klingenschmitt 2002: 464 mit Ansatz wgerm. **-ī* (vielleicht aus Dat. **-eyei*, ähnlicher Ansatz bei Ringe 2006: 272 und 280) sowie (zum Genitiv) Nielsen 2000a: 244. Von Kienle (1969: 146) sucht die Diskrepanz der Dativendung zwischen got. *-ai* und ahd. *-i* durch eine Kürzung des einstigen Diphthongs **-ēi* zu überbrücken.

ferner lat. *ovis*, ai. *ávi*- c., lit. *avís* f. usw. „Schaf"; für das Westgermanische wäre somit **awi* anzusetzen (s. auch Seite 187f. mit Anm. 400). Im Althochdeutschen flektiert auch die Tierbezeichnung *kuo, chua* mit dem Plural *kuoi, chuai*, ein ein ehemaliges Wurzelnomen, nach dem Muster der *i*-Feminina (s. zu diesem Substantiv außerdem Seite 91f.).

Die bereits in der indogermanischen Grundsprache seltenen Neutra auf *-i* sind im Germanischen in ihrer ursprünglichen Flexion nirgends erhalten, sondern weisen Stammerweiterungen auf. Einziges Beispiel mit indogermanischer Herkunft ist prg. **móri* „Meer, Haff" (im Sinn eines größeren Binnensees), vgl. dazu noch als reine *i*-Stämme lat. *mare* „Meer" und air. *muir* „Meer"[145]. Im Gotischen ist dieses Substantiv *marei* „Meer" mit *n*-Formans erweitert, im Althochdeutschen wurde *meri* ähnlich wie die Maskulina auf *-i-* von den *a*-Stämmen beeinflusst, allenfalls kann die Dativendung in *meri* mit jener der Feminina identisch sein[146]. Im Altsächsischen wurde *meri* sogar zun Femininum, während ags. *mere* „Meer, See" zu den Maskulina übergewechselt ist und wie diese flektiert. Im Altnordischen fehlen Neutra auf *-i-* gänzlich, und *marr* m. „Meer, See" flektiert teilweise wie ein Stamm auf bloßes *-a-* anstelle von *-i-*.

3.2.4. Stämme auf -*u*-

Ähnlich wie im Lateinischen und den baltischen Sprachen gehören die meisten Substantive mit Stammauslaut auf *-u-* den Maskulina an, darunter auch die produktiven Deverbativa auf *-þu-, -đu-* wie got. *dauþus* = ahd. *tōd* = as. *dōd* = ags. *dēaþ* = an. *dauðr* „Tod" (zu an. *deyja* „sterben", ahd. *touwen* „sterben, fallen").

Im Gegensatz zu den Stämmen auf *-i-* flektieren die *u*-Stämme aller Genera zumindest im Gotischen noch gleich, dort ist auch die Flexion als solche am besten bewahrt. Hier als Beispiel das kurzsilbige Substantiv für „Sohn", das mit ai. *sūnús*, lit. *sūnùs* und aksl. *synъ* sehr genaue Parallelen, ebenfalls mit Stammauslaut *-u-*, in außergermanischen Sprachen hat. Statt des Spätgermanischen wird hier das Protogermanische angeführt, da es sich in den Endungen noch stärker vor allem vom Gotischen abhebt:

Singular	Prg.	Gotisch	Ahd.	Ags.	Wgerm.	An.
Nom.	**sunús*	*sunus*	*sunu*	*sunu*	**sunu*	*sunr*
Gen.	**sunoŭs*	*sunaus*	*sunō, sunes*	*suna*	**sunō*	*sonar*
Dat.	**sunḗu*	*sunau*	*suniu, sune*	*suna*	**suniu*	*syni*
Akk.	**sunún*	*sunu*	*sunu*	*sunu*	**sunu*	*sun*
Instr.	?		*sunu, -iu*	*suna*	**sunu*	
Vok.	**sunou*	*sunau, -u*				

---
145 Zu dem alteur. Begriff **móri* s. bes. Meid 1982: 91–96.
146 Dies nimmt Krahe (1959: 28) an, ähnlich auch von Kienle 1969: 145.

Plural
Nom.   *sunéwes   sunjus   suni   suna   *sunī   synir
Gen.   *sunéwōn   suniwē   sunio   suna   *sunijō   sona
Dat.   *sunúmis   sunum   sunum   sunum   *sunum   sunum
Akk.   *sunúns   sununs   sunu, -i   suna   *sunu   sunu

Hier stimmen Althochdeutsch und Altsächsisch in der Flexion vor allem im Plural miteinander überein, während im Singular rezentere Obliquusformen vorliegen: Gen. *sunies* und Dat. *sunu, sunie*. Vom Ansatz merowingisch-fränkischer Formen wird hier abgesehen, da diese nicht anders gelautet haben können als im frühen Althochdeutschen, umso interessanter sind die protowestgermanischen Fomen.

Das früheste Althochdeutsche stimmt mit den Belegen obliquer Kasus, *fridoo* und *fridiu* zu *fridu* „Friede" wie das Altnordische in den Flexionsendungen noch mit dem Gotischen und somit selbst dem Späturgermanischen überein; die obliquen Singularendungen der wenigen urnordischen Belege *magoR, kunimudiu* sowie *magu* (vgl. an. *sonar, syni, sun*) decken sich mit jenen des Althochdeutschen. Die altenglische Dativform könnte mit der gotischen Form auf einer gemeinsamen Grundlage beruhen, würde dann aber mit der Endung *-iu* nicht in Einklang stehen; denkbar wäre eine Dublette mit qualitativem Ablaut wgerm. *-au*, die mit der ambivalenten gotischen Endung *-au* prg. *-óu* fortsetzen würde[147]. Die Instrumentalformen lauten im Althochdeutschen wie Altenglischen teilweise gleich wie die Dative, bei ahd. *sunu* ist aber wiederum mit Einfluss der *a*-Stämme zu rechnen. Auch im Plural können alle althochdeutschen Endungen direkt mit den gotischen verglichen werden; Voraussetzung ist nur, dass der Nominativ im Althochdeutschen wie im Nordischen den Endungsvokal *-u* verloren hat und im Genitiv das *-w-* unmittelbar an das *-i-* angeglichen und geschwunden ist, so dass auch hier die Endung mit jener der *i*-Stämme zusammenfiel[148]. Dann wurde die Akkusativendung durch jene des Nominativs verdrängt, so dass auch im Dativ die Endung der *i*-Stämme übernommen wurde. Da im Nominativ und Akkusativ Singular der Auslautvokal *-u* im 9. Jahrhundert schwand, drangen schließlich auch im Genitiv und Dativ Singular wie bei den *i*-Stämmen Endungen der *a*-Deklination ein, die jüngeren Obliquusformen des Singular lauten folglich *sunes, sune*. Das Altsächsische hat demgegenüber zwar den *u*-Auslaut im Singular des Casus rectus beibehalten, im Plural aber dieselben Neuerungen wie das Althochdeutsche vollzogen, in den obliquen Kasus des Singulars flektiert es sogar nach dem Vorbild der *ja*-Stämme mit den Formen *sunies, sunie* – daneben hat es aber noch die alte Dativendung in *suno* wie das Altenglische bewahrt. Im Angelsächsischen wiederum endet der Casus rectus im Plural auf *-a* wie im Altfriesischen, der vielleicht auf einer Ablautdublette prg. *-ówes* beruht, doch fehlt hier eine weitere Parallele[149].

---

147 Dies postulieren Krahe 1965: 32 und Nielsen 1981: 106.
148 Siehe Krahe 1965: 33, der im Nominativ mit einem Ausfall von *-u-* und im Genitiv mit unmittelbarer Übernahme der Endung von den *i*-Stämmen rechnet. Ähnlich Krogh (1996: 349), der *-i* aus *-iwiz* herleitet.
149 Siehe diese Vermutung bei Krahe 1965: 33, Nielsen 1981: 106 und Krogh 1996: 349.

Auch hier wurde die Nominativendung durch die des Akkusativs ersetzt, und der Genitiv wurde nach dem Vorbild der *a*-Stämme geschaffen.

Noch stärker neigen in den westgermanischen Sprachen *u*-Stämme mit langsilbiger Wurzel dazu, ihre ursprüngliche Flexion aufzugeben, da eben im Nominativ/ Akkusativ der Stammauslaut in allen Einzelsprchen geschwunden ist. Nur im Altenglischen flektieren diese Maskulina noch wie die kurzsilbigen Stämme, im Altsächsischen tendieren sie teils zu den *a*-, teils zu *i*-Stämmen, und im Althochdeutschen finden sich eine ganze Reihe einstiger *u*-Stämme unter jenen auf -*i*- wieder. Ein gutes Beispiel bildet das Substantiv für „Schild": Got. *skildus*, an. *skjǫldr* und ags. *scield* flektieren noch völlig als *u*-Stämme, die pluralischen Dativformen ahd. *sciltim* und as. *scildion* zeigen jedoch die Endungen der Substantive auf -*i*- in der jeweiligen Sprache. Sowohl im Althochdeutschen und Altsächsischen als auch im Altenglischen ist die singularische Endung des Nominativs und Akkusativs *-*u* analog zu jenen der Stämme auf -*a*- und auf -*i*- geschwunden, nachdem sie zunächst zu *-*ŭ* gekürzt worden war, darunter z. B. im Substantiv für „Tod" (s. Seite 43f.). Doch findet sich noch in einer angelsächsischen Runeninschrift die Form *flodu* „die Flut" (Nominativ, auf Frank's Casket, um 700 n. Chr.) gegenüber literarischem ags. *flōd* m. (= as. *flōd* m.,f. = ahd. *fluot* f. = got. *flōdus* m.); die Inschrift lautet: *fisc flodu ahof on fergenberig* „Den Fisch hob die Flut auf den steinigen Strand" (Düwel)[150], dabei kann die Schreibung -*u* durchaus überkurzes *-*ŭ* wiedergeben (ähnlich wie im Französischen -*e* einen Schwa-Laut) – während in *fisc* (*a*-Stamm) bereits keine Endung mehr vorhanden war.

Die Feminina auf -*u*- flektierten wie gesagt im Germanischen wie die Maskulina, doch besaß bereits das Protogermanische nur noch sehr wenige, und in den westgermanischen Einzelsprachen sind diese wie die Maskulina vor allem von den Stämmen auf -*i*- beeinflusst. Am besten erhalten ist das Paradigma für „Hand", got. *handus*, ahd. *hant*, as. *hand*, ags. *hand, hond*, an. *hǫnd*. Hierbei flektieren zwar got. *handus* und ags. *hand* noch ganz als *u*-Stämme und an. *hǫnd* sogar wie das Maskulinum *fōt* auf -*u*- (als einstiges Wurzelnomen, s. Seite 93). Im Deutschen macht sich ganz analog der Einfluss der Feminina auf -*i*- bemerkbar. So finden sich neben den altererbten Dativformen des Plurals, ahd. *hantum* = as. *handum*, später auch ahd. *hentin* ebenso wie as. *handiun*; im Dativ Singular zeigen das Althochdeutsche und Altsächsische die Endung -*i*. Daneben hat das Gotische noch zwei weitere Feminina indogermanischer Herkunft mit *u*-Flexion bewahrt, *kinnus* „Wange" und *qaírnus* „Mühle"; an. *kinn* und *kvern* flektieren dagegen wie *hǫnd*. Während ags. *cweorn*, as., ahd. *quern* in ihrer Flexion noch mit *hand, hant* übereinstimmen, vgl. hierzu lett. *dzirnus* f. „Handmühle" und aksl. *žrъny* „Mühlstein", flektieren as. *kinn* teilweise und ahd.*chinni* durchweg als neutrischer *ja*-Stamm, dessen Doppelkonsonanz -*nn*- auf einer Assimilation aus *-*nw*- basiert. Dieses Substantiv setzt also ein protogermanisches Femininum *génwus

---

150 Siehe diese Inschrift bei Düwel 2001: 79 (mit Interpretation).

mit beibehaltener *u*-Flexion fort, vgl. dazu ai. *hánu-* f. „Kinnbacke", gr. γένυς f. „Kinn, Kinnbacke", air. *giun* m. „Mund"[151]. Lediglich die althochdeutschen Substantive für „Hand" und „Mühle" lassen sich also als *u*-Feminina geradlinig auf wgerm. **χandū* bzw. **kwernū* zurückführen. Als Substantive mit langer Wurzelsilbe muss für den Nominativ überkurzes **-ŭ* angesetzt werden.

Noch seltener sind die Neutra unter den *u*-Stämmen, am besten hat sich das indogermanische Erbwort für „Vieh" erhalten: got. *faíhu* „Vermögen" = ahd. *fihu, fehu* „Vieh" (Pl. *fihiu*) = as. *fehu* „Vieh, Besitz" = ags. *feoh* (angl. *feh*) „Vieh" = an. *fé* (Gen. *fiár*) „Vieh, Vermögen, Geld".Zugrunde liegt prg. **péku*, spg. **feχu* „Vieh", vgl. dazu genau alat. *pecu*, apr. *pecku* (ebenfalls relikthafter *u*-Stamm) und ai. (ved.) *paśú-* n., *paśú-* m. „Vieh". Wiederum flektieren nur das gotische und nordische Substantiv nach den *u*-Stämmen, die westgermanischen Parallelen hingegen nach den Stämmen auf *-a-*. Im Althochdeutschen wie Altsächsischen sind die Formen des Genitivs und Dativs, im Singular *fehes, fehe* und im Plural (in den Notker-Psalmen) *feho, fehen* belegt. Ein weiteres indogermanisches Neutrum ist wohl schon im Protogermanischen zu den Maskulina übergewechselt, vgl. ahd. *metu (-o)*, ags. *me(o)du* und an. *mjǫðr* „Met", außerdem spätlat. *medus* m. „Honigwein" aus frk. **medu* gegenüber ai. *mádhu* „süßer Trank, Honig", gr. μέθυ „Rauschtrank, Wein", air. *mid, meda* „Met" und apr. *meddo* „Honig", alle aus idg. **médʰu*[152].

3.2.5. Stämme auf Nasal

Im Germanischen haben unter den Stämmen mit konsonantischem Auslaut jene, die auf *-n-* auslauten, eine besondere Produktivität erlangt. Dies gilt für die schwache Adjektivflexion wie für die femininen Substantive mit Stammauslaut *-ōn-* und *-īn-*, während die Maskulina zwar nicht ganz denselben Rang erreicht haben, und die im Indogermanischen einstmals produktiven Neutra im Germanischen sogar nur noch unter Körperteilbezeichnungen auftreten. Insbesondere dient die Nasalerweiterung bei Maskulina wie Feminina zur Markierung der Individualität wie in got. *weiha* „Priester" zu *weihs* „heilig" und ahd. *wīzzago* „Prophet", *wīzzaga* „Prophetin" zu *wīzzag* „weise" (= ags. *wītaga* „Prophet, Prophetin"). Unter den Feminina sind sogar größtenteils indogermanische Erbwörter mit Stammauslaut spg. **-ō-* wohl lediglich zur stärkeren Markierung mit *-n-* erweitert worden, wie die Substantive für „Frau", „Witwe" und „Zunge" (s. Seite 82f.).

Die Maskulina auf *-an-* und *-jan-* spielen außerdem unter den Verbalsubstantiva als Nomina agentis eine Rolle, Beispiele wären got. *skula* = ahd. *scolo* = as. *skolo* „Schuldner" und im Westgermanischen ahd. *scuzzo* = ags. *skytta*, vgl. auch an.

---

151 Hier handelt es sich also um ein Substantiv mit ursprünglich amphikinetischer Flexion (Nom. **génus*, Gen. **genwés*); s. dazu jetzt Mottausch 2011: 34.
152 Siehe zu diesem einstigen Neutrum jetzt Euler 2000a: 91f.

skyti (auf bloßes *-an-*) „Schütze"; auch zu Substantiven gibt es Ableitungen auf *-jan-*, z. B. got. *baúrgja* „Bürger" = ahd., as. *burgio* „Bürge".

Als Maskulinum sei das Substantiv spg. **gumō* „Mann" aufgeführt, das indogermanisch ererbt ist und in allen Einzelsprachen wiederkehrt, nämlich als got. *guma* „Mann", ahd. *gomo*, as. *gumo*, ags. *guma* und an. *gumi* „Mensch, Mann", und in lat. *homō* „Mensch" eine genaue etymologische und formale Entsprechung hat (zugrunde liegt das indogermanische Wurzelnomen für „Erde", das aber im Germanischen nicht mehr vorhanden ist, s. Seite 195):

Singular	Gotisch	Ahd.	Ags.	Wgerm.	Altnordisch
Nom.	*guma*	*gomo*	*guma*	**gumō*	*gumi*
Gen.	*gumins*	*gomin,-en*	*guman*	**gumin*	*guma*
Dat.	*gumin*	*gomin,-en*	*guman*	**gumin*	*guma*
Akk.	*guman*	*gomon*	*guman*	**gumon*	*guma*
Plural					
Nom.	*gumans*	*gomon*	*guman*	**gumon*	*gum(n)ar*
Gen.	*gumanē*	*gomōno*	*gumena*	**gumanō*	*gum(n)a*
Dat.	*gumam*	*gomōm*	*gumum*	**gumum*	*gum(n)om*
Akk.	*gumans*	*gomon*	*guman*	**gumon*	*gum(n)a*

Vom Altsächsischen wurde hier abgesehen, da dort die Endungen von *gumo* mit jenen des Althochdeutschen übereinstimmen, nur im Akkusativ Singular erscheint auch die Obliquusendung *-en* neben *-an*. Die ablautende Flexion des Singulars, wie sie im Gotischen und auch im Althochdeutschen erkennbar ist, stimmt mit lat. *homō*, Gen. *hominis*, Akk. (alat.) *homōnem* überein; die Endung *-o* (Langvokal) findet sich in Personennamen mehrerer voralthochdeutschen Runeninschriften, darunter in Personennamen wie *boso* in der Inschrift von Freilaubersheim und *leubo* „der Liebe" auf der Scheibenfibel von Schretzheim bei Dillingen an der Donau (beide Ende 6. Jahrhundert). Der Dativ got. *gumin*, ahd. *gomin* (obd.), *gomen* (fränk.) kann mit dem Ablativ *homine* nur einen Lokativ *g^humeni* fortsetzen, die Akkusativformen basieren auf prg. *g^humónun*, wobei im Althochdeutschen wohl wie im Dativ Plural idg. *-o-* vor Nasal erhalten blieb, die Akkusativendung aber wohl schon im Spätgermanischen dissimilatorisch geschwunden war[153]. Im Altenglischen ist jedoch ein Ausgleich zugunsten der Endung *-an* mit qualitativem Ablaut erfolgt, ähnlich auch im Altnordischen. Im Nominativ setzen die Formen der meisten Sprachen prg. *g^humō* mit stoßtonigem Auslaut fort, der altnordische Nominativ Singular kann jedoch nur auf urn. **-ē* oder **-ǣ* zurück-

---

[153] Zum Schwund der ursprünglichen Akkusativendung s. Krause 1968: 94, vgl. auch Ringe 2006: 280; anders Bammesberger 1990: 170, der im Akk. Pl. mit einer Übertragung der Nominativform rechnet. Zur Vokalfärbung in ahd. *-on* Krahe 1965: 45 und von Kienle 1969: 158f.

gehen[154]. Im Plural hat sich im Gotischen durchweg der *a*-Vokalismus im Stammauslaut durchgesetzt, im Altnordischen hingegen alter nullstufiger Auslaut auf bloßes (fakultatives) -*n*- mit sekundärer Flexion nach den *a*-Stämmen (ausgehend vom Gen. Pl., vgl. dazu got. *áuhsne* „der Ochsen"), aber vgl. noch die Genitivform urn. *arbijano* „der Erben" (Inschrift von Tune, um 400) mit got. **arbjanē* „ds."[155].

Innerhalb des Westgermanischen weist das Altenglische den älteren Zustand auf, alle Formen des Plurals stimmen mit dem Gotischen überein, im Genitiv Plural wird -*e*- allgemein mit Vokalschwächung in der Mittelsilbe erklärt, in der Dativendung ist der Stammauslaut -*n*- an -*m*- bereits im Urgermanischen assimiliert worden. Demgegenüber muss im Althochdeutschen die Form des Nominativ Plural auf -*on* wahrscheinlich wie im Akkusativ beider Numeri entstanden sein (aus *g^humónun* im Singular, *g^humónuns* im Plural); die obliquen Kasusendungen wurden von den Feminina auf -*ōn*- her übernommen. Eindeutig hat das Althochdeutsche auch hier den westgermanischen Sprachzustand am besten bewahrt.

Die Neutra flektieren wie die Maskulina; am ehesten sind die drei Körperteilbezeichnungen für „Auge", „Ohr" und „Herz" in den germanischen Einzelsprachen erhalten (nur ags. *heorte* hat feminines Genus), die allesamt im Protogermanischen mit einem Nasalsuffix erweitert sind, vgl. zu got. *haírtō*, ahd. *herza*, as. *herta*, ags. *heorte* und an. *hjarta* vor allem das reine Wurzelnomen lat. *cor, cordis* „Herz" und zu got. *ausō*, ahd., as. *ōra*, ags. *ēare* und an. *eyra* awest. *uši* „(beide) Ohren"; zum Substantiv für „Auge" s. unten. Die im Protoindogermanischen so zahlreiche Stämme auf *-*men*- treten kaum mehr in Erscheinung; got. *namō* „Name" setzt zwar ein indogermanisches Neutrum auf -*n*- fort, aber in den westgermanischen Sprachen haben dessen Parallelen maskulines Genus angenommen, und an. *nafn* flektiert als sekundärer *a*-Stamm (wiederum mit ursprünglich nullstufigem Stammauslaut auf -*n*-)[156].

Hier seien daher nur die Formen des Casus rectus beider Numeri zu dem Substantiv für „Auge" aufgeführt:

	Gotisch	Ahd.	Ags.	Wgerm.	Altnordisch
Nom. Sg.	*augō*	*ouga*	*ēage*	**aogō*	*auga*
Nom. Pl.	*augōna*	*ougun*	*ēagan*	**aogōn*	*augu*

---

154 Die Belege der Runeninschriften zeigen zwar Schreibung mit -*a*, z. B. in *farawisa* „der Gefährliches Wissende" doch wird dieses als Graphem für *-*ǣ* interpretiert, s. dazu Nedoma 2005: 172f., der zwischen idg. *-*ēn*, urg. *-*ǣn* und an. -*i*, -*e* „geregelte Kontinuitätsbeziehungen" annimmt; ähnlich auch Harðarson 2005: 227f., der *-*ǣn* für das Urnordische und Gotische ansetzt.
155 Siehe zu den ursprünglichen Ablautverhältnissen dieses Substantivs jetzt Mottausch 2011: 61f. (mit Ansatz urg. **gumnṓn* für den Gen. Pl.).
156 Vgl. den Plural in got. *namna*, ebenfalls mit durchgeführter *a*-Flexion, s. dazu ebenfalls Mottausch 2011: 62f., der hier von ursprünglich amphikinetischer Flexion spricht.

Wiederum stimmt die altsächsische Entsprechung *ōga* in der Flexion mit dem Althochdeutschen überein. Die Endung der Singularform deckt sich mit jener der Feminina, wahrscheinlich handelt es sich hier um eine einstige Kollektivbildung wie in got. *watō* „Wasser"[157]; als Vorform wäre prg. *$*o(u)k^w\acute{\bar{o}}n$* zu rekonstruieren (mit jüngerem Diphthong gegenüber lat. *oculus*, lit. *akís* usw. „Auge", vgl. noch Komposita wie ahd. *awi-zoraht* „öffentlich")[158]. Der Plural wurde im Germanischen nach Ausweis des Gotischen offensichtlich zusätzlich mit der neutrischen Endung der *a*-Stämme markiert; dies betrifft auch die westgermanischen Formen und wohl auch an. *augu*[159].

Auch die Feminina flektieren wie die Maskulina, weisen vor dem Stammauslaut -*n*- aber keinerlei Ablaut mehr auf. Das Substantiv für „Zunge" hat Parallelen in allen germanischen Sprachen:

Singular	Gotisch	Ahd.	Ags.	Wgerm.	Altnordisch
Nom.	*tuggō*	*zunga*	*tunge*	**tungā*	*tunga*
Gen.	*tuggōns*	*zungūn*	*tungan*	**tungōn*	*tungu*
Dat.	*tuggōn*	*zungūn*	*tungan*	**tungōn*	*tungu*
Akk.	*tuggōn*	*zungūn*	*tungan*	**tungōn*	*tungu*
Plural					
Nom.	*tuggōns*	*zungūn*	*tungan*	**tungōn*	*tungur*
Gen.	*tuggōnō*	*zungōno*	*tungena*	**tungōnō*	*tungna*
Dat.	*tuggōm*	*zungōm*	*tungum*	**tungōm*	*tungum*
Akk.	*tuggōns*	*zungūn*	*tungan*	**tungōn*	*tungur*

Abermals entspricht die Flexion des Altsächsischen genau der des Althochdeutschen, wenngleich as. *tunge* stets Kurzvokal in der Stammauslautsilbe aufweist, und in denjenigen Kasus, in denen das Althochdeutsche die Endung -*ūn* zeigt, die Vokalfärbung zwischen -*un,* -*on* und -*an* schwankt. Eindeutige morphologische Abweichungen treten nirgends auf bis auf den Genitiv Plural an. *tungna* mit nullstufigem Stammauslaut wie bei den Maskulina; das Althochdeutsche und Altnordische lassen darauf schließen, dass die Vokalfärbung im West- und Nordgermanischen dieselbe war, die Formen des Nominativs hatte eine hellere Vokalfärbung im Stammauslaut als jene der obliquen Kasus.

Diese Stammklasse stellt wie gesagt eine germanische Neuerung dar, die letztlich auf der Basis früherer Feminina auf idg., prg. *$*-\bar{a}$* entstanden ist. Dem angeführten Wort für „Zunge" entspricht lat. *lingua* (alat. *dingua*) aus idg. *$*dn̥ĝ^hw\acute{a}$*, das im ältesten Germanisch wohl *$*dung^h(w)\acute{a}$* gelautet hat und im späten Germanisch als

---
157 Dies nimmt Krahe (1965: 46) an.
158 Siehe zu diesem Substantiv mit seinem Wurzelvokalismus und der sekundären proterokinetischen Flexion jetzt Mottausch 2011: 70f.
159 Siehe Ranke/Hofmann 1967: 49 mit dem Anstz urn. *-ōn(u)* für -*u* im Neutrum Plural.

tungō- (genauer *tungā̊-*) mit *n*-Formans erweitert wurde. Analog dazu setzt das Substantiv für „Frau", got. *qinō*, ahd. *quena*, an. *kona* und *kvinna* zweifellos spg. **kwenōn* mit einem nullstufigen Obliquusstamm *kunōn-* fort, der in der altnordische Dublette *kona* noch durchschimmert. Der hochstufige Stamm ist wie im Gotischen und Westgermanischen auch in apr. *genna* und aksl. *žena* verallgemeinert, die nullstufige Wurzel hingegen in gr. γυνή. Für das Indogermanische wird daher allgemein **gʷénā, gʷén(e)ə₂* angesetzt, und im Protogermanischen muss das Substantiv **gʷénā* gelautet haben[160]. Des Weiteren basiert das Substantiv für „Witwe" auf einem indogermanischen *ā*-Femininum, vgl. got. *widuwō*, ahd. *wituwa*, as. *widuwa*, ags. *widewe* aus spg. **widuwōn* mit ai. *vidhávā*, lat. *vidua*, apr. *widdewū* und aksl. *vьdova* (aus idg. **widʰéwā*).

Eine weitere Untergruppe von Feminina mit nasalem Stammauslaut stellen die Adjektivabstrakta auf -*īn*- dar, z. B. got. *háuhei, -eins* = ahd. *hōhī, -īn* „Höhe" (zu *háuhs* bzw. *hōh*) und ahd. *altī* = an. *elli* „Alter" (zu *alt* bzw. umgebildeten *aldinn*). Die Stämme auf -*īn*- sind innerhalb des Westgermanischen nur im Althochdeutschen genau bewahrt. Für diese Substantive können daher die westgermanischen Vorformen **χaoχī* und **aldī* rekonstruiert werden. Im Altsächsischen sind diese Adjektivabstrakta dagegen zu den Stämmen auf vokalisches -*i*- übergewechselt und im Altenglischen sogar zu den *ō*-Stämmen, darunter auch as. *eldi* „Alter" bzw. ags. *ieldu*.

3.2.6. Reste der heteroklitischen Neutra

Diese Stammklasse spielte bereits in der indogermanischen Grundsprache keine bedeutende Rolle mehr, dennoch muss es im Protogermanischen noch heteroklitische Paradigmen gegeben haben, deren Stamm entweder mit Liquida oder Nasal im Auslaut in der jeweiligen Einzelsprache verallgemeinert wurde. Das Substantiv für „Wasser" zeigt diese Heteroklisie noch genau in heth. *watar*, Gen. *wetenaĝ*, verdeckt noch in umbr. *utur*, Dat. *une* und gr. ὕδωρ, Gen. ὕδατος. Im Germanischen erscheint der *r*-Stamm nur innerhalb der westlichen Dialektgruppe als ahd. *wazzer*, as. *water*, ags. *wæter* aus wgerm. **water* mit Flexion auf Themavokal -*a*-, der *n*-Stamm hingegen im Gotischen als *watō*, Gen. *watins*, das wie die anderen Neutra auf -*n*- flektiert, und im Nordischen als *vatn* mit ursprünglich nullstufigem *n*-Stamm und thematischer Flexion[161]. Ähnliches gilt für das Verhältnis von got. *fōn*, Gen. *funins* „Feuer", vgl. an. *funi* „Feuer, Flamme" (Gen. *funa* aus urn. **funan-* wie *fōn, fun-in-* mit nasaler Stammerweiterung)[162], zu ahd. *fuir, fiur*, as. *fiur*, ags. *fȳr, fīr*, aus wgerm. **fuwir* (wohl mit *a*-Flexion) neben an. *fȳrr* „Feuer"

---

160 Zum an. Paradigma für „Frau" s. Harðarson 1989: 86–93, der auf S. 87 sowohl hochstufiges **kwenōn* wie nullstufiges **kunōn-* für das Urgermanische ansetzt und auf S. 89f. die Doppelkonsonanz in *kvinna* auf den Gen. Pl. von den Neutra her zurückführt und *kvinna* durch Synkope aus urg. **kwenanō* herleitet. Für das Indogermanische wurde auch **gʷén(e)ə₂* angesetzt, so bes. von Hamp 1979: 2f.
161 Siehe zu diesem Heteroklitikon Mottausch 2011: 81f.
162 Siehe zu *funin*- Bammesberger 1990: 205 (Kreuzung von **fun*- mit **fwen*-).

(poet.). Zugrunde liegt allen Formen das Heteroklitikon spg. *fuwir, fun-, vgl. mit derselben Heteroklisie heth. paḫḫur, paḫḫun- „Feuer" (aus idg. *péh₂wr̥)¹⁶³.

Das einstige heteroklitische Wurzelnomen für „Sonne" erscheint im Gotischen noch mit beiden Stämmen als *sauil* und als *sunnō*, Gen. *sunnins* (beides Neutra, daneben besteht auch der feminine Stamm *sunnōn-*), vgl. dazu am ehesten awest. *huuarə* (Nominativ/Akkusativ, = ai.-ved. *svàr*) und *xᵛə̄ŋg* (Genitiv) aus indoiran. *suvar* bzw. *suvans*. Im Nordischen sind dagegen beide Stämme semantisch-funktional voneinander geschieden, das Femininum *sól* bildet die allgemeine Bezeichnung für „Sonne", der *n*-Stamm *sunna* (ebenfalls Femininum) ist auf die Dichtersprache beschränkt. Im Westgermanischen ist umgekehrt lediglich der feminine Stamm auf *-ōn-* in ahd., as. *sunna*, ags. *sunne* erhalten, nur im Altsächsischen existiert daneben auch das Maskulinum *sunno*, ebenfalls mit nasalem Stammauslaut; im Westgermanischen setzte sich jedenfalls das Femininum *sunnō* durch¹⁶⁴.

3.2.7. Mehrsilbige Stämme auf -r-

Im Germanischen gibt es Stämme mit *-r-* im Auslaut nur noch unter Verwandtschaftsbezeichnungen, die meisten von ihnen weisen das Suffix aus idg., prg. *-ter-* auf. Die Substantive für „Vater", „Mutter" und „Bruder" setzen bis in die germanischen Einzelsprachen ganz die indogermanischen Etyma fort, indirekt sogar noch hinsichtlich ihrer ursprünglichen Betonung, was im Gotischen und in den westgermanischen Sprachen noch an der Alternation des Dentals vor der Liquida gemäß Verners Gesetz erkennbar ist, vgl. die Gleichungen got. *fadar*, ahd. *fater, muoter* = as. *fader, mōder* = ags. *fæder, mōdor* = ai. *pitā́, mātā́* aus idg. *pə₂tḗr, mātḗr* gegenüber got. *brōþar*, ahd. *bruoder* = as. *brōðer* = ags. *brōþor* = ai. *bhrā́tā* aus idg. *bʰrā́tēr*; im Nordischen ist dagegen die Spirans in *faðir, móðir, bróðir* verallgemeinert worden. Bei der Bezeichnung für „Schwester" wurde der vorausgehende Dental nach dem Muster der eben genannten Substantive eingeführt, vgl. got. *swistar* = ahd., as. *swester* = ags. *sweostor* = an. *systir* (daneben krimgot. *schwester* und urn. *swestar*, letzteres nur einmal belegt) gegenüber ai. *svásā*, lat. *soror* (<*swesor*), lit. *sesuõ, -ers*, aksl. *sestra* „Schwester". Eine alte Bezeichnung speziell für den Bruder des Mannes findet sich noch im Westgermanischen, dort mit einem zusätzlichen Guttural, vgl. ahd. *zeihhur* und ags. *tácor* „Mannesbruder, Schwager" aus spg. *taikēr*, prg. *daig(w)ér* mit ai. *devā́,-ár-*, gr. δαήρ, -έρος, lat. *lēvir* (mit *l-* aus *d-* wie in *lingua* und sekundärer *o*-Flexion), lit.

---

163 Allgemein jetzt zu diesem Heteroklitikon Mottausch 2011: 78–80 mit Rekonstrukten für das Indogermanische, Früh- und Spätgermanische und Westgermanische.
164 Zu dem Heteroklitikon für „Sonne" im Germ. s. jetzt Euler 2000b: 71–76 und Mottausch 2011: 80f. (ebenfalls mit idg. und germ. Rekonstrukten), zum doppelten Nasal in *sunn-* s. Bammesberger 1990: 180 (Erklärung als Hybridbildung).

3.2. Flexion der Substantive

dieverís (sekundärer *i*-Stamm) und russ.-ksl. *děverъ* „Mannesbruder, Schwager" aus idg. **daiwḗr*[165].

In der folgenden Tabelle wird das Paradigma für „Bruder" aufgeführt, da die westgermanischen Sprachen dort den ältesten Zustand bewahrt haben, im Altnordischen dagegen jenes für „Vater", da die Formen dort besser erhalten sind als in *bróðir*:

Singular	Gotisch	An.	Ahd.	Ags.	Wgerm.
Nom.	brōþar	faðir	bruoder	brōþor	*brōþer
Gen.	brōþrs	fǫður	bruoder	brōþor	*brōþer
Dat.	brōþr	feðr	bruoder	brēþer	*brōþri
Akk.	brōþar	fǫður	bruoder	brōþor	*brōþer
Plural					
Nom.	brōþrjus	feðr	bruoder	brōþor, -ru	*brōþer
Gen.	brōþrē	feðra	bruodero	brōþra	*brōþrō
Dat.	brōþrum	feðrum	bruoderum	brōþrum	*brōþrum
Akk.	brōþruns	feðr	bruoder	brōþor,-ru	*brōþer

Das Altsächsische zeigt ein ganz ähnliches Bild wie das Althochdeutsche, *brōđer* flektiert genauso wie ahd. *bruoder*, im Dativ Plural ist zu *swestar* eine Form mit nullstufigem Stammauslaut *swestron* belegt. Es fällt auf, dass das Gotische und Nordische bis auf den Nominativ und Akkusativ Singular den nullstufigen Stammauslaut verallgemeinert haben[166]. Da im Akkusativ Plural die Endungen der meisten früheren Konsonantstämme **-m̥* und **-n̥s* mit jenen der *u*-Stämme, **-uns* lautlich zusammenfielen, macht sich auch hier vor allem im Gotischen der Einfluss der *u*-Deklination bemerkbar, während im Altnordischen überwiegend Pluralendungen der alten konsonantischen Flexion beibehalten wurden, was auch der Nominativ Plural urn. *dohtriR* „Töchter" bestätigt.

Innerhalb der westgermanischen Sprachen lauten hingegen im Singular die Formen des Nomintivs, Akkustivs und Genitivs sowie im Plural Nominativ und Akkusativ alle gleich. Lediglich ags. *brēþer* lässt mit dem Umlaut noch auf eine westgermanische Dativform **brōþri* schließen, die nach Ausweis des Gotischen und Nordischen im Spätgermanischen gleich gelautet hat, vgl. an. *feðr* aus **faðri*[167]; dagegen haben das Althochdeutsche und Altsächsische auch dort den hochstufigen Stammauslaut eingeführt. In den obliquen Kasus des Plurals haben das Altenglische, das Gotische und Nordische den nullstufigen Stammauslaut bei-

---

165 Der Guttural in **taikēr*/**daig(w)ḗr* beruht vielleicht auf Kreuzung mit einer germ. Entsprechung zu lit. *láigonas* „Bruder der Frau", s. Pokorny 1959: 179.
166 Vor allem außerhalb des Westgermanischen tritt also noch die indogermanische hysterokinetische Flexion der Verwandtschaftsbezeichnungen zutage, s. dazu Mottausch 2011: 76f.
167 Siehe Wright 1925: 211 mit dem Ansatz **brōþri* für das Altenglische, außerdem Krahe 1965: 39, Ramat 1981: 74 und Nielsen 1981:161.

behalten, während das Althochdeutsche auch hier die Hochstufe verallgemeinert hat. Im West- und Nordgermanischen deckt sich jedenfalls die pluralische Dativendung lautlich völlig mit jener der *a*-Stämme, ebenso die Genitivendung. Im Nominativ Plural blieb im Westgermanischen die ererbte Hochstufe *-er-* erhalten, der spg. **faðeriz* zugrunde liegt, die Akkusativendung wurde durch jene des Nominativs ersetzt[168]; auch die hochstufige Akkusativform des Singulars im Westgermanischen kann auf spg. **faðerun* zurückgehen. Der Nominativ Singular hatte wie in anderen indogermanischen Sprachen Dehnstufe und lautete spg. **faðēr*, genauso auch noch im Urnordischen (aufgrund von *systir*); die westgermanischen Formen widersprechen dem nicht. Der Stammauslaut *-or-* in ags. *mōdor* und *brōþor* wurde offensichtlich vom Wurzelvokal beeinflusst; die altenglischen Pluralformen auf *-ru-* stammen offenbar von Kollektivbildungen wie *gabrōþru* „Gebrüder" her[169]. Die Gleichheit der obliquen Pluralendungen führte im Westgermanischen schließlich dazu, dass wie bei den Maskulina auf *-i-* auch im Singular zumindest bei ahd. *fater*, as. *fader* und ags. *fæder* die Genitivendung der *a*-Stämme, *-es*, im Althochdeutschen auch deren Dativendung *-e* zur zusätzlichen Markierung angefügt wurde. Im Protowestgermanischen lauteten somit bis auf den Dativ die Singularformen und die Casus recti des Plurals alle gleich, und in den obliquen Kasus des Plurals herrschte Nullstufe vor.

3.2.8. Mehrsilbige Stämme auf *-nt-*

Die wenigen mehrsilbigen Substantive mit dem Stammauslaut *-nt-* stellen im Allgemeinen einstmals substantivierte Partizipien dar, hierzu gehören als Gegensatzpaar das gemeingermanische Substantiv für „Freund", got. *frijōnds* = ahd. *friunt* = as. *friund* = ags. *frēond*, ursprünglich ein Partizip zu got. *frijōn* „lieben" (= aksl. *prijati* „beistehen, begünstigen", ai. *priyā-yáte* „freundet sich an") und got. *fijands* „Feind" = ahd. *fījant* = as. *friund* = ags. *fēond, ein* Partizip zu got. *fijan* „hassen" (vgl. ai. *píyati* „hasst, schmäht"), außerdem got. *nasjands* = as. *neriand* ags. *ner(i)gend* „Retter, Heiland" und ahd. *heilant* = as. *hēliand* ags. *hǣlend* „ds." sowie ahd. *wīgant* = as. *wīgand* = ags. *wīgend* „Kämpfer", zu denen alle das jeweils zugrunde liegende Verbum vorhanden ist; die Beispiele ließen sich vermehren. Im Althochdeutschen haben indes mehrere dieser Substantive die Flexion der bestimmten Adjektive angenommen, und im Altnordischen flektieren diese Substantive im Singular wie die Präsenspartizipien (s. zu diesen Seite 99). Hier sei daher das Paradigma für „Freund" (im Nordischen hat *frændr* „Vewandter" den Wurzelvokal verallgemeinert) dargestellt:

Singular	Gotisch	An.	Ahd.	Ags.	Wgerm.
Nom.	*frijōnds*	*frændi*	*friunt*	*frēond*	**frijōnd*
Gen.	*frijōnds*	*frænda*	*friuntes*	*frēondes*	**frijōnd(es)*

---
168 Siehe Krahe 1965: 40.
169 Zu den ags. Endungen s. Wright 1925: 211.

Dat.	*frijōnd*	*frǣnda*	*friunte*	*frēonde, frīend*	**frijōnd(i)*
Akk.	*frijōnd*	*frǣnda*	*friunt*	*frēond*	**frijōnd*

Plural					
Nom.	*frijōnds*	*frǣndr*	*friunt(a)*	*frēond(as), frīend*	**frijōndĭ*
Gen.	*frijōndē*	*frǣnda*	*friunto*	*frēonda*	**frijōndō*
Dat.	*frijōndam*	*frǣndum*	*friuntum*	*frēondum*	**frijōndum*
Akk.	*frijōnds*	*frǣndr*	*friunt(a)*	*frēond(as), frīend*	**frijōndĭ*

Auch hier ist das Altsächsische entbehrlich, da die Flexion von *friund* völlig derjenigen des Althochdeutschen entspricht. In allen westgermanischen Sprachen sind Endungen der *a*-Stämme übernommen worden, in Analogie zu den obliquen Pluralformen, in denen die Endungen ererbt sind und sich mit denen der *a*-Stämme decken. Lediglich in ags. *frīend* mit dem Umlaut schimmern noch Formen der konsonantischen Flexion durch, der Dativ Singular lautete spg. **frijōndi* und der Nominativ Plural **frijōndiz*[170], während für den Akkusativ Plural – ursprünglich wohl **frijōndunz* – offenbar schon im Späturgermanischen die Form des Nominativs eingetreten ist. Im Gotischen und im Plural auch im Nordischen haben diese Stämme auf -*nt*- ihre konsonantische Flexion bewahrt, wenngleich im Dativ Plural *frijōndam* eine Endung der *a*-Flexion vorliegt. Das Altenglische lässt darauf schließen, dass im Protowestgermanischen im Singular noch die konsonantische Flexion vorherrschte; im Merowingisch-Fränkischen können dagegen bereits Formen der *a*-Flexion in den Singular übernommen worden sein.

3.2.9. Mehrsilbige Stämme auf Verschlusslaut

Diese Stammklasse umfasst nur wenige Maskulina und Feminina, die in allen germanischen Einzelsprachen mehr oder weniger von anderen Stammklassen beeinflusst sind. So basiert das Maskulinum got. *mēnōþs*, ahd. *mānod*, as. *mānoð*, ags. *mānaþ*, an. *mánaðr* „Monat" auf einem Dentalstamm prg. **mḗnots*, der seinerseits recht genau mit lit. *mėnuo* (Gen. *mėnesio*) „Mond, Monat" übereinstimmt, während der indogermanische *s*-Stamm, wie er noch in gr.-ion. μείς/att. μήν, lat. *mēnsis* usw. „Monat" vorliegt, im Germanischen nicht mehr greifbar ist[171].

---

170 Zum Dat.Sg. s. Krahe 1965: 41 und Nielsen 1981: 185.
171 Siehe zum Vergleich von *mēnōþs* mit *mėnuo* Griepentrog 1995: 165. Die Alternation von *t*-Stamm im Nominativ des Maskulinums und *s*-Stamm findet sich aber unter den gotischen Reliktbildungen des einstigen Partizip Perfekt Aktiv, s. dazu Seite 164. Auch das Substantiv got. *mēna*, ahd. *māno*, an. *máni* m. „Mond" kann ein spg. oder prg. **mḗnō* mit dem Stamm **mēnen*- „Mond" fortsetzen; ein gemeinsamer Ursprung von **mḗnō* und **mḗnōt* ist durchaus begründet, der *n*-Stamm ist jedenfalls zweifellos sekundär und auch semantisch klar abgegrenzt von **mḗnōt*. Dafür spricht der Wechsel des indogermanischen Erbwortes für „Enkel" von der *t*- zu *n*-Flexion im Germanischen, vgl. ahd. *neuo* „Enkel, Neffe", an. *nefi* „Neffe, Verwandter" mit lat. *nepōs* „Enkel", ai. *nápāt* „Enkel, Abkömmling".

	Gotisch	An.	Ahd.	Ags.	Wgerm.
Singular					
Nom.	mēnōþs	mánaðr	mānōt	mōnaþ	*mǣnōþ
Gen	mēnōþs	mánaðar	mānōtes	mōn(e)þes	*mǣnōđ(es)
Dat.	mēnōþ	mánaði	mānōte	mōn(e)þe	*mǣnōđ(ē)
Akk.	*mēnōþ	mánað	mānōt	mōnaþ	*mǣnōþ
Plural					
Nom.	mēnōþs	mánuðr	mānōt	mōnaþ	*mǣnōđĭ
Gen	*mēnōþē	mánaða	*mānōto	mōn(e)þa	*mǣnōđō
Dat.	mēnōþum	mánuðum	*mānōtum	mōn(e)þum	*mǣnōđum
Akk.	mēnōþs	mánuðr	mānōt	mōnaþ	*mǣnōđĭ

Wiederum weist das Gotische mit dem Dativ Singular *mēnōþ* und der Pluralform *mēnōþs* den archaischsten Zustand auf, während im Nordischen wie bei anderen Konsonantstämmen die *u*-Deklination einwirkt und in den westgermanischen Sprachen Endungen der *a*-Flexion vordringen, im Altsächsischen flektiert das gesamte Paradigma thematisch. Dagegen bilden die Pluralformen ahd. *mānōt* = ags. *mōnaþ* die letzten Relikte der konsonantischen Flexion im Westgermanischen, denn wahrscheinlich flektierte schon im Merowingisch-Fränkischen *mānōþ* (mit endgültig geöffnetem -*ā*-) und vielleicht bereits wgerm. *mǣnōþ* im Singular wie ein *a*-Stamm.

Ähnliche Verhältnisse herrschen im Fall des Maskulinums ahd. *helid* = as. *helið* = ags. *hæle(þ)* „Held, Krieger" vor; nur im Altenglischen taucht noch die endungslose Pluralform des Casus rectus *hæleþ* auf, während im Deutschen *helid, helið* wie *a*-Stämme flektieren. Im Westgermanischen und Merowingisch-Fränkischen lautete dieses Substantiv zweifellos *χaliþ*.

Beispiel für ein Femininum dieser Stammklasse ist ein Substantiv, das bis auf das Nordische in allen germanischen Sprachen vorhanden ist: got. *magaþs* „Jungfrau", ahd. *magad* „Jungfrau", as. *magað* „Jungfrau, Frau", ags. *mægeþ* „Mädchen, Jungfrau, Frau", das erwartungsgemäß nicht Einwirkungen der *a*-Stämme, sondern der *i*-Feminina aufweist; zu Herkunft und Etymologie s. Seite 186. Im Gotischen flektiert *magaþs* völlig wie die *i*-Stämme, zu ahd. *magad* ist der Genitiv *magadi* belegt, zu as. *magað* aber dieselbe endungslose Form im Dativ Singular wie im Nominativ Plural, und für ags. *mægeþ* „Mädchen, Jungfrau, Frau" ist die endungslose Form für den gesamten Singular wie den Casus rectus des Plurals gesichert. Somit flektierte das Paradigma wgerm. *magaþ* im Plural wie *mǣnōþ*, im Singular waren aber alle Kasusformen lautgesetzlich zu einer endungslosen Form zusammengefallen[172]. Etymologisch gehört dieses Substantiv zu got. *magus* „Knabe, Sohn", an. *mǫgr* „Sohn", as. *magu* „Sohn" und ags. *magu* „Sohn, Diener, Krieger" (s. dazu Seite 186).

---

172 Siehe zu diesem Femininum Mottausch 2011: 73f. mit frühurg. Rekonstrukt *mágʰots, -ót-*.

Ein Beispiel mit auslautendem Guttural ist das Substantiv für „Milch". Das Femininum got. *miluks*, ahd. *miluh*, as. *miluk*, ags. *meol(u)c*, an. *mjolk* „Milch" basiert auf spg., wgerm. **meluk*, es wurde überzeugend als Kreuzung aus **melk-* und schwundstufigem **mulk-* (aus idg. **h₂melĝ-* „abgestreifte Milch") interpretiert, zumal es vom Verbum ahd. *melkan*, ags. *melcan* „melken" etymologisch nicht getrennt werden kann[173]. Während im Gotischen im Gen. *miluk-s* noch der reine Konsonantstamm sichtbar ist, ist im Altenglischen *meol(u)c* mit dem Obliquus *meolce* wie *mægeþ* von den *i*-Stämmen beeinflusst, und zu as. *miluk* ist sogar eine Genitivform *milukas* überliefert. Im Westgermanischen ist jedenfalls der Stamm spg. **meluk* unverändert geblieben.

3.2.10. Wurzelnomina

Paradigmen archaischer Flexionsklassen gehören vielfach dem Alltagswortschatz an, deren Relikthaftigkeit zu Unregelmäßigkeiten führt. Dies gilt im Germanischen insbesondere für die wenigen Wurzelnomina, die in der Deklination daher auch untereinander voneinander abweichen. Im Germanischen haben nur wenige indogermanische Wurzelnomina überlebt, großenteils sind es Feminina, die freilich selbst im Gotischen nicht ganz einheitlich flektieren, sondern vielmehr teils erwartungsgemäß Einflüsse der *u*-Stämme, teils solche der *i*-Stämme aufweisen. Außerhalb des Gotischen befinden sich darunter auch ein paar Tierbezeichnungen, s. dazu unten.

Als Femininum sei das indogermanische Erbwort für „Nacht" herausgegriffen, zumal dieses in allen Sprachen recht gut belegt ist; aus dem Rahmen fällt ags. *niht* mit bereits durchgeführtem *i*-Umlaut in der Wurzel:

Singular	Gotisch	Ahd.	As.	Ags.	An.	Wgerm.
Nom.	*nahts*	*naht*	*naht*	*niht*	*nótt*	**naχtī*
Gen.	*nahts*	*naht*	*nahtes*	*niht(e)*	*nætr*	**naχtī*
Dat.	*naht*	*naht*	*naht(a)*	*niht(e)*	*nótt*	**naχtī*
Akk.	*naht*	*naht*	*naht*	*niht*	*nótt*	**naχtī*
Plural						
Nom.	*nahts*	*naht*	*naht*	*niht*	*nætr*	**naχtī*
Gen.	*nahtē*	*nahto*	*nahto*	*nihta*	*nótta*	**naχtō*
Dat.	*nahtam*	*nahtum*	*nahtun*	*nihtum*	*nóttum*	**naχtum*
Akk.	*nahts*	*naht*	*naht*	*niht*	*nætr*	**naχtī*

Hier haben also die westgermanischen Sprachen wie das Nordische die konsonantische Flexion beibehalten, im Akkusativ ist die Endung **-u* (aus spg./prg. **-un*,

---

173 Siehe zum Lexem für „Milch" vor allem Griepentrog 1995: 287–304 (dort das spg. Paradigma auf S. 296, zu den formalen Grundlagen S. 300). Anders Bammesberger 1990: 197 und Mottausch 2011: 75, die hier Suffixtausch von **-k-* zu *-uk-* annehmen.

idg. *-m̥, vgl. lat. *noctem*) allerdings lautgesetzlich nach langvokalischer Wurzel geschwunden[174], die Akkusativform des Plurals jedoch wie im Nordischen dem Nominativ nachgebildet (eindeutig in ags. *byr(i)g*, s. dazu unten). Dagegen liegen in got. *nahtē, nahtam* eindeutig Einflüsse der Stämme auf *-a-* vor – noch dazu in einem Femininum; das Althochdeutsche hat jedenfalls den westgermanischen Sprachzustand am genauesten beibehalten. Im Altsächsischen wurden sogar Endungen der *a*-Stämme in die obliquen Kasus des Singulars übernommen.

Weitere ursprüngliche Feminina mit langer Wurzelsilbe sind die Substantive für „Buch" und für „Hose", nämlich ahd. *buoh* (auch m. und n., Pl. *buoh*, Dat. *buohhum*) = as. *bōk* f., n. = ags. *bōc* f. mit der Umlautform *bēc* = an. *bók* f. mit dem Plural *bǿkr* und ahd. *bruoh*, ags. *brōc* und an. *brók* „Hose, Beinkleider", die spg. *brōk-*, älter *brāk-* fortsetzen, ein Lehnwort aus dem Keltischen, vgl. dazu gall. *brāca* „Hose", das auch ins Lateinische entlehnt wurde[175]. Beide Feminina flektierten sicher auch noch im Westgermanischen als Konsonantstämme.

Ein anderes Femininum got. *baúrgs* = ahd., as., ags. *burg* „Burg, Stadt" = an. *borg* „Anhöhe, Wall, Burg" gehörte ursprünglich ebenfalls den Wurzelnomina an. Es hat lediglich im Keltischen außergermanische Parallelen, air. *brí* „Hügel, Berg" = kymr. *bre* „Hügel" = festlandkelt. *-briga* (in Ortsnamen)[176]. Doch bereits im Gotischen stimmt die Flexion nicht mehr ganz mit derjenigen von *nahts* überein mit dem Dativ Plural *baúrgim*, mit einer Endung der *i*-Stämme. Auch in den anderen germanischen Sprachen ist dieses Substantiv von den Stämmen auf *-i-* beeinflusst: Im Angelsächsischen entspricht die Flexion von *burg* derjenigen von *niht*, hat indes die Umlautform *byr(i)g* aus *burgi* im Obliquus des Singulars sowie Nominativ und dazu analog gebildeten Akkusativ Plural, im Altsächsischen flektiert *burg* mit dem Genitiv Singular der *a*-Stämme und dem Nominativ/Akkusativ Plural auf *-i* wie die *i*-Stämme, während ahd. *burg* vollends in die Stämme auf *-i-* übernommen wurde. Ebenso flektieren ahd. *eih* „Eiche" und *geiz* „Geiß, Ziege" (und auch got. *gaits*) als *i*-Stämme, während as. *ēk* bzw. *gēt* ebenso wie ags. *āc* bzw. *gāt* (wie an. *geit*) noch ihren Charakter als Wurzelnomina beibehalten haben. Hier hat also das Altenglische den Sprachzustand des Westgermanischen genauer bewahrt als das Althochdeutsche.

Auch kurzsilbige Wurzelnomina wechseltem im Althochdeutschen zu den *i*-Stämmen über, darunter *nuz* „Nuss", während ags. *hnutu* ausgehend von den Akkusativendungen beider Numeri, spg. *-un, -unz* die Flexion der *u*-Stämme übernahm. Das Substantiv ahd. *turi* f. (Dat. *turun*), an. *dyrr* f.pl. „Tür" basiert auf einem Pluraletantum und setzt spg. *duriz*, prg. *dʰúres* und letztlich idg. *dʰúre* (Dual) in der

---

[174] Siehe Ramat 1981: 74 mit dem Ansatz des Akk. Sg. urg. *burgun*, vgl. auch Griepentrog 1995: 112 mit demselben Ansatz in seinem urg. Paradigma *burgz*.
[175] Siehe zu diesem Substantiv Griepentrog 1995: 79–90.
[176] Zu dieser Gleichung Griepentrog 1995: 91–116, bes. 107–110 (Vergleich mit dem Keltischen) und jetzt Euler/Badenheuer 2009: 109.

ursprünglichen Bedeutung „beide Türflügel" fort, vgl. dazu genau lat. *forēs*, lit. *dùrys*, beides Plurale in derselben Bedeutung[177]. Im Altsächsischen und Altenglischen ist dieses Substantiv als *duru* in die Stämme auf *-u-* übernommen worden, ausgehend vom Akkusativ mit der ursprünglichen Endung *-unz* im Späturgermanischen[178]. Im Westgermanischen lautete das Pluraletantum im Nom. **duri*, Gen. *durō*, Dat. *durum*, Akk. *duru*[179].

Ähnliches trifft zu für die wenigen femininen Tierbezeichnungen mit indogermanischer Grundlage, nämlich ahd. *gans* = ags. *gōs* = an. *gás* aus prg. *$g^h áns$-* „Gans", vgl. dazu lit. *žąsís* „ds.", ferner lat. *(h)anser* „ds.", ai. *haṃsá-* „Schwan" usw.[180], und ahd., ags. *mūs* = an. *mús* „Maus" aus prg. **mús-* „Maus", vgl. lat. *mūs*, gr. μῦς usw. „Maus"[181]. Auch diese beiden Tiernamen flektieren zwar im Altenglischen noch wie *niht* und *burg* als Wurzelnomina (Pl. *gēs* bzw. *mȳs*), im Althochdeutschen aber wie auch die Tierbezeichnung *au* „Mutterschaf" (mit dem Plural *awi*, s. Seite 187f.) als i-Stämme. Wiederum spiegelt das Altenglische den westgermanischen Sprachzustand stärker wider als das Althochdeutsche.

Außerdem gab es wenige indogermanisch ererbten Wurzelnomina auf Langvokal und Langdiphthong, ebenfalls feminine Tierbezeichnungen. Sie unterschieden sich ursprünglich in der Flexion nicht von jenen auf Konsonant. Da keines von ihnen im Gotischen überliefert ist, stützen sich hier unsere Kenntnisse allein auf das West- und Nordgermanische[182]. Das Altnordische hat je ein Substantiv mit Langvokal- und mit Diphthongwurzel bewahrt, beide sind Bezeichnungen weiblicher Haustiere, für die Kuh und für das Schwein und flektieren dort noch als Wurzelnomina (sekundär auch jenes für „Schaf", ein einstiger i-Stamm). Der Stamm auf *-ū-*, nämlich die ursprüngliche Bezeichnung für „Schwein", findet sich in ahd. *sū*, an. *sýr* „Sau" wieder (der Umlaut zu *ý* ist durch das *-r* aus urn. *-R* hervorgerufen), vgl. außerhalb des Germanischen vor allem lat. *sūs*, gr. σῦς, ὗς usw. „Schwein".

Ein weiteres Substantiv ist im Altnordischen naheliegenderweise unter Einfluss von *sýr* umgebildet worden: *kýr* „Kuh", dessen Parallelen im Westgermanischen, ahd. *chuo*, as. *kō* zwar wie *sū* als i-Stämme flektieren (mit Plural auf *-i*), aber wie auch ags. *cū* (aus **kwō*) germ. *-ō-* aus einem einstigen Langdiphthong *-ōu-* verallgemeinert haben, vgl. air. *bō* f. „Kuh", lat. *bōs, bovis*, gr. βοῦς, βοός, ai. *gáu-* c. „Rind", alle aus idg. *$g^wōus$*. Wahrscheinlich wurde bereits im Späturgermanischen der Langdiphthong zum Langvokal reduziert, doch kann im Protoger-

---

177 Siehe zu diesem Pluraletantum Griepentrog 1995: 117–152 mit einem spg. und wgerm. Paradigma auf S. 127.
178 Zu ags. *duru* s. Griepentrog 1995: 123–129.
179 Siehe das wgerm. zusammen mit einem spg. Paradigma bei Griepentrog 1995: 127, außerdem ein anglofriesisches Paradigma mit dem Nominativ **durau* (Dualform aber bereits im Spg. geschwunden).
180 Siehe zum Substantiv für „Gans" im Germanischen Griepentrog 1995: 211–232, mit Ansatz eines germ. Paradigmas auf S. 232.
181 Bemerkenswerterweise haben diese bereits in protogermanischer Zeit archaischen Pluralformen ausgerechnet in der an sich so formenarmen englischen Sprache als unregelmäßige Plurale *geese* und *mice* bis heute überlebt.
182 Für das Gotische setzt Schubert (1968: 57f.) **sūs* als etym. Entsprechung zu ahd. *sū* und an. *sýr* an.

manischen noch wie im Indogermanischen ein Wurzelablaut vorgelegen haben mit dem Nom. Sg. *gʷōs, Pl. *gʷówes[183]. Hier das Paradigma:

Singular	Spg.	Ahd.	Ags.	Wgerm.	An.
Nom.	*kōz	chuo	cū	*kō	kýr
Gen.	*kōz	chuo	cūe	*kō	kýr
Dat.	*kōi	chuo	cū	*kō	kú
Akk.	*kōn	chuo	cū	*kō	kú
Plural					
Nom.	*kōez	chuoi	cȳ	*kōi	kýr
Gen.	*kōn	chuo	cūa	*kō	kúa
Dat.	*kōmiz	chuom	*cūm	*kōm	kúm
Akk.	*kōz	chuoi	cȳ	*kōi	kýr

Hier gibt es hinsichtlich der Flexion kaum Fragen. Lediglich das Altenglische und Altnordische, genauer Westnordische weichen mit der Wurzel cū bzw. kú von den anderen germanischen Sprachen ab, auch im Altfriesischen lautet dieses Substantiv kū; im Ostnordischen ist aber noch der Stamm kō erhalten. Am wahrscheinlichsten ist der Einfluss von der ebenfalls femininen Haustierbezeichnung für „Sau"[184].

Ein weniger einheitliches Bild bieten die maskulinen Wurzelnomina. Nur von einem einzigen Substantiv, dem Wort für „Mann", finden sich noch in allen germanischen Sprachen alte Formen der konsonantischen Flexion, wenngleich bereits überall neben den Formen mit einfachem -n- im Auslaut, also neben der Wurzel *man- auch Formen mit -nn- vorhanden sind. Sie werden als Ergebnis einer Assimilation aus *-nw- erklärt, ähnlich wie im Fall von got. kinnus „Kinn" usw., s. Seite 45, zumal Mannus als Name des Stammvaters der Menschen in der Religion der Germanen bezeugt ist und mit ai. mánu- „Mensch" (im Rigveda zugleich der Name des Stammvaters der Menschen) recht genau übereinstimmt[185].

Singular	Gotisch	Ahd.	Altenglisch	Wgerm.	Altnordisch
Nom.	manna	man	mann	*man	maðr
Gen.	mans	man, mannes	mannes	*mani	manz
Dat.	man	man, manne	menn	*mani	manni
Akk.	mannan	man	mann	*man	mann

---

183 Griepentrog (1995) behandelt das Substantiv für „Rind, Kuh" auf S. 233–256 und bietet auf S. 250 sogar das spg. Paradigma mit durchgeführter ō-Stufe wie auch dessen Vorstufe mit Wurzelablaut. Ringe (2006: 198) leitet an. *kú- aus prg. *gū-, idg. *gʷuw- her. Zum Anlaut von germ. *k- aus idg. *gʷ- s. Peeters 1974: 135.
184 Siehe Griepentrog 1995: 235 zum Ostnord. und 238–240 zum Ags. und Altfriesischen sowie zum Wurzelvokal 246; auf S. 250 bietet er noch ein urn. Paradigma mit beiden Stämmen kō und kū.
185 Siehe den Beleg von Mannus bei Tac. Germ. 2. Zum Vergleich von ai. mánu- mit Mannus und got. manna s. Meid 1976a: 67f., der als ursprüngliche Bedeutung für das germanische Etymon „Mensch" postuliert. Eine andere Erklärung zu got. manna bietet Bammesberger 1990: 201 und 2000: 10, indem er einen sekundären n-Stamm urg. *man-an- postuliert, ähnlich Mottausch 2011: 73.

Plural
Nom.   *mans*   *man*   *menn*   **mani*   *menn*
Gen.   *mannē*   *manno*   *manno*   **mannō*   *manna*
Dat.   *mannam* *mannum* *mannum* **mannum* *mǫnnum*
Akk.   *mans*   *man*   *menn*   **mani*   *menn*

Im Altsächsischen flektiert *man* fast gleich wie im Althochdeutschen, nur der endungslose Genitiv Singular ist dort nicht belegt. Erwartungsgemäß erscheinen die archaischen Formen in den westgermanischen Sprachen in den Casus recti beider Numeri, doch auch hier sind die Akkusative den Nominativen angeglichen worden. Die obliquen Kasusformen des Singulars wurden nach dem Vorbild der Pluralformen, deren Endungen ja auch hier jenen der *a*-Stämme entsprachen, diesen nachgebildet; lediglich ahd. *man* und im Dativ ags. *menn* stellen noch Relikte der konsonantische Flexion dar. Auch got. *mannē, mannam* und an. *manni* müssen als Analogiebildungen nach der *a*-Deklination angesehen werden, während got. *manna* und *mannan* den *n*-Stämmen nachgebildet sind.

Als weiteres ursprüngliches Wurzelnomen mit indogermanischer Herkunft wäre hier die indogermanisch ererbte Bezeichnung für den Fuß zu nennen, got. *fōtus* = ahd. *fuoz* = as., ags. *fōt* = an. *fótr*, vgl. dazu gr. ποῦς, ποδός, ai. *pát, padáḥ*, mit qualitativem Ablaut lat. *pēs, pedis*. Hier hat das Gotische das gesamte Paradigma in die *u*-Deklination überführt, ausgehend vom Akkusativ Singular und Plural mit den Endungen der Konsonantstämme aus idg. *-m̥* und *-n̥s*, die ja im Protogermanischen mit jenen der *u*-Stämme, *-un* bzw. *-uns* lautlich zusammengefallen waren. Dagegen hat das Nordische mit dem Nominativ Plural *føtr* noch eine Reliktform der konsonantischen Flexion bewahrt (und danach auch den Akkusativ gebildet). Innerhalb des Westgermanischen ist die Entwicklung uneinheitlich: Im Altenglischen flektiert *fōt* wie *man* mit der Umlautform *fēt* im Dativ Singular und Nominativ/Akkusativ Plural, im Altsächsischen sind nur die Pluralformen *fōti* (nach der *i*-Flexion), Gen. *fōta* und Dat. *fōtun* belegt, während ahd. *fuoz* völlig in die *i*-Stämme übernommen wurde. Somit spiegelt auch hier das Altenglische den westgermanischen Sprachzustand am genauesten wider.

Ein weiteres Maskulinum indogermanischer Herkunft, das Wort für „Zahn" zeigt noch Spuren eines einstigen Wurzelablauts, wie er in ai. *dánt(a)-* gegenüber obliquem *dat-* „Zahn" auftritt. Während got. *tunþus* noch ursprüngliche Nullstufe (aus idg. *dn̥t-*, vgl. ai. *dat-*) aufweist, wurde in den anderen germanischen Sprachen die Hochstufe verallgemeinert, nämlich in ahd. *zan(d)* (Pl. *zen(d)i*), as. **tand* (Dat. Pl. *tandon*), ags. *tōþ* und an. *tǫnn* (alle aus spg., wgerm. **tanþ-*, idg., prg. **dónt-*, daraus ai. *dánt-*)[186].

---

[186] Die westgermanischen Parallelen stimmen in ihrer Flexion völlig mit jener des Substantivs für „Fuß" überein. Somit ist in diesem Substantiv zwar noch der alte Wurzelablaut sichtbar, nicht aber mehr der Reflex von Verners Gesetz im Dental des Wurzelauslauts, s. dazu Mottausch 2011: 73.

3.2.11. Stämme auf Sibilant

Die einstigen *s*-Neutra sind im Gotischen wie im Altnordischen mit dem Stammauslaut *-is-/-iz-* bzw. *-r-* thematisiert und damit völlig den Neutra auf *-a-* angeglichen worden, vgl. z. B. got. *riqis, -izis* „Finsternis", an. *rǫkkr, -rs* „Dunkel" mit ai. *rájas-* „Nebel, Düsterkeit; Schmutz" und gr. ἔρεβος „Dunkel (der Unterwelt)"; im Protogermanischen lautete dieses Substantiv noch genauso wie im Indogermanischen: **rég"es-*[187]. Ein weiteres Beispiel ist an. *setr* „Wohnsitz" aus prg. **sédes-* „(Wohn)sitz", vgl. dazu genau ai. *sádas* und gr. ἕδος „Sitz, Wohnsitz".

Dagegen ist im Westgermanischen auslautender Sibilant ja geschwunden, so dass der Stammauslaut auf *-r-* dort letztlich nur im Plural erhalten blieb und später als Pluralmarkierung fungierte, wie in ahd. *lamb*, Pl. *lembir* = ags. *lamb*, Pl. *lambru* (vgl. finn. *lammas* „Lamm", Lehnwort aus dem Urgermanischen), *kalb*, Pl. *kelbir* = ags. *cealf*, Pl. *cealfru*, und *hrind*, Pl. *hrindir* (dort auch noch Gen. Sg. *hrindires*) = ags. *hrīth*, Dat. Pl. *hrītherin*. Dieser Typus von Neutra spielte also bei Bezeichnungen zumeist junger Tiere eine gewisse Rolle, auch die Gleichung ahd., as. *ei* (Pl. *eier*, as. Gen. *eiero*) = ags. *ǣg* (Pl. *ǣgru*) gehört hierher[188]. Im Althochdeutschen, Altsächsischen und im Altenglischen flektieren die letztgenannten Neutra wie *a*-Stämme, zumal im Westgermanischen die pluralischen Endungen der obliquen Kasus ja genauso lauteten wie jene der *a*-Neutra. Im Plural diente der Stammauslaut *-er-* aus **-ez-* wie gesagt als Pluralkennzeichen, nachdem im Singular dieser Auslaut weggefallen war. Der relikthafte Genitiv Singular ahd. *hrindires* führt jedenfalls zum Schluss, dass im Westgermanischen und wahrscheinlich auch noch im Merowingisch-Fränkischen dieser Stammauslaut durchgängig vorhanden war. Das Paradigma von ahd., ags. *lamb* lautet demnach:

Singular	Ahd.	Ags.	Wgerm.
Nom./Akk.	*lamb*	*lamb*	**lamb*
Gen.	*lambes*	*lambes*	**lamb(ez)es*
Dat.	*lambe*	*lambe*	**lamb(ez)ē*
Plural			
Nom./Akk.	*lembir*	*lambru*	**lambezŭ*
Gen.	*lembiro*	*lambra*	**lambezō*
Dat.	*lembirum*	*lambrum*	**lambezum*

Im Westgermanischen bestand also die Tendenz, infolge des Sibilantenschwundes die Endungen im Singular an den verkürzten Stamm anzufügen. Im Altsächsischen flektiert *lamb* genau wie im Althochdeutschen, belegt ist dort die Genitiv-

---

[187] Der Nom./Akk. Sg. ist als **rég"es* oder **rég"os* erschließbar, weswegen hier der Stamm mit Bindestrich angegeben wird. Auch im Folgenden wird diese Notation verwendet, wenn die Endung im Nominativ unklar ist.
[188] Zur Stammbildung und Flexion der *s*-Stämme im Westgermanischen s. ausführlich Schlerath 1995, speziell zu den alten Singularformen dort S. 254–258 sowie eine Liste ursprünglicher Neutra auf Sibilant S. 259f.

form des Plurals *eiero* „der Eier". Im Altenglischen stammt die Pluralendung *-u* erkennbar von den Neutra auf *-a-*; im Gegensatz zum Deutschen tauchen aber dort noch oblique Kasusformen des Singulars mit dem vollen Stamm auf *-r* auf, wie *lomber* und *calfor*[189]. Das Lehnwort finn. *lammas* lässt scheinbar den Schluss zu, dass noch im späten Urgermanisch im Nominativ/Akkusativ Singular qualitativer Ablaut vor dem Sibilant vorgelegen hätte – ebenso wie in lat. *genus, -eris* = gr. γένος, γένους (aus *γένεος) „Geschlecht". In Wirklichkeit stellt hier der *a*-Vokalismus einen Einfluss der *a*-Stämme dar, während sich der alte Ablaut in ahd., as. *ahar* „Ähre" und ahd. *demar* „Dämmerung" (aus prg. *témos*, vgl. ai. *támas-* „Finsternis, Dunkelheit" wiederfindet[190].

Darüber hinaus finden sich im Westgermanischen unter den Stämmen auf Sibilant noch Substantive mit guter indogermanischer Etymologie, in denen der ursprüngliche Stammauslaut völlig erhalten ist, wenngleich der intervokalische Sibilant *-z-* ja durchweg zu *-r-* geworden ist[191]: got. *ahs* = ahd. *ahar* „Ähre" aus spg. **aχez*, prg. **ákes-*, vgl. lat. *acus* „Granne, Spreu", und got. *aiz* = ahd. *ēr* „Erz, Bronze" aus spg. **aiza-*, prg. **ais-*, vgl. dazu lat. *aes* „ds." und ai. *áyas-* „Nutzmetall; Eisen" (ursprünglich „Kupfer")[192], sowie ags. *bere* „Gerste" = an. *barr* „Korn, Getreide", vgl. dazu das Adjektiv got. *barizeins* „aus Gerste" (auf Grundlage von **baris*) sowie außerhalb des Germanischen lat. *far, farris* „Dinkel, Spelt" und osk.-umbr. *far* (s. Seite 188).

Andere Neutra sind dagegen im Althochdeutschen zu den *u*-Stämmen gewechselt, wie ahd. *sigu* gegenüber got. *sigis*, an. *sigr* „Sieg" und dem altgermanischen Namen *Segismundus* aus spg. **segiz*, prg. **ségʰes-*, vgl. dazu ai. *sáhas-* „Kraft, Macht, Sieg" (zu *sáhati* „überwältigt, besiegt"). Dagegen ist das Substantiv *sige* im Altenglischen zwar in die Klasse der *i*-Stämme übernommen worden, hat aber einen alten Dativ Singular *sigor* bewahrt – im Gegensatz zu allen übrigen germanischen Sprachen. Wieder andere Substantiva nahmen im Althochdeutschen wie Altenglischen maskulines Genus an, z. B. ahd. *geist* bzw. ags. *gāst*.

3.3. Adjektive und Partizipien

Ähnlich wie unter den Substantiven spielt in den älteren indogermanischen Sprachen auch unter den Adjektiven die *o*-Deklination für deren Maskulinum und Neutrum und die *ā*-Deklination für das Femininum die wichtigste Rolle, sei es dass deren Stamm auf bloßen Vokal **-o-/-ā-* endet oder auf Suffixen wie **-yo-, -wo-, -ro, -mo-, -no-* oder *-to-*, um nur die einfachsten zu nennen. Mit den beiden letztgenannten Suffixen werden die Präteritalpartizipien der starken bzw. schwa-

---

189 Siehe Schlerath 1995: 259
190 Siehe Schlerath 1995: 258.
191 Eine Liste der *s*-Stämme im Germ. mit idg. Herkunft s. bei Schlerath 1995: 259f.
192 Siehe den Ansatz **aiza-* bei Bammesberger 1990: 210.

chen Verben gebildet (s. zu den ersteren Seite 141). An dieser Produktivität ändert sich auch nichts im Germanischen bis hin zu dessen Einzelsprachen. Demgegenüber sind die Adjektive auf *-i-* und *-u-* im Germanischen weit seltener als in den älteren indogermanischen Sprachen. Stämme auf ursprünglichem Auslaut mit *-nt-* sind im Germanischen außerhalb der Substantive auf die Präsenspartizipien beschränkt.

Ein Paradigma auf bloßen Vokal germ. *a-/-ō-* mit genauen innergermanischen Parallelen und zudem Entsprechungen in den westindogermanischen Sprachen (ohne verbale oder nominale Grundlage) ist got. *laggs*, ahd., as., ags. *lang*, an. *langr* „lang" aus spg. **langaz, -ō, -a(tō)*, prg. **lóng^{h}os, -ā, -on* und idg. **lóng^{h}os, -ā, -on* anführen, vgl. dazu lat. *longus* „ds." und im Keltischen den gallischen Stammesnamen *Longostaletes* und den lusitanischen Ortsnamen *Longobriga*. Als Adjektiv mit *ja*-Suffix wäre got. *niujis*, ahd., as. *niuwi*, ags. *nīewe*, an. *nýr* aus prg. **néwjos* mit ai. *návya-* (dort neben *náva-*, vgl. dazu lat. *novus*, aksl. *novъ*), gall. *novios* im Ortsnamen *Noviodunum* und lit. *naũjas*, alle in derselben Bedeutung „neu", aus idg. **néwyos* „ds." zu vergleichen. Unter den Adjektiven auf *-wa-* gibt es mehrere Farbbezeichnungen mit außergermanischen Entsprechungen, darunter ahd. *gelo* (auch *gel(a)wer, -w(i)u, -waz*), as. *gelo* und ags. *geolo* „gelb" aus spg. **gelwaz*, prg. und westidg. **g^{h}élwos*, vgl. lat. *helvus* „honiggelb" (seit Varro belegt) und gallolat. *gilvus* (ebenfalls seit Varro). Ebenfalls indogermanischer Herkunft ist das Adjektiv auf *-ra-*, ahd. *magar* = ags. *mæger* = an. *magr* „mager", vgl. dazu genau lat. *macer* „ds.", gr. μακρός „lang", auch eines auf *-la-*, ahd. *mihhil* = as. *mikil* = ags. *mycel* = an. *mikill* „groß", vgl. dazu gr. μέγας „ds." mit dem Obliquusstamm μεγαλο-, sowie jenes auf *-ma-*, ahd. *warm* = ags. *wearm* = an. *varmr* „warm", vgl. got. *warmjan* „wärmen", außerdem ai. *gharmás*, lat. *formus* „ds." (letzteres bei Paulus ex Festo ein paarmal bezeugt). Diese Beispiele mögen genügen, um die Vielfalt der Adjektive mit thematischen Stammbildungen zu veranschaulichen.

3.3.1. Die starke Flexion

Im Germanischen weist die Flexion der Adjektive vor allem in den obliquen Kasus Einflüsse der geschlechtigen Pronomina auf und unterscheidet sich dort somit von der substantivischen Deklination; diese Neuerung hat auch das Baltische teilweise vollzogen, wenn auch in geringerem Ausmaß (im Dativ Singular Maskulinum und Plural). Wie bereits imIndogermanischen die Adjektive auf **-o-* stellen auch deren Fortsetzer auf *-a-* im Germanischen die produktivste Stammklasse dar, während die Adjektive auf **-u-* und **-i-* bereits im Gotischen sehr stark von jenen auf **-ja-* beeinflusst sind und in den anderen germanischen Sprachen vollends wie diese flektieren. Eine Besonderheit des Germanischen bildet neben dieser ererbten starken Flexion die schwache Flexion der Adjektive, die zur Markierung einer Bestimmtheit dient.

3.3. Adjektive und Partizipien

Als Beispiel eines Adjektivs auf -a- sei jenes für „gut" in der starken Flexion herausgegriffen, hierbei sind die Formen mit pronominalen Endungen unterstrichen:

Mask. Sg.	Got.	Ahd.	Ags.	Wgerm.	An.
Nom.	gōþs	guot(er)	gōd	*gōdă	góðr
Gen.	gōdis	guotes	gōdes	*gōdas,-es	góðs
Dat.	gōdamma	guotemu	gōdum	*gōdemu	góðum
Akk.	gōdana	guoten	gōdne	*gōdena	góðan
Instr.		guotu	gōde	*gōdu	(góðu)
Plural					
Nom.	gōdai	guote	gōde	*gōdē	góðir
Gen.	gōdaizē	guotero	gōdra	*gōderō	góðra
Dat.	gōdaim	guotēm	gōdum	*gōdēm	góðum
Akk.	gōdans	guote	gōde	*gōdē	góða
Ntr. Sg.					
Nom./Akk.	gōd(ata)	guot(az)	gōd	*gōdă, -at	gott
Ntr. Pl.					
Nom./Akk.	gōda	guotiu	gōd	*gōdŭ	góð
Fem. Sg.					
Nom.	gōda	guot(iu)	gōd	*gōdŭ	góð
Gen.	gōdaizōs	guotera	gōdre	*gōderā	góðrar
Dat.	gōdai	guoteru	gōdre	*gōdero	góðre
Akk.	gōda	guota	gōde	*gōda	góða
Plural					
Nom.	gōdōs	guoto	gōda	*gōdō	góðar
Gen.	gōdaizō	guotero	gōdra	*gōderō	góðra
Dat.	gōdaim	guotēm	gōdum	*gōdēm	góðum
Akk.	gōdōs	guoto	gōda	*gōdō	góðar

Das Altsächsische weicht in der Flexion von *gōd* kaum vom Althochdeutschen ab, allerdings stehen neben den endungslosen singularischen Nominativformen keine Formen mit pronominaler Endung, und im Dativ Singular (außer Femininum) und Plural gibt es neben den pronominalen Formen auf -em auch solche mit der ursprünglich pluralischen nominalen Endung -um (vgl. diese auch im Altenglischen und auch Altnordischen).

Wie unter den kurzsilbigen Feminina auf -ō- ist im Gegensatz zu denjenigen mit langer Wurzelsilbe die Nominativendung -u im Altenglischen erhalten, entsprechend auch jene der Neutra auf -*a*- im Plural, etwa in *gladu* „froh", während im Altsächsischen solche Formen auf -*u* nicht belegt sind. Im Instrumental stimmen die Endungen mit jenen der Substantive überein, das Nordische hat diese Endung indes für den Dativ des Neutrums übernommen. Erwartungsgemäß sind die pronominalen Endungen im Adjektiv verkürzt gegenüber den einsilbigen Pronominalstämmen. Es fällt auf, dass die Pronominalendungen überwiegend in den obliquen Kasus übernommen worden sind, im Akkusativ Singular Maskulinum, Genitiv Singular Femininum, im Nominativ Plural Maskulinum und Femininum sowie im Genitiv Plural in allen Einzelsprachen[193]. Im Gotischen und Althochdeutschen treten die Pronominalendungen auch im Dativ Plural sowie im Dativ Singular Maskulinum und Neutrum auf, während sie im Altenglischen und Nordischen der Pluralendung nachgebildet sind. In den westgermanischen Sprachen wurde die Endung des Nominativ Plural Maskulinum auch auf den Akkusativ übertragen, im Althochdeutschen weist auch die feminine Endung -*o* im Plural pronominalen Einfluss auf.

Entsprechend den Stämmen auf bloßes -*a*- flektieren in den westgermanischen Sprachen auch die Adjektive auf -*ja*- und -*wa*-, wenngleich die Endungen dort vielfach denen der *a*-Adjektive angeglichen sind; hier herrscht somit ein analoges Verhältnis vor wie zwischen den Substantiven auf -*a*- einerseits und auf -*ja*-, -*wa*- andererseits. Im Althochdeutschen ist dieser Stammauslaut nur noch im Nominativ Singular mit der Endung -*i*, im Altenglischen lediglich im Maskulinum und Neutrum mit -*e* erkennbar, während im Altsächsischen immerhin Obliquusformen wie der Genitiv *diuries* und Akkusativ *diurian* zu *diuri* „teuer" belegt sind, weswegen man diese durchsichtigen Endungen für das Westgermanische und wohl auch Voralthochdeutsche voraussetzen kann.

Im Indogermanischen gab es wie gesagt außer den Adjektiven auf *-o-* eine Reihe von Adjektiven auf *-u-*, die vielfach zur Bezeichnung eine Form oder Ausdehnung dienten und auch in germanischen Einzelsprachen überlebt haben. Während freilich der reine *u*-Stamm nur noch im Gotischen in wenigen Kasus mit nominalen Endungen zutage tritt (im Nominativ und Genitiv sowie im Akkusativ Neutrum Singular), sonst aber durch das Formans *ja-/-jō-* verdrängt worden ist, sind die *u*-Adjektive im Westgermanischen zumeist in die Gruppe der Adjektive auf -*ja*- überführt worden, vgl. also got. *aggwus*, ahd., as. *engi*, ags. *enge*, an. *ǫngr* „eng" aus spg. **ang(w)us,* prg. **angʰús* mit ai. *aṃhú*- „eng" aus idg. **angʰú-*, außerdem got. *þaúrsus* „dürr", ahd. *durri*, ags. *þyrre* „trocken, dürr" mit awest. *taršu*- „trocken, fest" sowie ahd. *suozi*, as. *swōti*, ags. *swēte* und an. *sœtr* „süß" mit ai. *svādú*-, gr. ἡδύς und lat. *suāvis* (vom Dativ auf -*ī* her mit -*i*- erweitert) aus idg. **svādú-*. Dagegen wechselt das Adjektiv für „hart" in den westgermanischen Sprachen teilweise zur *a*-Flexion über, vgl. ahd. *hart*, as. *hard* und ags. *heard* mit got. *hardus* und an. *harðr* „hart, stark", außerhalb des Germanischen allenfalls mit

---

[193] Zu den Formen des Casus rectus im Femininum Plural auf -*o* s. Wagner 1986: 45f., der hier ausdrücklich auf die Übertragung von den Pronomina her hinweist.

lit. *kartùs* „bitter"¹⁹⁴. Andererseits kann die Nebenform ahd. *herti* nur als *ja*-Stamm angesehen werden. Angesichts dieses Nebeneinanders im Althochdeutschen drängt sich die Schlussfolgerung auf, dass im Westgermanischen im bloßen *a*-Stamm die Endungen der *u*-Flexion durch jene der *a*-Flexion ähnlich wie teilweise bei den Substantiven auf -*u*- verdrängt worden sind, weswegen der Nominativ Singular „hart" wenigstens noch im Westgermanischen *χardŭ gelautet haben kann, entsprechend dem Gotischen *hardus* m., f., *hardu* n., der Nominativ Plural hingegen *χardjē m., *χardjā f., *χardju, vgl. got. *hardjai, hardjōs, hardja*.

Unter den wenigen Adjektiven auf -*i*- gibt es nur eines mit (west)indogermanischer Grundlage, das Kompositum got. *gamains*, Ntr. *gamain* „gemein", ahd. *gimeini*, ags. *gemǣne* „gemeinsam" aus spg. *ga-máiniz, vgl. genau lat. *commūnis*, Ntr. *commūne* „gemeinsam" (alat. *comoinem*), alle aus westidg. *kommóinis, Ntr. *kommóini*¹⁹⁵. Dagegen gehört das Adjektiv got. *hrains*, ahd. *hreini*, as. *hrēni* „rein" der germanischen Sprachstufe an. Wie die Adjektive auf -*u*- und wahrscheinlich noch früher als diese sind die Adjektive auf -*i*- im Westgermanischen in die Stämme auf *-*ja*-/-*jō*- überführt worden; insgesamt gibt es nur sehr wenige *i*-Adjektive.

Die Präsenspartizipien mit dem ursprünglichen Stammauslaut *-*nd*- haben zwar im Gegensatz zum Gotischen und Nordischen die starke Flexion bewahrt, ausgehend vom Femininum auf *-*nd*-*jō*- wurden aber auch das Maskulinum und Neutrum mit *-*ja*- erweitert, so dass diese Partizipien im Westgermanischen faktisch wie die Adjektive auf *-*ja*-/-*jō*- flektieren, vgl. also ahd. *gebanti* = as. *geƀandi* = ags. *giefende* m., n. „gebend" (aus wgerm. *geƀandī).

3.3.2. Die schwache Flexion

Neben dieser „starken" Flexion des (unbestimmten) Adjektivs wurde im späteren Urgermanischen eine „schwache" Flexion der Adjektive zur Markierung der Bestimmtheit mit Hilfe von Nasalerweiterung am jeweiligen vokalischen Stammauslaut geschaffen. Diese Nasalerweiterung diente im Germanischen bereits bei Maskulina wie Feminina zur Markierung der Individualität wie in got. *weiha* „Priester" als Ableitung von *weihs* „heilig" und ahd. *wīzzago* „Prophet", *wīzzaga* „Prophetin" zu *wīzzag* „weise" (= ags. *wītaga* „Prophet, Prophetin"), außerhalb des Germanischen blieben diese Nasalbildungen auf einzelne Individualbildungen, sprich Personennamen, beschränkt, wie in lat. *Varrō* zu *vārus* „krummbeinig", *Catō* zu *catus* „scharfsinnig" und *Lentō* zu *lentus* „langsam".

---

[194] Siehe zu diesem Adjektiv Mottausch 2011: 34 mit diesem außergerm. Vergleich.
[195] Diese Gleichung germ. *ga-* = lat. *com-* setzt natürlich voraus, dass in *ga-* gemäß Verners Gesetz idg *k-* im vortonigen Anlaut wie in unbetonter Stellung sonorisiert wurde, s. dazu Krause 1968: 71.

3. Morphologie des Westgermanischen

Demnach flektiert das schwache Adjektiv got. *lagga, laggō, laggō* „der, die, das Lange" völlig nach dem Muster von *guma, tuggō* bzw. *hairtō* und ebenso ahd. *lango* m., *langa* f., *langa* n. wie *gomo, zunga* bzw. *herza*, as. *lango (-a)* m., *langa (-e)* f., n. wie *gumo, tunga, herta*, ags. *langa* m., *lange* f., n. wie *guma, tunge, heorte* sowie im Singular auch an. *langi, -a, -a* wie *gumi, tunga* bzw. *hjarta* (dort hat sich in Nominativ, Genitiv und Akkusativ des Plurals eine Einheitsform auf *-u* durchgesetzt); im folgenden sei das schwache Paradigma des Adjektivs für „gut" aufgeführt.

Mask. Sg.	Got.	Ahd.	Ags.	Wgerm.
Nom.	gōda	guoto	gōda	*gōdō
Gen.	gōdins	guotin	gōdan	*gōdin
Dat.	gōdin	guotin	gōdan	*gōdin
Akk.	gōdan	guoton	gōdan	*gōdon
Plural				
Nom.	gōdans	guoton	gōdan	*gōdon
Gen.	gōdanē	guotōno	gōdena	*gōdanō
Dat.	gōdam	guotōm	gōdum	*gōdum
Akk.	gōdans	guoton	gōdan	*gōdon
Ntr. Sg.				
Nom./Akk.	gōdō	guota	gōde	*gōdō
Ntr. Pl.				
Nom./Akk.	gōdōna	guotun	gōdan	*gōdōn
Fem. Sg.				
Nom.	gōdō	guota	gōde	*gōdā
Gen.	gōdōns	guotūn	gōdan	*gōdōn
Dat.	gōdōn	guotūn	gōdan	*gōdōn
Akk.	gōdōn	guotūn	gōdan	*gōdōn
Plural				
Nom.	gōdōns	guotūn	gōdan	*gōdōn
Gen.	gōdōnō	guotōno	gōdena	*gōdōnō
Dat.	gōdōm	guotōm	gōdum	*gōdōm
Akk.	gōdōns	guotūn	gōdan	*gōdōn

Wie die Stämme auf bloßes *-a-* flektieren auch jene auf *-ja-* und *-wa-*, der Nominativ Singular im Althochdeutschen lautet *gel(a)wo* m., f., *gel(a)wa*. Bei den althochdeutschen Adjektiven auf *-ja-* ist *-i-* vor dem Endungsvokal geschwunden.

3.3.3. Die Komparation der Adjektive

Auch im Bereich der Komparation hat das Germanische Neuerungen hervorgebracht. Hier beruht die Komparativbildung nicht auf hochstufigem idg. *-yos-, sondern auf nullstufigem *-is-, das mit nasalem Stammauslaut als Bestimmtheitssuffix wie bei der schwachen Adjektivflexion erweitert wurde; die Superlativbildung stimmt aber mit der indogermanischen Stammbildung *-isto- überein. Diese Komparationssuffixe spielten in der indogermanischen Grundsprache vor allem bei den Adjektiva auf -u- eine Rolle. Dabei stimmen z. B. der ai. Komparativ svā́dīyas- und der Superlativ svā́diṣṭha- zu svādú- „süß, angenehm" genau mit gr. ἡδίων (Pl. ἡδίους) und ἥδιστος zum Adjektiv ἡδύς „ds." überein, und auch im Germanischen lauten die Steigerungsformen des Adjektivs für „süß" zu ahd. *suozi* dementsprechend *suoziro* und *suozisto* wie zu ags. *swēte* ihrerseits *swētra* bzw. *swētest(a)*; im Gotischen findet sich die Komparativform zu dem anderen *u*-Adjektiv *hardus*, nämlich *hardiza*. Für das Westgermanische wäre somit zum Adjektiv **swōtu* als Komparativ **swōtizō* und als Superlativ **swōtist(ō)* anzusetzen. Da im Althochdeutschen auch der Superlativ durchweg und im Altenglischen bis auf den Nominativ (und Akkusativ Neutrum) Singular schwach flektiert, kann man mit einer Übertragung der schwachen Flexion auf den Superlativ bereits im Westgermanischen, spätestens im Voralthochdeutschen rechnen. Auch Adjektive anderer Stammklassen werden im Germanischen so gesteigert, darunter die einstigen *o*-Stämme, etwa ahd., as. *jung*, ags. *geong* die Formen ahd. *jungiro, jungisto* (daneben auch *jūgiro*, vgl. auch as. *jungro* neben *jūgro*) und ags. *giengra, gingest(a)* (dessen *i*-Umlaut noch das *-i-* der Steigerungssuffixe bezeugt), vgl. dazu got. *juggs* mit dem Komparativ *jūhiza*, sowie ahd., as., ags. *lang* die Formen ahd. *lengiro, lengisto*, as. *lengira, lengist* und ags. *lengra, lengest(a)* wie an. *langr* die Formen *lengri, lengstr*, vgl. zu diesem Adjektiv lat. *longus* „lang" mit den Steigerungsformen *longior*, Superlativ *longissimus* (mit *m*-haltigem Suffix wie in den keltischen Sprachen). Somit können auch im Westgermanischen die Steigerungsformen nur **langirō, langist(ō)* gelautet haben. Im Gegensatz zum Westgermanischen weisen im Gotischen und Nordischen die Feminina der Komparative nicht den Stammauslaut der Feminina auf *-ōn-*, sondern jener auf *-īn-* auf, vgl. also das Femininum got. *jūhizei* gegenüber ahd. *jungira*.

Daneben hat das Germanische speziell zu den Adjektiven auf *-o-* Komparativsuffixe mit *-ō-* entwickelt, wie etwa got. *frōdōza* zu *frōþs* „klug, verständig" und ahd. *frōtōro* zu *frōt* „klug, weise" (Hildebrandslied V. 8) zeigen. Die Superlative lassen sich anhand von Belegen anderer Adjektive problemlos als got. **frōdōsta*, ahd. **frōtōsto* erschließen, vgl. dazu eine urnordische Form *arjosteR* „die Vornehmsten" sowie an. *spakari, spakastr* „klüger, klügster". Diese Komparativsuffixe sind dann besonders im Westgermanischen produktiv geworden, etwa zu ahd., as. *liob*, ags. *lēof* „lieb" der Komparativ ahd. *liobōro*, as. *liobora* bzw. ags. *lēofra* (dessen fehlender Umlaut das Suffix *-ōr-* bezeugt); zu diesem Adjektiv lässt sich problemlos die Komparativform wgerm. **leubōrō* erschließen.

Wie in den älteren indogermanischen Sprachen herrscht bei der Steigerung der besonders häufigen so genannten Allerweltsadjektive mit zwei Gegensatzpaaren Suppletivismus vor, wobei Komparativ- und Superlativform im allgemein jeweils vom selben Stamm gebildet sind. Diese basieren im Germanischen im Gegensatz zum dazugehörigen Positiv sogar mehrfach auf indogermanischen Etyma; zumindest für das Spätgermanische lassen sich dennoch auch die meisten Stämme der Positive rekonstruieren, wie im Folgenden gezeigt wird. Die eckig eingeklammerten Formen stellen einzelsprachliche Neuerungen dar.

„groß"	Got.	Ahd.	As.	Ags.	Wgerm.	An.
Positiv	mikils	mihhil	mikil	micel	*mikilă	mikill
Komparativ	maiza	mēro	mēra	māra	*maezō	meiri
Superlativ	maists	meisto	mēst	mǣst(a)	*maestă	mestr

„klein"						
Positiv	leitils	luzzil	luttil	lȳtel	*lutilă	lítill
Komparativ	minniza	minniro	minnera	[lǣssa]	*minnizō	minni
Superlativ	minnists	minnisto	minnist	[lǣst(a)]	*minnistă	minztr

„gut"						
Positiv	gōþs	guot	gōd	gōd	*gōdă	góðr
Komparativ	batiza	bezziro	betera	bet(e)ra	*batizō	betri
Superlativ	batists	bezzisto	bezt	bet(e)st(a)	*batistă	beztr

„schlecht"						
Positiv	ubils	ubil	ubil	yfel	*ubilă	[illr]
Komparativ	waírsiza	wirsiro	wirsa	wiersa	*wirsizō	verri
Superlativ	*waírsists	wirsisto	wirsist	wierrest(a)	*wirsistă	verstr

Nur zum kleineren Teil dieser Formen gibt es sichere außergermanische Entsprechungen, vor allem zum Adjektiv für „groß" gr. μεγάλο-, -η- „groß" (Nominativ Singular m. μέγας, n. -αν, vgl. dazu das Adverb an. miǫk „viel") wie auch zu dessen Steigerungsformen osk. mais „mehr" und umr. mestru (= lat. magistra f.). Noch mehr Parallelen existieren zu den Komparationsformen des Adjektivs entgegengesetzter Bedeutung, nämlich lat. minor „kleiner, geringer", Superlativ minimus sowie aksl. mьnijь „weniger"; demgegenüber ist eine etymologische Verbindung von λοῖσθος „hinterer, letzter" nicht allgemein anerkannt[196]. Die Doppelkonsonanz in den germanischen Formen wird als Assimilation aus *mínw-is- erklärt, vgl. dazu lat. minuere „vermindern". Die Steigerungsformen des letzten Adjektivs wurden aufgrund der lautlichen und formalen Übereinstimmung gerne mit ai. várṣīyas-, várṣiṣṭha- „höher, höchster" verglichen ungeachtet der gegenteiligen Bedeutung; eine solche Etymologie ließe sich deswegen nur mit spöttischem oder ironischem

---

[196] Siehe diese Etymologie bei Nielsen 1981: 109.

3.3. Adjektive und Partizipien

Sprachgebrauch erklären, was am ehesten beim Superlativ in Frage kommt[197]. Nicht rechtfertigen lässt sich der früher mehrfach angestellte Vergleich der Komparationsformen ahd. *bezziro, bezzisto* mit ai. *bhadrá-* „glänzend, schön, trefflich", da dessen Superlativ *bhándiṣṭha-* hochstufige Wurzel enthält.

Darüber hinaus gibt es vor allem im Westgermanischen wie auch in anderen germanischen und indogermanischen Sprachen Steigerungsformen, denen lediglich Lokalpartikeln als Positive zugrundeliegen. Die nachfolgende Tabelle listet die wichtigsten Formen auf, soweit es in mehreren Einzelsprachen dazu Parallelen gibt; da das Altnordische die meisten Entsprechungen zu den westgermanischen Sprachen bietet, wird es ebenfalls aufgeführt (nur ersatzweise dazu das Gotische):

„vorher"	Ahd.	As.	Ags.	Wgerm.	An. (Got.)
Positiv	ēr	ēr	ǣr	*aer	(áir)
Komparativ	ēriro	*ēra	ǣrra	*aerizō	(áiriz-eins f.)
Superlativ	ēristo	ēristo	ǣrest(a)	*aerist	

„vor"					
Positiv	for	for	fore	*fora	
Komparativ	furiro			*furizō	
Superlativ	furisto	forma, furisto	forma, fyrmest(a)	*furist	

„vorwärts"					
Positiv	furdir	forð	forð	*furði	
Komparativ	fordaro	furthira	furðra	*furðizō	
Superlativ	fordarōsto	*furthrosta	furðemest(a)	?	

„nach"					
Positiv	after		æfter	*after	eptir
Komparativ	aftero		æfterra	*afterō	eptri
Superlativ	afterōsto		æftemest(a)	?	epztr

„oben"					
Positiv	oba		ufan	*uƀan	
Komparativ	obaro		uferra	*uƀerō	
Superlativ	obarōsto		ufemest(a)	?	

„unten"					
Positiv	untar		*under	(undar)	
Komparativ	untaro		*underō		

---

197 Das Phänomen einer direkt gegenteiligen Bedeutung im Altindischen findet sich auch bei ahd. *obaro* „der obere" aus prg., idg. *úpero-* vgl. lat. *s-uperus* „der obere, oberweltlich" mit awest. *upara-* „der obere, höhere" gegenüber ai. *úpara-* „der untere, hintere".

3. Morphologie des Westgermanischen

Superlativ	untarōsto	?	(undaristō n.)	

„innen"
Positiv	inne	inne	*inna	inne
Komparativ	innaro	innerra	*innerō	innri
Superlativ	innarōsto	innemest(a)	?	inztr

„außen"
Positiv	ūz	ūte	*ūta	út
Komparativ	ūzaro	ūterra	*ūterō	ytri
Superlativ	ūzarōsto	ūt(e)mest(a)	?	yztr

„spät"
Positiv	sīd	sīþ	*sīþ	síþ
Komparativ	sīdero	sīþra	*sīþerō	síþ(a)ri
Superlativ	*sīderōsto	sīþemest(a)	?	síþastr

Die Mehrheit der Lokalpartikel hat indogermanische Grundlagen, wenngleich die außergermanischen Entsprechungen formal fast nirgends mit dem Germanischen übereinstimmen – mit Ausnahme von ahd. *untar* (= got. *undar*), vgl. dazu ai. *adháḥ* „unten „und aw. *aδairi* „unter" aus idg. *$n̥d^heri$. Sogar zu mehreren Komparativformen gibt es recht genaue Parallelen außerhalb des Germanischen, vgl. ahd. *untaro* „der untere" aus prg. *$únd^hero$- genau mit ai. *ádhara-* „der niedrigere", awest. *aδara-* „der untere", lat. *inferus* „der untere, unterweltlich" sowie gall. *anderon* „der Unterweltsgötter" (Inschrift von Chamelières, Gen. Pl.) aus idg. *d^hero- sowie ahd. *obaro* „der obere" aus prg., idg. *$úpero$- mit awest. *upara-* „der obere, höhere" (aber ai. *úpara-* „der untere, hintere"!), lat. *s-uperus* „der obere, oberweltlich". Während die Komparative somit auch leicht auf proto-westgermanische Vorformen zurückgeführt werden können, ergeben sich bei den Superlativen schon innerhalb des Westgermanischen formale Probleme, da diese in den Einzelsprachen stark voneinander abweichen. Lediglich zwischen dem Althochdeutschen und Altsächsischen herrscht (wie im Fall von *furisto*) Übereinstimmung. Im Altenglischen hingegen liegt wie auch im Gotischen eine einzelsprachliche Hypercharakterisierung mit dem Nasalsuffix -*ma*- + dem Suffix -*est*- vor, die beide den Superlativ markieren, vgl. u. a. *innemest(a)* mit got. *innuma* „der innere" und *æftemest(a)* mit got. *aftuma* „der letzte von zweien"; lediglich in as., ags. *forma* „erster" erscheint wie in got. *fruma* „der erstere" noch das einfache Superlativsuffix, vgl. dazu auch (mit formaler Abweichung) lat. *prīmus* „erster" und gr. πρόμος „Vorkämpfer, Führer"; hierzu existiert in beiden Sprachen zusätzlich die hybride Form, vgl. got. *frumists* „der erste (von mehreren)" genau mit ags. *fyrmest(a)*[198].

---

[198] Siehe zu den ags. Superlativbildungen u.a. Krahe/Meid 1967: 126; zur Hypercharakterisierung im Ags. s. Bammesberger 1990: 233f. mit weiteren Beispielen.

3.3.4. Die Adverbien und ihre Komparation

Weder in der indogermanischen noch in der germanischen Grundsprache wurden die Adverbien in einheitlicher Weise zu Adjektiven gebildet. In frühster Zeit wurden neutrische Formen als Adverbien verwendet, wie dies die älteren indogermanischen und germanischen Einzelsprachen bestätigen. Im Germanischen hat das Adverb für „viel" als archaische Reliktform, got., ahd., as. *filu* „viel" und an. *fjǫl-* (nur Verstärkungspartikel)[199] aus prg. **pélu-* überlebt, vgl. dazu auch ags. *fela* „sehr" (vielleicht eine petrifizierte Genitivform[200]); außerdem gr. πολύ und ai. *purú* „sehr" als Adverb und dazu das Adjektiv gr. πολύς, ai. *purú* „viel" (mit schwundstufiger Wurzel). Auch ags. *lȳt* „wenig" = an. *litt* „ein wenig" zu *lȳtel* bzw. *litill* stellen ursprünglich neutrische, aber verkürzte Formen dar.

Dagegen bilden die altgermanischen Sprachen zu Adjektiven in der Regel Adverbialformen auf ursprünglichen Langvokal, die wenigstens auf einer protogermanische Grundform basieren. So setzen got. *galeikō,* ahd. *gilīhho* und an. *glíka* „gleich" (zum Adjektiv *galeiks/gilīh/glíkr*) im Protogermanischen eine Endung mit konsonantischem Auslaut voraus, wahrscheinlich **-ōd*, die genau der altlateinischen Ablativendung der *o*-Stämme entspräche; in ags. *gelīce* liegt demgegenüber eine ablautende Endung vor, die ihrerseits in der lateinischen Adverbialendung *-ē* (alat. *-ēd* noch in der Superlativform *facillumed* „ganz leicht") eine genaue Entsprechung besäße[201]. Im Althochdeutschen tritt bei den Adjektiven auf *-i* wie *hreini* und *engi* (also Adjektiven auf ursprüngliches *-i-* bzw. *-u-*) die Endung *-o* nicht an den Stammauslaut, sondern den vorausgehenden Konsonanten, deren Formen lauten also *hreino* und *engo*. Für das Westgermanische und Merowingisch-Fränkische ist als Endung sicher **-ō* anzusetzen. Völlig isoliert steht das Adverb zum Adjektiv für „gut", die Partikel got. *waíla* = ahd., as. *wela, wola* = ags. *wel* = an. *vel*; auch im Westgermanischen kann das Adverb nur **wela* gelautet haben. Es wird etymologisch gewiss zu Recht mit dem Verbum für „wollen" verbunden, als Adjektivadverb ist diese Partikel aber auf das Germanische beschränkt.

Speziell innerhalb des Westgermanischen wurden ausgehend von Adjektivkomposita mit ahd. *-līh* = as. *-līk* = ags. *-līc* auch Adverbien von einfachen Adjektiven mit dem Hinterglied ahd. *-līhho* = as. *-līko* = ags. *-līce* gebildet, z. B. ahd. *gern-līhho* „gern", *triu-līhho* „getreu", as. *kūđ-līko* „bekannt", ags. *heard-līce* „hart", *sōþ-līce* „wahr(lich)". Diese vereinzelte Adverbialbildung kann noch während des Zerfalls der westgermanischen Spracheinheit aufgekommen sein.

---

199 An. *miǫk* aus urn. **meku* „viel" kann eine Kreuzung aus urn. **mek-*, vgl. ai. *máhi* und gr. μέγα n. „groß", und **filu* darstellen, s. de Vries 1977: 390.
200 Zu ags. *fe(a)la* als ursprünglichem Genitiv s. Bammesberger 1990: 263f.
201 Siehe zu den germ. Adverbialbildungen Krahe 1965: 83f.

Als Adverbia von Komparativen und Superlativen dienten neutrische Formen, wie sie am deutlichsten noch bei den unregelmäßigen Steigerungsformen erscheinen:

	Got.	Ahd.	As.	Ags.	Wgerm.	An.
„mehr"	mais	mēr	mēr	mā	*mae(z)	meir
„am meisten"	maist	meist	mēst	mǣst	*maestă	mest
„weniger"	mins	min	[lēs]	[lǣs]	*minn	minnr
„am wenigsten"	*minnist	minnist	*[lēst]	[lǣst]	*minnistă	minzt
„besser"	*batis	baz	bat, bet	bet	*bat	betr
„am besten"	*batist	bezzist	bezt, best	bet(e)st	*batistă	bezt
„schlechter"	waírs	wirs	wirs	wiersa	*wirs	verr
„am schlechtesten"	*waírsist	wirsist	*wirsist	wierrest	*wirsistă	verst

Unter den Komparativformen fällt auf, dass dort keinerlei Analogienformen geschaffen wurden, vielmehr hat in den westgermanischen Sprachen der Schwund des auslautenden Sibilants (im Gegensatz zum Gotischen) einen unvollständigen Stammauslaut hinterlassen, wie vor allem die Komparativformen für „besser" (ohne *i*-Umlaut) zeigen. Die indogermanisch ererbten Steigerungsformen für „schlechter" sind unter den Adverbien außer im Altenglischen auch im Altsächsischen durch einen Neologismus verdrängt worden.

Die regelmäßigen Steigerungsformen der Adverbien werden innerhalb des Westgermanischen allerdings im Althochdeutschen nur mit den Suffixen *-ōr* und *-ōst*, also in *langōr, langōst* „länger, am längsten" zu *lengiro, lengisto* gebildet (hier also mit analogem auslautendem *-r*), entsprechend auch im Altsächsischen z. B. *diopor* „tiefer" und im Altenglischen *heardor, heardost* „härter, am härtesten", so dass diese Bildung auf *-ōr, -ōst* wohl bereits im Protowestgermanischen bestand. Im Altenglischen finden sich dennoch vereinzelte Steigerungsformen mit ursprünglich *i*-haltigem Suffix, das freilich nur noch indirekt im *i*-Umlaut erkennbar ist, wie in *leng* „länger" gegenüber von ahd. *langōr*. Wahrscheinlich haben im Protowestgermanischen also neben den archaischen Komparativformen auf einstiges *-iz* (wie eben *langiz*) auch schon solche auf *-ōz* bestanden.

3.4. Pronomina

3.4.1 Das Personalpronomen

3.4.1.1. Ungeschlechtige Personalpronomina und Possessivpronomina

Auf dem Gebiet der ungeschlechtigen Personalpronomina haben die westgermanischen Sprachen noch wie das Gotische und Altnordische den späturgermanischen Zustand so gut bewahrt, dass sich diese ohne besondere Probleme sogar auf

3.4. Pronomina

protogermanische Grundformen zurückführen lassen[202]. Lediglich im Althochdeutschen fehlen Belege der Formen der 2. Person und teilweise der 1. Person im Dual. Auch die Possessivpronomina stimmen völlig miteinander überein; sie sind jeweils in der maskulinen Form aufgeführt.

1. Person	Got.	Ahd.	As.	Ags.	Wgerm.	An.
Singular						
Nom.	ik	ih	ik	ic	*ik	ek
Gen.	meina	mīn	mīn	mīn	*mīnu	mín
Dat.	mis	mir	mĭ, me	mĕ	*miz	mér
Akk.	mik	mih	mik, mĭ, me	mĕ, mec	*mik	mik
Poss.	meins	mīn	mīn	mīn	*mīnă	minn
Dual						
Nom.	wit	*wiz	wit	wit	*wit	vit
Gen.	*ugqara	unkēr	unkero	uncer	*unkeru	okkar
Dat.	ugqis	*unk	unk	unc	*unk	okr
Akk.	ugqis	*unk	unk	unc(it)	*unk	okr
Poss.	*ugqar	*unkēr	unka	uncer	*unkeră	okkarr
Plural						
Nom.	weis	wir	wĭ, we	wĕ	*wez (wei)	vér
Gen.	unsara	unsēr	ūser	ūser, ūre	*unseru	vár
Dat.	uns(is)	uns	ūs	ūs	*uns	oss
Akk.	uns(is)	unsih	ūs	ūs(ic)	*uns(ik)	oss
Poss.	unsar	unsēr	ūsa	ūser, ūre	*unseră	várr
2. Person						
Singular						
Nom.	þu	du	thu	þū	*þu	þú
Gen.	þeina	dīn	thīn	þīn	*þīnu	þín
Dat.	þus	dir	thĭ	þĕ	*þiz	þér
Akk.	þuk	dih	thik, thĭ	þĕ, þec	*þik	þik
Poss.	þeins	dīn	thīn	þīn	*þīnă	þinn
Dual						
Nom.	*jut	(git)	git	git	*jit	it
Gen.	igqara	*inker	*inkero	*incer	*inkeru	ykkar
Dat.	igqis	(ink)	ink	inc	*ink	ykr
Akk.	igqis	(ink)	ink	inc(it)	*ink	ykr
Poss.	igqar	*inkēr	inka	incer	*inkeră	ykkarr

---

202 Vgl. Euler/Badenheuer 2009: 129f.

Plural

Nom.	*jūs*	*ir*	*gī, ge*	*gē̆*	**jez*	*ér*
Gen.	*izwara*	*iuwēr*	*euwar(o), iuwar(o)*	*ēower, īower*	**euweru*	*yþwar*
Dat.	*izwis*	*iu*	*eu, iu*	*ēow, īow*	**euw*	*yþr*
Akk.	*izwis*	*iuwih*	*eu, (g)iu*	*ēow(ic), īow*	**euw(ik)*	*yþr*
Poss.	*izwar*	*iuwēr*	*euwa, iuwa*	*ēower, īower*	**euweră*	*yþwarr*

Reflexiv

Gen.	*seina*	*sīn*	-	-	**sīnu*	*sín*
Dat.	*sis*	-	-	-	**siz (?)*	*sér*
Akk.	*sik*	*sih*	-	-	**sik*	*sik*
Poss.	*seins*	*sīn*	*sīn*	*sīn*	**sīnă*	*sinn*

Die Nominativformen haben durchweg sichere außergermanische Parallelen, im Singular in den meisten indogermanischen Sprachen, allerdings stimmen diejenigen der 1. Person im Stammauslaut (deutlich noch im Enklitikon urn. *-eka* neben der Kurzform *ek* daraus an. *ek*) allenfalls mit ai. *ahám* und aksl. *jazъ* (daneben ebenfalls *ja*) „ds." überein[203]. Das Nebeneinander von wgerm. *ik* und nord. *ek* wird gewöhnlich als Reflex der einstigen Betonungsverhältnisse interpretiert, die erstere Form war unbetont[204]. Im Dual liegen nach allgemeiner Anschauung Komposita vor wie in lit. *vè̆-du* „wir beide" und *jù-du* „ihr beide", für die prg. **wédu, júdu* angesetzt werden können[205]. Die Form der 2. Person wird im Gotischen allgemein als **jut* erschlossen und in den anderen germanischen Sprachen mit analogem *-i-* von der 1. Person erklärt. Die Pluralformen decken sich beide jeweils mit ai. *vayám* bzw. *yūyám*. Unter diesen setzen jene der 1. Person innerhalb der westgermanischen Sprachen, also ahd. *wir* und as., ags. *we* (mit geschwundenem **-z*, s. Seite 53, aber vgl. noch anl. *wi(r)*) sowie an. *vér* eine Vorform **wez* fort (mit nominaler Endung, vgl. heth. *u̯ēš* „wir"); lediglich got. *weis* und wohl auch as. *wī* basieren auf einer Hybridform aus **wes* und **wei* (mit pronominaler Endung wie ai. *vayám* „wir"[206]. Die Form der 2. Person Plural **jīz* ist nach allgemeiner Anschauung wie jene des Duals außerhalb des Gotischen von jener der 1. Person beeinflusst worden, auch dort ist auslautendes **-z* in den nordseegermanischen Sprachen geschwunden; lediglich im Gotischen erscheint noch die unveränderte Form *jūs*, vgl. dazu außer ai. *yūyám* genau lit. *jūs*.

Weniger genaue außergermanische Entsprechungen gibt es zu den Obliquusformen. Zum Akkusativ got. *mik*, ahd. *mih*, as., an. *mik* findet sich im Venetischen

---

[203] Seebold (1984: 22) vergleicht sogar direkt urn. *ek/-eka* mit aksl. aksl. *jazъ/ja*.
[204] Siehe zuletzt auch Ringe 2006: 211.
[205] Siehe zu den Dualformen jetzt Euler 2009: 131 mit A. 265 m. Literatur.
[206] Siehe zum Nom. Pl. Seebold 1984: 27 29, anders G. Schmidt 1978a: 168f., der nur **wez* (als Analogie zu **mez* „mir") neben der Hybridform ansetzt, und jetzt Klingenschmitt (2002: 472f.), der die Formen auf *-s* als „Verdeutlichung der Pluralfunktion" wertet und alle germanischen Formen auf die Hybridform zurückführt. Zum Anlaut s. Quak 1992: 100.

eine formale Parallele *mego* (aufgrund häufiger Überlieferung neben dem Nominativ *ego* gesichert), die aber einzelsprachlich, also unabhängig vom Germanischen entstanden sein kann[207]. Die Formen der 2. Person stellen zweifellos Analogien zur 1. Person dar, im Gotischen hat sich auch der *u*-Vokal durchgesetzt[208]. Für das Westgermanische sind jedenfalls wie für das Urnordische unbetontes *mik, *þik und *sik als ehemals tonlose Formen nzusetzen, während ags. *mec* und *þec* entweder ursprünglich betont waren oder von **mě̄*, **þě̄* beeinflusst sind[209].

Auch in den Dativformen stehen die westgermanischen Sprachen in Einklang mit den Nächstverwandten, nur das Gotische hat hier ebenfalls vom Nominativ her das *-u-* übernommen[210], und in den nordseegermanischen Sprachen ist auslautendes *-r* geschwunden wie im Nominativ der 1. Person Plural, im Althochdeutschen ist außerdem die Reflexivform verlorengegangen. Somit können als Vorformen wgerm. *mez, *þez und *sez angesetzt werden, die alle den späten urgermanischen Zustand bewahrt haben; im Urnordischen ist *meR* einmal belegt (Inschrift von Opedal, Anfang 5. Jahrhundert, Krause Nr. 76; = an. *mér*). Hierzu gibt es keine sicheren außergermanischen Entsprechungen.

Im Plural stimmten im Germanischen die Dativ- und Akkusativformen ursprünglich miteinander überein. In der 1. Person setzen sie einen nullstufigen Stamm idg. **n̥s-* fort, vgl. dazu mit Erweiterung **-m-* den altindischen Obliquusstamm *asm-* und auch gr.-äol. ἄμμες „wir", Akk. ἄμμε, aber mit anderen Ablautstufen ai. *nas* „uns" (Enklitikon), lat. *nōs* „wir" und aksl. *nasъ* „unser" (Gen., Akk.). Innerhalb des Nordseegermanischen wie im Altnordischen ist freilich der Nasal vor *s* lautgesetzlich geschwunden, vgl. aber noch anl. *uns*. Im Gotischen steht vor allem im Dativ *unsis* neben *uns* (vgl. dazu an. *oss*), wobei das auslautende *-is* vielleicht von der Singularform her übertragen worden ist[211]. In der 2. Person lauten die Formen nämlich got. *izwis* und an. *yþr* aus spg., prg. *ezwez (aus redupliziertem *wizwiz mit dissimilatorischem Schwund oder *swes, vgl. ebenfalls redupliziertes kymr. *chwichwi* „ihr"?), während im Westgermanischen wie gesagt der Sibilant vor *w* ausgefallen ist, vgl. dazu ahd. *iu*, as *eu, iu* und ags. *ēow* „euch", die alle auf **euw(ez)* zurückgeführt werden können, wobei auslautendes **-ez* abgefallen sein müsste[212]. Die Akkusativformen ahd. *unsih, iuwih*, anl. *unsig* und ags. *ūsic, ēowic* (neben ererbtem *ūs, ēow*) können unabhängig voneinander in den Einzelsprachen analog von den Singularformen her, aber auch in der westgermanischen Sprachstufe entstanden sein[213].

---

207 Siehe G. Schmidt 1978: 55. Kritisch zum venet.-germ. Vergleich Euler 1993a: 101
208 Dies nehmen u. a. Krahe (1965: 52) und Seebold (1984: 36f.) an.
209 Die erstere Theorie wird vor allem in der Germanistik vertreten, die letztere s. bei G. Schmidt 1978: 25.
210 Dies ist weithin anerkannt, anders Seebold 1984: 45, der den *u*-Vokal als alt beurteilt; allerdings ist auch in anderen idg.Sprachen *u*-Vokal auf den Nominativ beschränkt.
211 Siehe etwa Krahe 1965: 52 und von Kienle 1969: 183. Weniger plausibel, wenn auch formal interessant ist die Theorie von Seebold 1984: 41, der heth. *anzāš* „uns" (Dativ) mit den germ. Dativformen vergleicht.
212 Siehe eine ausführliche Besprechung der Obliquus der 2. Person Plural bei G. Schmidt 1978: 222–225 und Seebold 1984: 41ff.; anders Ringe 2006: 211, der eine Entwicklung von *uswe über *iswé zu *izwis* annimmt. Alle Erklärungsversuche letztlich nicht überzeugend.
213 Letztere Theorie vertritt Krogh 1996: 313, zu anl. *unsig* s. Quak 1992: 100.

Auch im Dual unterscheiden sich die Dativ- und Akkusativformen im Germanischen von Haus aus nicht voneinander; wiederum liegen im Gotischen Formen auf analogischem -*is* und im Altnordischen auf -*r* wie im Plural vor, in den westgermanischen Sprachen aber endungslose Formen. Der Stamm *unq*- dürfte allenfalls in ai. *náu* „uns beide" (Enklitikon) und gr. νώ „wir beide" eine entfernte etymologische Entsprechung haben, wobei der Stammauslaut -*q*- unklar bleibt; denkbar ist die Herleitung von got. *ugq*- aus idg. *$\eta\partial_3wé$ und prg. *$ungw\bar{e}$[214]. In der 2. Person stellt der Stamm *igq*- wahrscheinlich eine Hybridbildung aus *unk*- und dem Plural *izw*- dar. Innerhalb des Westgermanischen sind die Dualformen lediglich im Altenglischen vollständig belegt, im Althochdeutschen findet sich nur noch die Genitivform *unker* (in der Formel *unker zweio* bei Otfrid 3,22,32, vgl. dazu ags. *uncer twēga* in Bewulf 2532!). Zumindest regional muss es lange mehr Formen gegeben haben, selbst im heutigen Bairisch sind noch die Formen der 2. Person *es*, Obliquus *enk* lebendig, wobei beide Formen erst seit dem 13. Jahrhundert und schon damals mit pluralischer Bedeutung belegt sind[215]. Im Altfriesischen sind Dualformen nicht belegt, dagegen sind sie sogar noch in ihrer ursprünglichen Funktion im heutigen Nordfriesischen vorhanden: *wat* „wir beide", *unk* „uns beiden", *jat* „ihr beide", *junk* „euch beiden" (Festlandfriesisch, auf der Insel Föhr *o*- statt *u*-Vokal in *onk* bzw. *jonk*); auf der Insel Sylt hat sich noch die Lautform *at* „ihr beide" gehalten, während *jat* „sie beide" bedeutet, also für die 3. Person fungiert[216].

Wie in anderen indogermanischen Sprachen, darunter dem Lateinischen, sind die Stämme der Genitive mit jenen der funktional nahestehenden Possessivpronomina identisch. Die singularischen Formen sind im Germanischen neu gebildet und werden in den einschlägigen Grammatiken und Handbüchern des Germanischen auf Grundlage von Lokativen **mei*, **tei*, **sei* mit dem Suffix *-no*- erklärt, während in indogermanistischen Monographien germ. **meina*- als Hybridbildung zwischen älterem **meyo*- (daraus lat. *meus*) und **meno*- (vgl. dazu am ehesten den slawischen Genitiv *mene*) interpretiert wird; ganz unklar ist das Alter dieser Neubildungen, Ausgangspunkt dürfte das Possessiv der 1. Person sein[217]. Im Dual und Plural sind die Possessiva hingegen auf dem Obliquusform der dazugehörigen Personalpronomina mit dem komparativischen Suffix *-ero*- aufgebaut (vgl. dazu bedingt lat. *noster, vester*), im Altsächsischen wie auch im Fränkischen ist dieses Suffix im Nominativ Singular sowie im Neutrum Singular (Akkusativ) und Plural (Nominativ, Akkusativ) geschwunden, so dass die Endungen an die verkürzten Stämme *uns*- und *iu*- antreten. Sämtliche Possessiva flektieren in den germanischen Sprachen wie starke Adjektive. Der Genitiv der Personalpronomina

---

214 Siehe hierzu jetzt Ringe 2006: 209f. und Euler 2009: 131 A. mit Literatur. Anders jetzt Fritz 2011: 170, der -*k* in urg. (spg.) **unk* als Übertragung vom Singular **mek* herleiten möchte, aber vgl. got. *ugq*- gegenüber *mik*.
215 Siehe zu den deutschen Dualformen Braune/Reiffenstein 2004: 234 und 241 sowie von Kienle 1969: 181f.
216 Siehe dazu jetzt Wilts/Walker 2001: 294 (mit sämtlichen Dualformen des Personalpronomens) und Bremmer 2009: 56 (Vergleich der Mundarten).
217 Siehe zur letzteren (indogermanistischen) Theorie etwa G. Schmidt 1978: 83f. und Szemerényi 1989: 231 (germ. **meinē* aus **menē*); anders Seebold 1984: 49–51: **mei-ne*- anstelle von **me-ne*- zur Verdeutlichung.

wies offensichtlich eine Endung des Neutrum Plural auf, wie sie im Gotischen noch als -a erkennbar ist[218]; im Altsächsischen wurde -o wahrscheinlich vom Zahlwort *bēđero* her übertragen[219].

3.4.1.2 Geschlechtige Personalpronomina

In den alteuropäischen Sprachen, darunter auch im Germanischen wurde ein ursprüngliches Demonstrativ (als solches noch im Altindischen und Altiranischen vorhanden) mit schwacher Deixis insbesondere in den obliquen Kasus funktional als Personalpronomen der 3. Person verwendet. Dieses wies im Nominativ und Akkusativ einen Stamm **i-*, in den obliquen Kasus dagegen einen tonschwächeren Stamm **e-* auf; am besten ist es mit diesen Suppletivstämmen noch im Altindischen und in den italischen Sprachen erhalten, aber auch innerhalb des Germanischen lassen sich vor allem die Formen im Gotischen, Althochdeutschen und Altsächsischen gut mit jenen in den eben genannten außergermanischen Sprachen vergleichen. Im Altenglischen und Altfriesischen ist jedoch an dessen Stelle das ursprünglich nahdeiktische Demonstrativ *hi-* getreten, das ursprünglich genauso wie das frühere Personalpronomen flektierte. Das Altnordische weicht völlig ab mit einem Pronomen *hann* m., *hun* f. im Singular sowie dem Demonstrativ *þa-* im Neutrum und im gesamten Plural. In der folgenden Tabelle werden daher die anglofriesischen Sprachen, nicht aber das Altnordische aufgeführt; vom Altfriesischen sind die ältesten Formen aufgelistet.

Mask.Sg.	Spg.	Got.	Ahd.	As.	Ags.	Afries.	Wgerm.
Nom.	*is	is	er	hĕ, hĭ	hĕ	hi	*iz
Gen.	*esa	is	is m., es n.	(sīn), is n.	his	(sin)	*es
Dat.	*ezmō	imma	imu	im(u)	him	him	*emu, imu
Akk.	*inōn	ina	in(an)	in(a)	hine	hine	*ina
Plural							
Nom.	*ejez	eis	sie	sia, sea	hīe	hia	*siā
Gen.	*izōn	izē	iro	iro	hiera	hi(a)ra	*izō
Dat.	*imiz	im	im	im	him	hi(a)m	*imĭ
Akk.	*inz	ins	sie	sia, sea	hīe	hia	*sia
Ntr. Akk.							
Sg.	*idō	ita	iz	it, et	hit	hit	*it
Pl.	*ijō	ija	siu	siu, sia	hie	hia	*siu

---

218 S. diese Erklärung von -a bei Krahe/Seebold 1967: 96, andere Deutungsversuche s. bei G. Schmidt 1978: 88.
219 Siehe diese Erklärung bei von Kienle 1969: 182.

Fem. Sg.

Nom.	*sī	si	si(u)	siu, sia	hēo	hiu	*siu
Gen.	*izōz	izōs	ira	ira	hiere	hire	*iza
Dat.	*izāi	izai	iru	iru	hiere	hire	*izu
Akk.	*ejōn	ija	sia	sia, sea	hīe	hia	*sia

Plural

Nom.	*ejōz	ijōs	sio	sia, sea	hīe	hia	*siā
Gen.	*izōn	izō	iro	iro	hiera	hi(a)ra	*izō
Dat.	*imiz	im	im	im	him	hi(a)m	*imĭ
Akk.	*ejōz	ijōs	sio	sia, sea	hīe	hia	*siā

Die althochdeutschen und altsächsischen Formen decken sich nicht nur weitestgehend untereinander, sondern stimmen auch großenteils mit dem Gotischen überein. Ererbt sind die Formen mit dem ursprünglichen Stamm *i*-, vgl. zum Nominativ und Singular Maskulinum und Neutrum genau lat. *is* bzw. *id*, zum Akk. Sg. m. alat. *em*. Während die obliquen gotischen Formen ebenso **e-* wie **i-* fortsetzen können, stellen die deutschen Formen hingegen offensichtlich analoge *i*-Bildungen dar, nur der Gen. Sg. Ntr. *es* basiert wiederum eindeutig auf **éso*, und neben *imu* ist selten auch *emu* überliefert; diese beiden obliquen Formen mit *e*-Anlaut stimmen mit ai. Gen. *asyá* und Dat. *asmái* formal recht genau überein, sonst ist der *i*-Anlaut (auch im Plural) vom Nominativ und Akkusativ her verallgemeinert[220]. In den Flexionsendungen decken sich das althochdeutsche und altsächsische Paradigma mit jenen des Demonstrativs *der* bzw. *thĕ* (s. Seite 113–116), die Auslautvokale sind dieselben wie bei den Substantive auf -*a*- und -*ō*-, doch kann in der westgermanischen Sprachstufe bei den kurzen Pronominalstämmen noch vereinzelt ein Auslautvokal vorhanden gewesen sein, etwa im Dativ Plural **imi* (s. dazu Entsprechendes zum Pronomen **þa-*, Seite 115). Am stärksten weichen die deutschen Formen jedoch vom Gotischen ab im Akk. Singular Femininum und Nominativ/Akkusativ Plural mit dem vom Nominativ Singular Femininum verallgemeinerten *s*-Anlaut, ausgehend vom Nom. Sg. Fem. ahd., as. *siu* (neben älterem *si* = got. *si*, vgl. dazu air. *sé* „sie"), alle sind offenkundig den femininen Formen von ahd. *der*, as. *thĕ* nachgebildet[221]. Nur im Gotischen tritt noch der archaische Stamm *ijō*- zutage, dem am ehesten lat. *eā*- und die gallischen femininen Formen *eianom* und *eiabi* (Genitiv bzw. wohl Instrumental Pl.) etymologisch entsprechen[222].

Im Altsächsischen entspricht die Form *hĕ* genau jener des Angelsächsischen und setzt spg. **χai* mit pronominaler Endung fort, das ursprünglich zu dem nahdeikti-

---

[220] Siehe zu diesen Obliquusformen Seebold 1984:63f., etwas anders Ringe (2006: 56) mit dem Ansatz idg. **ésyo*.
[221] Die etymologische Gleichung got. *si* = air. *sí* ist auch in den keltischen Grammatiken allgemein anerkannt, s. vor allem Pedersen 1913: 170, zum Germanischen selber s. Seebold 1984: 64, zur Akkusativform ahd. *sia* ebda. 71f.
[222] Zum Vergleich von *ijō-* mit *eā-* s. Krahe/Seebold 1967: 98f., zu *eianom, eiabi* s. Lejeune 1985: 143 und 157. Anders G. Schmidt 1978a: 38f., der diesen Stamm im Gotischen mit dem Fem. ai. *iyám* und dem thematichen Obliquusstamm im Baltischen lit. *jo-* verbinden möchte.

schem Demonstrativ *χi- gehörte²²³; die andere Form ags. *hī* stimmt mit afries. *hi* überein und ist offenbar eine anglofriesische Neuerung. Dieser Stamm mit gutturalem Anlaut im Germanischen flektierte in allen anderen Kasus völlig gleich wie das Personalpronomen, wie die Formen got. *himma* „diesem", *hina* „diesen" (= urn. *hinō*) und *hita* „dieses" bestätigen, vgl. auch den ursprünglichen Instrumental ahd. *hiu-tag*, ags. *hēo-dæg* „heute" sowie außerhalb des Germanischen lit., lett. *šis* und aksl. *sь* „dieser"²²⁴. Im Angelsächsischen und Altfriesischen hat daher dieser ursprüngliche Demonstrativstamm gänzlich den schwächeren Stamm *i-* verdrängt; es ist die einzige gewichtige morphologische Neuerung der anglofriesischen Dialektgruppe²²⁵. Dennoch weist das Paradigma ags. *hē* ein paar Besonderheiten auf: Der Nom. Sg. f. *hēo* ist dem Demonstrativ *sēo* nachgebildet, und die Form des Akk. Sg. f. und des Nominativs und Akkusativs Plural *hīe* hat den Auslautvokal von der starken Adjektiven her übernommen, der Vokalismus *-ie-* wurde schließlich auf die obliquen Kasus übertragen (mit Ausnahme des Dativ Plural *him*).

3.4.2. Demonstrativpronomina

3.4.2.1. Das Demonstrativ *þa-*

Noch stärker als unter den Personalpronomina hat das Germanische indogermanisches Erbgut vor allem im wichtigsten Demonstrativum ohne stärkere Deixis bewahrt, zu dem es Entsprechungen in den meisten älteren indogermanischen Sprachen gibt. Hier hat das Gotische nicht immer die ältesten Formen bewahrt, während das Westgermanische und das Nordische einige Altertümlichkeiten aufweisen. Daher soll diese Pronominalflexion am Ausführlichsten erörtert werden.

Mask. Sg.	Got.	Ahd.	As.	Ags.	Wgerm.	An.
Nom.	*sa*	*der*	*sĕ, thĕ, thie*	*se*	**se*	*sá*
Gen.	*þis*	*des*	*thes*	*þæs*	**þes*	*þes*
Dat.	*þamma*	*demu*	*them(u)*	*þǣm, þām*	**þemu*	*þeim*
Akk.	*þana*	*den*	*thena, thana*	*þone*	**þana*	*þann*
Instr.	*þē*	*diu*	*thiu*	-	**þō (?)*	-

Mask. Plural						
Nom.	*þai*	*dē, dia, dea*	*thĕ, thia, thea*	*þā*	**þae*	*þeir*
Gen.	*þizē*	*dero*	*thero*	*þāra, þǣra*	**þaezō*	*þeira*
Dat.	*þaim*	*dēm*	*thēm*	*þǣm, þām*	**þaemĭ*	*þeim*
Akk.	*þans*	*dē, dia, dea*	*thĕ, thia, thea*	*þā*	**þan*	*þá*

---

223 Siehe zu dieser Form Klingenschmitt 1987: 173 mit dem Ansatz *χaiz, der allerdings eine Hybridform darstellen würde. Anders Krogh 1996: 321, der eine Ersatzdehnung annimmt.
224 Siehe zu den idg. Grundlagen dieses Demonstrativs Euler 1993b.
225 Siehe dazu Nielsen 1981: 113 und Krogh 1996: 320.

3. Morphologie des Westgermanischen

Ntr. Sg.						
Nom./Akk.	þata	daz	that	þæt	*þat(a)	þat
Instr.	-	diu	thiu	þȳ	*þijō	-
Plural	þō	diu	thiu	þā	*þō	þau

Fem. Sg.						
Nom.	sō	diu	thiu	sēo	*sijō	sú
Gen.	þizōs	dera,-u	thera,-u	þǣre	*þezā	þeirar
Dat.	þizai	deru	theru,-a	þǣre	*þezu	þeire
Akk.	þō	dia	thia	þā	*þō	þá

Fem. Plural						
Nom.	þōs	dio, deo	thĕ, thia, thea	þā	*þō	þǽr
Gen.	þizō	dero	thero	þāra, þǣra	*þaezō	þeira
Dat.	þaim	dēm	thĕm	þǣm, þām	*þaimĭ	þeim
Akk.	þōs	dio, deo	thĕ, thia, thea	þā	*þō	þǽr

Dieses Demonstrativ zeichnet sich durch einen Suppletivismus im Nominativ Singular aus, der noch im Gotischen und Nordischen sowie verändert im Altenglischen erhalten ist und in anderen indogermanischen Sprachen genaue Parallelen hat, vor allem in ai. *sá, sā́, tád* und in gr. ὀ, ἠ, τό[226]. Das Altenglische und Altsächsische haben die maskuline Form mit deiktischem *-i* erweitert[227], während in as. *thĕ* der Anlaut von den übrigen Kasus her verallgemeinert ist und ahd. *der* zusätzlich vom Personalpronomen her beeinflusst worden ist. Im Femininum hat das Altenglische eine Hybridform aus *$sī$ + -ō* herausgebildet, die formal genau mit dem Personale ahd., as. *siu* übereinstimmt und vom ursprünglichen *$sī$* beeinflusst wurde. Während im Althochdeutschen und Altsächsischen der Stamm mit anlautender Spirans verallgemeinert wurde, haben die anderen altgermanischen Sprachen die indogermanischen Formen im Nominativ wie im Akkusativ beibehalten. Die ererbte neutrische Singularform ist auch in den deutschen Dialekten als ahd. *daz* und as. *that* (< *þata*) bewahrt, doch setzt der auslautende Konsonant in den westgermanischen Sprachen wie im Nordischen einen ursprünglichen Auslautvokal wie got. *-a* voraus. Im Akk. Sg. m. as. *thana*, ags. *þone* und got. *þana* aus *þanō* (so noch in *þanō-h* „eben diesen", vgl. auch urn. *hin-o* „diesen") ist der Auslautvokal noch vorhanden, aber nicht mehr in ahd. *den* (mit Stammvokal von den obliquen Kasus her, gegenüber von *thana, þone, þana*, vgl. ai. *tám*, gr. τόν). Die indogermanisch ererbten Nominativ- und Akkusativformen des Femininums Singular wie aller Genera des Plurals sind im Gotischen noch genau erhalten (vgl. dazu genau ai. *sā́, tā́m* bzw. im Plural Nom. *té, tā́s, tā́ni*, Akk. m. *tā́n*); im Altenglischen setzt das ambivalente *þā* sowohl die indogermanische Form des Nominativ Plural Maskulinum (wie got. *þai* auch ahd.

---

226 Dieser Suppletivismus ist auch noch im Neugriechischen und Neuisländischen erhalten.
227 Siehe diese Erklärung u. a. bei Krahe 1965: 60 und Nielsen 1981: 165.

dē, die und as. *thē̆*) als auch jene des Akkusativs wie got. *þans*[228] sowie außerdem die Kasusformen der beiden anderen Genera und jene des femininen Akkusativs Singular fort, vgl. zu ags. *þā* auch genau in allen genannten Kasus afries. *tha*[229]. Im Althochdeutschen und Altsächsischen stehen die Auslautvokale in den beiden eben genannten Kasus des Maskulinum Plural wie des Femininum Singular mit jenen des Gotischen und somit des Späturgermanischen zwar nicht in Widerspruch (ähnlich wie auch in der Nominalflexion); jedoch wurde dort in diesen Kasus ein Stamm *di-/thi-* mit den pronominalen Endungen gebildet, möglicherweise ausgehend von der femininen Singularform **sijō* und in Analogie zum Personalpronomen mit dem Anlaut *si-*[230]. Die Endung *-o* von ahd. *dio* im Nominativ und Akkusativ Plural kann nur durch die ursprüngliche Nähe des Akzentes ähnlich wie im Genitiv Plural erklärt werden[231].

Die Formen des Genitivs und Dativs Singulars sind hinsichtlich der Endungen in allen germanischen Sprachen recht gut erhalten, vgl. zu ahd. *des* und *demu* wie as. *thes* und *themu* (mit einer archaischen Dativendung aus idg. **-ōi*, vgl. ai. *tásmai*) im Maskulinum und Neutrum außerhalb des Germanischen vor allem apr. *stesse, stesmu* „des, dem", außerdem ai. *tásya, tásmai* „dieses, diesem". Dagegen hat das Gotische in *þamma* mit *-mm-* aus **-sm-* die nominale Dativendung aus **-ē* (wie noch in *þammē-h* „eben diesem") und *a*-Vokalismus im Stamm, vgl. dazu alit. *tamui* und aksl. *tomu* „diesem". In ags. *þām*, vgl. dazu auch afries. *tham*, wurde jedoch wie in späturn. *þAim*, an. *þeim* im Dativ der ursprünglich diphthongische Vokalismus vom Plural her übernommen, und auch *þæs* setzt eindeutig **þas* fort. Ähnliches trifft auch für die Formen des Genitiv und Dativ Femininum zu: Dort stehen wiederum ahd. *dera* und *deru* wie as. *thera* und *theru* im Stamm nicht nur mit den gotischen Formen in Einklang, sondern auch mit den entsprechenden Kasusformen apr. *stessies, stessiei* und ai. *tásyās, tásyai*, während im Angelsächsischen und Nordischen der Stammvokalismus ebenfalls vom Plural her übertragen worden ist. Umgekehrt haben das Altenglische und Nordische im Genitiv und Dativ Plural den ursprünglichen Diphthong beibehalten, während im Gotischen wie im Deutschen der Kurzvokal vom Singular her auf den Genitiv Plural übertragen wurde, vgl. also ags. *þāra, þǣm* (letzteres mit *i*-Umlaut aus einstigem Instrumental **þaimi*[232]) wie an. *þeira, þeim* mit dem Demonstrativ aksl. *těchъ* (Gen.), *těmъ* (Dat.), *těmi* (Instr.) sowie ai. *téṣām, tébhyas* (Dat.).

---

228 An. *þá* setzt wohl **þann* fort, s. diesen Ansatz bei Krause 1971: 124.
229 Siehe dazu Krahe 1965: 63f. und Nielsen 1981: 200.
230 Siehe Klingenschmitt 1987: 184, der diese Formen überzeugend als Analogie zum Personalpronomen beurteilt.
Eine andere Erklärung bieten Krahe 1965: 63f. und von Kienle 1969: 189, die von einer Variante idg. **tyo-, tyā-* ausgehen (angesichts der sprachgeographischen Begrenzung auf das Deutsche nicht recht glaubhaft).
231 Siehe diese Erklärung bei Wagner 1986: 45f.
232 Diese *m*-Endungen sind zumindest im Instrumental wie auch im Balt. und Slaw. voreinzelsprachlich ererbt. Nach Matzinger hätten sie in allen drei Sprachen vom Instrumental her beim Dativ die Endungen mit b^h verdrängt, so dass für den Dativ idg. **tóibʰos*, für den Instrumental idg. **tóimis* anzusetzen seien, s. dazu Matzinger 2001: 189–194. Plausibler erscheint Ringe (2006: 272) mit den Ansätzen **-maz* für den Dativ Plural und **-miz* für den Instrumental (vgl. dazu apr. *-mans* als Endung des Dativ Plural); diese Formen sind in hiesiger Terminologie

Isoliert steht die Instrumentalform in den westgermanischen Sprachen dar, hier weisen ahd. *diu*, as. *thiu* wiederum den *i*-haltigen Stamm auf, und ags. *þȳ* ist offensichtlich vom Fragepronomen *hwȳ* her beeinflusst (s. dazu Seite 119); wenigstens die ersteren Formen setzen indes indirekt eine Form spg. *þō fort, die in lit. *tuõ* (Instrumental zu *tàs* „dieser") ihre genaueste Entsprechung hat, während got. *þē* „denn, um so" (nur für Sachverhalte verwendet) mit qualitativem Ablaut dazu formal mit gr. *τῇ* „da, hier" übereinstimmt.

3.4.2.2. Nahdeiktische Demonstrativa

Wie bereits in 3.4.1.2. erwähnt, diente im Germanischen das Demonstrativpronomen *χi- „dieser" zur Bezeichnung einer nahen Deixis, ebenso wie im Baltischen und Slawischen dessen etymologische Entsprechungen *ĝi-* bzw. *sь*. Im Gotischen und wahrscheinlich auch im Urnordischen war das ererbte Pronomen *hi-* in dieser Funktion noch lebendig, in den westgermanischen Sprachen hat es jedoch nur noch reliktshaft in Zeitangaben überlebt (s. dazu Seite 61).

Im Westgermanischen und im späten Urnordischen wurde dieses Pronomen von einem Kompositum verdrängt, das ursprünglich aus dem Pronomen *þa- mit einer Partikel *-si*, älter *-sai entstanden ist. Am genausten erscheint es noch in den wikingerzeitlichen nordischen Formen *sasi* m., *susi* f., Akk. *þansi* m., *þasi* f., Nom./Akk. Pl. n. *þasi*, Dat. *þaimsi*, im späteren Altnordischen wurde es wie in den westgermanischen Sprachen umgebildet[233], wie folgende Tabelle zeigt:

Mask. Sg.	Ahd.	As.	Afries.	Ags.	Wgerm.	An.
Nom.	dese, -ēr	*these	this	þĕs	*þese	siá
Gen.	desses	thesses	this(s)es	þis(s)es	*þesses	þessa
Dat.	desemu	thesemu	thissem	þis(s)um	*þesemu	þessum
Akk.	desan	thesan	thissen	þisne	*þesan	þenna
Mask. Plural						
Nom.	dese	these, -a	thisse	þās	*þese	þessir
Gen.	desero	thesaro	thisser	þissa	*þes(e)zo	þessa
Dat.	desēm	thesum	thissem	þis(s)um	*þesum	þessum
Akk.	dese	these, -a	thisse	þās	*þesa	þessa
Ntr. Sg.						
Nom./Akk.	diz	thit	thit	þis	*þit (?)	þit
Plural	desiu, disiu	thius	thisse	þās	*þeus	þessa

---

spätgermanisch. Im Protogermanischen ist offenbar im Plural die Instrumentalendung für den Dativ übernommen worden, s. dazu auch Euler 2009: 135f.
233 Zu den wikingerzeitlichen Formen s. Nielsen 2000a: 211. Klingenschmitt (1987: 188) setzt als Vorform *sa-sai an.

Fem. Sg.
Nom.	*desiu, disiu*	*thius*	*thius*	*þēos*	**þeus*	*siá*
Gen.	*desera*	*thesara, -o*	*thisser*	*þisse*	**þesezā*	*þessar*
Dat.	*deseru*	*thesaru, -o*	*thisser*	*þisse*	**þesezu*	*þessi*
Akk.	*desa*	*thesa*	*thisse*	*þās*	**þesa*	*þessa*

Fem. Plural
Nom.	*deso*	*thesa*	= Mask.	= Mask.	**þesā*	*þessar*
Gen.	*desero*	*theseo*			**þes(e)zō*	*þessa*
Dat.	*desēm*	*thesum*			**þesum*	*þessum*
Akk.	*deso*	*thesa*			**þesā*	*þessar*

Ganz allgemein fällt auf, dass sich sowohl in den westgermanischen Sprachen als auch im Altnordischen ein umgebildeter Stamm **þes-* durchgesetzt hat, der weithin wie ein starkes Adjektiv flektiert[234]. Nur vereinzelt treten noch Formen auf, die die jeweilige Kasusform des Pronomens **þa-* mit suffigierter Partikel *-s* erkennen lassen, vor allem im Altenglischen die verallgemeinerten Pluralform *þās* des Nominativs und Akkusativs und die femininen Singularformen dieser beiden Kasus, außerdem im Altsächsischen die Form *thius* für den Nominativ Singular Femininum und das pluralische Neutrum. Hier kann im Neutrum durchaus eine alte Gemeinsamkeit nicht nur mit afries. *thius*, sondern auch mit ags. *þēos* vorliegen[235]. Das Neutrum as., afries. *thit*, ahd. *diz* stellt wohl eine Kurzform dar, die zusammen mit an. *þit* eine gemeinsame Grundform fortsetzen kann, die unter dem Einfluss von *that, daz* bzw. *þat* gebildet ist. In diesem Fall wäre ags. *þis* mit dem sigmatischen Auslaut eine Analogie zu den übrigen Formen. – Im Altnordischen der Wikingerzeit ist der Suppletivismus wie in *sá, sú, þat* noch vorhanden, doch sind die Formen *sasi, susi* in literarischer Zeit durch jüngeres *siá* ersetzt worden. Dagegen hat sich im Westgermanischen der Stamm *þe* auch im Nominativ Singular durchgesetzt, nur die Partikel *-se* tritt in der Endung der maskulinen Form noch deutlich hervor[236].

3.4.2.3. Ferndeiktische Demonstrativa

Für ein Pronomen mit der Bedeutung „jener" lässt sich im Späturgermanischen kein Paradigma rekonstruieren, da zwar in den meisten altgermanischen Sprachen Stämme mit Nasal vorhanden sind, diese aber im Wurzelvokalismus voneinander abweichen[237]. Am stärksten trifft dies für got. *jains* mit Diphthong zu; eher stimmen ahd. *jenēr* und ags. *geon* (letzteres aus **jana-*, nur einmal in der Form *geonre*

---
234 Siehe Nielsen 1981: 166.
235 Siehe Nielsen 1981: 115 mit dem Vergleich *thius* = *þēos*.
236 Klingenschmitt (1987: 185f.) führt *dese* auf **þai-sai* zurück (wegen der Kürze der ersten Silbe nicht recht überzeugend).
237 Siehe dazu Krahe 1965: 67.

belegt) miteinander überein, während an. *inn, enn* keinen *j*-Anlaut aufweist und funktional zum bestimmten Artikel verblasst ist, ähnlich wie spätlat. *ille* in den romanischen Sprachen. Sicher gab es im Westgermanischen ein ferndeiktisches Pronomen, wahrscheinlich lautete es mit alternierender Silbe **je-/ja-* an (vielleicht ähnlich wie *þa-/þe-*).

3.4.3. Identitätspronomina

Etymologisch nicht recht durchsichtig ist das Identitätspronomen got. *silba* (nur mit *n*-Flexion), ahd. *selb*, as. *self*, ags. *se(o)lf, sylf* und an. *sialfr* „selbst" (letzteres nur mit starker Flexion); die westgermanischen Sprachen lassen darauf schließen, dass dieses Pronomen in deren gemeinsame Vorstufe als **selƀă* und auch im Späturgermanischen als **selƀaz* wie ein Adjektiv stark und schwach dekliniert werden konnte und für das Protogermanische **sélbʰos* anzusetzen ist (vielleicht auf der Basis von **sel zbʰei* „sich selbst"). Unabhängig davon wurde dieses Pronomen mit dem einmal belegten venet. *SSELBOISSELBOI* (Dativ Mask.) verglichen, zumal die reduplizierte ahd. Bildung *selbselbo* immerhin zweimal bei Notker (Interlinearglosse zu Psalm 77, 54 und 4, 9) bezeugt ist. Eine westindogermanische Grundlage ist für dieses Identitätspronomen also nicht ausgeschlossen[238]. Für das Westgermanische ist **selƀa* anzusetzen.

Bei einem weiteren Identitätspronomen ist die indogermanische Herkunft gesichert, denn got. *sama*, ahd. *samo*, an. *samr* „derselbe", auch as. *samo* „ebenso", ags. *same* „ebenso, ähnlich" entsprechen ai. *samá-* und gr. ὁμός „derselbe, gleich" aus idg. **somó-*. Für das Westgermanische ist **samō* mit schwacher Flexion am wahrscheinlichsten.

3.4.4. Interrogativa

Grundsätzlich ist die Flexion des Interrogativums in den germanischen Sprachen dieselbe wie jene des Demonstrativs *þa-* – erwartungsgemäß existiert hier wie in den meisten anderen indogermanischen Sprachen weder ein Plural noch eine Femininkategorie (nur im Gotischen ist eine Analogiebildung *hṷō* vorhanden), vielmehr gab es hier bereits im ältesten Indogermanischen nur ein Genus commune und Genus neutrum wie in heth. *kuiš* „wer", *kuit* „was" und noch in lat. *quis, quid*. Der in älteren indogermanischen Sprachen verbreitete *i*-Stamm des Nominativ und Akkusativ ist wohl schon im Protogermanischen völlig vom *o*-Stamm verdrängt worden.

---

[238] Zur Etymologie des Identitätspronomens s. G. Schmidt 1978: 162f., der den Genitiv des heth. Reflexivs *šēl* zum Vergleich heranzieht; zum Vergleich des reduplizierten Identitätspronomens s. bes. Krahe 1954: 121 und Porzig 1954: 128, zustimmend auch Ernst/Fischer 2001: 91; kritisch zum Vergleich mit dem Venetischen Euler 1993a: 101.

Mask.	Got.	Ahd.	As.	Ags.	Wgerm.	An. (Urn.)
Nom.	*hʋas*	hwer	hwē, hwie	hwă	**χwae*	(huwaR)
Gen.	*hʋis*	hwes	hwes	hwæs	**χwes*	hves
Dat.	*hʋamma*	hwemu	hwem(u)	hwǣm, hwām	**χwemu*	hveim
Akk.	*hʋana*	hwenan	hwena	hwone	**χwana*	-

Neutrum
Nom.	*hʋa*	hwaz	hwat	hwæt	**χwata*	hvat
Instr.	*hʋē*	hwiu	hwō, hwiu	hwȳ, hwī	**χwō*	-

Die obliquen Kasusformen stimmen in Stammbildung und Endung in allen Einzelsprachen jeweils mit jenen des Demonstrativs überein, vgl. auch außerhalb des Germanischen zum Genitiv formal genau aksl. *česo* „wessen" (nur Neutrum) und zum Dativ apr. *kasmai* und aksl. *komu* „wem" (Maskulinum). Im Casus rectus des Neutrum hat indes das Gotische noch eine endungslose Reliktform, die letztlich idg. und prg. **kʷód* fortsetzen kann, sofern der auslautende Dental geschwunden ist, vgl. genau lat. *quod*[239]. Uneinheitlich ist der Nominativ des Genus commune, got. *hʋas* und spätum. *huwaR* setzen prg. **kʷós* fort, während innerhalb der westgermanischen Sprachen ags. *hwă* entweder mit *hʋas/huwaR* auf dieselbe Grundform oder wie as. *hwē* aus **χwae* (mit deiktischer Partikel) zurückgeht und ahd. *hwer* wie *der* gemäß traditioneller Ansicht nach dem Personalpronomen *er* gebildet ist[240]. Nicht recht durchschaubar sind die Instrumentalformen: Während die gotische Form *hʋē* wie das Demonstrativ *ē*-Vokalismus aufweist und auch maskulin verwendet wird, sind die Instrumentale in den westgermanischen Sprachen auf das Neutrum beschränkt und weisen wiederum entsprechend dem Demonstrativ ursprünglichen *ō*-Vokal auf; am genauesten ist diese Form in as. *hwō* bewahrt, während ahd., as. *hwiu* dem Demonstrativ nachgebildet sind. Ags. *hwȳ* stellt wohl eine Hybridbildung aus ursprünglichem **χwō* und einem Lokativ **χwei* dar; darauf basiert auch die Nebenform as., ags. *hwī*, vgl. dazu genau an. *hví*, das als Dativ des Neutrums dient[241].

Ein weiteres, ebenfalls aus dem Indogermanischen ererbtes Interrogativum ist mit einem Polarisierungssuffix aus idg. **-tero-* erweitert und existiert in allen germanischen Einzelsprachen, nämlich als got. *hʋaþar*, an. *hvaþarr*, ags. *hwæþar*, mit *e*-Stufe in der Wurzel as. *hweđer* und ahd. *hwedar* „wer, welcher von beiden" aus prg. **kʷóteros*, vgl. dazu ai. *katará-*, gr. πότερος, lat. *uter*, lit. *katràs* in ähnlicher Bedeutung und aksl. *kotoryjь* „welcher". Für das Westgermanische ist auf jeden

---

239 So Krause 1968: 200, der got. *hʋa* auf **kʷód* zurückführt, ähnlich Ringe (2006: 290) mit dem Ansatz [spg.] **hwat*. Weniger überzeugend die Theorie von Krahe 1965: 70 und von Kienle 1969: 199, wonach got. *hʋa* auf endungslosem **kʷó* basieren soll.
240 So Krahe 1965: 70 und von Kienle 1969: 199. Weniger plausibel Seebold 1984: 67 und Krogh 1996: 375, die ahd. *hwer* direkt auf idg. **kʷis* zurückführen.
241 Siehe Krahe 1965: 70 mit den Ansätzen idg. **kʷē* und **kʷō* für den Instrumental sowie **kʷei* für den Lokativ, außerdem Ramat 1981: 110 mit urg. **hwē* für den Instrumental bzw. *hwī* für den Lokativ.

Fall noch *χwaþeră anzusetzen, der e-Ablaut in der Wurzel ist auf das Deutsche begrenzt. [242]

Auf das Germanische beschränkt ist dagegen ein weiteres Interrogativum samt dem dazugehörigen Korrelativum in allen altgermanischen Sprachen, got. *hvileiks/swaleiks* = ahd. *hwelīh/sulīh* = as. *hwilīk/sulīk* = ags. *hwelc, hwilc/swelc, swilc* = an. *hvílíkr/slíkr* „welcher/solcher". Diese korrelierenden Pronomina basieren als Komposita auf dem Substantiv got. *leik*, ags. *līc*, an. *lík* „Leib, Körper, Leichnam" sowie ahd. *līh* „Körper, Leichnam, Gestalt". Uneinheitlich ist lediglich der Wurzelvokalismus in den Einzelsprachen: Der gotische und altsächsische *i*-Vokalismus der Wurzel dürfte sicher ererbt sein[243], neben dem im Westgermanischen indes dann ein *e*-Vokalismus aufkam (wohl vom Korrelativum her mit Umlaut aus *-a-*, vgl. genau ags. *swelc* mit got. *swaleiks*). Für das Westgermanische ist von *χwilīkă* und *swalīkă* auszugehen.

3.4.5. Relativpronomen

Dem einzelsprachlichen Wortgut kann man entnehmen, dass im Protogermanischen das Demonstrativum *þa-* auch als Relativum diente. Im Gotischen wurde dieses freilich durch die Relativpartikel *-ei* markiert, im späten Urnordisch ist immerhin *sA(R)* in zwei südschwedischen Runeninschriften des 7. Jahrhunderts überliefert, das später von der Partikel *es, er* abgelöst wurde. Auch innerhalb der westgermanischen Sprachen fungierte dieses Pronomen als Relativum, daneben gab es eine tonlose Kurzform ahd. *de*, as. *thĕ, thi(e)*, ags. *þĕ*, die wohl auf einer Nominativform basiert, worauf zumindest das Altsächsische hinweist[244].

3.4.6. Indefinitpronomina

Im West- und Nordgermanischen konnte das Zahlwort für „eins", ahd. *ein* = as. *ēn* = ags. *ān* = an. *einn* auch die Bedeutung „irgendeiner" annehmen (s. zum Numerale Seite 123). Eine Ableitung davon ist auf die westgermanischen Sprachen beschränkt, nämlich ahd. *einīg* = as. *ēnig* = ags. *ǣnig;* sie steht in allen Sprachen nur in negativen, fragenden oder abhängigen Sätzen (wie lat. *ullus*), hier kann durchaus wgerm. **aenigă* als Etymon zugrundeliegen. Außerdem ist das Indefinitpronomen got. *sums*, ahd., as., ags. *sum*, an. *sumr* in derselben Bedeutung durch mehrere ger-manische Belege und außerdem zumindest durch ai. *sama-* „irgendein, jeder" (En-klitikon) als *a*-Adjektiv gesichert, so dass für das Protogermanische **sumos* anzusetzen ist, im Westgermanischen hat dieses Pronomen sicher

---

242 Krahe (1965: 72) und Nielsen (1981: 182) nehmen diesen Umlaut an.
243 Krahe (1965: 72) und Nielsen (1981: 182) siehen hier noch einen Fortsetzer des idg. Stammes *$k^w i$-.
244 Siehe Nielsen 1981: 167.

*sumă gelautet²⁴⁵. Ferner kann im Westgermanischen das Fragepronomen, also ahd. *hwer* = as. *hwē, hwie* = as. *hwă* als Indefinitpronomen verwendet werden; als westgermanische Form ist **χwae* am wahrscheinlichsten.

Wie das oben genannte Zahlwort ist auch dessen Negierung ags. *nān* = an. *neinn* „keiner", ursprünglich ein Kompositum aus der Negation *ni* + Numerale, auf das Westgermanische und Nordische beschränkt und geht wohl auf ein Etymon **naina-* zurück, während im Gotischen noch die offene Junktur *ni ains-hun* vorliegt. Demgegenüber sind ahd. *nih-ein, noh-ein* aus *nih, noh* + Numerale und (mit gram-matischem Wechsel) as. *nig-ēn, neg-ēn* ebenso wie ahd. *nihheinig, nohheinig* und ags. *nænig* in derselben Bedeutung trotz formaler Ähnlichkeit wohl jeweils als einzelsprachliche Neuerungen zu beurteilen. Eindeutig eine deutsche Neubildung stellt ahd., as. *nioman, neoman* „niemand" dar – ebenso wie dessen positives Pendant ahd., as. *man*. Dagegen ist das Neutrum ahd. *ni(o)wiht* = as. *niowiht* = ags. *nāwiht, nāwuht* „nichts" als Kompositum im Westgermanischen allgemein verbreitet, vgl. dazu noch im Gotischen die Junktur *ni... waiht(s)*, eig. „keine Sache" (nur Joh. 18,20), im Westgermanischen lautete das Neutrum wohl **niwiχtī*, got. *waihts* und ags. *wiht* „Sache" basieren auf einem *i*-Femininum (vgl. dazu lat. *vectis* „Hebebaum").

Das Kompositum ahd. *giwelīh* = as. *gihwilīk* = ags. *gihwilc, gehwelc* „jeder" ist eine westgermanische Neuschöpfung, während im Gotischen got. *ƕarjiz-uh* und im Altnordischen bloßes *hverr* in dieser Bedeutung als Indefinitpronomina dienen. Das Pronomen got. *alls*, ahd., as. *al*, an. *allr* „all, ganz", ags. *all* „alles" gehört der germanischen Sprachstufe an, im Westgermanischen kann es nur **allă* gelautet haben. Ein weiteres Pronomen alteuropäischer Herkunft mit der Bedeutung „wenige" hat nur im Gotischen und in den westgermanischen Sprachen wie im Lateinischen überlebt, vgl. ahd. *fōhe* (Hildebrandslied V. 9) = ags. *fēawe* aus wgerm. **faoχē, faogē* und got. *fawai* mit lat. *paucī*, alle in der genannten Bedeutung. Zu der Bezeichnung für „anderer" siehe das Ordinale für „zweiter", Seite 130.

Schließlich bliebe das Pronomen mit der Bedeutung „ein anderer" zu erwähnen. Während got. *aljis* „ein anderer" aus prg./idg. **áljos/*ályos* wie lat. *alius* und gr. ἄλλος usw. „ds." noch das indogermanische Erbwort uneingeschränkt beibehalten hat, existiert dieses in den anderen germanischen Sprachen nur noch als Vorderglied in urn. *alja-markiR* „ausländisch" (Inschrift von Kårstad, Norwegen, Mitte des 5. Jahrhunderts), vgl. dazu etymologisch genau den Stammesnamen gall. *Allo-broges*) und in ahd. *eli-lenti* = as. *eli-lendi* = ags. *ele-land* aus wgerm. **ali-landi* auch in übertragener Bedeutung „fremd, verbannt", daher „elend". Als Indefinitpronomen diente im Westgermanischen wie im Nordischen hingegen zu-

---

245 Die etymologische Verbindung mit dem nur in ostidg. Sprachen gebräuchlichen Zahlwort für „eins", idg. **sem-*, daraus gr. εἷς m., μία f., ἕν n. und armen. *mi*, vgl. dazu lat. *sem-el* „einmal" und got. *simlē* „einst", ist allgemein anerkannt.

gleich das Zahlwort für „zweiter", ahd. *ander-er* = as. *āðar, ōðar* = ags. *ōþer* aus wgerm. **anþeră*, vgl. dazu an. *annarr* in derselben Bedeutung, aber got. *anþar* in der definiten Bedeutung „der andere" und als Numerale, die alle prg. **ánteros* „der andere, zweite" fortsetzen, vgl. in der ersteren Bedeutung ai. *ántara-* „verschieden" als Komparativbildung zu *anyá-* „ein anderer". Dass dieses Pronomen bereits im Protogermanischen auch als Zahlwort diente, bestätigen die baltischen Parallelen apr. *anters* = lit. *añtras* = lett. *otrais*.

3.5. Die Numeralia

3.5.1. Kardinalia

Das Germanische hat wie selbst die entlegensten indogermanischen Sprachen die Zahlbezeichnungen von „eins" bis „zehn" sowie für „hundert" recht genau bewahrt. Zu den Zahlen bis „neunzehn" stimmen die Bezeichnungen wenigstens innerhalb der germanischen Sprachen noch gut miteinander überein. Darüber hinaus, insbesondere ab „siebzig" sind allerdings die Einzelsprachen, auch jene der westgermanischen Gruppe, eigene Wege gegangen. Das Numerale für „tausend" gehört zu den germanisch-baltisch-slawischen Gemeinsamkeiten.

Im Gotischen und Altsächsischen sind nicht alle Kardinalzahlen überliefert; im Gotischen fehlen sogar Belege für „13" sowie „16" bis „19". In der folgenden Tabelle werden nur die belegten Formen aufgeführt, die deklinierbaren Zahlen im Maskulinum:

	Gotisch	Ahd.	As.	Ags.	Wgerm.
1	*ains*	*ein*	*ēn*	*ān*	**aenă*
2	*twai*	*zwēne*	*twēne*	*twā*	**twae*
3	*þreis*	*drī*	*thria*	*þrī*	**þrī*
4	*fidwōr*	*fiori*	*fiuwar, fior*	*fēower*	**feu(þ)wari*
5	*fimf*	*fimf*	*fīf*	*fīf*	**fimf*
6	*saíhs*	*sehs*	*sehs*	*si(e)x*	**seχs*
7	*sibun*	*sibun*	*sibun*	*seofon*	**sibun*
8	*ahtau*	*ahto*	*ahto*	*eahta*	**aχtō*
9	*niun*	*niun*	*nigun*	*nigon*	**ne(w)un*
10	*taíhun*	*zehan*	*tehan*	*tȳn, tīen*	**teχan*
11	*ainlif*	*einlif*	*el(l)evan*	*en(d)le(o)fan*	**aenlibi*
12	*twalif*	*zwelif*	*twelif*	*twelf*	**twalibi*
13		*drīzehan*	*thriutein*	*þrēotiene*	**þrīteχan*
14	*fidwōrtaíhun*	*fiorzehan*	*fiurtein*	*fēowertiene*	**feuwurteχan*
15	*fimftaíhun*	*finfzehan*	*fīftein*	*fīftiene*	**fimfteχan*
16		*sehszehan*	*se(h)stein*	*si(e)xtiene*	**seχsteχan*
17			*sivontein*	*seofontiene*	**sibunteχan*

3.5. Die Numeralia

18		ahtozehan	ah(to)tein	eahtatiene		*axtōteχan
19		niunzehan	nigentein	nigontiene		*ne(w)unteχan
20	twai tigjus	zweinzug	twĕntig	twĕntig		*twaentug
30		drīzzug	thrītig	þrītig		*þrītug
40	fidwōr tigjus	fiurzug	fiortig	fēowertig		*feuwurtug
50	fimf tigjus	finfzug	fīftig	fīftig		*fīftug
60	saíhs tigjus	sehszug	sehstic	siextig		*seχstug
70	sibuntēhund	sibunzo	antsibunta	hundseofontig		*sibuntō
80	ahtautēhund	ahtozo	antahtoda	hundeahtatig		*axtotō
90	niuntēhund			hundnigontig		*ne(w)untō
100	taihuntēhund	zehanzo		hundtēontig, hund(rad)		*teχantō
			hund			*χundŭ
120	hund	hunt				
200	twa hunda	zwei hunt	twē hund	tūhund		*twai χundŭ
300	þrija hunda	drīu hunt		þrēohund		*þriju χundŭ
500	fimf hunda	finf hunt				*fimf χundŭ
1000	þūsundi	dūsent	thūsundig	þūsend		*þūsundi
5000	fimf þūsundjōs	finf dūsent		fīf þūsend		*fimf þūsundjā

Das protoindogermanische Zahlwort für „eins" ist im Germanischen wie in den meisten indogermanischen Sprachen, vor allem im Alteuropäischen, erhalten, vgl. got. *ains*, ahd. *ein*, as. *ēn*, ags. *ān*, an. *einn* genau mit lat. *ūnus* (alat. noch *oinos*) und air. *óen* sowie gr. οἴνη „Eins auf dem Würfel". Dieses Numerale flektiert wie die starken Adjektive.

Im Zahlwort für „zwei" treten Spuren des Duals zutage, die im Germanischen sonst selbst in der Pronominalflexion geschwunden sind[246]:

Mask.	Got.	Ahd.	As.	Ags.	Wgerm.	An.
Nom.	twai	zwēne	twēne, -a	twēgen	*twae	tveir
Gen.	twaddjē	zweio	tweio	twēg(e)a, twēgra	*twajjō	tveggja
Dat.	twaim	zweim	twēm	twǣm, twām	*twaimi	tveim(r)
Akk.	twans	zwēne	twēne, -a	twēgen	*twan	tvá
Ntr.	twa	zwei	twē	twā, tū	*twai, twō	tvau
Fem.						
Nom.	twōs	zwā, zwō	twā, twō	twā	*twō	tvǽr
Gen.	?	zweio	tweio	twēg(e)a, twēgra	*twajjō	tveggja
Dat.	twaim	zweim	twēm	twǣm, twām	*twaimi	tveim(r)
Akk.	twōs	zwā, zwō	twā, twō	twā	*twō	tvǽr

---

246 Zu Ursachen und Verlauf des Dualschwundes im Germanischen s. jetzt eine spezielle Arbeit von Euler 2010.

Zum großen Teil deckt sich die Flexion dieses Numerales mit der des Demonstrativs *þa-*, sowohl im Dativ allgemein als auch im Nominativ/Akkusativ des Femininums, wobei hier das Althochdeutsche und Altsächsische einen älteren Sprachzustand als das Altenglische aufweisen (ohne den zusätzlichen *i*-Vokal im Stamm). Im Nominativ/Akkusativ Neutrum haben die westgermanischen Sprachen im Gegensatz zum Gotischen sogar noch eine indogermanische ererbte Dualform beibehalten, vgl. ahd. *zwei*, as. *twē*, ags. *twā* aus wgerm. **twai* genau mit ai. *dvé* und ags. *dъvě* aus idg. **dwoi*[247]; ahd. *zwō, zwā* und das Neutrum ags. *tū* können allerdings nur spg., wgerm. **two-* fortsetzen, die beiden ersteren Formen stehen folglich mit der Femininform got. *twōs* in Einklang[248]. Der Genitiv ahd. *zweio* = as. *tweio* aus wgerm. **twajjō*, prg. **dwó(i)jōn* stimmt im Stamm recht genau mit ai. *dváyoḥ* und aksl. *dъvoju* (Genitiv/Lokativ, aus idg. **dwoyou*) überein und basiert, sofern hier eine Monophthongierung von **ō* aus ***au* vorliegt, noch eindeutiger auf einer echten Dualform. Dagegen wurde im Altenglischen der Wurzelvokal wohl vom Nominativ her beeinflusst[249].

Im Nominativ/Akkusativ des Maskulinums haben das Gotische und Nordische die urgermanisch ererbte Pluralform bewahrt, die westgermanischen Sprachen weichen jedoch selbst untereinander ab; während ahd. *zwēne*, as. *twēne* (aus wgerm. **twainē*) offenbar ursprünglich ähnliche Zahladjektiva wie lat. *bīnī* „je zwei" darstellen, ist ags. *twēgen* von *bēgen* „beide" her beeinflusst[250].

Das Zahlwort für „drei" flektiert in den älteren indogermanischen Sprachen und ursprünglich im Germanischen fast wie ein *i*-Substantiv. Da die Formen der obliquen Kasus in allen Genera gleich sind, werden sie nur je einmal angeführt.

Mask.	Got.	Ahd.	As.	Ags.	Wgerm.	An.
Nom.	*þreis	drī	thria, threa	þrī(e)	*þrī	þrír
Gen.	þrijē	drīo	*thrio	þrīora, þrēora	*þrijō	þriggja
Dat.	þrim	drim	thrim	þrim	*þrimi	þrim(r)
Akk.	þrins	drī	thria, threa	þrī(e)	*þrī	þriá
Ntr.	þrija	driu	thriu	þrīo, þrēo	*þriju	þriú
Fem.						
Nom.	*þreis	drīo	thria, threa	þrīo, þrēo	*þrijō	þriár
Akk.	þrins	drīo	thria, threa	þrīo, þrēo	*þrijō	þriár

Hier weist das Gotische den archaischsten Zustand auf, während in allen anderen Sprachen der Stamm in mehreren Kasus thematisiert ist. Wiederum sind in allen

---

[247] Siehe dazu Krahe 1965: 86 und Nielsen 1981: 110f. sowie jetzt Euler 2009: 142.
[248] So Krahe 1965: 86 und jetzt Fritz 2011:158; eine Erklärung für ags. *tū* s. aber bei Nielsen 1981: 192f.: aus idg. **dwō* (weniger naheliegend).
[249] Siehe zu den Genitivformen jetzt Euler 2009: 142, vgl. auch Fritz 2011:158 mit dem Ansatz urg. **twajjōn*.
[250] Siehe diese Erklärung zu den wgerm. Formen bei Krahe 1965: 86 und Nielsen 1981: 163.

3.5. Die Numeralia

Einzelsprachen die Dativformen die ursprünglichsten, doch auch die Genitivformen können abgesehen vom Gotischen mit der Endung *-ē* auf spg., wgerm. **þrijō* basieren, vgl. dazu gr. τριῶν aus idg. **trijṓm*. Eindeutig nicht thematische Formen liegen noch im Nominativ/Akkusativ des Maskulinums in ahd. *drī* = ags. *þrī* vor, die den Nominativ wgerm. **þrī* wie den Akkusativ spg. **þrins* fortsetzen können, während die altsächsischen Formen nach dem Vorbild der femininen und neutrischen Formen mit thematischen Endungen erweitert sind.

Wie die *r*-Stämme wurde das Zahlwort für „vier" in der indogermanischen Grundsprache dekliniert, innerhalb des Germanischen wird dieses Zahlwort allerdings nur im Althochdeutschen und Altnordischen flektiert, während im Gotischen nur einmal eine Dativform *fidwōrim* belegt ist (in Markus 2, 3), dieses Zahlwort aber in der Regel nicht mehr dekliniert wird.

	Got.	Ahd.	As.	Ags.	Wgerm.	An.
Mask. Nom.	*fidwōr*	*fiori*	*fiuwar, fior*	*fēower*	**feu(þ)wari*	*fiórer*
Gen.	**fidwōrē*	*fior(e)o*	"	"	**feu(þwa)rō*	*fiǫgorra*
Dat.	*fidwōrim*	*fiorim*	"	"	**feu(þwa)rum*	*fiórom*
Akk.	*fidwōr*	*fiori*	"	"	**feu(þ)wari (?)*	*fióra*
Ntr.	*fidwōr*	*fior(i)u*	"	"	**feu(þ)waru*	*fiǫgur*

Gemeinsame (spät)urgermanische Grundlagen lassen sich anhand des Althochdeutschen und Altnordischen mit ihrer Flexion allein kaum sicher erschließen. Im Althochdeutschen (und vielleicht im Gotischen) ist wohl unter Einfluss des Zahlwortes für „drei" die *i*-Flexion vorgedrungen, während die nordischen Endungen der obliquen Kasus noch die konsonantische Flexion fortsetzen können[251]. Auch der Ablaut in der zweiten Wurzelsilbe ist nicht durchsichtig; während im Gotischen *fidwōr* ein ursprüngliches Neutrum mit Dehnstufe sein kann, können in den westgermanischen Sprachen as. *fiuwar*, ags. *fēower*, afries. *fiuwer* sowie ahd. *fiori* (unter Voraussetzung des Schwundes von **-wa-*) nur einen Stamm **fewwar-* fortsetzen, und im Altnordischen lassen sich die Formen am ehesten auf einen nullstufigen Stamm urn. **feur-* zurückführen[252]. Insgesamt treten also in den germanischen Sprachen die einstigen Ablautverhältnisse wie noch im Indoiranischen in Erscheinung, vgl. mit got. *fidwōr* ai. Nom. m. *catvā́ras*, Gen. *caturṇā́m*, doch kann *catvā́ras* auch auf hochstufiges idg. **kʷetwóres* zurückgehen[253]. Der inlautende Dental ist bis auf das Gotische (vgl. dort auch krimgot. *fyder*) in fast allen

---

[251] Stiles (1986a: 24) nimmt Einfluss der starken Adjektive an.
[252] Siehe zu got. *fidwōr* Stiles 1985: 86 (und zum Dativ Stiles 1986a: 4), zu den nordseegerm. Parallelen 88–92, zum Nordischen 97f. mit rekonstruierten urn. Kasusformen Mask. **feðurēR*, Gen. **feðurērō*, Dat. **feðurumR*, Akk. **feðuran(n)*, Fem. **feðurōR*, Ntr. **feðuru*, jünger Mask. *feðuriR, feðuRa, feuðrumR, *feuðra*, Fem. **feuðraR*, Ntr. **feuður*; das *-g-* in an. *fiǫgur* führt er auf **-ð-* zurück, indem er auf aschwed. *iugher* aus **iuður* „Euter" verweist.
[253] Stiles (1986a: 18f.) setzt sogar für das Spg. nach der Lautverschiebung Stammablaut an mit den Rekonstrukten **feðwōr – feðuron, feðurimz* sowie für das Nordwestgerm. das Femininum **feðwōrīz* und Neutrum **feðwōru*. Zum Anlautkonsonanten im Germ. s. bereits Krause 1968: 126, jetzt Stiles 1985: 89;

germanischen Sprachen an das folgende -w- assimiliert worden. Lediglich im Altenglischen tauchen noch angl. *feoþur-* und ws. *fyþer-* als Vorderglied in Komposita wie *fyþer-fēte* „vierfüßig" auf[254], weswegen das Kardinale im Protowestgermanischen noch **feuþwari* gelautet haben kann.

Die weiteren Zahlen setzen die jeweiligen indogermanischen Etyma recht genau fort. Die Numeralia für „sieben", „neun" und „zehn" müssen freilich noch im Protogermanischen auf einen dentalen Verschlusslaut ausgelautet haben (ähnlich wie das Zahlwort für „zehn" im Baltischen und Slawischen), weil andernfalls der vorausgehende Nasal nicht bis in die Einzelsprachen erhalten geblieben wäre. Im Zahlwort für „sieben" ist dann in prg. **septúnt* (vgl. lat. *septem*, ai. *saptá* usw.) offensichtlich der auf den Labial folgende Dental geschwunden, der stimmhafte Labial in den Einzelsprachen weist jedenfalls auf ursprüngliche Endbetonung hin[255].

Aus dem Rahmen fällt das Numerale für „acht", das sicher eine einstige Dualendung aufweist, vgl. got. *ahtau*, ahd. *ahto* usw. genau mit lat. *octō*, gr. ὀκτώ, ai. *aṣṭā́, aṣṭáu* usw., alle aus idg. **oktṓu*.

Das Zahlwort für „neun" hat in ahd. *niun* wie in got. *niun* den bloßen *u*-Diphthong behalten, in den nordseegermanischen Sprachen, in as. *nigun* und ags. *nigon* (wie auch in afries. *ni(u)gun*) erscheint dagegen ein gutturaler Gleitlaut offenbar anstelle eines einstigen **-w-*; für das späte Urgermanische ist somit wie vielleicht auch noch für das Protowestgermanische mit zweisilbigem **newun* aus prg. **néwunt* zu rechnen, vgl. lat. *novem*, ai. *náva* usw. aus idg. **néwn̥*[256].

Eine Neuerung haben die deutschen Dialekte im Zahlwort für „zehn" vollzogen: Ahd. *zehan* und as. *tehan* weisen im Gegensatz zu ags. *tȳn, tīen* wie zu got. *taíhun* und an. *tío* Hochstufe in der zweiten Silbe auf und setzen somit **teχan* als gemeinsame Vorform fort, während in got. *taíhun* das Numerale, prg. **dékunt*, noch am genauesten bewahrt ist, vgl. dazu lat. *decem*, apr. *dessimt* usw. Gewöhnliche werden diese Numeralia nicht flektiert, nur vereinzelt finden sich Flexionsformen, die nach dem Vorbild des Zahlwortes für „vier", also als *i*-Stämme gebildet sind, etwa ahd. *sibini, sehse* (Notker), *ahtoui, zeheni* (letzteres bei Otfrid), as. *fivi, sibuni* und ags. *fīfe, siofune, tēne*, so dass man auch für das Westgermanische wenigstens Flexionsformen wie **fimfi, *sibuni* usw. nicht ausschließen kann.

Die Zahlwörter für „elf" und „zwölf" haben außerhalb des Germanischen ausschließlich im Litauischen vergleichbare Entsprechungen, *vienúolika* bzw. *dvýlika*,

---

[254] Zum Dentalschwund s. Stiles 1985: 92, der Assimilation von **-đw-* zu **-ww-* annimmt und auf got. *izwar* gegenüber ahd. *iuwēr*, ags. *ēower* verweist (aber vgl. noch krimgot. *fyder*). Zu den ags. Reliktformen s. Nielsen 1981: 181 und Stiles 1986a: 25f.
[255] So jetzt auch Ringe 2006: 87. Anders jetzt Vennemann 2006: 146, der eine direkte Entlehnung des germ. Zahlwortes aus dem Semitischen postuliert.
[256] Siehe zum Guttural Nielsen 1981: 111 sowie zu den Vorformen im Germ. und Idg. jetzt Euler/Badenheuer 2009: 144 mit Ansatz prg. **néwunt*.

auf diese Weise werden dort auch die weiteren Zahlwörter *trýlika, keturiólika* usw. (bis neunzehn) gebildet. Allerdings flektieren die germanischen Numeralia als *i*-Stämme, vgl. got. *ainlibim, twalibim* (Dativ) mit as. *twelibi* und mit ags. *twelfum* (Dativ wie bei *i*-Stämmen), so dass zumindest **twalibi-* für das Westgermanische angesetzt werden kann. Diese Bildungsweisen der beiden Ordinalia sind offenbar durch Einflüsse aus dem Süd(ost)en infolge des Handels entstanden.

Die Zahlwörter von „dreizehn" bis „neunzehn" zeigen in den germanischen Einzelsprachen jeweils denselben Wortauslaut. Während sie im Gotischen noch als Junkturen mit dem Numerale für „zehn" an zweiter Stelle vorliegen, sind sie in den westgermanischen Sprachen univerbiert; außerdem stellt as. *-tein* eine abgeschwächte Form (aus **-tehin*) und ags. *-tēne* eine flektierte Form dar, während das Althochdeutsche offenbar wie das Gotische den ursprünglichen Zustand aufweist[257]. Diese Dvandva-Bildungen kehren auch in anderen indogermanischen Sprachen wieder, wie in lat. *trēdecim, quattuordecim, quindecim* usw., doch handelt es sich hier durchweg um einzelsprachliche Neubildungen.

Unter den Dekaden sind jene von „zwanzig" bis „sechzig" anders gebildet als die folgenden ab „siebzig". Am durchsichtigsten erscheinen noch die gotischen Numeralia, wiederum dvandva-artige Junkturen, in denen der deklinable Plural *tigjus* nichts anderes als „Zehner, Dekade" bedeutet und spg. **tegu-*, prg. **dekú-* fortsetzt, einen Stamm, der offensichtlich vom Akkusativ **dekún(t)uns* oder einfach von **dekún(t)-* her zum *u*-Stamm umgestaltet wurde[258]. Demgegenüber werden im Westgermanischen die Parallelen ahd. *zweinzug* = as. *twēntig* = ags. *twēntig* aus wgerm. **twaine-tigu* (basierend auf der Nominativform ahd. *zwēne*, as. *twēne*) oder **-tugu* (mit *u* wie an. *tuttugu* „zwanzig", aus **twō-tugu*?), ahd. *drīzzug* = as. *thrītig* = ags. *þrītig* aus wgerm. **þrī-tigu, -tugu* und ahd. *fiorzug* = as. *fiortig* = ags. *fēowertig* aus wgerm. **feu(þ)war-tigu* usw. nicht flektiert[259].

Die weiteren Dekaden ab „siebzig" sind in allen germanischen Sprachen jeweils andersartig gebildet und daher in ihrer Entstehung bis heute nicht restlos geklärt. Auch für diesen Zahleneinschnitt bei 60 wird ein Kultureinfluss aus dem Orient, eben die duodezimale Zählweise als Ursache angenommen[260]. Die Zahlwörter im Gotischen, *sibuntēhund, ahtautēhund, niuntēhund* und auch analog für „hundert" *taihuntēhund*, und im Althochdeutschen, *sibunzo, ahtozo* und *zehanzo*, mögen letztlich auf indogermanischen Bildungen beruhen, was zumindest der Langvokal in der Kompositionsfuge wie in lat. *septuāgintā, octōgintā, nōnāgintā* oder gr. ἑβδομήκοντα, ὀγδοήκοντα, ἐνενήκοντα nahelegt, doch setzt diese Hypo-

---

257 Siehe Krahe 1965: 89.
258 So Szemerényi 1960: 27–44, der auf S. 41–44 den Akk. als Ausgang für den Stamm **deku-* erklärt; weniger überzeugend G. Schmidt 1970: 124 und 132, der vom Dativ-Instrumental **teñund-miz* ausgeht, wieder anders Carruba 2004: 31, der **dekun(t)-* als Ausgangsbasis für den *u*-Stamm ansieht.
259 Siehe auch hierzu Rekonstrukte bei Krahe 1965: 89; genauer Lühr 1977: 67, die für ahd. *zwein-zug* germ. **-tegu-* im Hinterglied und an. *tuttugu* mit der Akkusativform got. **twans tigjus* etymologisch gleichsetzt.
260 Siehe dazu Einzelnes bei Schuppener 1998: 300.

these mehrere Umbildungen voraus. Am glaubhaftesten erscheint einerseits die Interpretation von got. *sibunt-ēhund* wie auch der folgenden Dekaden als Analogiebildungen zu **fimf-ēhund*, vgl. dazu gr. πεντήκοντα „fünfzig" aus idg. **penkʷēk̑ṃta* oder **penkʷeh₁k̑ṃth₂*²⁶¹, und von ahd. *ahtozo* als Verkürzung aus **axtōtōhund*, älter **axtō-hund*, das seinerseits die Bildung der benachbarten Dekaden **sebunt-ōhund* und **neunt-ōhund* hervorgerufen hätte²⁶²; erst ab dem 9. Jahrhundert wurden auch die Dekaden ab 70 analog zu den niedrigeren mit *-zug* gebildet. Im Nordseegermanischen wurden diese höheren Dekaden durch Präfigierung von *hund-* „Zehner, Dekade" charakterisiert, das im Altsächsischen zu *ant-* und im Altfriesischen weiter zu *t-* (in *tachtich, tniogentich*) abgeschwächt wurde; im Altenglischen wurden diese Dekaden außer mit dem Präfix *hund-* zusätzlich mit verallgemeinerten *-tig* markiert²⁶³.

Die Bedeutungsverschiebung des indogermanisch ererbten Zahlwortes für „100" zu „120" im Germanischen basiert auf der duodezimalen Zählweise, so dass analog zu den Dekaden bis 90 in allen germanischen Einzelsprachen auch darüber hinausgehende Zahlwörter gebildet wurden. Selbst für „110" und „120" gibt es im Altenglischen die Numeralia *hundendleofantig* bzw. *hundtwelftig*, ebenso im Altnordischen *tíotiger* „zehn-zig, 100" und *ellefotiger* „110"²⁶⁴. Dagegen hat das alte Numerale für „100" im Gotischen wie in den westgermanischen Sprachen im Plural seine ursprüngliche Bedeutung behalten: got. *twa hund*, ahd. *zwei hunt*, as. *twē hund* und ags. *tūhund* aus wgerm. **twae χundu* bedeuten „200" und nicht etwa wie an. *tvau hundruð* „240", ebenso got. *þrija hunda*, ahd. *drīu hunt* und ags. *þrēohund* „300" und nicht „360".

Das ursprüngliche Numerale für „100" wurde im Germanischen zumindest im Plural als Neutrum auf *-a-* nach demselben Muster flektiert wie in anderen indogermanischen Sprachen die ursprünglichen *o*-Neutra, darunter dem Slawischen und Indoiranischen. Im Gotischen ist diese Flexion im Plural noch eindeutig erkennbar, während in den westgermanischen Sprachen im Plural lediglich die endungslos gewordene Form des Casus rectus vorliegt, so dass deren Vorform am ehesten als **χundŭ* rekonstruiert werden kann.

Auch die ursprüngliche Flexion des Zahlwortes für „1000" als Femininum auf *-jō-* hat das Gotische in *þūsundi*, Pl. *twōs þūsundjōs* „2000", *fimf þūsundjōs* „5000" am besten bewahrt; ihr hohes Alter zeigt die slawische Parallele, aksl. *tysęšti*. Im Althochdeutschen herrscht hingegen der konsonantische Stammauslaut vor, nur bei Otfrid finden sich noch Formen der *ō*-Deklination; im Altenglischen wird *þūsend* als Neutrum auf *-a-* flektiert, zweifellos eine Neuerung. Für das Proto-

---

261 Siehe idg. Rekonstrukte der Dekaden bei Szemerényi 1960: 24f. und jetzt (auf laryngalistischer Basis) bei Meier-Brügger 2000: 218; in lat. *quinquāgintā* ist das *ā* wohl von *quadrāgintā* her (aus **kʷturh₂ṃt-*) übernommen worden, s. dazu Meiser 1998: 173.
262 Siehe zu den got. und ahd. Dekaden speziell Szemerényi 1960: 35f. und auch 1989: 238f.
263 Siehe dazu Krahe 1965: 90 und Nielsen 1981: 112 und 181
264 Siehe dazu ebenfalls Schuppener 1998: 298f.

westgermanische kann aufgrund des althochdeutschen Befundes mit *þūsundjā- derselbe Stammauslaut wie im Gotischen angesetzt werden.

3.5.2. Ordinalia

	Gotisch	Ahd.	As.	Ags.	Wgerm.
1.	frumists	ēristo	ērist, furist, forma,	forma, fyrest(a), ǣrest(a)	*furmō *aeristă
2.	anþar	ander(ēr)	ōđar	ōþer, æfterra	*anþară
3.	þridja	dritto	thriddjo	þridda	*þriddjō
4.		fiordo	fiorđo	fēo(we)rþa	*feu(þ)wurđō
5.		fimfto	fīfto	fīfta	*fimftō
6.	saíhsta	sehsto	sehsto	si(e)xta	*seχstō
7.		sibunto	sibondo	seofoþa	*sibundō
8.	ahtuda	ahtodo	ahtodo	eahtoþa	*aχtodō
9.	niunda	niunto	nigundo	nigoþa	*ne(w)undō
10.	taíhunda	zehanto	tehando	tēoþa	*teχandō
11.		einlifto	ellifto	en(d)le(o)fta	*aenliftō
12.		zwelifto		twelfta	*twelftō
13.				þrēotēoþa	
14.	fidwōr-taíhunda			fēowertēoþa	
15.	fimfta-taíhunda	finftazehanto	fīftēoþa	*fimftōteχandō	
16.				si(e)xtēoþa	
17.				seofontēoþa	
18.				eahtatēoþa	
19.				nigontēoþa	
20.		zweinzugōsto	twĕntigoþa		
30.		drīzzugōsto		þrītigoþa	
40.		fiurzugōsto		fēowertigoþa	
50.		finfzugōsto		fīftigoþa	
60.		sehszugōsto		siextigoþa	
70.		sibunzugōsto	hundseofontigoþa		
80.		ahtozugōsto		hundeahtatigoþa	
90.		niunzugōsto		hundnigontigoþa	
100.		zehanzugōsto	hundtēontigoþa		

Ein gemeinsam ererbtes Zahlwort für „erster" gab es in der indogermanischen Grundsprache nicht, vielmehr wurde es mit superlativischen Suffixen auf der Basis der Präposition *pr̥ „vor" gebildet. Das älteste germanische Ordinale liegt in got. *fruma* = ags. *forma* aus prg. *pr̥mos*, vgl. dazu in erster Linie im Baltischen apr. *pirmas* (*pirmois*) = lit. *pìrmas* = lett. *pirmais*, außerdem lat. *prīmus*.

3. Morphologie des Westgermanischen

Daneben wurde innerhalb des Germanischen von derselben Wurzel eine Superlativbildung mit dem anderen Suffix aus idg., prg. *-isto- in ahd. *furisto* = an. *fyrstr* gebildet. Eine westgermanische Neuschöpfung stellt das Ordinale auf Grundlage eines Zeitadverbs dar, das noch in got. *áir* „früh" existiert, mit demselben Superlativsuffix, aber einem Zeitadverb als Wurzel. Dieses Zahlwort ahd., as. *ēristo* = ags. *ǣrist(a)* setzt sicher wgerm. **aeristă* fort.

Mit dem nächsten Zahlwort haben das Germanische und das Baltische einen gemeinsamen Weg beschritten, vgl. got. *anþar*, ahd. *ander-er*, as. *āðar, ōðar*, ags. *ōþer*, an. *annarr*, alle aus prg. **ánteros*, mit apr. *anters*, lit. *añtras*, lett. *otrais*, aber auch mit ai. *ántara-* in der Bedeutung „verschieden", eine Ableitung zu *anyá-* „anderer" – das Ordinale lautete im Altindischen von Anfang an *dvitī́ya-*.

Das Zahlwort für „dritter" flektiert in allen germanischen Sprachen wie ein schwaches Adjektiv, basiert aber auf einem „starken" *o-/ā*-Stamm, vgl. got. *þridja* = ahd. *dritto* = as. *thriddjo* = ags. *þridda* = an. *þriði* aus spg. und wgerm. **þridjō* mit lat. *tertius* ebenso wie mit lit. *trẽčias* (lett. *trešais*) und aksl. *trеtьjь* aus idg. **tritýos*.

Beim Numerale für „vierter" ist das Dentalsuffix in den älteren indogermanischen Sprachen an den nullstufigen Stamm des Kardinale angefügt, nämlich in ai. *caturthá-*, gr. τέταρτος (also aus idg. **kʷetr̥tó-*). Auch im Germanischen können ahd. *feordo* = as. *fiorðo* = ags. *fēo(we)rþa* aus wgerm. **feu(þ)wurþō* und an. *fiōrþi* eine gemeinsame Vorform spg. **fiðurþan-* mit schwacher Flexion, älter prg. **petúrto-* fortsetzen, doch kann eine jüngere Analogiebildung mit dehnstufigem Stammauslaut spg. **fiðwōr-* nicht ausgeschlossen werden, da im Gotischen das Zahlwort für „vierter" nicht belegt ist[265].

Die germanischen Ordinalia für „fünfter" und „sechster" sind indogermanischer Herkunft, vgl. got. *fimfta*, ahd. *fimfto* = as. *fīfto* = ags. *fīfta* aus wgerm. **fimftō* und an. *fimti*, alle aus prg. **pemptó-* genau mit apr. *penckts* = lit. *peñktas* im Baltischen sowie gr. πέμπτος und lat. *quintus* aus idg. **penkʷtós* und entsprechend got. *saíhsta*, ahd., as. *sehsto* = ags. *si(e)xta* aus wgerm. **sexstō*, prg. **sekstó-* mit lat. *sextus* aus westidg. **sek̂stós*. Alle weiteren Ordinalia wurden im Germanischen mit demselben Suffix analog gebildet und weichen daher von anderen indogermanischen Sprachen ab, wobei die westgermanischen Sprachen hier fast keine Neuerungen gegenüber den anderen germanischen Sprachen durchgeführt haben, lediglich im Altenglischen sind *seofoþa, nigoþa* und *tēoþa* (auch in den Numeralia ab „13") analog zu *eahtoþa* umgebildet worden.

Zu den Dekaden bieten mangels Belege weder das Gotische noch das Altsächsische Vergleichsmöglichkeiten. Die anderen germanischen Einzelsprachen zeigen allesamt Neubildungen, so das Althochdeutsche mit dem adjektivischen Superla-

---

[265] Siehe hierzu bei Stiles (1986b: 11) die Ansätze „pre-Germanic" **kʷe(t)úrto-* und daraus spg. **feurþan-*.

tivsuffix *-ōsto* in *zweinzugōsto, drīzzugōsto* usw., aber auch analogem *sibunzugōsto, ahtozugōsto, niunzugōsto, zehanzugōsto* und das Altnordische mit dem Suffix *-ondi* in *tuttugondi, þritugondi* usw. Am altertümlichsten dürften die altenglischen Ordinalia *twĕntigoþa, þrītigoþa* sowie *hundseofontigoþa, hundeahtatigoþa, hundnigontigoþa* und *hundtēontigoþa* sein, deren Suffix *-oþa* überzeugend als Einfluss von *tēoþa* „10." her interpretiert wurde[266].

3.5.3. Sonstige Zahlbezeichnungen

Neben dem Kardinale für „zwei" gab es im Germanischen wie in anderen indoger-manischen Sprachen eine Bezeichnung für „beide". Got. *bai* (mit dem Dativ *baim*, Akk. *bans* und Neutrum *ba*) und ags. *bā* flektieren genauso wie das Kardinale *twai* bzw. *twā* pluralisch, stehen also formal im entsprechenden Verhältnis wie dessen etymologische Parallelen außerhalb des Germanischen zum jeweiligen Numerale für „zwei", vgl. also mit got. *bai*/ags. *bā* ai. *ubháu* neben *dváu*, gr. ἄμφω neben δύω und lat. *ambō* neben *duō* sowie lit. *abù* (aber Pluralform apr. *abbai*) und aksl. *oba*. Ansonsten liegen in den germanischen Sprachen Sekundärbildungen vor, dies gilt für urn. *baijoR* (nur einmal belegt)[267] und got. *bajōþs* (Dativ *bajōþum*) mit erweitertem Stamm *baj(ō)-* ebenso wie für ahd. *beide* (mit Flexion wie ein starkes Adjektiv) und as. *bēdia* m., *-iu* n. (*ja*-Stamm), ursprünglich ein univerbiertes Kompositum aus **bai-þai*[268].

Das Zahladjektiv ags. *twinn* „doppelt, je zwei" (aus wgerm. **twinnă*) = an. *tvennr* „zweifach zweiteilig" aus spg. **twiznaz* und prg. **dwisnos* hat in lat. *bīnī* pl. „je zwei" eine genaue Parallele und geht mit diesem auf westidg. **dwisno-* zurück. Zugrunde liegt hier ein Zahladverb lat. *bis* aus alat. *duis*, vgl. dazu genau gr. δίς und ai. *dvíḥ* „zweimal".

Indogermanischer Herkunft ist die Bezeichnung für „halb" in den westgermanischen Sprachen, ahd. *sāmi-* (in *sāmi-quec* „halb lebendig", *sāmi-tōt* „halbtot") und ags. *sām-* „halb-" (selten, dazu gehörig *sǣmra* „geringer"), alle aus wgerm. **sǣmi-*, vgl. dazu genau ai. *sāmí-* „halb, unvollkommen", gr. ἡμί- und lat. *sēmi-* „halb"; wie in anderen indogermanischen Sprachen erscheint dieses Wort nur als Vorderglied in Komposita. Außerdem ist im Germanischen ein synonymes Adjektiv geschaffen worden, das in allen Einzelsprachen lebendig geblieben ist: got. *halbs* = ahd. *halb* = as. *half* = ags. *healf* = an. *halfr*, zugrunde liegt das spg. Etymon **χalƀaz*, im Westgermanischen **χalƀă* (ohne außergermanische Entsprechungen).

Darüber hinaus hat das Westgermanische Multiplikativa ausgebildet, die in dessen Einzelsprachen weiterbestehen: ahd. *einfalt, zwifalt, drifalt* usw., auch *zehan-*

---
266 Siehe Bammesberger 1986a: 5ff.
267 Erklärungsversuche für *baijoR* s. bei Krause 1971: 33f.
268 Siehe diesen Ansatz bei von Kienle 1969: 229 und Ramat 1981: 115.

zugfalt „hundertfach", as. *ēnfald, vīffald, tehanfald,* ags. *ānfeald, twȳfeald, þrȳfeald* usw., die durchaus aus westgermanischen Vorformen **aina-faldă, twī-faldă, þrī-faldă* entstanden sein können, wenigstens im Bereich der kleinsten Zahlen.

3.6. Flexion und Stammbildung der Verben

Das germanische Verbalsystem ist im Vergleich zu älteren indogermanischen Sprachen stark vereinfacht worden. Neben den Modi Indikativ, Optativ und Imperativ ist der Konjunktiv völlig geschwunden, und neben dem Präsens- und Perfekt-system gibt es nur noch spärliche Reste des einstigen Aoristsystems unter den starken Verben. Ein Passivsystem besteht noch im Gotischen, aber auch dort nur innerhalb des Präsenssystems und unvollständig (mit Zusammenfall der Formen im Plural), im West- und Nordgermanischen ist das Passiv bis auf wenige Reliktformen des starken Verbums für „heißen" geschwunden. Neben dem Singular und Plural hat nur das Gotische einen Dual bewahrt, und diesen wiederum nur in der 1. und 2. Person; auch Imperativformen der 3. Person sind nur im Gotischen überliefert. Allen germanischen Sprachen gemeinsam sind die sieben Klassen der starken Verben, drei Klassen der schwachen Verben (die vierte Klasse mit Nasalsuffix hat das Westgermanische aufgegeben), die Präteritopräsentien sowie die wenigen athe-matischen Verben, die auch in anderen alteuropäisch-indogermanischen Sprachen weitgehend verdrängt worden sind. Germanische Neuschöpfungen bilden die Optative des Präteritums, die nach dem Vorbild der präsentischen Optative der Präteri-topräsentien geschaffen worden sind, das Dentalpräteritum der schwachen Verben sowie die meisten Präteritopräsentien.

3.6.1. Die starken Verben

Zum größten Teil setzen die starken Verben im Germanischen indogermanische Verben auf bloßen Themavokal fort, nur wenige Verbalstämme enden auf *-ja-* oder einem anderen Formans. Allerdings sind die starken Verben außerhalb des Germanischen erheblich weniger systematisiert, was gegenüber den anderen alteuropäischen Sprachen nur als Neuerung beurteilt werden kann. Im Germanischen zerfallen sie in sieben Stammklassen, die auch in den Einzelsprachen noch recht genau beibehalten sind. Auch die Regelmäßigkeit, nach der diese Verben in ihrem Kategoriensystem (Präsens- und Präteritalkategorien) aufgebaut sind, ist auf das Germanische beschränkt. Selbst im Lateinischen und in den baltischen Sprachen, die eine relativ große Anzahl an etymologischen Entsprechungen unter den thematischen Verben bieten, stimmen diese vielfach im Stamm zumeist entweder nur im Präsenssystem oder Präteritalsystem mit den germanischen Verben überein[269].

---

269 Zur „Regelmäßigkeit" der germanischen Verben s. jetzt Euler 2005b.

3.6.1.1. Präsenssystem

Innerhalb des Präsenssystems haben die germanischen Sprachen den indogermanischen Zustand recht gut bewahrt, sei es im Bereich der finiten Kategorien (Modi) oder des verbum infinitum (Partizip, Infinitiv), selbst zu den Infinitiven gibt es im Indoiranischen formal genaue Entsprechungen. In der folgenden Tabelle werden daher die aktivischen Präsenskategorien des indogermanisch ererbten Verbums für „tragen" aufgeführt, da dessen protogermanische Flexion im Präsenssystem nahezu genau mit derjenigen der etymologischen Entsprechung ai. *bhárati* „trägt" übereinstimmt.

3.6.1.1.1. Aktivum

Indikativ	Prg.	Gotisch	Ahd.	As.	Ags.	Wgerm.	An.
1. Sg.	*b^hérō	baíra	biru	biru	bere	*biru	ber
2.	*b^héresi	baíris	biris	biris	bires(t)	*biriz(-is)	berr
3.	*b^héreti	baíriþ	birit	biriđ,-d	bireþ	*biriđ	berr[270]
1. Pl.	*b^hérome	baíram	berumēs	berađ,-d	beraþ	*berame	berom
2.	*b^hérete	baíriþ	beret	"	"	*beređ	bereþ
3.	*b^héronti	baírand	berant	"	"	*berand	bera
Optativ							
1. Sg.	*b^hérojun	baírau	berē	bere	bere	*berē	bera
2.	*b^hérois	baírais	berēs	beres	"	*berē(z)	berir
3.	*b^héroid	baírai	berē	bere	"	*berē	beri
1. Pl.	*b^héroime	baíraima	berēm	beren	beren	*berēm	berim
2.	*b^héroite	baíraiþ	berēt	"	"	*berēđ	beriþ
3.	*b^héroine	baíraina	berēn	"	"	*berēn	beri
Imperativ							
2. Sg.	*b^hére	bair	bir	bir,ber	ber	*ber	ber
1. Pl.	*b^hérome	baíram	berumēs	beren	beren	*beram	berom
2. Pl.	*b^hérete	baíriþ	beret	berađ,-d	beraþ	*beređ	bereþ
Partizip	*b^héront-s	baírands	beranti	berandi	berende	*berandi	berandi
Infinitiv	*b^héronon	baíran	beran	beran	beran	*berană	bera
Gerund. (Dativ)	-		beranne	berannja	berenne	*berannjē	-

---

270 In einer späturnordischen Inschrift, auf dem Stein von Stentoften (Krause Nr. 96, um 650), taucht noch die alte Form der 3. Person Sg. auf -*iþ* auf in einem Fluch mit dem Relativsatz *sA þAt bAriutiþ* „der das zerbricht" – dagegen erscheint auf dem Stein von Björketorp aus derselben Zeit (Krause Nr. 97) bereits die Form der 2. für die 3. Person: *sAR þAt bArutR*.

Auch hier zeigt das Gotische den archaischsten Zustand, gefolgt vom Althochdeutschen. Dessen Indikativform der 1. Person Plural mit dem auslautenden -s in der Endung -umēs (daneben auch -amēs) kann analog von endbetonten Formen athematischer Verben übertragen worden sein, der Langvokal ē kann auf einer Übertragung vom Optativ her beruhen[271]; in den nordseegermanischen Sprachen können wir aufgrund des Verlustes der Formen der 1. und 2. Person Plural keine Parallelen dazu erwarten – und doch befindet sich in einer Runeninschrift, die dem frühesten Altsächsischen zugeordnet und auf die ersten Hälfte des 5. Jahrhunderts datiert wird (Runenknochen 3 von Brake/Unterweser), noch eine Imperativform der 1. Person Plural *latam* „lasst uns" (s. dazu Seite 63 mit Anm. 125). In der 2. Person Singular zeigt das Althochdeutsche wie die anderen westgermanischen Sprachen allgemein stimmloses -s im Auslaut, offensichtlich eine Übertragung von den einsilbigen, also betonten Formen athematischer Verben her (wie *sīs* „du seist"), obwohl hier aufgrund der Stammbetonung *-z für das späte Urgermanische postuliert werden muss[272]. Im Optativ erscheint das stimmlose -s aber nicht im Altenglischen, was indirekt auf den Schwund von spg. *-z hindeutet. In der 1. Person Singular des Optativs zeigen die westgermanischen Sprachen eine Analogiebildung zu den übrigen Formen mit -ē- aus *-ai-, die zu Recht als westgermanische Neuerung beurteilt wird, während got. *baírau* auf prg. *b^hérojun* zurückgeführt werden kann, vgl. dazu ai. *bháre-yam*[273]. Die Endungen der 3. Person beider Numeri stimmen im Indikativ lautlich nicht völlig miteinander überein, vielmehr setzen as. -*đ* und ags. -*þ* die ursprüngliche stimmlose Spirans *-*þ* aus idg., prg. *-t, ahd. -t (auch in der 2. Person Plural), as. -*d* hingegen eine stimmhafte Spirans *-*đ* voraus. Wahrscheinlich endeten im Protowestgermanischen einstmals stammbetonte Formen der 2. und 3. Person wie im Verbum *beran* auf stimmhaften Sibilant bzw. stimmhafte Spirans, endungsbetonte Formen etwa zu Verben mit ursprünglich schwundstufiger Wurzel wie got. *trudan* „treten" auf stimmlosen Sibilant bzw. Spirans[274]. In der 1. Person Singular des Indikativs wurde (ähnlich wie im Instrumental der *a*-Stämme) die Endung -*u*- in den westgermanischen Sprachen auch bei langsilbigen Stämmen beibehalten, vgl. dazu auch noch urn. *w(a)ritu* „ich ritze (Runen)" und *gibu* „ich gebe" (Krause Nr. 127, = ahd. *gibu*)[275]. Die nordseegermanischen Sprachen haben freilich wie bereits ausgeführt im Plural jeweils die Form der 3. Person (im Indikativ mit geschwundenem Nasal vor der Spirans) verallgemeinert; die Imperativformen stimmen auch hier jeweils mit denen des Indikativs überein[276]; nur im Altniederländischen sind noch alle Pluralformen bewahrt, z.B. in *uuerthon, uuerthet, uuerthunt* und *faron, -et, -unt*[277]. Auch in der Verwendung des Optativs

---

271 Siehe diese beiden Erklärungen bei Krahe 1965: 97, zur Vokallänge auch von Kienle 1969: 283.
272 Siehe von Kienle 1969: 291, der hier von Verallgemeinerung spricht. Bammesberger (1986b: 92) setzt mit gutem Grund urg. *-ezi für die 2. Sg. an.
273 Siehe zur 1. Sg. Optativ Benediktsson 1983: 37–41 sowie Bammesberger 1986b: 89 und 94.
274 Siehe dazu Bammesberger 1986b: 92
275 Siehe Bammesberger 1986b: 157, der eine Verallgemeinerung der Endung -*u* der 1. Sg. annimmt.
276 Siehe hierzu Erklärungen vor allem bei Nielsen 1981: 118f.
277 Siehe dazu Quak 1992: 104f. Auch im Mittelniederländischen und heutigen Niederländischen sind die Pluralendungen der 1. und 3. Person auf -*n* bis auf die (teils ohnehin sprachlich gesehen niedersächsischen) östlichen

statt Indikativs der 1. Person Plural als adhortativem Imperativ liegt eine nordseegermanische Neuerung vor. Das Altenglische weist gegenüber den anderen Sprachen ein rezentes Gepräge auf mit der abgeschwächten Endung *-e* der 1. Person Singular, vgl. noch angl. *beoru, bero*[278], und dem *-t* der 2. Person Singular (wohl aufgrund des häufig folgenden Personalpronomens *þu* und auch durch Einfluss der Präteritopräsentia mit der Endung *-t*)[279].

Die Infinitivbildung auf *-an* < wgerm. **-ană* < spg. **-anan* < prg. **-onon* stellt eine germanische Neuerung dar, formal stimmt hiermit genau das Substantiv ai. *bháraṇam* „Last, Tracht" überein. Eine Besonderheit der westgermanischen Sprachen ist die Deklination des Infinitivs. Die Genitive und Dative des Infinitivs auf *-an* lauten im Althochdeutschen auf *-annes* bzw. *-anne*, im Altsächsischen auf *-annias* (selten), bzw. *-annia (-anne)* und im Altenglischen auf *-ennes, -enne* aus (etwa in ahd. *zi beranne* = ags. *tō berenne* „zu tragen", vgl. dagegen got. *du bairan*). Diese Bildung auf *-anja-* wurde von Meid mit dem Gerundivum ai. *karaṇíya-* „faciendus, zu tun" verglichen, das sich zu dem Verbalsubstantiv *kárana-* „Tun" formal so verhielte wie der oblique Stamm *berannia-* des Gerundiums zu *beran*[280]. – Zum Partizip Präsens s. Seite 99.

3.6.1.1.2. Relikte des Passivs

Eine Passivkategorie, wie sie in allen älteren indogermanischen Sprachen bestanden hat, gibt es innerhalb des Germanischen nur noch im Gotischen, und auch dort nur im Präsenssystem. Darüber hinaus finden sich im Urnordischen und Altenglischen noch vereinzelte Reliktformen – und dort zu demselben Verbum, nämlich jenem für „heißen", das deswegen im Folgenden als Beispiel dient. Im Gotischen lauten die Formen der 1. und 3. Person Indikativ Präsens Singular *haitada*, der 2. Person *haitaza* und die einzige Pluralform *haitanda*, jene des Optativs *haitaidau, haitaizau* und *haitaindau*. Im Urnordischen ist die Form der 1. Person Singular *haite* mehrfach, auch mit enklitischem Pronomen als *haite-ka* in der Bedeutung „ich heiße" belegt, ebenso im Altenglischen vereinzelt die allgemeine Singularform *hātte* und Pluralform *hātton* in präsentischer wie präteritaler Bedeutung; im Althochdeutschen werden jedoch die aktivischen Formen auch in der Passivbedeutung verwendet (u. a. im Hildebrandslied, V. 17: *ih heittu*). Die urnordische Form kann problemlos auf spg. **χaitai* „heiße, werde genannt" zurückgeführt werden und stünde zu got. *haitada* „er, sie heißt" formal im selben Verhältnis

---

Landesteile bewahrt, s. dazu Franck 1971: 118f. bzw. Frings 1944: 11 und 14 sowie eine Sprachenkarte der Niederlande auf S. 46, außerdem Frings 1966: 22; ferner eine Karte bei Jalink/van den Toorn 1975: 216.
278 Siehe diese Erklärung bei Krahe 1965: 96; dagegen wird in den altenglischen Grammatiken *-e* als übernommene Optativendung interpretiert (weniger überzeugend).
279 Beide Erklärungen bei Wright 1925: 256.
280 Siehe diesen formalen Vergleich bei Krahe/Meid 1967: 122f.; Nielsen (1981: 170) betrachtet das Gerundium als wichtige westgermanische Neuerung („important WG innovation").

wie die mediale Präsensform ai. *bháre* (1. Sg.) zu *bhárate* (zu *bhárati* „trägt")[281]. Ags. *hātte* kann aufgrund des doppelten Dentals jedoch nur mit got. *haitada* verglichen werden, es ist offenbar eine Verallgemeinerung für den gesamten Singular; die Form *hātton* wiederum wurde offensichtlich nach dem Vorbild des Plurals der schwachen Verbum gebildet[282]. Womöglich gab es das Passiv schon im Protowestgermanischen wie im Urnordischen nur noch zu diesem einen Verbum, ohne dass man die anderen Formen außer der 1. Person genau rekonstruieren könnte. Die Bewahrung des Passivs gerade bei diesem Verb wird durch dessen häufigen Gebrauch bei Begrüßungen u. ä. verständlich; das Passiv wurde von den Sprechern nicht mehr als eigene Kategorie wahrgenommen, vielmehr hatte wgerm. *χaetē eher den Charakter einer idiomatischen Redewendung.

3.6.1.2. Das Präteritalsystem der starken Verben

Im Protoindogermanischen diente das Perfekt ausschließlich zur Bezeichnung abgeschlossener Handlungen mit Blick auf den daraus resultierenden Zustand. Diese allein „faktisch-resultative" Funktion des idg. Perfekts ist nur im Altgriechischen noch genau erhalten, wo für abgeschlossene Handlungen und Ereignisse wie in der indogermanischen Grundsprache der Aorist verwendet wurde. Im Indoiranischen wurde der Aorist dagegen schon früh (in vedischer Zeit) funktional vom Perfekt verdrängt. Im Germanischen ist dieser Prozess noch weiter als im Indoiranischen fortgeschritten: Dort basiert das Präteritum der starken Verben eindeutig auf dem idg. Perfekt – dient jedoch seinerseits als Erzähltempus für jegliche Handlungen in der Vergangenheit; die alte Perfektfunktion tritt nur noch in den wenigen Präteritopräsentien zutage (s. u. Kapitel 3.6.3.). Die im Westgermanischen vorhandenen Relikte des Aorist sind ein Hinweis darauf, dass die protoindogermanische Systematik des Vergangenheitssystems in urgermanischer Zeit noch lange erhalten geblieben ist[283].

Die Präteritalkategorie der starken Verben beruht wie gesagt wenigstens im Indikativ auf dem indogermanischen Perfekt, das also wie der Aorist im Griechischen für abgeschlossene Handlungen und Ereignisse verwendet wird. Neben dem Indikativ steht der Optativ als Modus der Nichtwirklichkeit, der aber im Gegensatz zum Indikativ wiederum wie im Indoiranischen erst in einzelsprachlicher Zeit, also im Protogermanischen geschaffen worden ist. Als Vorbild diente der Optativ Präsens der Präteritopräsentien, die ja im Indikativ Präsens im Protogermanischen (wie auch noch im Gotischen) genau wie die starken Präterita flektierten. Auch dieser Prozess ist ganz analog zur Entstehung des Optativ Perfekts im Indoiranischen verlaufen, der dort überdies sogar wie der Optativ Präteritum im Germani-

---

281 Bammesberger (1986b: 97) rekonstruiert als Singular *haitai, *haitazai, *haitadai.
282 Siehe die Erklärung von *hātton* bei Bammesberger 1986b: 158.
283 Zur Entwicklung des proto- und urgermanischen Tempussystems jetzt Euler/Badenheuer 2009, v. a. S. 168–171.

3.6. Flexion und Stammbildung der Verben

schen ursprünglich (in vedischer Zeit) zur Wiedergabe des Irrealis verwendet wurde.

Indikativ	Prg.	Gotisch	Ahd.	As.	Ags.	Wgerm.	An.
1. Sg.	*bʰóra	bar	bar	bar	bær	*bar	bar
2.	*bʰórta	bart	bāri	bāri	bære	*bǣri	bart
3.	*bʰóre	bar	bar	bar	bær	*bar	bar
1. Pl.	*bʰērumé	bērum	bārum	bārun	bæron	*bǣrum	bárum
2.	*bʰēruté	bēruþ	bārut	,,	,,	*bǣruđ	báruþ
3.	*bʰērúnd	bērun	bārun	,,	,,	*bǣrun	báru

Optativ							
1. Sg.	*bʰērjḗm	bērjau	bāri	bāri	bære	*bǣrī	bǽra
2.	*bʰērjḗs	bēreis	bārīs	bāris	,,	*bǣrī	bǽrir
3.	*bʰērjḗt	bēri	bāri	bāri	,,	*bǣrī	bǽri
1. Pl.	*bʰērīmé	bēreima	bārīm	bārin	bæren	*bǣrīm	bǽrim
2.	*bʰērīté	bēreiþ	bārīt	,,	,,	*bǣrīđ	bǽriþ
3.	*bʰērīné	bēreina	bārīn	,,	,,	*bǣrīn	bǽri

Hier gibt es wenigstens zu den indikativischen Singularformen mit qualitativem Ablaut Entsprechungen im Altindischen, nämlich die Form der 1.und 3. Person *ja-bhára* (mit Reduplikation), jene der 2. Person kann als *jabhártha* erschlossen werden. Für die 3. Person Singular bieten sogar sowohl die drei voralthochdeutschen Runeninschriften von Freilaubersheim, Neudingen und Pforzen die Form *wraet, uraet* „ritzte" (zu *wrītan*, vgl. dazu genau spärturn. *warAit*, s. dazu Seite 29). Im Plural hat das Altindische wie bei den Perfektopräsentia Formen mit nullstufiger Wurzelsilbe, darunter jene der 3. Person *jabhrúḥ* beibehalten, das Germanische jedoch dehnstufiges *ē* als Wurzelvokal (auch im Optativ) wie bei allen starken Verben der 4. und 5. Klasse durchgeführt, das mit dehnstufigen Perfekta im Lateinischen und Präterita thematischer Verben im Baltischen verglichen wurde, s. dazu Genaueres auf Seite 143f.; in der 1. bis 3. Klasse wiederum hat das Germanische im Plural wie im gesamten Optativ nullstufige Wurzel wie bei den Präteritopräsen-tia bewahrt. Im Bereich des starken Präteritums hebt sich das Westgermanische von seinen Nächstverwandten zweifach ab. Zum einen wurden die Formen der 2. Person Singular des Indikativs auf *-t*, wie sie noch bei den Präteritopräsentien vorliegen, durch offensichtlich alte Aoristformen ersetzt, die ursprünglich nullstufige Wurzel hatten, z. B. ahd. *stigi* = ags. *stige* „stiegst" (zu *stīgan*, aus wgerm. **stigi*), s. dazu Seite 139f.; in der 4. und 5. Stammklasse wurde die Nullstufe freilich analog zu den Pluralformen durch Dehnstufe ersetzt, wie sie in ahd., as. *bāri* = ags. *bǣre* erscheint. Zum andern hat das Westgermanische mit den auf wgerm. **bǣrī* zurück-gehenden Formen offensichtlich die ältere präteritale Optativform der 1. Person Singular bewahrt, was durch die Flexion des Optativ Präsens des athematischen Verbs für „sein" bestätigt wird (s. Seite 169f.), während das Gotische und Altnordische mit *bērjau* bzw. *bǽra* Analogiebildungen

137

nach dem Präsens geschaffen haben[284]. Der Optativ weist also ursprünglich schwundstufiges -ī- wie im Präsens der athematischen Verben und der Präteritopräsentien auf, aber dieselben Endungen der präsentischen Optativformen.

3.6.1.3. Relikte des Aoristsystems

Im Gegensatz zu den älteren indogermanischen Sprachen wie dem Indoiranischen und Griechischen sowie dem Armenischen, Albanischen und Slawischen haben die nördlichen alteuropäischen Sprachen das Aoristsystem verloren (das Baltische gänzlich). In den italischen und keltischen Sprachen ist der sigmatische Aorist mit dem Perfekt zu einer Präteritalkategorie kontaminiert worden, doch finden sich dort noch vereinzelte asigmatische Reliktformen.

In den westgermanischen Sprachen gibt es im Gegensatz zum Gotischen und Nordischen unter den starken Verben noch ganz vereinzelte Formen, die Relikte des Aoristsystems darstellen, da deren Stämme sowohl von jenen des Präsenssystems als auch des Präteritalsystems (als einstigen Perfekts) abweichen[285]. Dass sich diese Reste ebenso wie jene des Passivs unter den starken Verben befinden, beruht nicht auf Zufall, sondern auf deren vielfach indogermanischer Herkunft (im Gegensatz zu den rezenteren schwachen Verben) und auf deren größerer Häufigkeit (im Gegensatz zu den athematischen Verben).

So wird im Althochdeutschen der Prohibitiv (häufig in der Übersetzung des Tatian für lat. *noli, nolite*) mit Negation und auxiliaren Verbalformen *curi*, Plural *curet* (seltener *curit*) + Infinitiv wiedergegeben, z. B. zu Luk. 2,10: *ni curet iu forhten* „nolite timere". Die Form *curet* kann problemlos als archaischer (thematischer) Injunktiv oder auch Imperativ, *curit* als Optativ Aorist zu dem thematischen Verbum der zweiten starken Stammklasse ahd. *kiosan* „wählen, auswählen" (= ags. *cēosan*, got. *kiusan* „wählen, prüfen" usw., vgl. gr. γεύειν „kosten lassen", s. Seite 149) interpretiert werden, während *curi* zweideutig ist[286]. Als Vorformen wären somit für den Aorist Indikativ wgerm. **kuzi*, **kuzid* (aus spg. **kuzez*, **kuzeđe*, prg. **gusés*, **guéte*) und den Optativ **kuzīd* (aus spg. **kuzīđe* und prg. **gusīté*) zu rekonstruieren; die nichtoptativischen Formen stehen somit zum dazugehörigen Verbum mit hochstufiger Wurzel im Präsens im entsprechenden Verhältnis wie der Aorist gr. ἔφυγον zu φεύγω „fliehe". Dass im Plural eine Optativform suppletiv in die Funktion als Prohibitiv eintreten konnte, dafür bietet das Gotische mit den ebenfalls prohibitiven Imperativformen (im Plural sogar an derselben Lukas-Stelle) *ni ogs, ni ogeiþ* „fürchte dich/fürchtet euch nicht" eine überzeugende Parallele (zur konjunktivischen Singularform s. Seite 168).

---

284 Siehe diese Erklärung bei Krahe 1965: 109f.
285 Siehe zu den germ. Relikten des Aoristes Euler 1992: 22–24.
286 Meid (1971: 13f.) und Lühr (1984: 71, A. 122) interpretieren die Formen beider Numeri als Injunktive, ersterer zugleich als Aoriste; anders Euler 1992: 24: ursprünglicher Konjunktiv.

3.6. Flexion und Stammbildung der Verben

Im Altenglischen finden sich neben den präsentischen Optativformen *come* und *comen* auch *cyme* und *cymen*, deren Stamm weder mit dem Präsensstamm noch den ursprünglich perfektischen Präteritalstämmen übereinstimmt und somit am Besten als Aorist interpretiert werden kann, obwohl diese Formen funktionsgleich mit den genannten Präsensformen verwendet werden. Einen Beleg bietet das Beowulf am Ende in V. 3106:

Sie sio bǣr gearoǣdre geǣfned, þone wē ūt cymen.
„Die Bahre soll bereitstehen, eilends fertiggestellt, wenn wir hinauskommen."

Hier könnte diese Form sogar auch funktional als aoristisch interpretiert werden, da mit dem Herauskommen ja eine punktuelle Handlung geplant ist.Tatsächlich stehen diese Optativformen, die nur ursprünglich nullstufiges spg. **kumī-* fortsetzen können, keineswegs isoliert da, vielmehr gibt es auch im Altindischen Aoristformen zum Verbum *gácchati* „geht", nämlich im Indikativ *ágan* „ging" und Optativformen mit ebenfalls nullstufiger Wurzel *gamyā́ḥ* (2. Person Singular, auch Prekativ, mit Optativformans wie bei athematischen Verben) sowie *gameyam*, *gamema* (1. Person Singular und Plural). Zugrunde liegt all diesen Reliktformen ein athematischer Aoriststamm idg. **gʷm̥-*. Allerdings kann auch *coman* wie an. *koma* als ursprünglicher thematischer Aorist (im Gegensatz zu ahd. *queman*, got. *qiman*) beurteilt werden – und damit wären die „präsentische" Optativform *come*, *comen* auf wgerm. **kumai-*, die eindeutig aoristischen Formen hingegen auf **kumī-* zurückzuführen, so dass sie in einem entsprechenden Verhältnis zueinander stünden wie ai. *gamema* zu *gamyā́ḥ*. In diesem Fall würde sich das Präsens nur durch seine thematische Flexion im Indikativ und den Optativ mit den Endungen der thematischen Verben von den echten Aoristformen mit Optativendungen der athematischen Verben unterscheiden[287]. Den altindisch-westgermanischen Vergleich bestätigt indirekt das Altlateinische mit Reliktformen zu *venīre*, *ēvenat* „möge hervorgehen" und *advenat* „(dass er) ankommt" (beide Formen bei Plautus belegt), hier handelt es sich um konjunktivische Aoriste neben dem Präsensstamm *venī-* und dem Perfektstamm *vēn-*.[288]

Darüber hinaus wurden die Formen der 2. Person Singular des indikativischen Präteritums auf *-i* in den westgermanischen Sprachen aus gutem Grund als einstige Aoriste interpretiert, unter denen jene der Verben der 1. Klasse sich tatsächlich formal mit Aoristen im Griechischen decken, vgl. etwa ahd. *stigi* = ags. *stige* „stiegst" genau mit ἔστιχες „schrittest" und ahd. *liwi* = ags. *lige* (mit analogem g) „liehst" mit ἔλιπες „verließest"[289]. Für das Westgermanische können demnach die Formen **stigi* und **liwi* angesetzt werden, die dort die ursprünglichen Per-

---

287 Siehe zum Verhältnis der ags. Formen zu den altindischen Bammesberger 1984: 11f., der *coman* (im Gegensatz zu ahd. *queman*) als thematischen Aorist beurteilt, sowie allgemein Euler 1992: 23f.
288 Siehe zu *-venat* Euler 1992: 27 mi Literatur.
289 Siehe zum Vergleich des griechischen Wurzelaorists mit der 2. Sg. Prät. im Westgermanischen Hirt 1932:152f., der außer der Entsprechung *bugi* = ἔφυγες auch *stigi* = ἔστιχες und *liwi* = ἔλιπες anführt; zustimmend Meid 1971: 13ff., der auf die formale Nähe von perfektischem **bhughmé* (Plural zu **bhóugha*) und aoristischem

fektformen auf -*t* verdrängt haben müssen. Sicher analog gebildet sind aber die entsprechenden Formen der 2. Person zu den Verben der 4. und 5. Klasse mit dehnstufiger Wurzel wie im Plural und Optativ, s. hierzu Seite 137.

Im Germanischen hätte zu einem thematischen Verbum der 2. Klasse wie prg. **géusō*, spg. **keusō* „ich wähle" (1. Sg. Präs., daraus got. *kiusa*, ahd. *kiosu* usw.) der Aorist somit wie folgt gelautet:

Indikativ	Prg.	Spg.	Wgerm.	Ahd.
1. Sg.	*gusón	*kuzan		
2.	*gusés	*kuzez	*kuzi	curi
3.	*guséd	*kuze		
1. Pl.	*gusóme	*kuzume		
2.	*guséte	*kuzeđe	*kuzeđ	curet
3.	*gusónd	*kuzan		

Optativ	Prg.	Spg.	Wgerm.	Ahd.	(Ags.)
1. Sg.	*gusjḗn	*kuzīn	*kuzī		
2.	*gusjḗs	*kuzīz	*kuzī	curi	
3.	*gusjḗd	*kuzī	*kuzī		
1. Pl.	*gusīmḗ	*kuzīme	*kuzīm		
2.	*gusītḗ	*kuzīđe	*kuzīđ	curit	
3.	*gusīnd	*kuzīne	*kuzīn		(cymen)

Wie sehr etwa das einstige germanische Aoristparadigma von **stéig^{h}ō*, **stig^{h}ón* mit dem thematischen Aorist gr. ἔστιχον kongruieren würde, sei zusätzlich in der folgenden Tabelle verdeutlicht:

Indikativ	Gr.	Prg.	Spg.	Wgerm.	Ahd.
1. Sg.	ἔστιχον	*stig^{h}ón	*stigan		
2.	ἔστιχες	*stig^{h}és	*stigez	*stigi	stigi
3.	ἔστιχε	*stig^{h}éd	*stige		
1. Pl.	ἐστίχομεν	*stig^{h}óme	*stigume		
2.	ἐστίχετε	*stig^{h}éte	*stigeđe		
3.	ἔστιχον	*stig^{h}ónd	*stigan		

Spätestens jetzt wird klar, warum das ursprüngliche Perfektsystem das Aoristsystem verdrängt hat: Im Optativ sowie in der 1. Person Plural des Indikativs hatten die schwundstufigen Verbalformen des Perfekts wenigstens im Späturgermanischen nicht mehr anders gelautet als jene des Aorists (was bereits Meid 1971 angenommen hatte, s. dazu Anm. 289); im Singular des Indikativs wurden dann die hochstufigen Formen mit qualitativem Ablaut spg. **staig, staigt* bevorzugt (siehe

---

*bhugh(o)mé verweist, und Euler 1992: 22; anders Bammesberger 1986b: 47, der in diesen Formen der 2. Sg. alte Optative vermutet.

die Stammformen der 1. starken Verbalklasse auf Seite 142). Damit aber setzte sich im Germanischen wie im Indoiranischen das Perfekt als Vergangenheitstempus auf Kosten des Aoristes endgültig durch[290].

3.6.1.4. Präteritalpartizip

Das Präteritalpartizip wurde im Protogermanischen bei den starken Verben unabhängig vom Präteritum mit der Nullstufe und dem Suffix *-ono- und bei den athematischen Verben mit langvokalischer Wurzel und *-no- gebildet. Trotz Entsprechungen im Indoiranischen gibt es dazu keine sichere indogermanisch ererbte Gleichung. Die Entsprechung von got. waúrdans, ahd. giwortan usw. mit ai. vávṛtāna- (Partizipien zu waírþan, werdan bzw. vártate „dreht sich") muss wegen formaler und inhaltlicher Diskrepanzen zu anderen indogermanischen Sprachen viel eher eine unabhängige Parallelbildung angesehen werden, bestenfalls ist der Ansatz prg. *wurtonós begründet. Jünger ist wohl die Ablautstufe des Partizipialsuffixes prg. *-eno-, spg. *-ina- in ags. geworden wie in den urnordischen Formen slaginaR „erschlagen", haitinaR „geheißen"; doch finden sich auch im Altnordischen noch Formen mit a-Umlaut wie beðinn[291], die auf eine ältere Dublette urn. *-ana- schließen lassen. Dieses Nasalsuffix findet sich auch ganz analog im Götternamen an. óðinn und ags. Wōden gegenüber ahd. Wuotan wieder; außerdem gibt es im Gotischen noch relikthafte Partizipialbildungen wie fulgins „verborgen" zu filhan „verbergen"[292]. Ansonsten ließen sich unter den Partizipien der thematischen Verben allenfalls ags. wegen zu wegan „bewegen, bringen" etymologisch mit aksl. vezenъ (zu vezti, 3. Sg. Präs. vezetъ „fahren") lautlich genau vergleichen. Zu dem Verbum für „tragen" lauten die Partizipialformen got. baúrans, ahd., as. giboran, ags. boren (aus wgerm. *buranā) und an. borinn (wie beðenn mit a-Umlaut).

3.6.1.5. Die Stammklassen der starken Verben

Die Gruppe der starken Verben besteht wie gesagt aus insgesamt sieben Stammklassen. Diese werden im Folgenden mit den Stammformen des Präsens (Infinitiv und in den westgermanischen Sprachen bei sekundärer Abweichung im Wurzelvokalismus auch die 1. Person Sg.), des Präteritums (1. Sg. + Pl.) und des Partizips Präteritum aufgelistet. Da das Gotische den ältesten Lautstand bietet, wird es jeweils vorangestellt. Hier werden bevorzugt Verben mit außergermanischen Parallelen aufgeführt, die die Herkunft des Präteritums aus dem indogermanischen

---

290 Siehe dazu jetzt Euler/Badenheuer 2009: 168f.
291 Siehe zu beðinn Heusler 1967: 106, der eine Entwicklung *-ann zu *-enn annimmt, wahrscheinlicher ist jedoch ein Nebeneinander von Dubletten urn. *-anaR aus dem Urgerm. und *-inaR (bereits in haitinaR „geheißen").
292 Siehe zu den urnordischen Formen mit dem Vergleich in anderen germ. Sprachen Nielsen 2000a: 164f.

Perfekt zusätzlich veranschaulichen. Innerhalb der 1., 2. und 3. Klasse weisen in der Regel das Präteritum im Singular qualitative Abtönung, dessen Plural und Optativ sowie das Partizip Präteritum Nullstufe im Wurzelvokalismus auf (in Übereinstimmung mit dem Altindischen in Präsens und Perfekt), in der 4. und 5. Klasse erscheint jedoch im Präteritum Plural sowie in dessen Optativ Dehnstufe mit -ē-, die mit etymologischen Entsprechungen im Lateinischen und in den ostbaltischen Sprachen verglichen wurde (s. dazu Seite 143f.). Die Verben der 6. Klasse enthalten im Präsens und Partizip Präteritum grundsätzlich -a- (aus idg. *-a-, *-o- oder *-ə-) und im Präteritum durchweg dehnstufiges -ō-. Auch die Verben der 7. Klasse haben im Präsens und Partizip Präteritum denselben Wurzelvokal, ebenso ursprünglich im reduplizierten Präteritum, innerhalb des West- und Nordgermanischen jedoch vorwiegend sog. $ē_2$ (s. Seite 145f.). Das Altenglische und das Nordische weichen aufgrund zahlreicher phonologischer Sonderentwicklungen, die teilweise in der anglofriesischen Stufe erfolgten, lautlich vielfach von den anderen germanischen Sprachen ab; dies betrifft vor allem den Vokalismus (Brechung von e zu eo vor r + Okklusiv, Weiterentwicklung von urg. *ai und *au zu ā bzw. ēa sowie *eu zu ēo). Wenigstens zu jeweils einem Verb der einzelnen Stammklassen werden daher auch westgermanische Rekonstrukte angeführt.

1) **Typus *TeiT*:**
   Got. *beidan*, Prät. *baiþ, bidum*, Part. Prät. *bidans* „warten" = ahd. *bītan*, Prät. *beit, bitum*, Part. *gibitan* „warten, hoffen" = as. *bīdan*, Prät. *bēd, bidun*, Part. *gibidan* = ags. *bīdan*, Prät. *bād, bidon*, Part. *biden* „warten" aus wgerm. **bīdană*, Prät. **baed, *bidum*, Part. **bidană* = an. *bíða*, Prät. *beit, biðum*, Part. *beðinn* (mit *a*-Umlaut) „warten, erdulden", alle aus idg. und prg. *$*b^hēid^hō$* (1. Sg. Präsens), $b^hóid^ha$ (1. Sg. Perfekt), vgl. dazu lat. *fīdere, -ō* „vertrauen" und gr. πείθω „überrede, überzeuge", Medium πείθομαι „lasse mich überreden, gehorche", Perfekt πέποιθα „vertraue". Mit derselben Flexion got. *beitan* „beißen" = ahd. *bīzzan* „beißen, stechen, quälen" = as., ags. *bītan* = an. *bíta* (mit Part. *bitinn* „beißen" ohne *a*-Umlaut), vgl. dazu gr. φείδομαι „spare" (Medium, eig. „schneide knauserig ab, verwende nur einen abgespaltenen Teil"[293]) sowie an Nasalpräsentien athematisches ai. *bhinátti*, Perf. *bi-bhéda* (aus indoiran *bi-bháida*) „spaltet" und lat. *findere, -ō* (Perf. *fidī* mit Nullstufe) „spalten". Ebenso got. *steigan*, ahd. *stīgan*, ags. *stīgan*, an. *stíga* „steigen", vgl. dazu gr. στείχω „steige, schreite" (Aorist ἔστιχον, vgl. dazu das Präteritum 2. Sg., ahd. *stigi*, s. Seite 139) und air. *tíagu* „gehe".

2) **Typus TeuT:**
   Got. *ana-biudan*, Prät. *-bauþ, -budum*, Prät. *-budans* „befehlen", vgl. ahd. *biotan*, 1. Sg. Präs. *biutu*, Prät. *bōt* (mit *ō* aus **au* vor Dental), *butum*, Part. *gibotan* „(an)bieten, verkündigen" = as. *biodan*, 1. Sg. Präs. *biudu*, Prät. *bōd, budun*, Part. *gibodan* „bieten, gebieten" = ags. *biodan*, 1. Sg. Präs. *biudu*,

---

293 Zu φείδομαι s. Frisk 1973: 1000, ebenfalls positiv hierzu Rix 1998: 56.

Prät. *bēad* (mit *ēa* aus **au*), *budon*, Part. *boden* aus wgerm. **beudană*, Prät. **baod̄*, **budum*, Part. **budană* = an. *bjóđa* „bieten", aus idg. und prg. **bʰeudʰō*, etwa „wach, aufmerksam werden"²⁹⁴, vgl. dazu ai. *bódhati*, Part. Perf. *bu-budhāná-* „wacht, beachtet, versteht", aksl. *bl'usti*, 1. Sg. *bl'udǫ* „wahren, behüten", mit Nasalinfix gr. πυνθάνεσθαι und poet. πεύθεσθαι „erfahren, erkunden". Got. *biugan* „sich beugen" mit entsprechenden Stammformen = ahd. *biogan*, Präs. *biugu*, Prät. *boug, bugum*, Part. *gibogan* „biegen". Formal stimmt gr. φεύγω „fliehe" mit dem Perf. πέφευγα „bin geflohen" (bis auf die Media γ gegenüber germ. *g* aus idg. **gʰ*) mit dem Germanischen überein, wobei für das Perfekt freilich **πέφουγα* zu erwarten wäre, vgl. auch lat. *fugere, -iō*, Perf. *fūgī* (jedoch mit Präsens auf *-iō*). Den Aorist, genauer die 2. Sg. ἔφυγες verglich Hirt sogar mit nullstufigem ahd. *bugi* „du bogst", s. dazu Anm. 289.

3) **Typus *TeLT, TeNT, TeKT*:**
Got. *bindan*, Prät. *band, bundum*, Part.Prät. *bundans* = ahd. *bintan*, Prät. *bant, buntum*, Part. *gibuntan* = as. *bindan*, Prät. *band, bundun*, Part.Prät. *gibundan* = ags. *bindan*, Prät. *band (bond), bundon*, Part. *bunden* aus wgerm. **bindană*, Prät. **band, *bundum*, Part. **bundană* = an. *binda* „binden" aus idg. und prg. **bʰéndʰō*, vgl. ai. *badhnáti* und ep. *bandhati* „bindet". Zu got.*wairþan* = ahd. *werdan* usw. s. Seite 149. Außerdem ahd. *flehtan*, Präs. *flihtu*, Prät. *flaht, fluhtum*, Part. *giflohtan* = ags. *flehtan* mit entsprechenden Stammformen „flechten" aus westidg. und prg. **plektō*, = lat. *plectere, -ō* „ds.", vgl. dagegen gr. πλέκειν „ds." ohne dentalen Stammauslaut.

4) **Typus *TeL, TeN, TLeT*:**
Got. *bairan*, Prät. *bar, bērum*, Part.Prät. *baúrans* = ahd., as. *beran*, Präs. 1. Sg. *biru*, Prät. *bar, bārun*, Part. *giboran* = ags. *beran*, Prät. *bær, bǣron*, Part. *boren* aus wgerm. **berană*, Prät. **bar, *bǣrum*, Part. **borană* = an. *bera*, Prät. *bar, bárum*, Part. *borinn* „tragen" aus idg. und prg. **bʰérō*, = lat. *ferre, -ō*, gr. φέρειν, ai. *bhárati*, Perf. *ja-bhára* „ds.". Got. *niman*, Prät. *nam, nēmum*, Part. *numans* = ahd. *neman*, Präs. 1. Sg. *nimu*, Prät. *nam, nāmun*, Part. *ginoman* = ags. *niman*, Prät. *nōm (nam), nōmun*, Part. *nomen* „nehmen" = an. *nema* „nehmen, lernen" (vgl. dazu auch urn. *un-nam* „unternahm")²⁹⁵, aus idg. und prg. **némō*, vgl. dazu genau lett. *ņemt*, Präs. 1. Sg. *ņemu*, Prät. *ņēma* und ohne Nasalanlaut lit. *iñti, imù*, Prät. *ėmiaũ*, aber mit entgegengesetzter Bedeutung gr. νέμειν „zuteilen", aus idg. und prg. **némō* „zuteilen" (der Bedeutungswechsel erfolgte offenbar über das Medium „sich zuteilen lassen"). Ohne außergermanische Parallelen mit Themavokal got. *qiman* = ahd. *queman* mit entsprechenden Stammformen = as. *kuman*, Prät. *quam, quāmun*, Part. *kuman* = ags. *cuman*, Prät. *c(w)ōm, c(w)ōmon* (mit durchgeführtem *ō* wie in der

---
[294] Siehe diesen Bedeutungsansatz bei Rix 1998: 66.
[295] Inschrift von Reistad: *ek wakraR unnam wraita* „ich, der Wackere, unternahm das Schreiben" (Norwegen, Ende 5. Jahrh.; s. Krause Nr. 74)

6. Stammklasse), Part. *cumen (cymen)* = an. *koma* „kommen" (letztere wohl mit aoristischem Stamm, s. Seite 139), aus prg. **gʷémō*, vgl. zu diesem Verb im Präteritum Singular ai. *gácchati* (mit Iterativsuffix), Perf. *ja-gáma* „ds.", aber zum Plural des Präteritums mit Dehnstufe lat. *venīre, veniō* mit Perf. *vēnī* „kommen"[296]. Got. *brikan* = ahd. *brehhan* = as. *brekan* = ags. *brecan* „brechen" hat Stammformen mit demselben Wurzelvokalismus wie das Verbum „nehmen", vgl. dazu lat. *frangere* „brechen" mit dem Perfekt *frēgī*.

5) **Typus *TeT*:**
Got. *ga-wigan*, Prät. *-wag, -wēgum*, Part.Prät. *-wigans* = ahd. *wegan*, Präs. 1. Sg. *wigu*, Prät. *wag, wāgum*, Part. *gawigan* „bewegen, wiegen" = as. *wegan* „tragen" (Stammformen wie im Ahd.) = ags. *wegan*, Prät. *wæg, wǣgon*, Part. *wegen* „tragen" aus wgerm. **wegană*, Prät. **wag, *wǣgum*, Part. **wegană*, prg. **wéǵʰō*, vgl. genau ai. *váhati* „fährt", lat. *vehere, -ō*, lit. *vèžti, -ù* und aksl. *vesti, vezǫ* mit Part. Prät. *vezenъ*, alle „fahren" aus idg. **wéǵʰō*. Ein ursprünglich athematisches Verb liegt vor in got. *itan*, Prät. *ēt, ētum*, Part. Prät. *itans* = ahd. *ezzan*, Präs. 1. Sg. *izzu*, Prät. *āz, āzzum*, Part. *gezzan* = as. *etan* (Wurzelvokalismus wie im Ahd.) = ags. *etan*, Prät. *ǣt, ǣton*, Part. *eten* = an. *eta*, Prät. *át, átum*, Prät. *etinn* „essen" aus prg. **édō*, Prät. **éda* (mit durchgängigem Langvokal im Präteritum), vgl. genau lat. *edere, -ō*, Perf. *ēdī* „essen" und (mit Dehnstufe auch im Präsens) lett. *ēst, ēdu*, Prät. *ēda*[297], aber vgl. die noch athematische Bildung in ai. *ádmi*, heth. *etmi* „esse" sowie alat. *com-ēs, -ēst* (Präsens) und Konjunktiv *edim*, alle aus idg. **(h₁)édmi*, Perf. **éda, (h₁)é(h₁)da*. Der Übergang in die thematische Flexion erfolgte also noch nicht im Indogermanischen, und er ging wahrscheinlich von prg. **édō* „ich esse jetzt" im präsentischen und zugleich voluntativen Sinn aus.

6) **Typus *TaT*** (mit Wurzelvokal aus idg. **a, *o* und *ə*[298]):
Got. *skaban*, Prät. *skōf*, Part. Prät. *skabans* „schaben, scheren" = ahd. *skaban*, Prät. *skuof*, Part. Prät. *gi-skaban* „schaben, ausradieren" = as. *skaban* (mit Stammformen wie das Ahd., aber sc. Prät. *scōf*) = ags. *sc(e)afan*, Prät. *scōf*, Part. Prät. *sc(e)afen* „schaben, kratzen" aus wgerm. **skabană*, Prät. **skōb, *skōbum*, Part. **skabană* und an. *skafa* „schaben" aus prg. und westidg. **skábʰō*, vgl. lat. *scabere, -ō*, Perf. *scābī* „schaben, kratzen". Neben diesen

---

[296] Zum Verhältnis der Singularformen mit *a*-Hochstufe zu den Pluralformen mit *ē*-Dehnstufe im Germanischen s. Polomé 1964: 873, der an einen Ersatz von **burun, -up, -un* durch dehnstufige Formen denkt, und Meid 1971: 54, der von einer „Mischflexion" spricht; Schmid (1966: 295f. und 1994: 356) sieht sogar eine Verwandtschaft der germ. Pluralformen mit den dehnstufigen Präterita thematischer Verben im Baltischen (Litauischen). Anders Bammesberger 1996: 38f., der die *ē*-Formen wie in got. *gēbum* zu *giban* als Analogien zu den Präterita mit *-ō-* der starken Verben der 6. Klasse (wie in ags. *hlōd* zu *hladan*) erklärt, und Mottausch 2000: 54, der eine Ausbreitung des *ē*-Vokals von *ēt-* „aß" (aus **e-at-*) auch auf die 4. Verbalklasse vermutet.
[297] Das *ē* in *ēt-* kann aus **e-ed-* oder **He-Hd-*, also aus Reduplikation und vielleicht schwundstufiger Wurzel hergeleitet werden; anders Bammesberger 1986b: 57, der an ein augmentiertes Imperfekt denkt (für das Germanische kaum glaubhaft), sowie Mottausch 2000: 53, der **-ǣ-* als „Vorbild für die Stammgestaltung" der 4. und 5. starken Verbalklasse im Germanischen annimmt.
[298] Siehe eine Liste der Verben der 6. Klasse aller drei Untergruppen bei Meid 1971: 57–59.

Verben mit indogermanisch ererbtem *a in der Wurzelsilbe gab es auch solche mit einstigem *o, z. B. *faran* „wandern" (got.) „fahren" (ahd., as.), „gehen, fahren" (ags.), an. *fara* „fahren, reisen" (alle mit den entsprechenden Stammformen wie das Verb für „schaben"), aus prg. *pórō, vgl. dazu ai. *píparti* „fährt hinüber, setzt über"; außerdem got., ahd., as. *malan*, an. *mala* „mahlen" aus prg. *mólō = lat. *molere*, ferner lit. *málti* (Präs. *malù*) und heth. *malli, mallizzi* „ds." sowie solche mit ursprünglichem *-ə- (Schwa), darunter got., as., ags. *standan*, ahd. *stantan*, an. *standa* „stehen" mit sekundärem Nasalinfix, zu dessen Grundlagen mit seinem archaischen Präteritum got. *stōþ*, as., ags. *stōd* (aber vgl. ahd. *stuont* mit durchgeführtem Nasal) s. Seite 175–177[299].

7) Die Klasse der Verben mit redupliziertem Präteritum besteht aus Paradigmen mit unterschiedlichen Wurzelstrukturem im Präsens, nämlich von den Typen *TaiT, TauT, TaLT, TaNT* wie auch *TēT, TōT* und *Tē, Tō*, die hier jedoch nicht alle einzeln behandelt werden[300]. Während diese Verben im Gotischen noch die volle Reduplikation enthalten, wurde diese im West- und Nordgermanischen letztlich größtenteils durch das sog. $ē_2$ ersetzt, das im Althochdeutschen zu *ia* gebrochen wurde (s. dazu Seite 42); dennoch tauchen vor allem in den westgermanischen Sprachen vereinzelte Reliktformen mit **Reduplikation**, aber verkürzter Wurzel auf, die im Folgenden durch **Fettdruck** hervorgehoben werden[301]. In der folgenden Aufstellung werden die wichtigsten Vertreter der einzelnen Gruppen vorgeführt.

a) Typus *TaiT*

Got. *haitan*, Prät. *haíhait*, Part.Prät. *haitans* = ahd. *heizan*, Prät. *hiaz*, Part. *gi-heizan* = as. *hētan*, Prät. *hēt (hiet)*, Part. *hētan* = ags. *hātan*, Prät. *hēt*, **heht**, Part. *hāten* aus wgerm. *χaetană, Prät. *χeχaet, Pl. *χeχtum = an. *heita*, Prät. *hét*, Part. *heitinn* (= urn. *haitinaR*; Stein von Kalleby, um 400, Krause Nr. 64) „heißen" (auch intransitiv, zu den Passivformen s. Seite 135f.)[302].

b) Typus *TauT*

Got. *hlaupan*, Prät. *haí-hlaup* = ahd. *loufan*, Prät. *liof* = as. *hlōpan*, Prät. *hleop* „laufen" = ags. *hlēapan* „springen" aus wgerm. *χlaopană, Prät. *$χlē_2op$ = an. *hliópa*, Prät. *hlióp* „laufen". Got. *stautan*, Prät. *staí-staut* = ahd. *stōzzan*, Prät. **sterōz** = as. *stōtan*, Prät. *steot* aus wgerm. *staotană,

---

299 Im an. Part. Prät. *staþenn* erscheint noch der bloße schwundstufige Stamm wie in lat. *status*, gr. στατός aus idg. *stəˌtós, s. zu *standan* G. Schmidt 1984: 217–220.
300 Siehe eine Liste dieser Typen der siebten Klasse bei Meid 1971: 103. Eine ausführliche Untersuchung der reduplizierenden Verben bietet jetzt Mottausch 1998, der vier Stufen der Entwicklung ansetzt: 1) volle Reduplikation, 2) Verlust der Wurzelsilbe, 3) Ausbildung von „Infixen" wie *-z- und 4) Bildung des Präteritums mit dem Stammvokal $ē_2$ (s. Aufstellung dort auf s. 44); die letzte Stufe unterteilt er wiederum in vier Stadien (S. 66f.); eine Zeittafel s. dort auf S. 77.
301 Beispiele s. bei Meid 1971: 101f., Rekonstrukte der Präteritalstämme S.103.
302 Siehe den Ansatz bereits für das Urg. *hehait, 3. Pl. *hehtun bei Bammesberger 1986b: 109.

*stezaot = an. stauta (in die schwachen Verben überführt) aus prg. *stóudō, vgl. dazu lat. tundere, -ō, Perf. tu-tudī „stoßen", ai. tudáti, Perf. tu-tóda „stößt", außerhalb des Germanischen liegt also nullstufige Wurzel vor, im Latein Nasalpräsens.

c) Typus TaLT, TaNT:

Got. haldan, Prät. *haí-hald = ahd. haltan, Prät. hialt = as. haldan, Prät. held = ags. healdan, Prät. hēold aus wgerm. *χaldană, Prät. *χē₂ald = an. halda „halten". Got. waldan = ahd. waltan = an. valda (dieses mit schwachem Präteritum olla aus urn. *wuldō) „herrschen, walten" aus prg. *wáldʰō = aksl. vlasti, Präs. vladǫ „ds.", vgl. dazu aber lat. valēre „stark sein, gelten" ohne den dentalen Stammauslaut. Beispiele mit nasalhaltigem Stamm sind got. fāhan = ahd., as. fangan = ags. fōn (s. dazu Seite 150 unter den Verben mit grammatischem Wechsel), und got. gaggan, ahd., as., ags. gangan, an. ganga, s. dazu Seite 173–175 unter dem athematischen Verbum für „gehen".

d) Typus TēT:

Got. slēpan, Prät. saí-slēp = ahd. slāfan, Prät. sliaf = as. slāpan, Prät. slēp = ags. slǣpan, Prät. slēp (daneben schwache Flexion slēpte) „schlafen" aus wgerm. *slǣpană, Prät. *slē₂p. Mit qualitativem Ablaut im Präteritum got. ga-rēdan, Prät. ga-raí-rōd „sorgen für" = ahd. rātan, Prät. riat =as. rādan, Prät. rēd = ags. rǣdan, Prät. rēd, reord „raten" aus wgerm. *rǣdană, Prät. *rē₂rod = an. ráða, Prät. réð „raten, bestimmen".

e) Typus Tē, Tō, Tū:

Hier liegen teilweise indogermanisch ererbte Verben mit ursprünglich langem Wurzelvokal im Auslaut vor, teilweise solche ohne einheitliche Grundlagen. Das erstere trifft zu für got. saian, Prät. saí-sō = as. sāian, Prät. seu[303] (daneben sāida, vgl. ahd. sāen, nur schwaches Prät. sāita) = ags. sāwan (mit analogem w vom Präteritum her), Prät. sēow (aus wgerm. *sēu?) = an. sá, Prät. sera (aus urn. *se-zō) „säen". Diese Parallelen basieren auf einem athematischen Verb vom Typus Tē mit langem Wurzelvokal, idg. *sē-, vgl. lit. sėti, aksl. sěti mit dem ja-Präsens sěju bzw. sějǫ (1. Sg.) wie ahd. sāen, aber auch lat. serere „säen" mit dem Perfekt sēvī, so dass eine Grundform idg. *sesēu angesetzt wurde; jedoch lässt sich das Präteritum ags. sēowun (Pl.) mit Bammesberger leichter aus spg. *sewwun < *sezwun erklären[304], daraus wgerm. *seuwun. Entsprechend flektiert das Verbum ags. cnāwan „kennen" mit dem Präteritum cnēow, das aufgrund des Stammauslautes seinerseits mit dem Perfekt lat. (g)nōvī (zu (g)nōscere „erkennen") und ai.

---

303 In as. obar-sēu „superseminavit", s. Bammesberger 1986b:144 mit Ansatz *seww-.
304 Die Theorie zum Präteritum mit -w- s. bei Meid 1971: 83, dagegen s. Nielsen 1981: 122f. und Bammesberger 1980: 13–17 und 1986b: 61f., die für das späte Urgermanische im Sg. *sezō, im Pl. *sezwun (als Grundlage von *sewwun, ags. sēowun) ansetzen; Mottausch (1998: 68) beurteilt -w- in *sē₂wun als Hiattilger.

ja-jñáu (zu *jānā́ti* „ds.") verglichen wurde[305], während ahd. *knāen* „ds." den rezenteren *jan*-Verben angehört und an. *kná* „kann" ganz nach dem Muster von *má* „vermag" umgebaut worden ist. Zugrunde liegt hier spg. **knē-*, vielleicht auch prg. **gnē-* und letztlich idg. *ĝneh₃-, ĝnō-* „erkennen"; im Westgermanischen hat der Präteritalstamm vielleicht **knēw-* gelautet. Mit *ō* als Wurzelvokal ags. *rōwan*, Prät. *rēow*, Pl. *rēwon* (analog zu den Verben mit *ā* als Wurzelvokal) = an. *róa*, Prät. *rera* (aus urn. **re-rō*) „rudern"; für das Westgermanische lässt sich das Präteritum nicht sicher ansetzen. Ahd. *būan*, Prät. 3. Pl. **biruun** „bauen, wohnen" (daneben schwaches Präteritum *būta*, vgl. auch as. *būan* mit Prät. *būida* und ags. *būan,* Prät. *būda* „wohnen" = an. *búa*, Prät. *bió* (pl. *biuggum*) „wohnen"; sicher sekundär gebildet ist die Form ahd. *biruun* mit *-r-*wie in *sterōz*, während für an. *bió*, vielleicht aus urn. **beu-* eine Vorform **be-bū* und für die westgermanischen Parallelen bereits ein schwaches Präteritum **būdā* denkbar wäre.

Unter den Reliktformen fallen vor allem jene mit *-r-* im Präteritum auf, von denen in der letzteren, ahd. *biruun* „bauten, wohnten" (zu *būan*), die Liquida von anderen Präterita her eingedrungen sein muss; ein weiteres Beispiele ist ahd. *pleruzzun* zu *blōzzan* „opfern", zum größeren Teil gehören diese Präterita mit *-r-* dem Alemannischen an. Im Altenglischen findet sich ebenso ein Verb mit unetymologischen *-r-* im Präteritum, nämlich *leort* „ließ" zu *lǣtan* (vielleicht auch aufgrund von Dissimilation von *l – l* zu *l – r*, vgl. dagegen got. *laí-lōt*)[306].

Neben diesen Verben auf bloßen Themavokal gibt es vereinzelte solche mit den Stammauslauten *-ja-* und *-na-*, die ersteren Verben weisen in den westgermanischen Sprachen lautgesetzliche Konsonantengemination vor *-j-* auf (s. dazu Seite 53f.). Indogermanischer Herkunft ist das Verbum für „bitten" mit derselben Flexion im Präsens wie die schwachen Verben der 1. Klasse (*jan*-Verben), got. *bidjan* = ahd. *bitten* = as. *biddian* = ags. *biddan* (wgerm. **biddjană*) = an. *biðja* aus spg. **biðjō*, prg. **gʷʰédʰjō* (1. Sg. Präs.), vgl. genau air. *guidid*, Prät. *gád* „bittet", gr. θέσσομαι und awest. *jaiδiiemi* „bitte" aus idg. **gʷʰédʰyō*. Ein weiteres Verb der 5. Stammklasse mit auslautendem *-ja-* im Präsens ist auf das West- und Nordgermanische beschränkt, während das Gotische bloßen, sicher indogermanisch ererbten Themavokal aufweist: got. *sitan*, Prät. *sat, sētum*, vgl. ahd. *sizzen*, Prät. *saz, sāzum* = as. *sittian*, Prät. *sat, sātun* = ags. *sittan*, Prät. *sæt, sǣton* (wgerm. **sittjană*, Prät. **sat, sǣtum*) = an. *sitia* „sitzen", vgl. zum Präteritum Sg. got. *sat,* ahd. *saz*, ags. *sæt* ai. *sádati*, Perf. *sa-sáda* „setzt sich", zum Plural got. *sētum*, ahd. *sāzum*, ags. *sǣton* lat. *sedēre*, Perf. *sēdī* „sitzen" (siehe zu diesem Ablautverhältnis im Präteritum Seite 143f. mit Anm. 296). Als Verbum der 6. Stammklasse wäre jenes für „heben" zu nennen, ahd. *heffen*,

---
305 Siehe Meid 1971: 83.
306 Siehe zu den *-r-*Präterita mit *-r-* im Ahd. Mottausch 1998: 60f., im Ags. S. 55.

Prät. *huob, huobun*, Part. Prät. *(ir)haban* = as. *heffian*, Prät. *hōf, hōbun, gihaban* = ags. *hebban*, Prät. *hōf*, Part. *hafen (hæfen)* = got. *hafjan*, Prät. *hōf* (wgerm. **χebbjană*, Prät. **χōb, χōbum*, Part. **χabană*). Wahrscheinlich der Klasse der reduplizierenden Verben gehört jenes für „pflügen" an: got. *aran*, Prät. **aíar*[307] = ahd. *erien (erren)*, Prät. *iar*, Part.Prät. *gi-aran* (aber auch mit schwachem Präteritum *erita* wie die *jan*-Verben, vgl. auch ags. *erian*, Prät. *erede* und an. *erja*) aus wgerm. **arjană*, Prät. **ear* „pflügen"[308], vgl. dazu im Präsens genau lit. *arti*, Präs. *ariù*, aksl. *orjati*; Präs. *orjǫ* und mir. *airim* „pflügen" aus idg. (alteur.) **aryeti*, aber mit anderem Stammauslaut lat. *arāre*, gr. ἀροῦν „ds.". Als starkes Verbum mit Nasalsuffix sei eines mit guter indogermanischer Etymologie, aber ohne genaue außergermanische Parallele herausgegriffen: got. *fraíhnan*, Prät. *frah, frēhum*, Part. Prät. *fraíhans* = as. *fregnan*, aber Prät. *frang* = ags. *frignan*, aber Prät. *frægn* (aus wgerm. **fregnană*, Prät. **fragn*?) = an. *fregna*, Prät. *frá* „fragen", vgl. dazu ahd. *fragēn* „ds." (und mit letzterem formal genauer lit. *prašýti*, aksl. *prositi* „bitten, verlangen"). Weitere Verben weisen einen nullstufigen Präsensstamm auf oder einen Langvokal analog zu einer anderen Stammklasse, darunter got. *ga-lūkan* „verschließen" = ahd. *lūchan* = as., ags. *lūkan* = an. *lúka* (daneben *liúka* mit analogem Diphthong) „schließen" mit -*ū*- anstelle des Diphthongs, aber Präteritalbildung wie die Verben der 2. Klasse.

Gleichzeitig befinden sich unter den starken Verben auch solche mit ursprünglicher Tenuis, die im späten Urgermanischen nach betonter Wurzelsilbe (im Präsenssystem und im Singular des Indikativ Präteritum) aspiriert und zur stimmlosen Spirans verschoben wurde, nach unbetonter Silbe (bei den übrigen Präteritalformen und dem Partizip Präteritum) jedoch gemäß der communis opinio über die Abfolge der mit dem Vernerschen und Grimmschen Gesetz beschriebenen Veränderungen ebenfalls zur stimmlosen Spirans verschoben, mit größerer Wahrscheinlichkeit aber bereits nach ihrer Aspiration zur Media aspirata abgeschwächt und danach zur stimmhaften Spirans verschoben wurde; siehe zur germanischen Lautverschiebung Seite 48–50. Auch der stimmlose Sibilant wurde analog dazu nach unbetonter Wurzelsilbe sonorisiert. Dieser sogenannte „grammatische Wechsel" zwischen stimmhafter und stimmloser Spirans aufgrund der einstigen Akzentverhältnisse im Protogermanischen tritt in den westgermanischen Sprachen noch am häufigsten zutage, während im Gotischen nahezu ausnahmslos und im Nordischen recht oft Ausgleiche zugunsten der stimmlosen Spirans erfolgten. Im Folgenden werden die auffälligsten Verben mit grammatischem Wechsel, also einstiger Tenuis im Stammauslaut, aufgeführt. Im Altenglischen und Altnordischen ist dieser Wechsel teilweise nur indirekt erkennbar, da in beiden Sprachen intervokalisches *h* geschwunden ist. Beispiele in der 4. Stammklasse fehlen.

---

[307] Siehe diesen Ansatz bei Krause 1968: 236.
[308] Nicht ganz überzeugend der Ansatz urg. **ē₂r* für ahd. *iar* bei Bammesberger (1986: 148) aufgrund des Wurzelvokals *a*- im Präsens.

3.6. Flexion und Stammbildung der Verben

1) **Typus *TeiT*:**
Ahd., as. *līhan* „(ver)leihen, hergeben", Präs. *līhu*, Prät. Sg. *lēh* (mit *ē* statt *ei* vor *h*), Pl. *liwun*, Part. Prät. *(gi-)liwan* aus wgerm. **līχană*, Prät. **laeχ*, Pl. **liwun*, mit *χ* aus labiovelarem idg. und prg. **kʷ* und *w* aus prg. **gʷʰ*, s. Seite 48) = ags. *lēon*, Prät. *lāh*, *ligon* (entweder analog nach anderen Verben ohne ursprünglichen Labiovelar mit -*g*- oder aufgrund ursprünglicher Dissimilation vor -*u*-[309]) = got. *leiƕan* „leihen" (ohne Belege von Präteritalformen) aus prg. **léikʷō* (1. Sg.), Perf. **lóikʷa*, Pl. **likʷumé*, vgl. dazu ai. *riṇákti* „lässt, überlässt", Perfekt *riréca*, Dual *riricáthuḥ*, sowie gr. λείπειν „zurücklassen" mit dem Perfekt λέλοιπα, und lat. *linquere* (ehemaliger Labiovelar). Ahd. *wīhan* (daneben *wīgan* mit verallgemeinertem *g* vom Präteritum her), Part. Prät. *giwigan* „kämpfen" = got. *weihan* aus prg. **wéikō*, vgl. dazu air. *fichid* „kämpft", aber auch mit Nasalinfix lat. *vincere*, *-ō*, Perfekt *vīcī* „(be)siegen". Ahd. *snīdan*, Prät. *sneid*, *snitum*, Part. Prät. *gisnitan* = as. *snīđan*, Prät. *sneiđ*, *snidun*, Part.Prät. *gisnidan* = ags. *snīþan*, Prät. *snāþ*, *snidon*, Part.Prät. *sniden* aus wgerm. **snīþană*, Prät. **snaeþ*, **sniđum*, Part. Prät. **sniđană* = got. *sneiþan* „schneiden".

2) **Typus *TeuT*:**
Ahd. *ziohan* „ziehen", Präs. *ziuhu*, Prät. Sg. *zōh* (mit *ō* statt *ao* vor *h*), Pl. *zugum*, Part. Prät. *gizogan* = as. *tiohan*, *tōh*, *tugun*, *gitogan* = ags. *tēon*, *tēah*, *tugon*, *togen* aus wgerm. **teuχană*, **taoχ*, **tugum*, **tugană* = got. *tiuhan* „ziehen" aus prg. **déukō* (1. Sg.), Perf. **dóuka*, Pl. **dukumé*; vgl. lat. *dūcere* „führen" (Velar). Ahd. *kiosan*, Präs. *kiusu*, Prät. *kōs*, *kurum*, Part. Prät. *gikoran* = ags. *cēosan*, *cēas*, *curon*, *coren* aus wgerm. **keusană*, **kaos*, **kuzum*, **kuzană* = got. *kiusan* „wählen" aus prg. **géusō*, vgl. genau gr. γεύω „lasse kosten", außerdem ai.-ved. *juṣáte* (Medium, mit Nullstufe), seltener *joṣati*, Perf. *ju-jóṣa* (pl. *jujuṣuḥ*) „hat Gefallen an".

3) **Typus *TeNT, TeLT*:**
Ahd. *werdan*, Präs. *wirdu*, Prät. *ward*, *wurtum*, Part. Prät. *giwortan* = as. *werđan*, Prät. *warđ*, *wurdun*, Part. *giwordan* = ags. *weorđan*, Prät. *wearđ*, *wurdon*, Part. *worden* aus wgerm. **werþană*, Prät. **warþ*, **wurđum*, Part. **worđană*) = got. *waírþan* „werden" aus prg. **wértō* (1. Sg.), Perf. **wórta*, Pl. **wurtumé*, vgl. lat. *vertere* „drehen, wenden", ai. *vártate* „dreht sich". Ahd. *findan*, Prät. *fand*, *funtum*, Part. Prät. *funtan* = as. *fīđan*, Prät. *fand*, *fundun*, Part. Prät. *funtan* = an. *finna*, Prät. *fann*, *fundum*, Part. *fundinn* (-*nn*- aus *-*nþ*-), aber ags. *findan* mit verallgemeinertem *-nd-* „finden".

4) **Typus *TeT*:**
Ahd., as. *wesan*, Prät. *was*, *wārun* = ags. *wesan*, Prät. *wæs*, *wǣron* aus wgerm. **wesană*, Prät. **was*, **wǣzum* = an. *vesa*, *vas*, *órum* „sein" = got. *wisan* „sein,

---

[309] Erstere Theorie s. bei Wright 1925: 265, letztere bei Ringe 2006: 265, der für die Pluralformen des Indikativs **lig-* (vor -*u*-), sonst **liw-* ansetzt.

149

bleiben", aus prg. *wḗsō (1. Sg.), Perf. *wósa, Pl. *wēsumé, vgl. ai. vásati „wohnt". Ahd. *quedan*, Prät. *quad, quātun*, Part. Prät. *giquetan* = as. *queđan, quađ, quādun, giquedan* = ags. *cweþan, cwæþ, cwǣdon, cweden* (aus wgerm. *kweþană, *kwaþ, *kwǣđum, *kweđană = got. *qiþan* „sprechen, sagen".

5) **Typus *TaT*:**
Ahd. *slahan*, Prät. *sluog, sluogum,* Part.Prät. *gislagan* = as. *slahan*, Prät. *slōg, slōgun,* Part.Prät. *gislagan* (daneben *gislegen*, vgl. dazu urn. *slaginaR* „erschlagen") = ags. *slēan*, Prät. *slōg, slōgon,* Part. Prät. *slǣgen* aus wgerm. *slaχană, Prät. *slōχ, *slōgum, Part. Prät. *slagană = an. *sló*, Prät. *sló, slógum,* Part. Prät. *slegenn* (urn. *slaginaR*, Inschrift von Möjbrö, um 450) = got. *slahan* „schlagen". Weniger klar ist der grammatische Wechsel im Verbum für „heben" mit Präsens auf *-ja-*, ahd. *heffen*, Prät. *huob, huobun,* Part. Prät. *(ir)haban* = as. *heffian*, Prät. *hōf, hōbun, gihaban* = ags. *hebban*, Prät. *hōf*, Part. *hafen (hæfen)* aus wgerm. *χabbjană, Prät. *χōb, *χōbum, Part. *χabană = got. *hafjan* „heben", aus prg. *kápjō (1. Sg.), Perf. *kápa, Pl. *kāpumé, vgl. lat. *capere*, Präs. *capiō*, aber Perf. *cēpī* „nehmen, ergreifen" (s. auch Seite 148).

6) **Typus *TaNT*:**
Ahd. *fāhan*, Prät. *fiang*, Part. Prät. *gi-fangan* = as. *fāhan*, Prät. *feng*, Part. *gifangan* = ags. *fōn*, Prät. *fěng*, Part. *fongen* aus wgerm. *faŋχană, Prät. *fē₂ŋg, Part. *faŋgană = an. *fá*, Prät. *fekk* (aus *feng*), Pl. *fengum,* Part. *fenginn* = got. *fāhan*, Prät. *faifāh* (mit verallgemeinertem *h*) „fangen".

Die westgermanischen Sprachen haben hier also mit dem fast voll erhaltenen grammatischen Wechsel trotz ihrer späteren Überlieferung einen archaischeren Zustand als das Gotische wie auch das Nordische bewahrt. Freilich wurde in einzelnen Verben etwa im Althochdeutschen der grammatische Wechsel wie im Gotischen beseitigt, z.B. im Verbum für „sehen", ahd. *sehan*, Prät. *sah, sāhum*, Part. *gisehan* gegenüber von as. *sehan*, Prät. *sah, sāwun*, Part. *gisewan* und ags. *sēn*, Prät. *seah, sāwon*, Part. *sewen* aus wgerm. *seχ(w)ană, Prät. *saχ, *sǣwun, Part. *sewană. Im Gotischen tritt der grammatische Wechsel in der Verbalmorphologie nur noch in Reliktformen zutage wie der Partizipialbildung *fulgins* „verborgen" zu *filhan* „verbergen" (mit den regelmäßigen Formen des Präteritums *falh, fulhum* und des Partizips *fulhans*).

3.6.2. Die schwachen Verben

Die schwachen Verben unterscheiden sich von den starken Verben vor allem mit ihrem erst im Germanischen entstandenen Dentalpräteritum und bilden eine in sich unheitlicher Gruppe als die starken Verben. Im Germanischen gab es insgesamt vier Klassen, von denen drei teils Verben auf postkonsonantischem und postvokalischem *-ja-* enthalten (*jan*-Verben), teils sogenannte ursprünglich halbthematische Verben, deren Endungen an Stämme mit vokalischem Auslaut auf *-ō-* und *-ē-* antreten (*ōn-* bzw. *ēn*-Verben). Eine vierte Stammklasse mit Stammauslaut *-na-* und thematischer Flexion im Präsens, aber *-nō-* im Präteritum ist im Westgermanischen verloren gegangen, aber anhand verschiedener Verben mit Nasalsuffix noch greifbar.

An dieser Stelle bleibt anzumerken, dass unter den schwachen Verbalklassen die Verben auf *-jan* vom Merowingisch-Fränkischen gewöhnlich in die Klasse der *i*-Konjugation des Galloromanischen, jene auf *-ōn* in die *a*-Konjugation übernommen wurden. So sind zum einen frz. *choisir* „auswählen", prov. *causir* „wählen" aus altfränk. **kaozjan(ă)* (vgl. got. *kausjan* „kosten, kennenlernen", s. Seite 53) und *guérir* „heilen" aus **warjan(ă)* entlehnt (daraus nhd. *wehren*), frz. *garder* „bewachen, bewahren" aus altfränk. **wardōn(ă)* „beobachten" (daraus nhd. *warten* im Sinn von „pflegen", vgl. *Wartung*) und prov. *garar* „aufmerken" aus altfränk. **warōn(ă)* „aufmerken, beachten", vgl. nhd. *wahren*. Allerdings handelt es sich bei den beiden letztgenannten um semantisch nahestehende Verben.

3.6.2.1. Das Präsenssystem

3.6.2.1.1. Verben mit Stammauslaut *-ja-*

Die Verben dieser Stammklasse stimmen in ihrer Konjugation wie in den infiniten Formen des Präsenssystems mit derjenigen der starken Verben überein, deren Präsensstamm ebenfalls auf *-ja-* auslautet (z. B. das Verbum „heben", got. *hafjan* „heben" = ahd. *heffen* = as. *heffian* = ags. *hebban* usw.). Diese Stammklasse umfasst sowohl denominale Verben (vor allem Faktitiva) als auch Deverbativa (darunter Kausativa und Iterativa) sowie Verben ohne weitere Grundlage. Auch hier gibt es ein paar Verben indogermanischer Herkunft, und zwar unter den Kausativa got. *satjan* = ahd. *sezzen* = as. *settian* = ags. *settan* = an. *setja* „setzen" aus wgerm. **sattjană*, spg. **satjanan*, prg. **sodéjonon* „setzen", vgl. dazu formal ai. *sādáyati* „setzt" sowie aksl. *saditi* „setzen, pflanzen" (zu got. *sitan*, ahd. *sizzen* usw. „sitzen" bzw. ai. *sádati*, „setzt sich", aksl. *sěsti* „ds.") und got. *lagjan* „legen" = ahd. *leggen* = as. *leggian* = ags. *lecg(i)an* aus wgerm. **laggjană*, spg. **lagjanan*, prg. **log^héjonon* „legen" = ksl. *ložiti*, Präs. *ložǫ* „legen" (zu got. *ligan*, mit Stammauslaut *-ja-* ahd. *liggen*, as. *liggian*, ags. *licgean*, an. *liggja* bzw. aksl. *ležati, ležǫ*, alle „liegen") sowie mit dehnstufiger Wurzel ahd. *fuoren* = as. *fōrian* „führen", vgl. ai. *pāráyati* „fährt hinüber, geleitet" (zu got., ahd., as., ags. *faran* „fahren, reisen" bzw. ai. *píparti* „fährt hinüber, setzt über")[310]. Den Denominativa gehört das Verbum für „heilen" an, nämlich got. *hailjan* = ahd. *heilen* = as. *hēlian* aus wgerm. **χaeljană*, prg. **koiléjonon* = aksl. *cěliti*, Präs. *cěljǫ* „heil machen"; es basiert auf

---

310 Siehe diese Gleichungen der Kausativa bei Krahe/Meid 1969: 246.

einem Adjektiv, got. *hails* = ahd. *heil* bzw. *cělъ* heil, gesund". Dem Verbum für „suchen" liegt weder ein Nomen noch ein Primärverb zugrunde, obwohl dieses indogermanisch ererbt ist, vgl. got., as. *sōkjan* = ahd. *suohhen* = ags. *sēc(e)an* (angl. noch *sēcan*) „suchen" (wgerm. **sōkjană*), vgl. dazu lat. *sāgīre*, Präs. *sāgiō* „aufspüren", air. *saigim* „suche auf".

Auch hier spiegelt das Gotische den protogermanischen Zustand am besten wider, dort treten die Auswirkungen von Sievers Gesetz am klarsten hervor – ähnlich wie bei den Nominalstämmen auf *-ja-* (s. Seite 70f.): Bei langem Wurzelvokal erscheint vor konsonantisch auslautender Endung *-ei-* (= /ī/) statt *-ji-*, während in den westgermanischen Sprachen die Endungen vielfach abgeschwächt sind, aber mit jenen im Gotischen dennoch in Einklang stehen, wie die folgende Tabelle zeigt. Als Beispiel sei zuerst das Verbum für „retten" mit kurzsilbigem Stammvokal herausgegriffen, ein Kausativ zu got. *nisan* „gerettet werden", ahd. *nisan* „gerettet, geheilt werden", vgl. dazu ai. *násate* „tritt heran, nähert sich, vereinigt sich" und gr. νέομαι „kehre heim":

Indikativ	Prg.	Gotisch	Ahd.	As.	Ags.	Wgerm.
1. Sg.	**noséjō*	*nasja*	*neriu*	*neriu*	*nerie*	**nazju*
2.	**noséjesi*	*nasjis*	*neris*	*neris*	*neres(t)*	**nazis*
3.	**noséjeti*	*nasjiþ*	*nerit*	*nerid, -đ*	*nereþ*	**nazid̄*
1. Pl.	**noséjome*	*nasjam*	*neriemēs*	*neriad, -đ*	*neriaþ*	**nazjam*
2.	**noséjete*	*nasjiþ*	*neriet*	"	"	**nazjeđ*
3.	**noséjonti*	*nasjand*	*nerient*	"	"	**nazjand*

Optativ						
1. Sg.	**noséjojun*	*nasjau*	*nerie*	*nerie*	*nerie*	**nazjē*
2.	**noséjois*	*nasjais*	*neriē*	*neries*	*nerie*	**nazjē(z)*
3.	**noséjoid*	*nasjai*	*nerie*	*nerie*	*nerie*	**nazjē*
1. Pl.	**noséjoime*	*nasjaima*	*neriēm*	*nerien*	*nerien*	**nazjēm*
2.	**noséjoite*	*nasjaiþ*	*neriēt*	"	"	**nazjēđ*
3.	**noséjoind*	*nasjaina*	*neriēn*	"	"	**nazjēn*

Impr.						
2. Sg.	**noséje*	*nasei*	*neri*	*neri*	*nere*	**nazi*
2. Pl.	**noséjete*	*nasjiþ*	*neriet*	*neriad, -đ*	*neriaþ*	**nazjeđ*

Part.	**noséjonts*	*nasjands*	*nerienti*	*neriandi*	*neriende*	**nazjandī*
Inf.	**noséjonon*	*nasjan*	*nerien*	*nerian*	*nerian*	**nazjană*

Prät.						
1. Sg.	**nosidʰōn*	*nasida*	*nerita*	*nerida*	*nerede*	**nazidā*

| Part.Prät. | **nositós* | *nasiþs* | *ginerit* | *ginerid* | *nered* | **nazidă* |

3.6. Flexion und Stammbildung der Verben

Der Vergleich mit dem Gotischen führt vor Augen, dass die Endungsvokale in den westgermanischen Sprachen durchweg gekürzt sind, wenngleich der Stammauslaut -i- vor dem Endungsvokal meist noch erhalten ist; die Formen des Indikativs in der 2. und 3. Person Singular und die Singularform des Imperativs haben den Endungsvokal allerdings verloren. Außer im Gotischen ist der i-Umlaut in allen germanischen Sprachen durchgeführt, vgl. auch im Altnordischen etwa *setja* gegenüber got. *satjan* „setzen" (aber noch urn. *satido* „ich setzte" (Stein von Rö, Krause Nr. 73; = an. *setta*).

Als Verbum mit langsilbigem Stamm sei jenes für „hören" angeführt, im Optativ nur mit den Formen der 1. Person, da dessen Flexion sich genau mit jener der kurzsilbigen Verben deckt, die protogermanische Lautform ist durch die einzige außergermanische Entsprechung, gr. ἀκούειν „hören" gesichert:

	Prg.	Gotisch	Ahd.	As.	Ags.	Wgerm.
Indikativ						
1. Sg.	*kóusjō	hausja	hōriu	hōriu	hīere	*χaozju
2.	*kóusjesi	hauseis	hōris	hōris	hīer(e)s	*χaozis
3.	*kóusjeti	hauseiþ	hōrit	hōrid, -đ	hīer(e)þ	*χaoziđ
1. Pl.	*kóusjome	hausjam	hōremēs	hōriad,- đ	hīeraþ	*χaozjam
2.	*kóusjete	hauseiþ	hōret	"	"	*χaozjeđ
3.	*kóusjonti	hausjand	hōrent	"	"	*χaozjand
Optativ						
1. Sg.	*kóusjojun	hausjau	hōre	hōrie	hīere	*χaozjē
1. Pl.	*kóusjoime	hausjaima	hōrēm	hōrien	hīeren	*χaozjēm
Impr.						
2. Sg.	*kóusje	hausei	hōri	hōri	hīer	*χaozī
2. Pl.	*kóusjete	hauseiþ	hōret	hōriad,- đ	hīeraþ	*χaozjeđ
Part.	*kóusjonts	hausjands	hōrenti	hōriandi	hīerende	*χaozjandī
Inf.	*kóusjonon	hausjan	hōren	hōrian	hīeran	*χaozjană
Prät.						
1. Sg.	*kóusidʰōn	hausida	hōrta	hōrda	hīerde	*χaozidā
Part.Prät.	*kóusitos	hausiþs	gihōrit	gihōrid	gehīered	*χaozidă

Hier ist der Endungsvokalismus in den westgermanischen Sprachen nicht weniger abgeschwächt als bei den Verben mit kurzvokalischer Stammsilbe; bis auf die ohnehin schon gekürzten Endungen der 2. und 3. Person Singular im Indikativ und die Singularform des Imperativs haben hier das Althochdeutsche und Altenglische das -i- vor den Vokalen der Flexionsendungen eingebüßt – im Gegensatz zum Altsächsischen. Im Präteritum wie im Präteritalpartizip ist der Stammauslaut -i- vor dem Dental der Endung im Sinn der Mittelsilbensynkope im Westgermanischen wie im Nordischen geschwunden, ähnlich wie in an. *heyrþa* „ich hörte" (zu *heyra*), aber im Gegensatz zum Gotischen und zum Urnordischen, z. B. in *fa(i)hido, fahide* „ich, er schrieb" (= an. *fá* „färben, zeichnen"), *raisido-ka* „ich errichtete" (vgl. got. *urraisjan* „aufrichten")usw.[311]; selbst im Voralthochdeutschen ist das *-i-* noch erhalten, wie die Inschrift von Freilaubersheim mit dem Gruß *þ[i]k daþina golida* „dich grüßte Daþina" (vgl. dazu genau got. *goljan* „grüßen" und an. *gœla* „aufmuntern, trösten"). Der Stammauslaut *-i-* des Präteritalpartizips basiert zweifellos auf indogermanischer Grundlage, zumal auch im Altindischen die passiven Präteritalpartizipia der Verben auf *-áya-* mit *-ita-* gebildet werden, vgl. außerdem im Lateinischen etwa *monitus* zu *monēre* „erinnern, ermahnen" (wie *meminī* „gedenke" zur Verbalwurzel idg. **men-, *mon-* gehörig). – Eine Besonderheit stellen die Präterita zu Verben mit Guttural im Stammauslaut dar wie got. *waúrhta* zu *waúrkjan* = ahd. *worhta* zu *wurchen* = ags. *wor(o)hte* (auch *warhte*) zu *wyrc(e)an* (wgerm. **worχtō* zu **wurkjană*) = urn. *worahto* (mit Sprossvokal, daraus an. *orta* zu *yrkja*) „wirkte", dessen Herausbildung im Urgermanischen auf der Grundlage des Präteritalpartizips got. *-waúrhts* = ahd. *giwor(a)ht* = ags. *geworht* erfolgte, nachdem dort kein Mittelsilben bildendes *-i-* vorhanden war, s. dazu Seite 160.

3.6.2.1.2. Verben auf *-ō-*

Die bei weitem produktivste Stammklasse der schwachen Verben ist jene mit dem Stammauslaut *-ō-*, unter denen sich sowohl halbthematische Durativa befinden, deren Stamm im Protogermanischen auf **-ā-* auslautete, als auch Denominativa, die im Protogermanischen wie in anderen indogermanischen Sprachen auf **-āje-* auslauteten. Für die halbthematischen Deverbativa gibt es mehrere germanisch-baltische Gleichungen, darunter ahd. *eiscōn* „forschen, fragen" aus wgerm. **aeskōnă*, prg. **óiskā-* = lit. *ieškó-ti, ieškau*, 3. Sg. *ieško* „suchen", vgl. dazu das einfache Verbum ai. *iccháti* „sucht, wünscht" mit Iterativsuffix und einfachem Themavokal, ferner eine Reihe von Bewegungsverben wie ahd. *greifōn* „greifen" = lit. *graibýti, -aũ* (zu *grīfan* bzw. *griẽbti* „ergreifen"), ahd. *dansōn* „ziehen" = lit. *tąsýti, -aũ* „umherzerren" (zu *dinsan* „ziehen, dehnen" bzw. *tęsti* „dehnen"), ahd. *drangōn* „sich drängen" (zu *dringan*) = lit. *trankýti, -aũ* (Iterativ zu *treñkti* „dröhnend stoßen"). Freilich kann es sich bei den letzteren Verben auch um unabhängige Parallelbildungen handeln, so dass protogermanische Vorformen wie **graib^h ă-*, **tonsă-* und **tronkă-* nicht gesichert sind[312]. Beispiele für die Denominativa auf **-āje-* wären ahd. *zamōn* „zähmen" aus wgerm. **tamōnă*, prg. **domā-*

---

[311] Siehe Formen des urn. schwachen Präteritums bei Krause 1971: 122f.; zu *fahido, -e* neben *faihido* Nielsen 2000a: 165, der einen Zusammenhang dieser vereinzelten Belege zur Monophthongierung in ags. **ai > ā* zu Recht ablehnt.
[312] Zu den germ. *ōn*-Verben s. eine Übersicht bei Krahe/Meid 1969: 238 243 und Ausführliches im Aufsatz von Schäfer 1984 (semantische Klassifizierung, fast nur innergerm. Untersuchung, s. z. B. zu *fiskōn* 1984: 374). Speziell zu ahd. *zamōn* s. Rix 1998: 100: nicht mit lat. *domāre* gleichzusetzen wegen Perf. *domuī*. Zu den germ.-balt. Verbgleichungen s. Krahe/Meid 1969: 241 sowie Schmid 1994: 354 und Dini/Udolph 2005: 67.

= lat. *domāre* „bändigen, zähmen" = ai. *damā-yáti* „bändigt, bezwingt" (zu lat. *domus* bzw. ai. *dáma-* „Haus" gehörig, ursprünglich „ans Haus gewöhnen") und got. *frijōn* „lieben" = aksl. *prija-ti* „beistehen, begünstigen" = ai. *priyā-yáte* „freundet sich an". Allerdings hat sich ähnlich wie im Lateinischen selbst unter den letztgenannten Verben weithin die halbthematische Flexion durchgesetzt, vgl. formal etwa ahd. *zamōmēs, -ōt* „wir zähmen, ihr zähmt" mit lat. *domāmus, -ātis* „ds.", so dass im Germanischen im Gegensatz zum Baltischen zwei verschiedene Stammklassen zusammengefallen sein müssen.

Weitgehend durchgesetzt hat sich im Germanischen (wie auch im Lateinischen) die halbthematische Flexion, während im Baltischen diese Flexionstypen nach ihrem Stammauslaut streng geschieden sind; auch die infiniten Formen des Präsenssystems weisen den halbthematischen Stamm auf. Innerhalb des Germanischen wiederum ist die Flexion der *ōn*-Verben am besten im Gotischen und Althochdeutschen bewahrt, wie die folgende Tabelle zeigt; hier wird das Verbum „salben" angeführt, ein Denominativ zu ahd. *salba* = ags. *sealf* „Salbe":

	Prg.	Gotisch	Ahd.	As.	Ags.	Wgerm.
Indikativ						
1. Sg.	*solpájō	salbō	salbōm	salbon	sealfie	*salbō
2.	*solpási	salbōs	salbōs	salbos	sealfas	*salbōs
3.	*solpáti	salbōþ	salbōt	salbod,-đ	sealfađ	*salbōđ
1. Pl.	*solpáme	salbōm	salbōmēs	salbod (-đ, salboiad, -đ)	sealfiađ	*salbōm
2.	*solpáte	salbōþ	salbōt	"	"	*salbōđ
3.	*solpánti	salbōnd	salbōnt	"	"	*salbōnd
Optativ						
1. Sg.	*solpájun	salbō	salbo	salbo(ie)	sealfi(g)e	*salbō
2.	*solpáis	salbōs	salbōs	salbos	sealfi(g)e	*salbō(z)
3.	*solpáid	salbō	salbo	salbo(ie)	sealfi(g)e	*salbō
1. Pl.	*solpáime	salbōm	salbōm	salbo(ia)n	sealfi(g)en	*salbōm
2.	*solpáite	salbōþ	salbōt	"	"	*salbōđ
3.	*solpáine	salbōn	salbōn	"	"	*salbōn
Impr.						
2. Sg.	*solpá	salbō	salbo	salbo	sealfa	*salbō
2. Pl.	*solpáte	salbōþ	salbōt	salbo(ia)d	sealfiađ	*salbōđ
Part.	*solpánts	salbōnds	salbōnti	salbondi	sealfiende	*salbōndī
Inf.	*solpánon	salbōn	salbōn	salbo(ia)n	sealfian	*salbōnă
Prät.						
1. Sg.	*solpád^{h}ōn	salbōda	salbōta	salboda	sealfode	*salbōdā
Part. Prät.	*solpátos	salbōþs	gisalbōta	gisalbod	(ge)sealfod	*salbōdă

Das Gotische und Althochdeutsche zeigen, dass sich im Germanischen zum größeren Teil die halbthematische Flexion durchgesetzt hat. Allzu viele Spuren für die Stammbildung auf *-āje- zeigen die germanischen Sprachen hingegen nicht, als Belege werden allgemein ein paar altsächsische Formen wie *makojađ*, Opt. *makojan* „sie machen" sowie die altenglischen Fortsetzer dieser Verbalklasse mit -*i(g)*- angeführt (auch in den infiniten Formen); im Altsächsischen gibt es für den Infinitiv Formen sowohl auf -*on* wie auf -*oian* (*geƀoian* neben *geƀon* „schenken"). Aus dem Rahmen fallen die Optativformen, die weder im Althochdeutschen noch im Gotischen das für diesen Modus sonst charakteristische -*i*- aufweisen, sei es dass in einer Kontraktion von -ō-i- der zweite Vokal geschwunden ist oder eher noch dass diese Optativformen analog zu denen der schwachen Verben der 3. Klasse auf -ē- gebildet sind, die sich ja ihrerseits im Stammauslaut des Optativ vom Indikativ nicht unterscheiden[313]; die Formen ahd. *salbōēs*, *salbōe* sind zweifellos sekundär mit dem Optativformans der thematischen Verben zusätzlich markiert worden. Das Althochdeutsche und Altsächsische weisen mit der Endung -*ōm* bzw. -*on* gegenüber den anderen germanischen Sprachen in der 1. Person Singular eindeutig nicht die thematische Endung *-ō, sondern eine Analogiebildung zu den relikthaften athematischen Verben auf, in denen die Endung -*m* indogermanischer Herkunft ist[314]. Die Imperativendung der 2. Person Singular in den Einzelsprachen ist offenbar analog gebildet, da auslautendes prg. *-ā im Gotischen wie Althochdeutschen kurzes -*a* ergeben hätte, sofern diese Endung nicht auf prg. *-ā-je wie in der urspünglichen Stammklasse auf *-āje- basiert[315]. Im Präteritum ist der Stammauslaut auf -ō-, -o- derselbe wie im Präteritalpartizip, wo dieser durchaus indogermanisch ererbt sein kann, vgl. z. B. ahd. *gi-eiscōt* „gefragt" genau mit lit. *ieškótas* „gesucht"; vorauszusetzen ist dabei für das späte Urgermanisch das Partizipialsuffix *-đa- mit stimmhafter Spirans aufgrund von Verners Gesetz. Das Altenglische weicht in seinen teilweise verblassten Endungen nur scheinbar von seinen Nächstverwandten ab, vielmehr stimmt es mit dem Stammauslaut -*i*- einiger Formen mit dem Altsächsischen gut überein.

3.6.2.1.3. Verben auf -ē-

Wesentlich schwächer vertreten ist die Stammklasse durativer Verben mit dem Stammauslaut -ē-, die als solche nur im Althochdeutschen und im Gotischen erhalten ist, in den anderen westgermanischen Sprachen jedoch meistenteils in die Klasse der *ōn*-Verben überführt worden ist, vgl. etwa as. *fragon* gegenüber ahd. *fragēn*; lediglich die Verben as. *hebbian*, *seggian* und *libbian* (= ahd. *habēn*, *sagēn*, *lebēn*) haben die ursprüngliche Flexion noch teilweise beibehalten. Diese Stamm-

---

[313] Das erstere nehmen Krahe (1965: 127) und Krause (1968: 242) an, die andererseits die Pluralformen as. *makoiađ* und *makoian* (Infinitiv bzw. Optativ) noch als Relikte der Stammbildung auf *-āje- ansehen. Dagegen beurteilt Bammesberger (1986b: 155) den *i*-losen Optativ der *ōn*-Verben überzeugend als Einfluss der *ēn*-Verben.
[314] Siehe Nielsen 1981: 222, der für das Ags. die Endung *-ājō ansetzt.
[315] Letztere nimmt von Kienle (1969: 296) an.

3.6. Flexion und Stammbildung der Verben

klasse besteht großteils aus ursprünglich halbthematischen Verben auf bloßes *-ē-* (wieder ähnlich wie im Lateinischen, vielfach Deverbativa), aber auch aus ein paar Denominativa mit ursprünglichem Stammauslaut prg. *-ēje-*. Zwei der halbthematischen Deverbativa stellen *ē*-Präsentien mit zumindest alteuropäischer Herkunft zu indogermanischen Präteritopräsentien dar, nämlich got. *witan* mit Stamm *witai-* „sehen, bemerken", ahd. *wizzēn* „klug werden" = lat. *vidēre*, Präs. *videō* „sehen", aber vgl. dazu lit. *pa-vydėti*, Präs. 3. Sg. *-výdi* „beneiden" und aksl. *viděti, viditъ* „sehen" mit *i*-Stamm im Präsens, sowie got. *munan*, Präs. *munai-* „gedenken", vgl. lit. *minėti* „erinnern, gedenken" und aksl. *mьněti* „glauben, meinen", auch letztere mit *i*-Präsens[316]; diese beiden Gleichungen erlauben es, jeweils einen protogermanischen Präsensstamm **widē-* bzw. **munē-* zu rekonstruieren.

Demgegenüber gehört das Verbum für „haben", got. *haban*, ahd. *habēn* usw. (s. folgende Tabelle) der germanischen Sprachstufe an, zweifellos ein Deverbativ zu got. *hafjan*, ahd. *heffen, heffian*, ags. *hebban* „heben", vgl. lat. *capere*, Präs. *capiō* (s. Seite 150). Auch für die denominalen Zustandsverben kann zu Recht voreinzelsprachliche Herkunft angenommen werden, nämlich für ahd. *rotēn* „rot sein, rötlich schimmern" (wohl aus wgerm. **rudēnă*) = lat. *rubēre*, Präs. *rubeō* „rot sein", lit. *rudėti*, Präs. *rudėju* „rotbraun werden" (zu *ruber* „rot" bzw. *rùdas* „rotbraun, fuchsrot"), für ahd. *heilēn* „heilen, heil werden" (wgerm. **χaelēnă*) = aksl. *cěléti*, Präs. *cěléjǫ* „ds." (zu *heil* „heil, gesund" bzw. *cělъ* „ds."). In beiden Fällen muss für das Protogermanische aufgrund der außergermanischen Parallelen letztlich ein thematischer Stamm auf **-ēje-*, also **rudʰéje-* bzw. **koiléje-* vorausgesetzt werden; bestätigt wird dies durch das Gotische und Althochdeutsche, in denen der Stammauslaut *-ai-* bzw. *-ē-* aus wgerm. **-ae-* nur einen Stamm **widēje-*, **munēje-* wie für die anderen Verben dieser Stammklasse fortsetzen kann[317]. Keine weitere verbale Grundlage besitzt das Verbum für „schweigen", got. *þahan*, ahd. *dagēn* „schweigen" (aus wgerm. **þagēnă*, prg. **takḗ-*) = lat. *tacēre* „ds.".

Wie sehr diese Stammklasse außerhalb des Gotischen und Althochdeutschen vor allem von den phonologischen nahe stehenden *jan*-Verben beeinflusst ist, verdeutlicht folgende Tabelle:

Indikativ	Prg.	Gotisch	Ahd.	As.	Ags.	Wgerm.
1. Sg.	**kapḗjō*	haba	habēm	hebbiu	hæbbe	**χabju*
2.	**kapḗisi*	habais	habēs	habes	hafas	**χabēs*
3.	**kapḗiti*	habaiþ	habēt	habed	hafað	**χabēd*
1. Pl.	**kapḗime*	habam	habēmēs	habbiad	habbað	**χabēm*
2.	**kapḗite*	habaiþ	habēt	"	"	**χabēd*
3.	**kapḗinti*	haband	habēnt	"	"	**χabēnd*

---

316 Siehe diese beiden Gleichungen jetzt bei Rix 1998: 607 bzw. 392.
317 Kortlandt (1990: 6f.) postuliert für das Gotische eine Lautentwicklung von urg. **-ēi-* über **-æi-* zu *-ai-* (wie auch in got. *saian* = ahd. *sāen* „säen"), ähnlich auch Bammesberger 1986b: 87, der got. *habaida*, ahd. *habēta* zu Recht auf urg. **habai-dōⁿ* zurückführt.

3. Morphologie des Westgermanischen

Optativ
1. Sg.	*kapḗjun	habau	habe	hebbie	hæbbe	*χabē	
2.	*kapḗis	habais	habēs	hebbies	hæbbe	*χabē(z)	
3.	*kapḗid	habai	habe	hebbie	hæbbe	*χabē	
1. Pl.	*kapḗime	habaima	habēm	hebbien	hæbben	*χabēm	
2.	*kapḗite	habaiþ	habēt	"	"	*χabēđ	
3.	*kapḗine	habaina	habēn	"	" .	*χabēn	

Impr.
2. Sg.	*kapḗi	habai	habe	habe	hafa	*χabē	
2. Pl.	*kapḗite	habaiþ	habēt	habbiad	habbađ	*χabēđ	
Part.	*kapḗints	habands	habēnti	hebbiandi	hæbbende	*χabēndī	
Inf.	*kapḗinon	haban	habēn	hebbian	habban	*χabēnă	

Prät.
1. Sg.	*kapḗidʰōn	habaida	habēta	habda	hæfde	*χabēdā	
Part. Prät.	*kapḗitos	habaiþs	gihabēt	gihabd	(ge)hæfde	*χabēdă	

Dass sich die ursprünglich *i*-haltigen Optativformen im Stammauslaut vom Indikativ gerade im Gotischen und Althochdeutschen, also auch bereits im späten Urgermanischen nicht unterschieden haben, überrascht nicht, da ja der Stammauslaut got. -*ai*- und ahd. -*ē*- seinerseits aus wgerm. *-*ē*-, älter *-*ai*-, spg. *-*ēi*- und prg. *-*ēje*- fortsetzt. In dieser Stammklasse hat das Gotische andererseits mit mehreren Formen auf bloßem Themavokal -*a*- selbst gegenüber dem Althochdeutschen geneuert. Eine Erklärung dieser Formen bietet am ehesten die Optativform der 1. Person Singular mit der Endung -*au* aus prg. *-*ē(j)un*, die mit jener der einfachen thematischen Verben übereinstimmt. Von dort aus konnten analog die indikativischen Endungen der 1. Person -*a* und -*am* sowie die Formantien des Infinitivs und Partizips -*an* bzw. -*and*- gebildet werden[318].

Im Althochdeutschen war wiederum nur die Indikativform der 1. Person Singular auf -*m* (wohl analog zur 2. Klasse) eine Neuerung. In den nordseegermanischen Sprachen sind die Formen weitgehend denen der 1. Stammklasse angeglichen worden, eindeutig alte Formen der *ē*-Konjugation liegen nur in der 2. und 3. Person Singular des Indikativs vor: as. *habes, habed* und ags. *hafas, hafa* können nur einen Stamm wgerm. *χabae- fortsetzen; in den Präterita setzen die Konsonantenfugen von as. *habda* = ags. *hæfde* einen Vokal sicher voraus. Auch im Nordischen wurden die Verben dieser Stammklasse teilweise von der 1. Klasse beeinflusst, vgl. *vaka* „wachen" mit ahd. *wachēn* (wgerm. *wakaenă) aber *segia* mit ahd. *sagēn* (wgerm. *sagaenă). Im Althochdeutschen ist die Klasse der *ē*-Verben lebendig geblieben und sogar noch etwas produktiv geworden, nicht zuletzt dank der Verben mit Nasalsuffix, s. dazu das folgende Kapitel.

---

318 Siehe Bammesberger 1986b: 155.

3.6.2.1.4. Verben auf *-na-/-nō-*

Eine Sondergruppe bilden die Verben mit Nasalsuffix im Gotischen und Nordischen, im Westgermanischen sind sie entweder geschwunden oder in eine andere Stammklasse übergegangen; trotzdem sollen auch sie kurz betrachtet werden. Im Gotischen flektierten diese Verben im Präsens mit thematischen Stamm auf *-na-*, im Präteritum lautete ihr Stamm dagegen auf *-nō-* aus, während sich im Nordischen der letztere Stamm durchgesetzt hat; diese Verben dienten zur Bezeichnung des Übergangs in einen Zustand. Man vergleicht sie formal mit Verben auf *-nā-* im Altindischen und *-νημι* im Griechischen, die aber Transitiva sind. Immerhin stimmt ein Verb mit nullstufiger Wurzel recht genau mit einem altindischen Nasalpräsens überein, nämlich got. *and-bundnan* „gelöst werden" mit ai. *badhnáti* „bindet", so dass es sich anbietet, für das Germanische eine sekundäre medial-intransitive Bedeutung zu postulieren und als Nasalpräsens für dieses Verbum die Formen prg. *$^*b^hund^hné$-, idg. *$^*b^h\mathring{n}d^hnéh_2$- zu rekonstruieren[319]. Das andere Verbum, got. *fullnan*, an. *fullna* „voll werden" zeigt äußerlich ebenfalls Übereinstimmungen mit ai. *pr̥ṇā́ti* „füllt", kann aber im Gegensatz zu *pr̥ṇā́ti* als Denominativ zum Adjektiv got. *fulls* bzw. an. *fullr* „voll" interpretiert werden[320]. Als weitere spezifisch gotisch-nordische Gleichung wird got. *ga-waknan* = an. *vakna* „erwachen" angeführt, tatsächlich aber gibt es hierzu eine genaue westgermanische Parallele, ags. *wæcnan* „erwachen", das im Präsens wie ein thematisches Verb flektiert, und ein synonymes schwaches Verb *wæcnian* der 1. Klasse, beide mit dem Präteritum *wæcnede* (ersteres auch mit dem starken Präteritum *wōc*)[321]; der Ansatz einer westgermanischen Vorform *$^*waknanā$ oder *$^*waknōnā$ bleibt unsicher, da im Althochdeutschen hierzu kein Nasalpräsens mehr existiert.

Mit Sicherheit basieren auch drei weitere Gleichungen auf germanischen Nasalverben, nämlich got. *faginōn* „sich freuen" = ahd. *feginōn* „frohlocken" (wgerm. *$^*faginōnā$) = an. *fagna* „sich freuen, begrüßen", aber auch got. *ga-staúrknan* „vertrocknen" = ahd. *erstorchenēn* „erstarren" (wgerm. *$^*sturknēnā$) = an. *storkna* (selten) „dick werden" und außerdem got. *maúrnan* „sorgen für" (nur im Optativ Präsens belegt) = ahd. *mornēn* „trauern, sich bekümmern" = as. *mornon, mornian* „sich bekümmern" (vielleicht aus wgerm. *$^*murnēnā$) = ags. *murnan* „trauern" (auch mit starkem Präteritum), vgl. auch an. *morna* „verwelken"[322]. Außerdem wäre auch eine westgermanisch-nordische Gleichung mit indogermanischer Etymologie zu nennen, nämlich ahd. *spornōn* „wider den Stachel löcken" neben the-

---

[319] Siehe diesen Vergleich bei Krahe/Meid 1969: 253 und Rix 1998: 60 (ohne Kommentar), anders Scheungraber 2010: 148, die hier eine Anlehnung an das Präteritalpartizip mit nasalem Stammauslaut annimmt. Der Ansatz *$^*b^h\mathring{n}d^hnéh_1$- bei Rix stimmt nicht mit dem got. Präteritalstamm auf *-nō-* überein, das nur Laryngal 2 fortsetzen kann.
[320] Siehe diesen Einwand bei Strunk 1967: 42 A. 61, positiv zu dieser Verbgleichung dagegen Scheungraber 2010: 149 A. 205. Auch hier besteht die Diskrepanz zwischen dem got. Präteritum auf *-nō-* und dem idg. Stamm auf *$^*-néh_1$-.
[321] Siehe diese Gleichung bei Krahe 1965: 122 sowie jetzt bei Scheungraber 2010: 76f.
[322] Siehe die Vergleiche der beiden ersten Verben bei Scheungraber 2010: 144, das zweite auch bei bei Ringe 2006: 259; zum dritten Verb Scheungraber 2010: 70.

matischem *spurnan* „stoßen" (= as. *spurnan* „treten"), ags. *spurnan* (stark), *spyrnan* (schwach) „treten, stoßen" = an. *sporna* (stark), *spyrna* (schwach) „ds.", vgl. dazu die nasallosen Verben ags. *sporettan*, an. *spora* „mit den Füßen treten", außerhalb des Germanischen ai. *sphuráti* „tritt, stößt". Für dieses Verb wurde daher bereits von Lindeman wie jetzt von Scheungraber eine Mischflexion im Präsens mit Stamm auf *-ō-* und sekundärem *-ē-* (aufgrund ursprünglich thematischer Endungen mit hellem Vokal) rekonstruiert; im Westgermanischen müsste das neue Paradigma nach dieser Theorie im Präsens gelautet haben: **spurnōmi, *spurnēzi, *spurnēdi, *spurnōm, *spurnēde, *spurnandi* (mit **-ē-* aus älterem **-ae-*) also mit Vokalalternation analog zur thematischen Flexion[323]. Allerdings wurde dieses Verb im Althochdeutschen gerade nicht in die Klasse der *ē*-Verben überführt, doch kann aufgrund dieses Sachverhaltes für das Westgermanische eine solche Mischflexion angenommen werden. Wieder andere Nasalverben sind selber auf das Westgermanische beschränkt, darunter eines mit genaueren außergermanischen Parallelen: ahd. *hlinēn*, as. *hlinon*, ags. *hlinian* „lehnen" (wohl aus wgerm. **χlinēnă*), vgl. dazu lit. *šliñti, šlinù* „sich anlehnen", gr. κλίνειν „anlehnen, sich neigen", lat. *dē-clināre* „abbiegen, abändern"[324]. Soweit also diese Nasalverben im Westgermanischen überlebt haben, wechselten sie vielfach die Stammklassen mit thematischem Stamm und solchem auf *-ō-*, im Althochdeutschen tendierten sie häufig zu *ē*-Verben.

3.6.2.2. Das Präteritalsystem der schwachen Verben

Die Präterita der schwachen Verben zeichnen sich durch ein Dentalsuffix aus, das vom Verbum für „tun" abgeleitet wurde. Am deutlichsten tritt der Zusammenhang mit dem Verb für „tun" in den genauen Übereinstimmungen zwischen den Pluralendungen got. *-dēdum, -dēduþ, -dēdun* und ahd. *tātum, -ut, -un*, den pluralischen Präteritalformen des Verbs für „tun" zutage, s. dazu Seite 172f.. Das Präteritum von got. *salbōn* „salben", *salbōda* wurde daher überzeugend auf Grundlage einer Univerbierung von prg. **solpā́ dʰédʰōm* „ich versah mit Salbe" interpretiert[325].

Andererseits beruht das schwache Dentalpräteritum der Verben auf *-jan, -ēn, -ōn* und auf *-nan* (letztere nur im Gotischen und Nordischen) sowie auch der Präteritopräsentien offensichtlich auf Periphrasen mit dem Präteritalpartizip, wenigstens unter den *jan*-Verben wie in got. *waúrhta* (zu *waúrkjan*) = ahd. *worhta* = ags. *worohte* = urn. *worahto* „wirkte", so dass mit gutem Grund eine Phrase wie **wr̥ktos esmi* „bin einer, der getan hat" als Ausgangsbasis vermutet wurde; Ähnliches gilt auch für das Präteritum des Verbums für „wissen", got., ahd. *wissa* usw.

---

[323] Siehe zu diesem Verb Scheungraber 2010: 71–73, zu dessen ursprünglicher Flexion 140f. (wie bereits Lindeman 1968: 87); beide rekonstruieren dieses Verb mit *-ā-* statt *-ō-*, doch waren im späten Urgermanisch ja beide Vokale wie auch als Kürzen zusammengefallen, und *-ō-* wurde als dumpfes *-å-* artikuliert, s. dazu auch Seite 82f. (zur Entstehung der Feminina auf *-ōn-* auf Grundlage der idg. *ā*-Feminina).
[324] Siehe zu diesem Verb Scheungraber 2010: 67f.
[325] Siehe diesen Ansatz bes. bei Lühr 1984: 43, zustimmend Bammesberger 1986b: 86.

„wusste" mit *wissos esmi als angenommener Grundlage (s. dazu Seite 164)³²⁶. Die verschiedenen Theorien werden hier nicht weiter diskutiert, da sie eine Zeit deutlich vor der Herausbildung des Westgermanischen betreffen, vielmehr sei als Paradigma das Präteritum des Verbums für „salben" angeführt:

Prg	Gotisch	Ahd. (Alem.)	Altsächsisch	Altenglisch	Wgerm.
Indikativ					
1. Sg.	salbōda	salbōta	salƀoda	sealfode	*salbōdā
2.	salbōdēs	salbōtēs	salƀodes,-os	sealfodes	*salbōdē
3.	salbōda	salbōta	salƀoda	sealfode	*salbōdā
1. Pl.	salbōdēdum	salbōtum (-tōm)	salƀodun	sealfodon	*salbōdum
2.	salbōdēduþ	salbōtut (-tōt)	”	”	*salbōduđ
3.	salbōdēdun	salbōtun (-tōn)	”	”	*salbōdun
Optativ					
1. Sg.	salbōdēdjau	salbōti	salƀodi	sealfode	*salbōdī
1. Pl.	salbōdēdeima	salbōtīm	salƀodin	sealfoden	*salbōdīn

Die urnordischen Endungen stehen mit denen der anderen germanischen Sprachen großteils in Einklang, wie die Formen der 1. und 3. Person Singular *worahto* bzw. *wurte* „wirkte" (Stein von Tune bzw. Brakteat von Tjurkö, Krause 72 und 136, vgl. got. *waúrhta*, ahd. *worhta* und ags. *worhte*) sowie der 3. Person Plural *dalidun* „bereiteten" (Tune) bestätigen. Die Vokalalternation in den singularischen Endungen wurde von Lühr als Reflex eines vorurgermanischen, also in der Terminologie dieser Arbeit protogermanischen Imperfekts *solpájom, -es, -et interpretiert, was deren hohes Alter voraussetzen würde; im Gotischen kann *-a* sowohl *-ō als auch *-ē fortsetzen. Zumindest im Althochdeutschen und bedingt im Altsächsischen setzte sich dann aber der ō-Vokalismus im Singular durch (sichtbar in der 2. Person), innerhalb des Althochdeutschen auch noch im Plural in den Endungen *-tōm, -tōt, -tōn* (alemannisch, rheinfränkisch) anstatt *-tum, -tut, -tun*³²⁷. Das auslautende *-s* in der 2. Person auch in den westgermanischen Sprachen kann

---

³²⁶ Zu den formalen Grundlagen der Dentalpräterita s. einerseits Hiersche 1968: 403f. mit dem Ansatz urg. *kuningaz wissaz* als Ausgangsbasis für das Präteritum got. *wissa*, in dem wie in anderen Präteritopräsentien sich „eine Unterwanderung durch das Präteritum von *dōn eingestellt" habe, und Meid 1971: 107–117, der von Partizipialperiphrasen wie *wissos esmi* „bin gewiss", *wr̥ktos esmi* „bin einer, der getan hat" ausgeht; die Einwirkung des Präteritums von „tun" beurteilt Meid (ebda.) erst als „gemein- oder nachgemeingermanisch",. Anders Lühr 1984: 46–51, die eine Univerbierung des Verbalstammes mit dem Imperfekt des Verbs für „tun" ansetzt, ähnlich Rasmussen 1996, der eine Univerbierung aus Partizip *salƀōda- + -dēdun mit anschließender Haplologie postuliert, sowie Bammesberger 1986b: 81, der in *waúrhta* eine Erweiterung eines Perfekts *work- vermutet, und schließlich Ringe (2006: 168) mit dem Ansatz *wurχta dedē, *wurχta dēdun als Grundlage für *wurχt(ad)(ed)ē, *wurχt(ad)ēdun (ähnlich bereits G. Schmidt 1977: 264, der zunächst eine Haplologie bzw. einen Ausfall der kurzen Reduplikationssilbe *-de- im Singular und später auch der langen Silbe *-dē- annimmt).
³²⁷ Zu den indikativischen Endungen des schwachen Präteritums s. Lühr 1984: 48f.; anders Bammesberger 1986b: 85f.,der den ō-Vokal in der 1. Person Sg. als Reflex einer Sonorisierung (mit Ansatz *deum) deutet. Abwägend Meid 1971: 122, der die alemannischen Pluralendungen *-tōm, -tōt, -tōn*als möglichen Archaismus beurteilt.

nur auf Analogie zum Indikativ Präsens basieren, meist wird dafür (wohl angesichts des Nordischen) *-dēz oder *-dēz angesetzt[328].

Im Gegensatz zum Gotischen wurden die Endungen des Plurals und des Optativs in den anderen Sprachen gemäß der communis opinio um die Silbe -dē- gekürzt[329]; in diesem Sinne werden auch die gotischen Pluralendungen -dēdum, -dēduþ, -dēdun überzeugend mit den präteritalen Pluralformen ahd. tātum, tātut, tātun gleichgesetzt.

Das schwache Präteritum ist jedenfalls eine jüngere protogermanische Neuschöpfung, da es gegenüber den starken Präterita ein rezenteres Gepräge erkennen lässt und daher offenbar erst später Verbreitung fand – möglicherweise aufgrund des t-Präteritums im Keltischen. Die Tatsache, dass das schwache Präteritum sowohl auf Univerbierungen mit dem Verbum für „tun" als auch auf Periphrasen mit dem Partizip Präteritum + Hilfsverb „sein" basiert, führt sogar zu dem Schluss, dass dieses Präteritum erst unmittelbar vor der Lautverschiebung oder in deren Anfangsstadium entstanden ist und sich auf verschiedene Verbalklassen ausgebreitet hat, als die Tenues bereits aspiriert waren und sich die Mediae aspiratae von diesen nur noch durch ihre Stimmhaftigkeit unterschieden. Nach dem hier vertretenen Datierungsansatz müsste dies also ebenfalls im Zeitraum zwischen dem 5. und 2. Jahrhundert v. Chr., also in der La-Tène-Zeit, geschehen sein.

3.6.3. Präteritopräsentien

Das Germanische hat mit den Präteritopräsentien eine völlig eigene Klasse von Verben geschaffen, die ursprünglich Zustandsverben mit resultativ-stativer Bedeutung darstellten, im weiteren Verlauf aber semantisch zu Modalverben verblassten[330]. Zweifellos aus dem Indogermanischen stammen zwei Verben mit den Bedeutungen „wissen" und „gedenken"; beide bezeichneten dort als Perfektopräsentien (ähnlich wie auch etliche Perfekta im Frühgriechischen) jeweils einen geistigen Zustand[331]: Zum einen setzen got. wait, ahd. weiz und an. veit „weiß" mit dem Plural witum, wizzum, vitum wie ai. véda, Pl. vidmá und gr. οἶδα, Pl. ἴσμεν „weiß" ohne Zweifel idg. *wóida, Pl. *widmé in der Resultativbedeutung „habe gesehen und weiß" fort, zum andern got. ga-man, Pl. munum „gedenke"

---

328 Siehe etwa Hiersche 1968: 402 mit der Form *hauzidēz und Lühr 1984: 49 mit *salbōdēz (und wie letztere auch jetzt Ringe 2006: 268).
329 Anders Lühr 1984: 41, die dort eine Haplologie aus *-ded- (und dieses vom Prät. Plural des Verbs für „tun", *ded-un her postuliert); got. *-dēd- beurteilt sie dagegen als einzelsprachliche Neubildung. Ähnlich auch Stiles 2010: 349–358.
330 Ausführlich behandelt wurden die Präteritopräsentien in einem Buch von Birkmann (zunächst auf S. 61–90 ihre spg. Grundlagen, danach ausführlich die Paradigmen in den älteren wie heutigen Einzelsprachen); (spät)urgermanische Paradigmen s. dort auf S. 349, Stammbildung zu den einzelnen Präteritopräsentien s. S. 351–362. Zu den ursprünglich resultativen Bedeutungen der einzelnen Präteritopräsentien s. Meid 1971: 18–39.
331 Zu Perfektopräsentien mit indogermanischer Herkunft s. in der Abhandlung von Euler 1993c: speziell S. 8–12.

wie gr. μέμονα, Pl. μέμαμεν, und lat. *meminī* „ds." idg. **me-móna*, Pl. **me-mn̥mé* „habe mich erinnert und gedenke".

Da das Verbum für „wissen" nicht nur in allen germanischen Sprachen vorhanden ist, sondern auch im Griechischen und Indoiranischen recht genaue Entsprechungen besitzt, wird es in der folgenden Tabelle verwendet, im Optativ nur mit den Formen der 1. Person, da dessen Flexion in allen Sprachen mit derjenigen des Optativ Präteritum der starken Verben übereinstimmt.

Indikativ	Prg.	Gotisch	Ahd.	As.	Ags.	Wgerm.	An.
1. Sg.	*wóida	wait	weiz	wēt	wāt	*waet	veit
2.	*wóid-ta	waist	weist	wēst	wāst	*waest	veizt
3.	*wóide	wait	weiz	wēt	wāt	*waet	veit
1. Pl.	*widumé	witum	wizzum	witun	witon	*witum	vitum
2.	*widuté	wituþ	wizzut	"	"	*wituđ	vituþ
3.	*widúnd	witun	wizzun	"	"	*witun	vitu
Optativ							
1. Sg.	*widī́m	witjau	wizzi	witi	witi	*witī	vita
1. Pl.	*widīmé	witeima	wizzīm	witen	witen	*witīm	vitim
Impr.							
Sg.	*widī́s (?)	-	wizzīs	*witis	wite	*witī	
Pl.	-	-	wizzīt	?	witaþ	*witīđ	
Part. Präs.	*widónts(?)	witands	wizzanti	witandi	witende	*witandī	-
Inf.	*widónon	witan	wizzan	witan	witan	*witană	vita
Prät.							
1. Sg.	*wissṓn	wissa	wissa, wista	wissa	wisse, wiste	*wissā, *wistā	vissa
Part. Prät.	-	-	giwizzan	giwitan	gewiten	*gawitană	vitaþr

Im Indikativ haben die germanischen Sprachen sowohl in Ablaut und Akzent als auch mit den Endungen weithin indogermanisches Erbe bewahrt, wie die Entsprechungen im Griechischen οἶδα „ich weiß", Pl. ἴδμεν (hom.) und im Indoiranischen, ai. *véda*, Pl. *vidmá* bezeugen; nur die nordseegermanischen Sprachen haben auch hier die Form der 3. Person im Plural verallgemeinert. Im Optativ wurde das schwundstufige Formans *ī* wie bei den athematischen Verben verallgemeinert, vgl. noch den Optativ gr. εἰδείην mit hochstufigem Formans im Singular gegenüber εἰδεῖμεν im Plural und ai. *vidyā́m* mit durchgeführter Hochstufe. Nur außerhalb der westgermanischen Sprachen wurde in der 1. Person Singular wiederum die Endung der thematischen Präsentien übernommen. Als Imperative der 2. Person dienen im Althochdeutschen die Optativformen *wizzīs, wizzīt*, im Altenglischen im Singular ebenfalls *wite*, im Plural jedoch eine Form *witaþ*, deren Endung

3. Morphologie des Westgermanischen

nur von den starken Verben her übernommen sein kann. Folglich können diese Optativformen bereits im Protowestgermanischen auch als Imperative verwendet worden sein[332]. Im Präteritum flektierte das Verbum für „wissen", got., ahd. *wissa* usw. „wusste" zwar wie die anderen Präteritopräsentia ganz nach dem Muster der schwachen Verben, allerdings wurden diese mit demselben Stamm wie die präteritalen Partizipien gebildet, so dass eine Phrase wie *wissos esmi* „bin gewiss" als Ausgangsbasis vermutet wurde (siehe Genaueres unter den Präterita der schwachen Verben auf Seite 160). Die Formen ahd. *wista* und ags. *wiste* stellen eindeutig westgermanische Neuerungen dar[333].

Die infiniten Verbalformen des Präsens sind rein innergermanisches Sprachgut, sie werden durchweg mit dem nullstufigen Stamm gebildet. Das präsentische Partizip got. *witands* = ahd. *wizzanti* reicht wohl in die spätgermanische Zeit zurück und lautete im Westgermanischen *witandī*. Fraglich bleibt aber eine protogermanische Form *widónts*, weil kein Bedarf für diese Neubildung bestand, solange das indogermanisch ererbte Präsenspartizip in seiner ursprünglichen Funktion genutzt wurde. Eben dieses Partizip liegt nämlich im Gotischen als Substantivierung vor: *weitwōþs, weitwōd-* in der Bedeutung „Zeuge", das in gr. εἰδώς (Präsenspartizip zu οἶδα) „wissend" mit dem Obliquusstamm auf *-t-* seine genaueste Entsprechung hat und mit diesem idg. *weidwóts* fortsetzt[334]. Der Infinitiv der Präteritopräsentien ist mit derselben Ablautstufe in der Wurzel wie das Partizip Präsens offensichtlich in Anlehnung dazu gebildet, das Suffix ist dasselbe wie das der starken Verben. Das Präteritalpartizip mit demselben Suffix wie jenes der starken Verben ist sogar auf die westgermanischen Sprachen begrenzt und kann somit allenfalls auf wgerm. *witandī* basieren, zumal das Nordische eine Bildung nach dem Muster der schwachen Verben auf *-ō-* zeigt. Auch hier ist ein indogermanisch ererbtes Partizip ersetzt worden, das noch genau in ahd. *giwis* (neben *giwissi*) = as. *wis(s)* = ags. *gewiss* = an. *viss* „gewiss" vorliegt, aber wohl bereits im Nordwestgermanischen (also in den ersten Jahrhunderten n.Chr.) adjektivische Bedeutung angenommen hat, im Westgermanischen lautete es *wissă*. Auch im Gotischen kann wegen des Präteritums *wissa* „wusste" *wiss* in der Bedeutung „bekannt" und somit auch spg. *wissaz* als Partizip von *wait* vorausgesetzt werden, vgl. dazu ai. *vittá-* „bekannt", gr. ἄιστος „ungesehen, ungekannt" (zum Perfektopräsens *véda* bzw. οἶδα gehörig) und lat. *vīsus* (alat. *vissus*, zu *vidēre* „sehen") aus idg. *wid-tó-*.

Im Folgenden werden die Präteritopräsentien mit ihren Stammformen angeführt, auch hier finden sich mehrere Verben mit grammatischem Wechsel vor allem in den westgermanischen Sprachen. Die auf den ersten Blick deutlichen Abweichun-

---

332 Sofern es überhaupt im Alteuropäischen entsprechende Imperativformen zu ai. *viddhí* = gr. ἴσθι aus ostidg. *widdʰi* „wisse" usw. gegeben hat, sind diese wohl schon im Protogerm. durch Optativformen (wie im Prohibitiv got. *ni ogeiþ* „fürchtet euch nicht") verdrängt worden.
333 Siehe zu diesen Neuerungen Birkmann 1987: 342.
334 Zu den germ. und idg. Grundlagen von *weitwōþs* s. Bammesberger 1990: 216.

gen des Altenglischen erklären sich überwiegend durch die mehrfach erwähnten anglofriesischen und eigenen Neuerungen (u. a. Schwund von intervokalischem *h* wie im Nordischen, Aufhellung von *a* zu *æ*, Weiterentwicklung von spg. **ae* und **ao* zu *ā* bzw. *ēa*) und bieten insofern keine Probleme.

1)
   a) Got. *wait*, ahd. *weiz* (wgerm. **waet*) an. *veit* aus prg. und idg. **wóida* = ai. *véda* und gr. οἶδα (s. oben).
   b) Got. *áih*, Pl. *aigum*, Prät. *áihta* = ahd. **eih, eigum* (nur Plural belegt), Part. Prät. *eigan* „eigen" (adjektivisch) = as. **ēh, ēgun, ēhta*, Part. Prät. *ēgan* „eigen" = ags. *āh, āgon, āhte*, Part. *āgen (ǣgen)* „eigen" = an. *á* (urn. 1. Sg. *aih*)[335], *eigum, átta*, Part. Prät. *áttr* „haben, besitzen" aus prg. *óika*, idg. **Hóika* = ai. *íśe* „besitzt, beherrscht" (vermutlich ebenfalls ursprünglich ein reduplizierendes Perfektopräsens)[336]. Hier ist bereits im späten Urgermanisch der hochstufige Stamm verallgemeinert worden; der grammatische Wechsel tritt in allen Sprachen mehr oder weniger deutlich in Erscheinung. Das Partizip Präteritum mit Nasalsuffix ist offensichtlich eine westgermanische Neuschöpfung (gegenüber archaischerem an. *áttr*); die westgermanischen Formen müssten also lauten: **aeχ, *aegum, *aeχtā, *aegană*.

2) Got. *daug* „taugt", ahd. *toug*, Pl. *tugun*, Prät. *tohta* „hilft, nützt" = as. *dōg, dugun* = ags. *dēah, dugon, dohte* „taugt" aus prg. **dʰóugʰa*, vgl. den Präsensstamm gr. τεύχειν „verfertigen" und athematisches ai. *dógdhi* „milkt" aus idg. *dʰugʰ-* „Ertrag, Nutzen bringen"[337]. Hier lauteten die Formen im Westgermanischen wohl **daog, *dugum, *doχtā* also kaum anders als im späten Urgermanischen.

3)
   a) Got. *þarf*, Pl. *þaúrbum*, Prät. *þaúrfta*, Part. Prät. *þaúrfts* = ahd. *darf*, Pl. *durfun*, Prät. *dorfta* = as. *tharf, thurƀun, thorfta* = ags. *þearf, þurfon, þorfte* = an. *þarf, þurfum, þurfta*, Part. Prät. *þurft* „bedarf", aus prg. **tórpa*, Pl. **turpumé*, vgl gr. τέρπομαι „sättige mich, genieße" als Präsens und ai. *tŕ̥pyati* „sättigt, befriedigt sich"[338]. Hier erscheint der grammatische Wechsel im Gotischen und im Altsächsischen, für das Westgermanische wären **þarf, *þurƀum, *þurftā* anzusetzen. Das Präteritalpartizip fehlt in den westgermanischen Sprachen.
   b) Got. *ga-dars*, Pl. *ga-daúrsum*, Prät. *ga-daúrsta* = ahd. *gitar, giturrun, gitorsta* = as. *gidar* = ags. *dear, durron, dorste* „wage" setzen wie ai. *dhr̥ṣṇóti*, Perfekt *dadharṣa* „ist kühn, wagt" und auch gr. θαρρεῖν „mutig sein" ein

---

335 Belegt ist urn. *aih* in der Inschrift von Myklebostand, um 400.
336 Siehe den Vergleich mit *áih* samt dieser Vermutung bei Mayrhofer 1992: 207; idg. Anlaut s. bei Rix 1998: 199.
337 Siehe diesen Bedeutungsansatz bei Meid 1971: 24f.
338 Diese stärkere Bedeutungsdiskrepanz wurde von Betz 1962: 8f. mit einer „merklich pessimistischen Lebenshaltung" der Germanen begründet, zustimmend Meid 1971: 26.

Verbum idg. *dʰr̥s- mit einem Perfekt *(de)dʰórsa fort, das im Protogermanischen abgesehen vom Lautwandel idg. *r̥ > prg. *ur noch gleich lautete (im Plural. *dʰursumé). Abermals zeigt sich der grammatische Wechsel im Verhältnis von got. *dars* – ahd. *-turrun*, ags. *durron* (beides mit Doppelschreibung des *r* aus *-rz-*)[339]; die westgermanischen Formen sind somit als **dars*, **durzum*, **durstā* zu rekonstruieren.

c) Got. *kann*, Pl. *kunnum*, Prät. *kunþa*, Part. Prät. *kunþs* „kenne" = ahd. *kan, kunnun, konda, kund* = as. *kan, kunnun, konsta, kūđ* „weiß, verstehe" = ags. *can (con), cunnon, cūđe, cūđ* „kenne, verstehe" (wgerm. **kann, *kunnum, *kunþā, *kunþă*) = an. *kann, kunnum, kunna, kunnat* „kann". In diesem Fall liegt eine Sekundärbildung im Singular vor, der Plural geht auf prg. **gunn-*, idg. ĝn̥h₃- zurück, vgl. dazu ai. *jñā-, jānā́ti*, gr. γιγνώσκειν, lat. *(g)nōscere* „erkennen" aus idg. **ĝneh₃-, ĝnō-*; der hochstufige Singular stellt eine vielleicht schon protogermanische Neuerung **gónna* dar[340]. Auch in diesem Verb stimmen die westgermanischen Sprachen mit dem Gotischen genau überein, das archaische Präteritalpartizip spg. **kunþas* aus prg. **gúntos* (mit sekundärer Stammbetonung) und idg. **ĝn̥h₃-tós, *ĝn̥̄-tós* hat in diesen Sprachen bereits die adjektivische Bedeutung „bekannt" angenommen, während im Nordischen eine Sekundärbildung vorliegt. Das Präteritum im Altsächsischen auf *-sta* wird allgemein als Einfluss vom Verbalsubstantiv *kunst* „Weisheit" angesehen[341].

d) Eine ähnliche Wurzelstruktur weist ahd. *an*, Pl. *unnum*, Prät. *onda* = ags. *an (on), unnon, ūđe, ge-unnen* „gönne" (aus wgerm. **ann, *unnum, *unþā, *unþă*) = an. *ann, unnum, unna, unnat* „liebe" auf, das mit gr. ὀνινάναι „nützen" verglichen und auf eine indogermanische Wurzel **h₃neh₂-, *h₃n̥h₂-* zurückgeführt wird; wiederum erscheint die germanische Hochstufe sekundär (prg. **ónna*), der Plural *unn-* hingegen ererbt aus **h₃n̥h₂-*, die ursprüngliche Bedeutung dieses Präteritopräsens ist wohl am ehesten „bin zugeneigt"[342]. In den germanischen Einzelsprachen entspricht es in der Flexion recht genau dem Verbum für „können", die Präteritalpartizipien stellen allerdings junge Bildungen in den Einzelsprachen dar.

4)

a) Got. *man*, Pl. *munum*, Prät. *munda*, Part. Prät. *munds* „glaube, meine" = ags. *man (mon), munon, munde, ge-munen* „gedenke" = an. *man, munun, munþa, munat* „sich erinnern", vgl. in negativer Bedeutung as. *far-man* „verachte" aus prg. und idg. **me-móna* (Pl. prg. **munumé*) = gr. μέμονα und lat. *meminī* „gedenke", vgl. in der Bedeutung das Kompositum got.

---

339 Siehe zum Wechsel *-rs-/-rr-* Birkmann 1987: 147.
340 Harðarson (1993: 81) und Rix (1998: 150) betrachten die Vollstufe in got. *kann* usw. als sekundär, anders noch Seebold 1966: 278 mit einem Ansatz **ĝonə-*. Dagegen s. jetzt Müller 2007: 272–277, der *-nn-* überzeugend aus idg. **-nh₂-*, aber den hochstufigen Singularstamm *kann* als sekundär interpretiert.
341 Siehe diese Erklärung bei Birkmann 1987: 172
342 Siehe wiederum Seebold 1966: 278 mit Ansatz **onə-*, dagegen beurteilt Rix (1998: 269) *ann* als analogisch. Den Bedeutungsansatz s. bei Meid 1971: 30.

ga-man = ags. *man*. Obwohl hier eine Wurzel vom Typus *TeN-* ohne Doppelnasal vorliegt, deckt sich auch dessen Flexion weithin mit den beiden eben genannten Präteritopräsentien. Für das Westgermanische wären die Vorformen *man, *munum, *mundā anzusetzen, die Präteritalpartizipien sind aber wiederum einzelsprachlicher Herkunft.

b) Got. *skal*, Pr. *skulum*, Prät. *skulda*, Part. Prät. *skulds* „soll, bin schuldig" = ahd. *scal, sculun, scolta* = as. *skal, skulun, skolda* = ags. *sceal, sculon, sc(e)olde* = an. *skal, skulum*, Opt. Prät. *skylda* „soll", vgl. dazu lit. *skìlti* „in Schulden geraten", apr. *skellānts* „schuldig". Auch hier weichen die westgermanischen Sprachen kaum vom Gotischen und Nordischen ab, die westgermanischen Vorformen lassen sich mühelos erschließen: *skal, *skulum, *skoldā.

c) Got. *ga-nah* = ahd. *ginah* (nur in dieser Form belegt) = ags. *geneah*, Pl. *genugon* „genügt" aus prg. **(kon)nóka* „hat erreicht"[343], vgl. aber das reduplizierte Perfekt ai. *ānaṃśa* zu sekundärem *aśnóti* „erreicht" mit air. -*ánaic* „erreichte" aus idg. **ōnoṇe, eh₂noṇe* und lat. *nancisci* „erlangen". Daneben besteht ein weiteres innergermanisches Kompositum got. *bi-nah* „darf", vgl. dazu ags. *bi-nohte* „bedurfte, wünschte". Offenbar war im Gotischen und Westgermanischen nur die Form der 3. Person Singular lebendig, wenngleich der grammatische Wechsel in ags. -*nugon* auf (spät)urgermanische Herkunft schließen lässt; für das Westgermanische wären als Vorformen *ganaχ, Pl. *ganugum anzusetzen, im Nordischen fehlt eine Parallele dazu ohnehin.

5) Got. *mag*, Pl. *magum*, Prät. *mahta*, Part. Prät. *mahts* = ahd. *mag*, Pl. *magum (mugum)*, Prät. *mahta (mohta)* = as. *mag (mah)*, Pl. *mugun*, Prät. *mahta (mohta)* = ags. *mæg, magon, meahte*, Part. Prät. *meaht* = an. *má, megum, mátta*, Part. Prät. *mátt* „vermag" aus prg. *móghₐ, vgl. dazu aksl. *mošti*, Präs. *mogǫ* „können", somit wäre als idg. Präsens *magʰ- anzusetzen und *móghₐ als Präteritopräsens eine innergermanische Neuerung[344]. Im Westgermanischen müssten die Formen dann gelautet haben: *mag, *magum, *maχtā, *maχtă, also ähnlich wie im Gotischen und im Späturgermanischen.

6) Got *ga-mōt*, Prät. *ga-mōsta* „finde Raum", vgl. ahd. *muoz*, Prät. *muosa* „habe Gelegenheit, mag" = as. *mōt*, Prät. *mōsta* „dürfen, vermögen" = ags. *mōt, mōste* „dürfen" aus wgerm. *mōt, *mōstā, prg. *móda „habe für mich ermessen", vgl. dazu am ehesten ebenfalls dehnstufiges gr. μήδεσθαι „erwägen, ersinnen", aber auch als hochstufige Bildungen got. *mitan* „messen", lat. *meditārī* „ersinnen" usw.[345]. Auf die Pluralformen des Präsens wurde verzichtet, da diese ja wie die starken Präterita der 6. Klasse überall dieselbe Ablautstufe aufweisen.

---

343 Siehe diesen Bedeutungsansatz bei Rix 1998: 253.
344 Siehe diese Etymologien bei Rix 1998: 379; der Plural ahd. *mugum* ist wohl als Analogie nach sc*ulum* zu beurteilen, s. Lühr 1987: 271f.
345 Siehe den Bedeutungsansatz bei Meid 1971: 29, zur Etymologie Rix 1998: 380.

Hier lauten die westgermanischen Formen kaum anders als im Altsächsischen, zweifellos mit der Grundbedeutung „dürfen, vermögen".

Zu den gotischen Verben *lais* „weiß" (nur in dieser Form belegt, vgl. ahd. *lir-nēn* „lernen") und *ōg* „fürchte mich" (2. Sg. Opt. *ōgeis*, Konj. *ōgs*[346], Prät. *ōhta*,) fehlen Parallelen in anderen germanischen Sprachen. An. *kná*, Pl. *knegum* „kann" ist nach dem Muster von semantische nahestehendem *má* „vermag" umgebaut worden[347], vgl. dazu ags. *cnāwan* „kennen" als starkes Verbum der 7. Klasse und ahd. *knāen* „ds." als *jan*-Verb.

Zusammenfassend kann man sagen, dass das Westgermanische wie seine Einzelsprachen bei den Präteritopräsentien keine gravierenden Neuerungen vollzogen hat. Bei Verben mit Spiranten aus indogermanischen Tenues (Guttural und Labial) im Stammauslaut findet sich der grammatische Wechsel teilweise auch im Gotischen, in allen germanischen Sprachen ist dies unter den Formen des Verbs für „haben" der Fall. Bei dem Verb für „bedürfen" haben das Althochdeutsche und Altenglische dagegen die stimmlose Spirans verallgemeinert; umgekehrt hat das Gotische bei dem Verbum „wagen" den stimmlosen Sibilant generalisiert. Die einzige wirklich westgermanische Neuerung besteht in den Präteritalpartizipien mit nullstufiger Wurzel und Nasalsuffix wie bei den starken Verben, etwa in **witană, *aegană* und **munană*, während das Altnordische entweder wie das Gotische das alte Partizip auf -*t*- (nach ursprünglicher Spirans wie in *áttr, þurft, mátt*) mit zumeist nullstufiger Wurzel bewahrt oder nach dem Vorbild der *ōn*-Verben neue Partizipien auf -*aþr* geschaffen hat (z. B. *vitaþr*, Neutrum *munat*). Nur in got. *kunþs* = ahd. *kund* = as. *kūð* = ags. *cūð* haben das Gotische und Westgermanische zugleich das indogermanische Partizip beibehalten, während bei anderen Verben jeweils in mindestens einer Sprache eine Neubildung vorliegt.

3.6.4. Athematische Verben

3.6.4.1. Das Verbum **wesană* „sein"

Die wenigen athematischen Verben spielen unter den Verbalklassen eine ähnliche Rolle wie die Wurzelnomina unter den substantivischen Deklinationsklassen: Sie gehören sämtlich dem Allerweltswortschatz an und bilden in den germanischen Sprachen ähnlich wie in den anderen alteuropäischen Sprachen nur eine kleine Minderheit gegenüber allen anderen Verbalklassen. Folglich kam es auch kaum zu gegenseitiger Beeinflussung im Sinne einer Vereinheitlichung oder Vermischung der Paradigmen, mit anderen Worten: Die athematischen Verben sind ebenso archaisch wie die Wurzelnomina.

---

346 Die Form *ogs* wird allgemein als Konjunktiv beurteilt, s. außer den got. Grammatiken auch Bammesberger 1990: 89, Ringe 2006: 262 und Euler 1992: 24.
347 Siehe Birkmann 1987: 250.

3.6. Flexion und Stammbildung der Verben

Das archaischste und zugleich gebräuchlichste Verbum dieser Reliktklasse ist das für „sein".

Indikativ	Prg.	Gotisch	Ahd	As.	Ags.	Wgerm.	An.
1. Sg.	*é(z)mi	im	bim	bium	(b)ēom	*be(u)m	em
2.	*ési	is	bis	bist	eart, bis(t)	*bis (*arþī)	est
3.	*ésti	ist	ist	is(t)	is	*ist	es
1. Pl.	*ezumé	sijum	birum	sind(un)	sind(on)	*izum	erum
2.	*esté	sijuþ	birut	"	"	*izuþ	eruþ
3.	*sénti	sind	sint	"	"	*sind	eru

Optativ							
1. Sg.	*sijḗn	sijau	sī	sī	sī(e)	*sī	sjá
2.	*sijḗs	sijais	sīs(t)	sīs	"	*sī(s)	sér
3.	*sijḗd	sijai	sī	sī	"	*sī	sé
1. Pl.	*sīmé	sijaima	sīm	sīn	sī(e)n	*sīm	sém
2.	*sīté	sijaiþ	sīt	"	"	*sīþ	séþ
3.	*sīnd	sijaima	sīn	"	"	*sīn	sé

Die Formen des Präteritums sowie des Infinitivs und Partizip Präsens werden in sämtlichen germanischen Sprachen suppletiv vom starken Verbum der 5.Klasse, got. *wisan*, ahd., as., ags. *wesan*, an. *vesa (vera)* aus spg. **wesanan* „sein" gebildet (s. dazu Seite 149f.), ebenso in den westgermanischen Sprachen und Nordischen jene des Imperativs, während im Gotischen die Optativformen *sijais, sijaiþ* für den Imperativ verwendet werden. Wie in anderen indogermanischen Sprachen tritt also auch im Germanischen für das Präteritum ein Suppletivverb ein, allerdings nicht jenes aus idg. **bʰū-* wie im Perfekt lat. *fuī* oder im Präteritum air. *bōi* (3. Sg.) und lit. *buvaũ* „war". Dieser Suppletivstamm erscheint stattdessen in den westgermanischen Sprachen im Indikativ in der 1. und 2. Person Singular, wobei as. *bium* und ags. *bēom* offenbar wgerm. **beum*, also eine Hybridform aus **beu* und indogermanisch ererbtem **im* fortsetzen[348]. Die anderen Formen enthalten nur anlautendes *b-*, das von der 1. Person her übernommen worden ist, im Althochdeutschen auch auf die Pluralformen der 1. und 2. Person. Im Altenglischen, im Anglischen wie Westsächsischen, ist neben den aufgeführten Präsensformen des Indikativs ein ganzes Präsens mit *b*-Anlaut mit den Formen *bist, biþ, bēoþ* (*bīoþ*) im Indikativ und analogen Formen im Imperativ *bēo, bēoþ* (*bīo, bīoþ*) geschaffen worden. Während die indikativischen Formen des Singulars sowie die 3. Person Plural *sind* recht genau mit Formen anderer indogermanischer Sprachen übereinstimmen, darunter ai. *ásmi, ási, ásti* und *sánti*, weichen jene der 1. und 2. Person Plural mit dem verallgemeinerten vokalischen Anlaut und dem *-u-* von der 1. Person auf *-um* aus **-m̥me-* etwas ab; sowohl ahd. *b-irum, -ut* wie an. *erum, -uþ* werden zu Recht auf spg. **ezum, *-uþ* und die althochdeutschen Formen auf

---

348 Siehe Krahe 1965: 136 mit Ansatz wgerm. **biu* und Nielsen 1981: 125.

169

wgerm. *izum, *-uþ zurückgeführt[349]. Die gotischen Formen sijum, sijuþ enthalten zwar den ursprünglich nullstufigen Stamm s- (vgl. lat. sumus, ai. smás „wir sind"), sind aber unter dem Einfluss der i-haltigen Formen des Optativs im Stamm zu sij- erweitert worden[350]. – Eine weitere Neuerung des Altenglischen stellen die Form der 2. Person Singular ws. eart, angl. (e)arþ und die Analogiebildung im Plural, ws. earun, angl. arun dar, von denen erstere auf spg. *arþi zurückgeführt und mit idg. *or- (daraus lat. orīrī „entstehen") etymologisch verbunden wird[351].

Im Optativ hat sich zumindest im Westgermanischen der schwundstufige Stamm *sī- vom Plural her ähnlich wie im Lateinischen im Konjunktiv sim, sis, sit, Plural sīmus, sītis, sint durchgesetzt, doch kann der gotische Stamm sijai- indirekt noch auf demselben hochstufigen Stamm wie die altlateinischen Singularformen siem, sies, siet und ai. syā́m (mit durchgeführter Hochstufe) beruhen; für das Protogermanische kann somit im Singular der Stamm *sijé-, im Plural *sī- angesetzt werden[352]. Die altenglischen Formen sīe, sīen sind mit dem Optativformans der thematischen Formen zusätzlich charakterisiert worden. Nicht klar durchschaubar sind die altnordischen Formen.

3.6.4.2. Das Verbum *dōnă „tun"

Wie die Mehrheit der indogermanischen Sprachen hat auch das Germanische ein athematisches Allerweltsverb mit der Bedeutung „tun" (sowohl im Sinn von „machen" als auch von „setzen, stellen, legen") bewahrt, das dann aber im Nord- und Ostgermanischen verschwunden ist. In der folgenden Tabelle sind daher nur das Althochdeutsche (in der ältesten Lautform, also noch ohne Diphthongierung des ō zu uo), Altsächsische und Altenglische mit Präsens- und Präteritalsystem sowie Präteritalpartizip) aufgeführt[353]:

Ind. Präs.	Prg.	Ahd	As.	Ags.	Wgerm.
1. Sg.	*dʰṓmi	tōm	dōm	dō(m)	*dōm
2.	*dʰṓsi	tōs	dōs	dēst	*dōs
3.	*dʰṓti	tōt	dōd	dēþ	*dōþ
1. Pl.	*dʰṓme	tōmēs	dōd	dōþ	*dōme
2.	*dʰṓte	tōt	"	"	*dōþ
3.	*dʰṓnti	tōnt	"	"	*dōnt

---

349 Siehe etwa Krahe 1965: 136, Ramat 1981: 175 und Bammesberger 1986b: 120, abweichend Lühr 1984: 38 und Ringe 2006: 262 mit i-Anlaut, die wgerm. Rekonstrukte bei Lühr 1984: 37 und 33 (dort „spätwestgerm. *iRum, -ud).
350 Siehe Lühr 1984: 28 mit den Ansätzen *sume, suđe.
351 Siehe u. a. Lühr 1984: 36f. und Bammesberger 1986b: 120f.
352 Siehe den Ansatz *siyḗⁿ, Pl. *sīme bei Bammesberger 1986b: 120.
353 Etwas andere indikativische Rekonstrukte s. bei Lühr 1984: 50: im Präteritum *de dōm, -z, -đ, pl. dedume, -uđe, -und.

3.6. Flexion und Stammbildung der Verben

	Optativ					
1. Sg.	*dʰóiēn	tō	dōe	dō	*dōē	
2.	*dʰóiēs	tōs	duoas	dō	*dōē(z)	
3.	*dʰóiēd	tō	dōe	dō	*dōē	
1. Pl.	*dʰóīme	tōm	dōen	dōn	*dōēm	
2.	*dʰóīte	tōt	”	”	*dōēd	
3.	*dʰóīnd	tōn	”	”	*dōēn	

	Impr.					
2. Sg.	*dʰós	tō	dō	dō	*dō	
2. Pl.	*dʰóte	tōt	dōđ	dōþ	*dōþ	
Partizip	*dʰónts	tōnti	*dōndi	dōnde	*dōntī	
Infinitiv	*dʰónon	tōn	dōen, duon	dōn	*dōnă	
Gerund.	-	tōnne	duonne	dōnne	*dōnnē	

	Ind. Prät.	Prg.	Ahd.	As.	Ags.	Wgerm.
1. Sg.	*dʰédʰōn	teta	deda	dyde	*dedā	
2.	*dʰédʰōs	tāti	dedos, dādi	dydes(t)	*dedōs	
3.	*dʰédʰōd	teta	deda	dyde	*dedā	
1. Pl.	*dʰedʰumé	tātum	dedun, dādun	dydon	*dǣdum	
2.	*dʰedʰuté	tātut	”	”	*dǣduđ	
3.	*dʰedʰúnd	tātun	”	”	*dǣdun	

	Optativ					
1. Sg.	*dʰedʰiḗn	tāti	dedi, dādi	dyde	*dǣdī	
1. Pl.	*dʰedʰīmé	tātīm	dedin, dādin	dyden	*dǣdīm	
Part. Prät.	*dʰēnós	gitān	gidān	gedōn	*ga-dǣnă	

Dieses Verbum entspricht formal teilweise und semantisch gut den athematischen Verben im Ostindogermanischen, allerdings weist die Wurzel im Gegensatz zu den anderen indogermanischen Sprachen im Präsenssystem ō-Ablaut auf, vgl. bedingt ai. *dádhāmi* und gr. τίθημι „setze, stelle, lege" mit der 1. Person Sg. ahd. *tōm*, die nur prg. **dʰómi* fortsetzen kann. Lediglich im präteritalen Partizip ahd. *gitān*, as. *gidān* und wohl auch ags. *gedōn* (sofern dort Verdumpfung erfolgt ist) ist der ē-Vokalismus erhalten, vgl. dazu wenigstens formal aksl. *o-děnъ* (zu *oděti* „bekleiden")[354]. Außerdem hat das Germanische den Langvokal der Wurzelsilbe im gesamten Paradigma einschließlich des Imperativs wie im Fall von *gān* und des Optativs durchgeführt, wo das Formans -*ī*- wie bei den schwachen Verben auf -*ō*- schon früh geschwunden sein kann[355]. Die Auslautkonsonanten in der 2. und 3. Person beider Numeri entsprechen zwar in allen Einzelsprachen denen der star-

---

[354] Skeptisch gegenüber einem etymologischen Vergleich Lühr 1984: 65 A. 84 (mit Literatur). Zu ags. *gedōn* s. Bammesberger 1986b: 114.
[355] Vgl. dazu auch Ramat 1981: 176 mit dem Ansatz urg. **dōn, dōs, dōt* für den Optativ. Die ahd. Optativformen mit dem Stamm *tūē-, tuoe-* sind rezent und enthalten das Formans der thematischen Verben aus spg. **-ai-*.

ken Verben, doch muss man hier wegen des einsilbigen (also auch betonten) Wortkörpers auch im Späturgermanischen und im Westgermanischen mit stimmlosen Spiranten im Auslaut rechnen und wgerm. *dōs, *dōþ ansetzen[356]. Im Altenglischen ist zwar im Indikativ der Wurzelvokal ō in der 1. Person wie im (gleich lautenden) Optativ unverändert geblieben, in der 2. und 3. Person jedoch zu ōē (anglisch) und weiter zu ē (westsächsisch) umgelautet, am ehesten aufgrund von Einflüssen der starken Verben[357]. Im Imperativ können alte Injunktivformen vorliegen, die Form der 2. Person Singular ahd. tō, ags. dō kann auf prg. *dʰōs, spg. *dōs zurückgehen, formal also durchaus den altindischen Injunktivformen dhāḥ „setze" und dāḥ „gib" entsprechen[358]. In der Flexion aller drei Modi stimmt dieses Verbum also mit jener der schwachen ōn-Verben -überein, wie das Althochdeutsche noch klar zeigt, und dies trifft mit Sicherheit auch für das Protowestgermanische zu. Die infiniten Formen sind selbstverständlich ohne Themavokal gebildet, und der Infinitiv stellt jedenfalls eine germanische Neuschöpfung dar (s. dazu Genaueres unter dem Verbum für „gehen", Seite 175).

Ein archaisches Gepräge zeigt das Präteritum des Verbs für „tun", das im Singular eine Reduplikation mit e-Vokal wie dessen etymologisch entsprechende Perfekta im Altindischen und Griechischen aufweist, vgl. also ahd. teta „ich tat" mit dem Perfekt ai. dadháu und gr. τέθη-κα, so dass der Ansatz von prg. *dʰédʰ- begründet ist. Andererseits stimmen die Endungen recht genau mit jenen des Imperfekt ai. á-dadhām oder (nichtpräsentischen) Injunktivs dádhām überein, so dass hier offenbar im frühen Germanischen eine Kontamination zweier Flexionskategorien stattgefunden hat. Wie im Präsens herrscht im Westgermanischen ō-Vokalismus vor[359]; die Form as. dedos bezeugt dies am eindeutigsten, und auch die Endung der 1. und 3. Person, ahd. -a setzt am ehesten *-ō wie im Akk. Sg. geba fort. Im Plural und im Optativ wurde dieses Verbum wenigstens im Althochdeutschen nach dem Muster der starken Verben der 5. Klasse umgebildet, hiermit stimmen die Präteritalendungen der schwachen Verben im Gotischen sehr genau überein (s. Seite 160–162), wie allein der Vergleich der indikativischen Pluralformen ahd. tātum, tātut, tātun mit got. -dēdum, -dēduþ, -dēdun zeigt. Andererseits enthalten die einheitlichen Pluralformen des Indikativs im Altsächsischen dedun und die Optativformen dedi, dedin dieselbe Reduplikationssilbe de- mit Kurzvokal wie die Singularformen. In den altenglischen Formen ist sogar in Indikativ und Optativ dy- als Reduplikationssilbe (mit Umlaut vom Optativ her) verallgemeinert, zweifellos eine einzelsprachliche Neuerung; doch finden sich im Anglischen und Kentischen vereinzelt auch Formen wie dede, dedon, in der Dichtung sogar bisweilen dǣde, dǣdon[360]. Anlass zu Spekulationen haben die altsächsischen Formen gegeben, von denen dedun tatsächlich sogar formal mit dem awestischen Perfekt

---

356 Siehe diese (spg.) Rekonstrukte bei Bammesberger 1986b: 112.
357 Siehe Krahe 1965: 138
358 Diese ai. Injunktive sind in hortativer Funktion belegt, s. dazu Hoffmann 1967: 262.
359 Siehe diese Theorie bei G. Schmidt 1977: 262 und Lühr 1984: 40 sowie Bammesberger 1986b: 86 und 126. Alle setzen das Präteritum des Verbums „tun", ahd. teta usw. mit dem Imperfekt oder Aorist von dádhāmi gleich.
360 Siehe Brunner 1965: 358 mit Vergleich zum Ahd.

3.6. Flexion und Stammbildung der Verben

dadat „sie setzten" übereinstimmt und mit diesem idg. *d^he-$d^h\underset{\circ}{n}t$* fortsetzen könnte³⁶¹. Die Frage, ob die nordseegermanischen Formen mit kurzer oder die althochdeutschen und gotischen Formen mit langer Reduplikationssilbe den protogermanischen Zustand fortsetzen oder ob einst beide Quantitäten nebeneinander bestanden haben, kann hier nicht weiter erörtert werden; ausgeschlossen werden kann ein Nebeneinander jedoch nicht (wofür auch die Präsensformen mit *b*-Anlaut neben den altererbten Formen des Verbs „sein" sprechen)³⁶².

3.6.4.3. Die Verben *$g\bar{e}n\breve{a}$ „gehen" und *$st\bar{a}n\breve{a}$ „stehen"

Die athematischen Verben für „gehen" und „stehen" sind im Westgermanischen mit ihrer athematischen Flexion gut erhalten, nur im Altenglischen fehlt das letztere Verbum. Die Verben für „gehen" und „stehen" haben sich schon aufgrund ihrer semantischen Opposition im Germanischen gegenseitig stark beeinflusst, auszugehen ist sicher von den indogermanischen Wurzeln *$\hat{g}^h\bar{e}$- und *$st\bar{a}$-.

Da zu dem ersteren Verbum in den ostindogermanischen Sprachen formal relativ genaue Parallelen existieren, wird dieses in der folgenden Tabelle angeführt und zuerst erörtert:

Ind. Präs.	Prg.	Ahd. (Alem.)	Ags.	Wgerm.
1. Sg.	*$g^h\acute{e}mi$	gām	gā	*gǣm
2.	*$g^h\acute{e}si$	gās	gǣs(t)	*gǣs
3.	*$g^h\acute{e}ti$	gāt	gǣþ	*gǣþ
1. Pl.	*$g^h\acute{e}me$	gām	gāþ	*gǣm
2.	*$g^h\acute{e}te$	gāt	"	*gǣþ
3.	*$g^h\acute{e}nt$	gānt	"	*gǣnd
Optativ				
1. Sg.	*$g^h\acute{a}j\bar{e}n$	gē	gā	*gae
2.	*$g^h\acute{a}j\bar{e}s$	gēs(t)	gā	*gaez (?)
3.	*$g^h\acute{a}j\bar{e}d$	gē	gā	*gae
1. Pl.	*$g^h\acute{a}ime$	gēn	gān	*gaem
2.	*$g^h\acute{a}ite$	gēt	"	*gaeþ
3.	*$g^h\acute{a}ind$	gēn	"	*gaen
Impr.				
2. Sg.	*$g^h\acute{e}(s)$	(gang)	gā	*gǣ
2. Pl.	*$g^h\acute{e}te$	gāt	gāþ	*gǣþ

---

361 Siehe diesen Vergleich bei Lühr 1984: 40.
362 Abwägend zum Nebeneinander von *dēdun* und *dedun* Lühr 1984: 49f., die in der Form *dedun* auf der Bronzekapsel von Schretzheim (um 600) ebenfalls einen Kurzvokal sieht und auf den bereits abgeschlossenen Lautwandel von *$\bar{e}$ zu *$\bar{a}$ hinweist. Zur Inschrift selber s. Düwel 2001: 64f.

3. Morphologie des Westgermanischen

Partizip	*gʰénts	gānti	gānde	*gǣndī
Infinitiv	*gʰénon	gān	gān	*gǣnă
Gerund.	-	gānne	gānne	*gǣnnē

Ind. Prät.				
1. Sg.	*ejān (?)	(gieng)	ēode	*eudā
Part. Prät.	*gʰēnós	-	gegān	*ga-gǣnă

Im Altsächsischen sind nur der Infinitiv gān, das Gerundium te gānde (mit Partizipialform statt *gānne) und die Präsensform be-gēd „begeht" überliefert. Ahd., as. und ags. gān sowie auch ostnordisch gá mit ā aus prg./spg. *ē spiegeln den indogermanischen Wurzelvokalismus genau wider, während krimgotisch geen aufgrund seiner einmaligen Überlieferung mehrdeutig ist und vielleicht *gaian fortsetzt[363]. Seine Entsprechungen hat dieses Verbum in ai. já-hāti „verlässt" und in den griechischen Imperfektformen ἐκίχην „ich erreichte", Pl. ἐκίχημεν sowie im Optativ κιχείην, pl. κιχεῖμεν (hom.). Bestätigt wird dieses athematische Präsens nun eben durch die Form der 1. Person Singular, ahd. gām, dessen Parallelen ai. jáhāmi und sicher gr. *κίχημι lauten, die auf idg. *ĝʰiĝʰémi (laryngalistisch *ĝʰiĝʰéə₁mi, Pl. *ĝʰiĝʰə₁mé, Optativ *ĝʰiĝʰə₁yéə₁m, *ĝʰiĝʰə₁yém) basieren; für das Protogermanische ist demnach *gʰémi mit Optativ *gʰájēn anzusetzen[364]. Im Gegensatz zu den indogermanischen Entsprechungen bleibt in ahd. gān wie in seinen innergermanischen Parallelen der Wurzelvokal stets gleich, die Flexion stimmt mit der der schwachen Verben auf -ō- und -ē- überein. Auch das Altenglische steht mit seinen präsentischen Formen durchaus im Einklang zum Althochdeutschen, lediglich in der 2. und 3. Person des Singulars ist ā zu ǣ umgelautet – ähnlich wie ō zu ē im Verbum für „tun" (s. dort, Seite 172). Im Imperativ liegt derselbe Stamm wie im Indikativ vor, die Flexion entspricht ebenso jener der schwachen Verben auf Langvokal, allerdings können die Imperative ags. *gā, gāđ (ahd. nur gāt belegt) auf prg. *gʰē, *gʰē-te basieren, aber auch als alte Injunktivformen interpretiert werden, also auf prg. *gʰē-s, *gʰē-te zurückgeführt werden, siehe dazu auch Entsprechendes zum Verbum für „tun", vgl. Seite 172. Im Optativ hingegen lautet der Stamm ahd. gē-[365] dem offensichtlich germ. *gai- (also mit Modalformans -i-) zugrundeliegt und der sich außerhalb des Alemannischen auch auf den Indikativ und die infiniten Kategorien ausgebreitet hat, vgl. dazu auch as. -gēd[366]. Im Altenglischen kann gā- ebenso *gē- wie *gai- fortsetzen, so dass der Stamm in allen Modi gleich lautet. Somit würde auch der Optativstamm wgerm.

---

363 Siehe zu diesen beiden Verben den Aufsatz von G. Schmidt 1984; zu ersterem die Aufsätze von Mottausch 1994 und 1997. Speziell zu krimgot. geen s. Stearns 1978: 137f., der *gaian wie in got. saian „säen", waian „wehen" (aus idg. *sē-, wē-) ansetzt.
364 Siehe hierzu Mottausch 1997: 258ff. mit ähnlichen idg. und „vorgerm." Rekonstrukten auf S. 258 bzw. 267.
365 In diesem einsilbigen Optativstamm ist also germ. *ai ebenso zu ē monophthongiert wie im Nominativ Plural dē aus spg. *þai, aber s. Mottausch 1997: 255f., der daneben auch noch den Stamm *geis- ansetzt (entbehrlich).
366 Zu ahd. gān Bammesberger 1986b: 116 und Rix 1998: 175 (Vergleich mit dem Griechischen) sowie Mottausch 1997: 256ff. (zu den Grundlagen des Indikativ und Optativ S. 258, Tabelle mit indogermanischen Grundlagen auf S. 267).

3.6. Flexion und Stammbildung der Verben

*gai-, prg. *gʰai- formal mit gr. κιχείην in Einklang stehen und könnte mit diesem idg. *gʰə‚yḗm fortsetzen. Auch im Präteritalpartizip zeigt das Altenglische mit der Form *gegān* denselben Vokal wie im Präsenssystem. Der Infinitiv lautete zweifellos bereits wgerm. *gēnă aus spg. *gēnan und prg. *gʰēnon, formal deckt er sich mit dem Verbalsubstantiv ai. *hāna-* n. „Verlassen", das aber erst spät und selten belegt ist.

Das Präteritum des Verbums für „gehen" wird im Gotischen und Altenglischen noch suppletiv von der indogermanisch ererbten Verbalwurzel *ei-, i- gebildet. Sowohl got. *iddja* wie ags. *ēode* „ich ging" flektieren nach dem Muster der Dentalpräterita; hier liegt zweifellos eine archaische Bildung vor, die zwar in die Zeit des Urgermanischen, nicht aber vor die Entstehung des schwachen Präteritums, also in die Spätzeit des Protogermanischen, zurückreicht. Zugrunde liegt letztlich wohl prg. *ejā-, eine Kontamination aus idg. *ei- „gehen" und verwandtem *yeə₂- (daraus ai. *yáti* „geht, fährt, reitet" und lit. *jóti* „fahren, reiten")[367]. Während ags. *ēode* gut über wgerm. *eu-dā aus spg. *ejō- hergeleitet werden kann, setzen die gotischen Formen, sofern man von einem Stamm *ijjō- ausgeht, Umbildungen bis hin zur Flexion entsprechend der Dentalpräterita voraus[368].

Das nasalhaltige Präsens, das in got. *gaggan*, ahd., as., ags. *gangan*, an. *ganga* weiterlebt, wurde aufgrund lautlicher Nähe wohl bereits im Protogermanischen mit *gʰē- zu einem Mischparadigma vereinigt, hat mit diesem aber etymologisch nichts zu tun, sondern wird mit lit. *žeñgti, žengiù* „schreiten" verglichen. – Veranlasst wurde letztere Entwicklung wahrscheinlich durch das Nebeneinander des Primärverbs für „stehen" mit einem sekundären Nasalpräsens, also von Stämmen derselben Wurzel, die in ahd. *stān, stēn* = as. *stān* bzw. ahd. *stantan* = as., ags. *standan* (letzteres auch = got. *standan*, an. *standa*) vorliegen. – Das Präteritum des Suppletivums wgerm. *gangană und an. *ganga, ahd. *giang* bzw. as., an. *geng* und auch ags. *gēong* (poet.) entspricht dem der 7. Klasse der starken Verben.

Umgekehrt wurde im athematischen Verbum für „stehen", ahd. *stān, stēn* = as. *stān* der Vokalismus im Präsenssystem von *gān, gēn* her beeinflusst, vgl. auch im Altsächsischen die Formen des Indikativs der 2. und 3. Person, *stēs* und *stēd*. Im Optativ kann allerdings der Stamm *stē-* aus wgerm. *stae-, prg. *stái- und letztlich idg. *stəyē-, stəi- altererbt sein, da auch der griechische Optativ σταίην (Plural σταῖμεν) zum Aorist ἔστην „trat" und der lateinische Konjunktiv Präsens *stem* (2. Person Singular *stēs*) zu *stare* „stehen" diese indogermanischen Vorformen fortsetzen[369]. Aufgrund desselben Auslauts in *gai- und *stai- wurde dann

---

367 Die Wurzelstruktur dieses Defektivums ist problematisch, eine ansprechende Interpretation bietet G. Schmidt 1984: 228–230, der germ. *ijjō- ansetzt, das im Gotischen nach dem Vorbild der schwachen Verben umgebildet worden sei; zuletzt s. dazu Eichner 2005: 71f.; Bammesberger (1986b: 117) und bes. Mottausch (1994: 127f.) postulieren im Urgermanischen eine Kreuzung aus *ei- und *yeə₂-.
368 Auch in der Romania wurde in den Einzelsprachen jeweils ein Suppletivum aus dem (auf idg. *ei- zurückgehenden) Verbum lat. *īre* sowie *vādere* und *ambulāre* geschaffen.
369 Siehe den Vergleich von lat. *stem, stēs* mit gr. σταίην bei Leumann 1977: 576.

wohl im späten Westgermanischen der Stamm *stō- außerhalb des Optativs zu *stā- an *gā- angeglichen und zugleich vom Präteritalstamm stō- deutlicher unterschieden. Unter den infiniten Formen basiert allenfalls das Präsenspartizip ahd. stānti „stehend" auf voreinzelsprachlichen Grundlagen, der Infinitiv stān stellt zweifellos eine germanische Neubildung dar.

Das Präteritum des Verbums für „stehen" allgemein, das also sowohl zu dem athematischen Wurzelpräsens wie dem Nasalpräsens (got. standan, ahd. stantan, as., ags. standan und an. standa) gehört, dessen Stamm auf der schwundstufigen Wurzel sta- aus idg. *stə-, stə₂- aufgebaut ist, flektiert nach dem Muster der 6. Klasse der starken Verben und hat im nasallosen Stamm got. stōþ, ags. stōd und an. stóþ, vereinzelt noch ahd. stōt, stuot „stand" die indogermanische Wurzel *stā- bewahrt, während in rezenterem ahd. stuont indes der Nasal vom Präsens her übernommen wurde[370]. Umgekehrt hat nur das Altnordische noch im Präteritalpartizip staþinn gegenüber ahd. gistantan und ags. standen die nasallose Form bewahrt, der letztlich gewiss prg. *statós, idg. *stə₂tós zugrunde liegen (vgl. gr. στατός, lat. status)[371]. Im Präteritum ist somit *stāt als Grundform für das Protogermanische gesichert, vgl. dazu den Aorist ai. á-sthāt = gr. ἔ-στη „trat" und sogar aksl. sta (in Übersetzung für ἔστη). Ausgehend von dieser Form der 3. Person Singular wurde dann das Präteritum prg. *stāt-a, spg., wgerm. *stōþ aufgebaut[372].

3.6.4.4. Das Verbum *willjană „wollen"

Schließlich bleibt noch das Verbum für „wollen" zu betrachten, das zwar in einigen indogermanischen Sprachen, vor allem innerhalb des Alteuropäischen, recht gute etymologische Entsprechungen besitzt, es hat im Germanischen aber ähnlich wie im Slawischen nur im ursprünglichen Optativ überlebt.

Präs.	Prg.	Gotisch	Ahd	As.	Ags.	Wgerm.	An.
1. Sg.	*wéljēn	wiljau	wilu	williu	wille	*willju	vilia
2.	*wéljēs	wileis	wili	wili, wilt	wilt	*willī	vill
3.	*wéljēt	wili	wili	wil(i)	wile	*willi	vil
1. Pl.	*welīmé	wileima	wellemēs	welliad, williad	willaþ	*willjam	vilium
2.	*welīté	wileiþ	wellet	"	"	*willjeđ	viliþ
3.	*welínd	wileina	wellent	"	"	*willjanþ	vilia

---

370 Zu gost., as. standan usw. s. G. Schmidt 1984: 217–220.
371 Siehe zu staþinn G. Schmidt 1984: 218, vgl. auch Bammesberger 1986b: 115, der spg. *stadana- als Partizip rekonstruiert.
372 Siehe zu stān G. Schmidt 1984: 217ff., speziell zum Prät. stōþ als Fortsetzer eines Wurzelaoristes ders. 218f. und Bammesberger 1986b: 52 (der auch die 2. Sg. Perfekt erwägt, weniger glaubhaft). Dass in einer Kategorie der Stamm von einer Form der gebräuchlichen 3. Sg. aus verallgemeinert werden kann, dafür bieten des Polnische mit dem Präsens jestem „bin" und das Kymrische mit dem Imperfekt oedwn „ich war" (zu oed „er, sie war" aus *esāt = lat. erat) jeweils eine Bestätigung.

3.6. Flexion und Stammbildung der Verben

Opt.								
1. Sg.	-	-	welle	willie	wille	*willjē	-
2.	-	-			wille	*willjē	-
3.	-	-			wille	*willjē	-
1. Pl.	-	-	wellēm	willean, wellean	willen	*willjēm	-
2.	-	-	wellēt	"	"	*willjēd	-
3.	-	-	wellēn	"	"	*willjēn	-
Inf.	?	wiljan	wellen	wellean, willien	willan	*willjană	vilia
Part.	?	wiljands	wellenti	williendi	willende	*willjandī	-
Prät.	*weldʰṓn	wilda	wolta	wolda, welda	wolde, walde	*wuldā	vilda

Im Gotischen sind die Optativformen *wiljau, wileis, wili* usw. „ich will" genau bewahrt, diese Formen stehen sogar mit jenen des Konjunktivs von lat. *velle, velīs, velit* usw. weithin in Einklang, hinzu kommt im Slawischen aksl. *veliti*, 3. Sg. Präs. *velitъ* „wollen, gebieten", das aufgrund des Optativformans zum *i*-Verb umgestaltet wurde; lediglich die infiniten Formen sind nach dem Muster der *jan*-Verben gebildet. Für das Protogermanische können wir somit als Paradigma etwa **wéljēn* von der Form der 1. Person Singular got. *wiljau*, an. *vilia* her oder (später) **wélīn*, Pl. **welīmé* „ich möchte" rekonstruieren; im Gegensatz zum Optativ des Verbums für „sein" (mit nullstufiger Wurzel **s-*) hat sich hier aber wie auch bei anderen Verben wohl das schwundstufige Optativformans -*ī*- durchgesetzt – ähnlich wie in alat. *velim* gegenüber *siem*[373]. Demgegenüber stellen im Westgermanischen vor allem die Formen ahd. *wilu*, Pl. *wellemēs* und as. *williu*, Pl. *wellean* wie auch die infiniten Formen schon Angleichungen an den Indikativ der *jan*-Verben dar, vgl. zum Plural auch an. *vilium*. Im Plural enthalten das Althochdeutsche und Altsächsischen außerdem einen *e*-Vokal in der Wurzel, der als Umlaut aus **-a-* (und dieses als qualitativer Ablaut) gedeutet wurde[374]. Nur in der Form *wili* der 2. und 3. Person des Singulars hat das Althochdeutsche indirekt noch die ursprüngliche Optativflexion beibehalten, auch die Formen der 3. Person as. *wil(i)* und ags. *wile* spiegeln den Optativ wider, während as., ags. *wilt* mit auslautendem -*t* in der 2. Person nach dem Vorbild der Modalverben gebildet ist. Eine westgermanische Neuerung stellt der sekundäre Optativ zu diesem Verbum dar, der ebenfalls nach dem Muster der *jan*-Verben aufgebaut worden ist; dies konnte erst geschehen, nachdem die ursprünglichen Präsensformen dieses Verbums als Indikativ und nicht mehr Optativ empfunden wurden.

---

[373] Siehe aber zu diesem Verb Bammesberger 1982: 49 und 1986b: 118 mit Ansatz **welyēn*, Pl. **welīme*, ferner Euler 1992: 24f.
[374] Siehe Krahe 1965: 138 und von Kienle 1969: 311.

Das Präteritum des Verbums für „wollen", got. *wilda*, an. *vilda* mit hochstufiger Wurzel sowie ahd. *wolta* und ags. *wolde* mit nullstufiger Wurzel (dial. auch *walde*) ist nach dem Vorbild der schwachen Verben und der Präteritopräsentien gebildet. Die beiden ersteren Formen setzen zumindest spg. **wildā*, die westgermanischen Formen **wuldā* und vielleicht prg. **wuldʰṓn* (< **wl̥-dʰōn*) auf der Basis eines Perfekts Sg. **wólha*, Pl. **wulmé* fort, wobei für die Singularform bestenfalls dial. ags. *walde* als Fortsetzer in Betracht käme[375].

Archäologische Freilichtmuseen wie das in Oerlinghausen zeigen Rekonstruktionen vor- und frühgeschichtlicher Gebäude von der Jungsteinzeit bis zum frühen Mittelalter. Vorlage für das abgebildete Hallenhaus mit schiffsförmigem Grundriss und Außenstützen (Typ „Warendorf") ist eine Grabung in Künsebeck, einem Stadtteil von Halle (Westfalen). Das Originalgebäude wird auf die Zeit um 700 n. Chr. datiert, seine Bewohner sprachen also ein spätes Westgermanisch bzw. Nordseegermanisch im Übergang zum Altsächsischen, dessen Überlieferung einige Jahrzehnte später einsetzt.

---

[375] Den Ansatz des Perfekts s. bei Bammesberger 1986b: 118f., der für got. *wilda*, an. *vilda* einen einstigen Aorist mit dem Singularstamm **weləm* ansetzt, für die wgerm. Formen nullstufiges **wul-* aus **wl̥-* und sogar für ags. *walde* die Vorform **wólha* (letzteres auch Nielsen 1981: 232).

4. Archaismen und innovationen im Wortschatz

So viele Fragen bei der Rekonstruktion des Westgermanischen und Voralthochdeutschen offen bleiben, so zahlreich sind doch die Lexeme, die auf das Westgermanische beschränkt sind, wie spezifisch althochdeutsch-(altsächsisch-)altenglische Wortgleichungen zeigen. Sie gehören verschiedensten Bedeutungsbereichen an, wodurch sie umso mehr die Existenz einer westgermanischen Spracheinheit, wie sie zumindest bis zum 5. Jahrhundert n. Chr. bestanden hat, bestätigen. Dass es auch etliche westgermanisch-nordische Lexemgleichungen ohne ostgermanische Parallele gibt, widerspricht diesem Schluss nicht, denn bekanntlich hat sich das Ostgermanische zunächst vom Nordwestgermanischen getrennt, aus dem sich das Westgermanische später selber ausgegliedert hat. Ähnliches gilt sinngemäß für die althochdeutsch-altsächsischen Gleichungen, an denen das Angelsächsische keinen Anteil mehr hat.

Eine systematische Auflistung des westgermanischen Sonderwortschatzes – seien es Neologismen oder Archaismen – würde den Rahmen dieser Untersuchung sprengen. Stattdessen sollen im Folgenden verschiedene Lexeme aufgeführt werden, die zwar in allen oder einzelnen westgermanischen Sprachen noch vorhanden sind, aber dort obsolet werden oder nur noch in Komposita auftreten. Vielfach handelt es sich um Begriffe aus dem Alltagswortschatz, dem Kriegswesen oder der Mythologie.

Da im Angelsächsischen Übersetzungen aller vier Evangelien vollständig, im Althochdeutschen im Tatian und im Gotischen durch die Übersetzung Wulfilas in bedeutenden Teilen vorliegen, können mitunter Vergleiche Aufschluss über den Gebrauch etymologisch miteinander identischer Lexeme geben. Hierbei muss freilich berücksichtigt werden, dass die westgermanischen Fassungen auf lateinischen Vorlagen, die gotische Bibelübersetzung hingegen auf einer griechischen Vorlage beruhen, was den Wortgebrauch beeinflusst.

Zunächst werden Begriffe untersucht, die im Westgermanischen noch vorhanden sind, im Althochdeutschen aber entweder verloren gegangen oder nicht überliefert sind:

4.1. Archaische Begriffe im Althochdeutschen und Altenglischen

4.1.1. Allgemeines

Die indogermanischen Bezeichnungen für „Schlaf" und „schlafen" sind beide in mehreren germanischen Sprachen erhalten, vgl. as. *sweban*, ags. *swefen* „Schlaf,

Traum" und an. *svefn* „Schlaf" genau mit ai. *svápna-* „Schlaf, Traum", gr. ὕπνος und lat. *somnus* „Schlaf" sowie lit. *sāpnas* „Traum", fast alle setzen idg. **swépnos* fort, ein Verbalnomen zu **swep-* „schlafen". Im Protogermanischen hatte das Substantiv möglicherweise eine proterokinetische Flexion angenommen, im Westgermanischen lautete es wohl **swebn(ă)*[376]. Dieses Verbum kehrt in ai. *svápiti* „schläft" wieder, ebenso in ags. *swefan*, an. *sofa* „schlafen", einem germanischen Verbum, das nach Ausweis des Angelsächsischen der 5. Klasse der starken Verben angehörte. Für das Protogermanische wäre somit thematisches **swépeti* „schläft", für das Westgermanische **swefană* anzusetzen. Im Gotischen fehlen Belege des Substantivs wie des Verbums. – Daneben gab es bereits im Urgermanischen für beides Synonyme, wie sowohl ahd. *slāf* und ags. *slǣp* als auch das dazugehörige Verbum (7. starke Klasse) *slāfan* bzw. ags. *slǣpan* sowie got. *slēps* bzw. *slēpan* (krimgot. *schlipen*) bestätigen; hier fehlen genaue Entsprechungen im Nordischen, an. *slápr* lässt sich zwar vergleichen, bedeutet aber „Faulpelz"[377]. Für das Westgermanische wären hier **slǣp* bzw. **slǣpană* anzusetzen. Das Nebeneinander von *swefan* und *slǣpan* im Altenglischen muss vor diesem Hintergrund nicht überraschen[378], wobei das Erbwort *swefa* seltener belegt ist (darunter in den westsächsischen Evangelienübersetzungen in Mark 4, 27) und offenbar allmählich außer Gebrauch kam.

Das alteuropäisch ererbte Adjektiv für „wahr" hat nur im Westgermanischen als ahd., as. *wār* überlebt (wgerm. **wēră*, prg. **wēros*), vgl. dazu genau lat. *vērus* und air. *fīr*. Daneben gab es im Germanischen als Synonym eine Ableitung des einstigen Partizip Präsens des Verbs für „sein": as., ags. *sōþ* „wahr", an. *sannr, saðr* „wahr, schuldig". Sie alle setzen eine hochstufige Bildung spg. **sanþa-* mit der ursprünglichen Bedeutung „existent" fort und basieren auf einem einstigen Partizip Präsens des Verbums für „sein". Dagegen beruht got. *sunjis* „wahr" auf einem nullstufigen Stamm und stimmt formal in der Wurzel mit ai. *satyá-* „wahr" überein, sofern infolge von Konsonantenhäufung *-d-* geschwunden ist und eine Vorform **sundja-* vorliegt. Ai. *satyá-* wiederum gilt als Derivat zum genannten Partizip Präsens zu *as-* „sein"[379], dieses weist Hochstufe *sánt-* in den starken und Nullstufe *sat-* in den obliquen Kasus auf. Somit ist auch für das Späturgermanische ein Partizip „seiend, existierend" noch mit beiden Ablautstufen **sanþ-* und **sund-*, prg. **sónt-* und **sunt'-* wahrscheinlich[380]. Aufgrund der semantischen Nähe beider Synonyma hat sich in den Einzelsprachen in der Regel jeweils eines

---

[376] Siehe zu diesem Substantiv Mottausch 2011: 150 mit dem spg. Rekonstrukt **swebnaz*, der für das Protogermanische grundsätzliche eine Übertragung der proterokinetischen Flexion auf die thematischen Stämme postuliert (S. 6–9 und 84–86).
[377] Siehe de Vries 1977: 513; vgl. dazu genau aksl. *slabъ* „schwach", mit hochstufige Wurzel ahd. *slaf* „kraftlos, träge", lit. *slābnas* „schwach, kraftlos".
[378] Im Altindischen und Hethitischen existieren zwei noch dazu etymologisch miteinander identische Synonyme für „schlafen", vgl. ai.-ved. *sásti* „schläft, ruht" und *svápiti* „schläft" mit heth. *šeš-* bzw. *šup-* „schlafen", sc. letzteres auch mit ags. *swefan*, an. *sofa* „schlafen".
[379] Siehe Lehmann 1986: 329f., der *d*-Schwund in got. *sunjis* postuliert, und de Vries 1977: 462 (mit Vergleich von *satyá-*).
[380] Siehe zum ursprünglichen Ablauts- und Akzentverhältnis dieses Adjektivs Mottausch 2011: 131.

dieser Adjektive durchgesetzt: Im althochdeutschen Tatian erscheint allgemein *wār*, während die Evangelienfassungen im Gotischen *sunjis* und die angelsächsischen Übersetzungen *sōþ* aufweisen.

Das Verbum für „nehmen" findet sich in allen älteren germanischen Einzelsprachen und ist indogermanischer Herkunft, got. *niman* „nehmen, ergreifen", ahd. *neman* „nehmen, erhalten; wahrnehmen", as. *neman, niman* „nehmen, ergreifen", ags. *niman* „(mit)nehmen, bekommen" und an. *nema* „nehmen, ergreifen; lernen" basieren auf prg. *németi, das zumindest formal mit gr. νέμω „teile zu, aus; nehme in Besitz, besitze" übereinstimmt. Außerdem gibt es ein Verbum got. *tēkan* „anrühren", ags. *tacan* (nur noch selten belegt) „nehmen" und an. *taka* „nehmen, wählen, kosten"; hier liegt ein Verbum spg. *tēkanan* mit ursprünglich ingressiver Bedeutung „ergreifen" zugrunde, dessen Wurzelvokal außerhalb des Gotischen als *ā offensichtlich gekürzt worden ist und im Präteritum qualitativen Ablaut aufwies. Zum letzteren Verbum existieren keine Parallelen außerhalb des Germanischen, im Altenglischen und Nordischen hat es sich später gegenüber dem indogermanischen Erbwort durchgesetzt.

4.1.2. Natur

Zu dem Wurzelnomen got. *nahts*, ahd. *naht*, an. *nótt*, vgl. außerhalb des Germanischen lat. *nox*, lit. *naktìs* usw. sowie den Akkusativ ai. *náktam*, allesamt Fortsetzer von idg. *nókts in der Bedeutung „Nacht", gehört etymologisch zweifellos ein Substantiv mit nullstufiger Wurzel, die im Germanischen noch in got. *ūhtwō* f. „Morgendämmerung" (nur in Mark. 1, 35 in *air ūhtwōm* „früh im Morgengrauen"[381]), ahd. *ūhta* f. „Dämmerung", ags. *ūhta, -an* m. „Zeit vor Tagesanbruch" sowie an. *ótta* f. „Morgengrauen" vorliegt[382] und im Protowestgermanischen wohl als *ūhtwō, -in m. „Dämmerung, Frühe" sowie für das Protogermanische als *unktú- zu rekonstruieren ist; diese Bildung basiert wahrscheinlich wie ai. *aktú-* m. „Ende der Nacht" auf idg. *n̥ktú-.

Die indogermanische Bezeichnung für den Tag *din-, die mit der nullstufigen Wurzel vor allem in ai. *madhyán-dina-* „Mittag" (seit RV), lat. *nūn-dinae* „Markt am 9. Tage" sowie in aksl. *dьnь* „Tag" weiterlebt, mit Hochstufe als Femininum im Baltischen als apr. *deina*, lit. *dienà*, lett. *diena* „Tag", tritt im Gotischen noch im Kompositum *sin-teins* „täglich" zutage, das ebenfalls Hochstufe aufweist, als Adjektiv in dieser Bedeutung indes nur zweimal belegt ist (darunter in Matth. 6,11, dem Vaterunser). Im Westgermanischen ist dieses Lexem nur noch in den ahd. und ae. Bezeichnungen für den Frühling *lenzo, -en* bzw. *lancten* erhalten, die

---

381 Got. *air ūhtwōm* ist die Übersetzung für gr. πρωί ἔννυχα, in der lat. Vulgata steht hierfür *diluculo*, das in den ags. (westsächs.) Evangelienübersetzung jedoch mit anderen Begriffen übersetzt wird.
382 Zu got. *ūhtwō* s. Lehmann 1986: 374f., zu an. *ótta* de Vries 1977: 421f., beide auch positiv zum Vergleich mit ai. *aktú-*; zurückhaltend dagegen Mayrhofer 1992: 40.

4. Archaismen und innovationen im Wortschatz

auf spg. *lang(a)-tīna zurückgehen und also den Frühling als die Zeit der längerwerdenen Tage bezeichnen. Für „Tag" selber hat sich jedoch in allen germanischen Sprachen ein anderes Substantiv durchgesetzt: got. *dags*, ahd. *tag*, as. *dag*, ags. *dæg* und an. *dagr* aus spg. *dagaz, vgl. dazu lit. *dãgas* „schwüle Sommerhitze". Anstelle von got. *sinteins* in der genannten Bibelstelle erscheint in den westgermanischen Übersetzungen jeweils ein Derivat des letzteren Substantivs, im Althochdeutschen (Tatian) *tagalih* und im Altenglischen (Westsächsischen) *gedæghwāmlica*.

Das indogermanische Wort für „Feuer", ein Heteroklitikon, hat zwar in allen germanischen Sprachen überlebt, wenngleich im Gotischen und Nordischen nur mit dem *n*-Auslaut, im Westgermanischen dagegen mit *r*-Auslaut, vgl. got. *fōn*, Gen. *funins* „Feuer" und an. *funi* „Feuer, Flamme" (poet.) mit ahd. *fiur*, ags. *fȳr, fīr* „Feuer"; im Nordischen wurde dieses Substantiv semantisch eingeengt. Daneben standen im Altenglischen das Synonym *ǣled* „Feuer, Herd" (seltener belegt) und im Altnordischen *eldr* „Feuer", das dort ganz an die Stelle von *funi* getreten ist. In den westgermanischen Sprachen hat sich demgegenüber das indogermanische Erbwort durchgesetzt. Zugrunde liegen *ǣled* bzw. *eldr* wgerm. *aelidă* respektive urn. *ailidaR* „Feuer" ohne sicheren etymologischen Anschluss[383].

Für „Erde" hat das Germanische ein eigenes Substantiv geschaffen, das in allen Einzelsprachen bewahrt ist: got. *aírþa* = ahd. *erda* = ags. *eorþe* = an. *jǫrð*, alle aus spg. *erþō*. Hier haben Altsächsisch, Altenglisch und Altnordisch ein Synonymon indogermanischer Herkunft beibehalten, nämlich *folda* „Erde", *folde* „Erde, Land" bzw. *fold* „Erde, Land, Weide"; während as. *folda* und ags. *folde* auf wgerm. *fuldōn* „Erde" zurückgehen, erscheint in an. *fold* mit dem Plural *foldir* der ältere *i*-haltige Stammauslaut, der mit den indogermanischen Parallelen ai. *pṛth(i)vī́*, ursprünglich „weite (Erde)" sowie dem Ortsnamen gr. *Πλάταια* und dem Ländernamen gall. *Letavia* (für die Bretagne) genauer übereinstimmt, für das Spg. ist deswegen *fuldi-, -ō-* anzusetzen. Im Althochdeutschen tritt dieses Substantiv allenfalls noch im Flussnamen *Fuld-aha* zutage[384].

Das Substantiv ags. *firgen, fyrgen* n. „Bergwald" (als Simplex selten belegt, häufiger als Vorderglied in Komposita) besitzt nicht nur in got. *fairguni* n. „Berg" und an. *fiǫrgyn* f. „Erde, Land" (poet.) sowie im Namen ahd. *Firgunna* (Erzgebirge), sondern auch in gall. *Hercynia silva* (deutsche Mittelgebirge) recht genaue Parallelen. Zugrunde liegt im Germanischen jedenfalls eine Ableitung spg. *fergunī* f., protogerm. und westidg. *pérkuni, -yā-* mit der Bedeutung „Eichwald", die Neutra im Gotischen und Altenglischen sind demgegenüber sekundäre Stämme auf *-ja-*. Es handelt sich um die Ableitung einer Baumbezeichnung, die am genaues-

---

[383] Für das Nordische bleibt der Ansatz freilich ohne semantisch befriedigende Anschlüsse, s. de Vries 1977: 99f.
[384] Siehe zu diesem Flußnamen Krahe 1964: 101. – Anders Udolph (1996: 233–235) wonach die Endung -aha erst sekundär dazugetreten sei.

ten noch in lat. *quercus* f. „Eiche" vorliegt (mit Assimilation von **p-* zu *qu-* im Anlaut). Innerhalb des Germanischen ist diese ursprüngliche Bedeutung aber nicht überall bewahrt, got. *faírhvus* m. „(unbelebte) Welt" und an. *fiorr* m. (eine Baumart, nur einmal für die Edda bezeugt) stimmen zwar formal miteinander überein, lassen sich aber aus semantischen Gründen nicht direkt mit *quercus* auf ein indogermanisches Etymon zurückführen. Vielmehr bezeichnet *faírhvus* ursprünglich die belebte Welt und steht in einem engeren Zusammenhang mit ags. *feorh* m., n. „Leben, Seele, Geist; Person" und an. *fior* n. „Leben", ferner ahd. *firihha, firahia,* as. *firihos,* an. *fírar* „Menschen", die ihrerseits auf einem Abstraktum spg. **ferχwu-* m., n., prg. **pérkʷus* „Leben(skraft), Lebensbaum, Eiche" aus formal identischem westidg. **pérkʷus* „Eiche" basieren[385]. Die früh bezeugte Bedeutung der Eiche als Lebensbaum im religiösen Denken der Germanen und die genannten Vergleichsformen lassen keinen Raum für Zweifel daran, dass got. *faírhvus* m. „(unbelebte) Welt" tatsächlich der Fortsetzer von westidg. **pérkʷus* „Eiche" ist. Der erhebliche Bedeutungswandel, für den gewiss etliche Jahrhunderte erforderlich waren, legt nahe, dass der Eichenkult der Germanen jedenfalls bis ins 1. Jahrtausend vor Christus zurückreicht. Für ein hohes Alter dieses Kultes spricht auch dessen aus den erwähnten Vergleichsformen erschließbare weite geographische Verbreitung.

Ags. *wylf* „Wölfin" gehört zum Maskulinum *wolf,* der Umlaut *y* basiert auf dem Stammauslaut *-jō,* allerdings ist das *-f-* von *wolf* her übernommen worden. Im Altnordischen findet sich nämlich noch das archaische Femininum *ylgr* „Wölfin" mit inlautendem *-g-* und durchgängigem ursprünglichem *ī*-Stamm aus spg. **wulgiz,* prg. **wulkís,* älter **wulkʷís* mit dissimilatorischem Schwund des labialen Elements im Labiovelar vor *i.* Diese Tierbezeichnung hat in ai. *vr̥kís* „Wölfin" ihre genauen Entsprechungen und setzt idg. **wl̥kʷís* fort, vgl. auch den Akk. Sg. *vr̥kíyam* mit *ylgi* aus idg. **wl̥kʷím,* doch hat *ylgr* auch Formen auf **-yā-* übernommen, wie der Genitiv Singular und Nominativ Plural *ylgjar* (aus spg. **wulgjōz,* prg. **wulkʷjā́s*) zeigen. Dieser Stamm spg. **wulgjō-* wurde im Westgermanischen offenbar durch **wulfjō-* ersetzt[386].

Im Angelsächsischen ist noch ein indogermanisches Adjektiv für „trocken" erhalten, vgl. ags. *sēar* aus wgerm. **sauză,* prg. und idg. **sausós* mit lit. *saũsas,* aksl. *suchъ* „ds." sowie ai. *śoṣa-* „trocknend, ausdörrend" (episch), gr. αὖος (att. αὗος) „trocken, dürr". Ihm liegt ein Verbum idg. **sus-* zugrunde, das noch in ai. *śuṣyati* „trocknet aus, wird dürr" und lett. *sust* „heiß werden" fortbesteht. – Dieses Adjektiv wurde wohl wegen seines geringen Wortkörpers durch ein Synonym verdrängt, das in got. *þaúrsus* „dürr", ahd. *durri,* ags. *þyrre* „trocken, dürr" vorliegt, vgl. dazu awest. *taršu-* „trocken, fest", und auf spg. **þursus,* idg. **tr̥sú-* basiert.

---

[385] Zu *faírhvus* und *faírguni* Meid 1984: 98–101. Zugrunde liegt im Germanischen jedenfalls eine Ableitung **ferguni,* protogerm. und westidg. **pérkuni, -yā* mit der Bedeutung „Eichwald".
[386] Siehe zu diesem Femininum jetzt Euler 2009: 97.

Fast ausschließlich als Vorderglied in Komposita findet sich in der altgermanischen Dichtung noch das Adjektiv ahd., as. *irmin-*, ags. *eormen-* „groß, riesig, gewaltig", an. *jǫrmun-* „groß", vgl. ahd. *irmindeot* (Hildebr. 13) mit ags. *eormenþēod* „mächtiges Volk" (aus wgerm. **ermen(a)-þiudō-*) und ags. *eormen-grund* (Beow. 859) mit an. *jǫrmun-grund* (Edda, Grímnismál 20) „weite Erde". Hierzu gehört auch der Name des Gotenkönigs Ermanarich, got. **Aírmana-reiks* (eig. „mächtiger König"), latinisiert *Ermenrichus* (Ammian), ags. *Eormen-rīc*, an. *Jǫrmun-rekr*[387] und wohl auch der Ortsname *Ermstedt* (s. S. 35, Anm. 71).. Eine Ausnahme bildet an. *Jǫrmunr* als Simplex, eine Bezeichnung für Odin im Sinn von „Gewaltiger" (einmal für die Edda bezeugt), auch der Name des Cheruskerfürsten *Arminius* (latinisiert bei Tacitus) würde semantisch mit diesem Adjektiv in Einklang stehen, weist allerdings im Anlaut qualitativen Ablaut auf[388].

4.1.3. Familie, Gesellschaft

Für „Frau, Ehefrau" liegen im Germanischen zwei etymologisch miteinander verwandte Begriffe vor, zum einen got. *qinō* „Frau, Weib", ahd. *quena* „Ehefrau", as. *quena* „Frau, Gattin", ags. *cwene* „Weib, Dienerin, Dirne" und an. *kona* „Frau" und zum andern got. *qēns* „Ehefrau", as. *quān* „Frau", ags. *cwēn* „Frau, Gattin; Fürstin, Königin" (ne. *queen*) und an. *kván* „Frau, Ehefrau"; lediglich im Althochdeutschen fehlt zum Substantiv mit dehnstufiger Wurzelsilbe eine Parallele. Beide Feminina sind indogermanisch ererbt, vgl. zu beiden ai. *jāni-* und *jāni-*, beide in der Bedeutung „Weib, Gattin", und zum ersteren apr. *genna* und aksl. *žena* sowie gr. γυνή „Frau, Ehefrau". Im Germanischen hebt sich das dehnstufige Substantive (spg., wgerm. **kwēni-*) mit der Zusatzbedeutung „Gattin" semantisch klar von der hochstufigen Bildung spg. und wgerm. **kwenōn-* ab[389]. Wahrscheinlich nach Abwanderung der Goten in nachurgermanischer Zeit kam ein neutrischer Begriff auf, der in ahd. *wīb*, as. *wīf* „Frau, Weib", ags. *wīf* und an. *vīf* „Frau, Gattin" sowie in nhd. *Weib* und ne. *wife* „Ehefrau" weiterlebt[390]. Hier gewährt vor allem die althochdeutsche Tatianübersetzung einigen Aufschluss im Vergleich zum gotischen Bibeltext: Während im griechischen Text γυνή sowohl im Sinn von „Frau" als auch „Ehefrau" steht, unterscheidet wie gesagt das Gotische mit den Begriffen *qinō* „Frau, Weib" und *qēns* „Ehefrau" ebenso wie die römische Vulgata mit *mulier* „Frau" bzw. *uxor* „Ehefrau, Gattin", und dieser Vorlage folgt auch der althochdeutsche Tatian mit den Übersetzungen *wīb* „Frau, Weib" bzw. *quena* „Ehefrau", während die angelsächsischen Fassungen für beide Bedeutungen durchweg *wīf* aufweisen. Im Voralthochdeutschen hatte also eine Bedeutungsverschiebung

---

387 Von Neumann (1989: 516) als „rex universalis" interpretiert, s. Anm. 71.
388 Siehe zu diesem Personennamen Beck 1973: 420, der auf den Ablaut hinweist.
389 Zum Verhältnis von got. *qēns* zu *qinō* wie *jāni-* zu *jáni-* s. Meid 1976a: 70f. Im An. existierte neben *kona* auch *kvinna*, s. dazu Harðarson 1989: 86–93, der auf S. 87 sowohl hochstufiges **kwenōn* wie nullstufiges **kunōn-* für das Urgermanische ansetzt.
390 Etymologisch wird dieses Neutrum mit dem Verb got. *bi-waibjan* „umgeben, umwinden", ags. *wæfen* „umwickeln, bekleiden" usw. verbunden.

stattgefunden, die zum Verlust von wgerm. *kwǣni- „Ehefrau" führte: Dessen Bedeutungsfeld wurde von *quena* besetzt, so dass *wīb* jenes von *quena* einnnehmen konnte; später starb dieses Wort (noch mhd. *kone* „Ehefrau") auch in seiner neuen Bedeutung aus. Dagegen wurde im Altenglischen *cwene* abgewertet und *cwēn* in der Bedeutung eingeengt, so dass *wīf* als Oberbegriff für „Frau, Gattin" eintrat und *cwene* ausstarb. Von den beiden sehr alten Substantiven hat also in einer westgermanischen Sprache nur spg., wgerm. *kwǣni- „Ehefrau" in nengl. *Queen* überlebt.

Innerhalb des Westgermanischen hat ein Paar von Verwandtschaftsbezeichnungen überlebt, die sonst fast nur noch in den ostindogermanischen Sprachen wiederkehren, ahd. *fatureo*, jünger *fetiro* „Vatersbruder, Onkel" (daraus nhd. *Vetter*) aus spg., wgerm. *fađurijan- und ags. *mōdrige* „Mutterschwester, Tante; Kusine" aus *mōdrijōn-, vgl. dazu ai. *pitṛvya-* „Vatersbruder" bzw. *mātṛvya-* „Mutterschwester" und lat. *patruus* „Vatersbruder, Onkel" sowie in abgewandelter Bedeutung gr. πατρυιός und armen. *yawray* „Stiefvater" bzw. gr. μητρυιά und armen. *mawrow* „Stiefmutter". Die Bedeutungsverschiebung im Deutschen um eine Generation entspricht derjenigen von ags. *nefa* „Enkel, Neffe" bzw. *nift* „Enkelin, Nichte" wie von ahd. *neuo, nift* zu nhd. *Neffe, Nichte*[391].

Als Bezeichnung für „Kind" allgemein diente im Germanischen ein Neutrum, das etymologisch zum Verbum für „tragen", idg. *b^her-* gehört, dieses liegt in got., an. und ahd. *barn* wie ags. *bearn* vor und setzt spg. *barna- fort. Demgegenüber bestehen im Westgermanischen noch zwei weitere Synonyme, die das genannte Substantiv später verdrängt haben. Ahd., as. *kind* (aus wgerm. *kindă) stellt ein Deverbativ zu idg. *ĝenh$_1$-* „zeugen, gebären" mit hochstufiger Wurzel dar – im Gegensatz zur einstigen Partizipialbildung an. *kundr* „Sohn, Verwandter" sowie got. *himina-kunds*, ags. *heofoncund* „von himmlischer Abkunft" und urn. *ragina-kudo* „von den (ratenden) Göttern stammend" aus spg. *kunda-, prg. *guntós, vgl. dazu gall. *nate* „Sohn" (Vokativ) und *gnatha* „Tochter, alat. *gnātus* „geboren" (Partizip zu *nāscī* „geboren werden") und ai. *jātá-* „geboren" aus idg. *ĝṇ̄tó-, *ĝṇh$_1$tó-. Im Angelsächsischen setzt sich das Neutrum *cild* „Kind" durch, das als *a-*Stamm, im Plural aber auch wie die einstigen *s-*Stämme flektiert und nur in got. *kilþei* f. „Mutterleib" eine genauere Entsprechung besitzt[392]. In den westgermanischen Einzelsprachen ist das erstgenannte der drei Synonyma schon bald verschwunden (im Hildebrandslied noch belegt): In der gotischen Bibelübersetzung erscheint in Luk. 2,16 und 17 das Wort *barn*, im althochdeutschen Tatian hingegen *kind* und in den angelsächsischen Fassungen *cild* (gemeint ist das Jesuskind in der Krippe) – und die letzteren Synonyme haben in den westgermanischen Sprachen bis heute überlebt.

---

391 Der Bedeutungswandel von „Enkel(in)" zu „Neffe, Nichte" ist wohl situationsbedingt begründet: In einem Gespräch über ein Kind meinen Großeltern und die Geschwister der Eltern dieselbe Person.
392 Siehe zum Vergleich mit *kilþei* Lehmann 1986: 218.

In mehreren germanischen Sprachen findet sich ein Substantivpaar, und zwar im Gotischen *magus* „Knabe, Sohn" und *mawi* (Gen. *maujōs*) „Mädchen" sowie im Nordischen urn. *magu-* (mehrfach belegt), an. *mǫgr* „Sohn" bzw. an. *mǽr* mit *-r* aus urn. *-iR*, Gen. *meyjar* „Mädchen" aus spg. **ma(g)wī*. Im Westgermanischen dagegen taucht nur noch das Maskulinum auf: as. *magu* „Sohn", ags. *magu* „Sohn, Diener, Krieger", im Althochdeutschen sogar bloß als Vorderglied *Magu-* in Personennamen. Zumindest das Maskulinum hat im Keltischen eine genaue Entsprechung, air. *maug* „Sklave" (aus **magu-*)[393]. Da nun das Maskulinum seine Bedeutung weitgehend zu „Knabe, Sohn" hin verschoben hatte, nahmen andere Bezeichnungen das Bedeutungsfeld für „Knecht, Diener" ein, nämlich got. **þius* = ags. *þēow* = urn. *þewaR* (s. unten), got. *skalks* = ahd. *scalc* = an. *skalkr*, außerdem im Westgermanischen ein rezentes Substantiv ahd. *kneht* „Knabe; Diener, Knecht" ags. *cniht, cneht* „Knabe; Diener, Soldat" (letztere beide Begriffe ohne außergermanische Etymologie). Die Evangelienübersetzungen geben hier für das Maskulinum nicht viel her, da bereits die Vulgata im Wortgebrauch vom griechischen Text abweicht. Got. *magus* steht zwar meist für gr. τέκνον „Kind, Knabe", in Luk. 15, 26 aber für das Epikoinon παῖς „Kind"; in der Vulgata erscheinen anstelle von τέκνον verschiedene Begriffe, vorwiegend *puer* „Knabe", aber in Luk. 2, 48 *filius* und in Luk. 15, 26 *servus*, und daran halten sich sowohl die angelsächsischen Übersetzer mit *cnǽht* bzw. *sun* und *þēow* als auch der Übersetzer des Tatian mit *kneht* für *puer* bzw. *sun* für *filius*. Nirgends bieten jedoch die altenglischen Fassungen das Substantiv *magu*. Ähnlicherweise dient got. *mawi* zwar mehrheitlich als Übersetzung für gr. κοράσιον „Mädchen", in Luk. 8, 51 und 54 aber für παῖς; hier verwendet der Verfasser der Vulgata jedoch durchweg das Substantiv *puella* „Mädchen", das in den angelsächsischen Fassungen genau mit *mæden* und im Tatian mit *magatin* in derselben Bedeutung wiedergegeben wird – das Femininum zu *magu-* wurde also im Westgermanischen offensichtlich durch **magadīn* „Mädchen" ersetzt, ein Diminutiv zu spg. **magaþ-* (daraus ahd. *magad* „Jungfrau", as. *magađ* „Jungfrau, Frau", ags. *mægeþ* „Mädchen, Jungfrau, Frau", vgl. got. *magaþs* „Jungfrau", zweifellos mit etymologisch derselben Wurzel **mag-* wie in *maguz, ma(g)wī*).

Ein weiteres Begriffspaar liegt vor in got. **þius* „Diener" (nur als Plural *þiwos* in Luk. 16, 13 belegt), *þiwi* „Magd", ags. *þēow* „Diener, Knecht" und *þēowe* „Magd" (seltener) und ferner in urn. *þewaR*, an. *-þér* (als Hinterglied in Personennamen) bzw. *pý* „Magd, Sklavin". Im Althochdeutschen und Altsächsischen erscheint dagegen bloß das Femininum *diu* „Dienerin, Magd" bzw. *thiu(i), thiwa* „Magd", während das Maskulinum nur noch als Vorderglied in Komposita wie ahd. *deomuati* „Demut, Erniedrigung" zutage tritt, außerdem um 500 auch noch in latinisierten Personennamen mit dem Hinterglied *-theus, -thius*[394]. Offensichtlich führte die Homonymie des geringen Wortkörpers mit dem Pronomen *diu/thiu* im Deut-

---

393 Krahe (1954: 135) beurteilt germ. **magu-* als Erbwort und nicht als Entlehnung aus dem Keltischen aufgrund von deren grammatischer Gestalt, auch in den Etymologika gehen von einem Erbwort aus.
394 Siehe zu diesen Personennamen Haubrichs 2001: 153–170.

schen zum Verlust des Maskulinums. Tatsächlich deckt sich die Wortwahl der Bibelübersetzungen in Luk. 1, 38 und 48 sowie Joh. 18, 17 mit got. *þiwi* und ahd. *thiu* (Tatian), ungeachtet dessen, dass got. *þiwi* zwar meist gr. παιδίσκη „Mädchen", in den Lukasstellen aber δούλη „Magd" wiedergibt. Auch die anglischen Glossen zeigen stets *ðiowa* (für lat. *ancilla* „Magd"). Zugrunde liegt diesem Substantivpaar spg. **þewaz/*þewī* (ohne außergermanische Parallelen), im Westgermanischen hat es wohl **þeu/*þewi* gelautet[395]. Auch im Fall des Maskulinums stimmen die gotische und angelsächsische Evangelienübersetzung in Luk. 16, 13 mit *þius* bzw. *þēow* überein.

4.1.4. Haustiere

Die indogermanische Bezeichnung für das Pferd **éḱwos* hat sowohl in lat. *equus*, ai. *áśva-* usw. „Pferd" als auch im Germanischen Fortsetzer, nämlich in ags. *ēoh* „Streitross", an. *jór* „Pferd" und in *eyz* im gotischen Runenalphabet der Alcuin-Handschrift, außerdem als Vorderglied in Komposita, vgl. got. *aiƕatundi* („Dornstrauch", eig. „Pferdezahn")[396] und as. *ehuskalk* „Rossknecht; für das späte Urgermanische ist **eχwaz*, für das Westgermanische **eχu* anzusetzen. Als Oberbegriff für „Pferd" diente im Westgermanischen das Neutrum ahd. *(h)ros*, as. *hros, hors*, ags. *hors*, vgl. auch an. *hross* „Pferd, Ross" (seltener), ein Substantiv ohne außergermanische Entsprechungen[397]. Im Nordischen trat *hestr* „Pferd, Hengst" an die Stelle des archaischen *jór*, vgl. dazu ahd. *hengist*, ags. *hengest* „Hengst, Wallach" sowie bereits in der Lex Salica *chengisto* und wahrscheinlich als Positiv zu dieser offensichtlich superlativischen Bildung urn. *hahai*, wohl „Renner" (Dativ, Inschrift von Möjbrö, um 450 n. Chr.; vgl. lit. *šankùs* „schnell")[398]. Beide Begriffe erscheinen außerdem in den Namen des mythischen Brüderpaares *Hengist* und *Horsa*, das die Landnahme Britanniens durch die Angeln eingeleitet haben soll[399], wobei die Namen wohl auch die westgermanische Lautform (natürlich mit χ anlautend) dieser Tierbezeichnungen wiedergeben.

Streng genommen fällt das folgende Beispiel nicht in das vorgegebene Raster. Die Tierbezeichnung ahd. *ou (au)*, Pl. *awi*, ags. *eowu* (Stamm auf -*wō*), an. *ǽr* „Mutterschaf" (mit Flexion nach dem Vorbild der Wurzelnomina), setzt prg. **ówis*, spg., wgerm. **awi-* als Femininum fort, einen hocharchaischen *i*-Stamm, vgl. bereits

---

[395] Genauere außergerm. Entsprechungen fehlen, verglichen wird got. *þius* usw. in den Etymologika mit ai. *takvá-* „Läufer", *tákti* „läuft" usw., was aber als Vorformen spg. **þegwaz*, prg. **tekwós* voraussetzen würde.
[396] Schubert (1968: 35) setzt daher zu Recht got.**aíƕus* „Pferd" an.
[397] Siehe zu diesem Substantiv Kluge/Seebold 1995: 692 mit dem Ansatz germ. **hrussa-* im Sinn von „schnaubend".
[398] Siehe dazu Krause 1971: 156 und jetzt Mottausch 2011: 94f. mit prg. Ansatz **kánka-* für den Positiv und **kankistó-* für den Superlativ.
[399] Diese Brüder mit Wodan als Stammvater werden sogar mit den griechischen Dioskuren, den altindischen Aśvins (auch *divó nápātā* „Himmelsabkömmlinge" genannt) und den lettischen Gottessöhnen, *Dieva dēli*, also einem bereits indogermanischen göttlichen Brüderpaar in Verbindung gebracht, s. dazu de Vries 1956: 253 und Euler 1987: 48 (mit weiterer Literatur in A. 67).

luwisch ḫawi-, ai. ávi- c., lat. ovis, lit. avìs f. usw., alle aus idg. *(h)ówis „Schaf"[400]. Im Mittelhochdeutschen ist dieses Substantiv mit dem geringen Wortkörper durch das Neutrum scāf (= ags. scēap, ohne sichere Etymologie) verdrängt worden[401].

4.1.5. Nahrung, Handel

Im Germanischen gab es zwei Bezeichnungen für „Gerste" mit alteuropäischer Grundlage. Zum einen stimmen ags. bere „Gerste" und an. barr „Korn, Getreide" mit lat. far, farris „Dinkel, Spelt" und osk.-umbr. far in der Wurzel überein, und das Adjektiv got. barizeins „aus Gerste" (auf Grundlage von *baris, nur in Joh. 6, 9 und 13 belegt) deckt sich formal mit lat. farīna „Mehl"[402]. Zugrunde liegt ein neutrisches Substantiv westidg. *bʰar(e)s- mit einer Adjektivableitung *bʰár(e)s-īno-, im Spätgermanischen *barez-, *barezīna-; auch ags. bere kann *bariz- fortsetzen, flektiert aber wie ein i-Stamm. Freilich ist die Allgemeinbedeutung „Korn, Getreide" älter, wie das Altnordische zeigt. Speziell für die Gerste gab es im Germanischen eine eigene, ebenfalls alteuropäische Bezeichnung, die aber nur im Westgermanischen als ahd., as. gersta überlebt hat und mit lat. hordeum „Gerste" auf einer Wurzel *gʰerzd-, gʰr̥zd- beruht[403]. Und so findet sich an den beiden Bibelstellen in den altenglischen (westsächsischen) Evangelienfassungen das denominale Adjektiv beren, im althochdeutschen Tatian dagegen die Ableitung gerstin.

Auch für das Bier standen im Germanischen zwei Bezeichnungen nebeneinander, zum einen ags. ealu, -es n., das in Glossen mit cervisia, sicera „Rauschtrank, Bier" übersetzt ist, und an. ǫl (Dat. ǫlvi) „Bier" (aus urn. alu in Zauberformeln mit unklarer Bedeutung), und zum anderen ahd. bior n. ags. bēor, -es m., beides mit cervisia, ersteres auch mit mulsum „Wein mit Honig" und celia „(spanisches) Weizenbier" und letzteres auch mit sicera (ein orientalischer Rauschtrank) glossiert, sowie an. bjórr m. „Bier", das indes als Entlehnung aus dem Westgermanischen beurteilt wird. Sowohl bēor als auch ealu sind im Beowulf-Epos belegt, ohne dass eine Bedeutungsdifferenz erkennbar wäre, allerdings ist ealu seltener und wird später von bēor verdrängt – im Althochdeutschen fehlt dazu eine Parallele. Im Altnordischen gehörte umgekehrt bjórr vor allem der Poesie an, während ǫl in der gesamten Literatur wesentlich lebendiger geblieben ist und in den heutigen nordischen Sprachen das allein übliche Wort für „Bier" ist. Außergermanische Entsprechungen sind weder für ealu/ǫl noch für bēor/bjórr gesichert, allenfalls Wurzeletymologien kommen in Betracht. Lit. alùs, lett. alus m. „Bier", apr. alu n. „Met" auch und ksl. olъ „Bier" sind aus dem Urgermanischen oder dem Gotischen entlehnt, finn. olut „Bier" aus dem Nordischen. Ursprünglich bedeutete

---
[400] Im Walserdeutschen ist dieses Substantiv bis heute noch als oww (Piemont), au (Graubünden) in der Bedeutung „Schaf" erhalten, s. dazu Giordani 1927: 208.
[401] Siehe Kluge/Seebold 1995: 709 mit dem Vorschlag, scāf/scēap mit scaban/sceafan „schaben" (im Sinn von „scheren") zu verbinden.
[402] Zu barizeins setzt Schubert (1968: 56) zu Recht *baris „Gerste" als zugrundeliegendes Substantiv an.
[403] Siehe Kluge/Seebold 1995: 316 mit dem Ansatz germ. *gerstō, älter *gʰerzdā.

dieses Neutrum allgemein etwa „Rauschtrank" und hatte in ältester Zeit wahrscheinlich einen konsonantischen Stammauslaut[404]. Das eigentliche Wort für „Bier", ahd. *bior*, ags. *bēor* ist etymologisch nicht ganz durchsichtig, es wird teils mit idg. *$b^h reu$-* „brauen" (unter Voraussetzung von dissimilatorisch geschwundenem *r*), teils mit an. *bygg* n. „Gerste" (aus germ. **bewwa-*) in Verbindung gebracht; für das Westgermanische wäre als Vorform **biură* anzusetzen[405].

Ein Verbum aus dem Alteuropäisch-Indogermanischen hat zwar in der Mehrheit der germanischen Sprachen, nicht aber in allen westgermanischen Sprachen überlebt, nämlich ags. *alan* „nähren, zeugen, hervorbringen; erscheinen" und an. *ala* „nähren, hervorbringen, zeugen", aber in intransitiver Bedeutung got. *alan* „wachsen", vgl. lat. *alere, -ō* „nähren, großziehen" und air. *ailim* „nähre". Im Althochdeutschen und Altsächsischen fehlt eine Parallele zu diesem Verbum; an dessen Stelle könnten etwa ahd. *irziohan* „aufziehen, großziehen" getreten sein. Die wgerm. Vorform von ags. *alan, *alană* hat, wie der Vergleich mit den außergermanischen Belegen zeigt, die alte Bedeutung bewahrt, während die intransitive Bedeutung im Gotischen jünger ist.

Für „kaufen" gab es im Germanischen ein Deverbativ zum thematischen got. *biugan, -a* „(sich) beugen", ahd. *biogan* „biegen, beugen", an. *bjúga* „biegen" sowie as., ags. *būgan* „sich beugen". Dieses Verb hat aber nur in zwei Sprachen überlebt, in got. *bugjan* „kaufen, verkaufen" und ags. *bycgan* „kaufen". Im Althochdeutschen wurde es durch das Synonym *koufen* verdrängt, eine denominale Ableitung von *koufo* „Händler" (dieses aus lat. *caupō* „Schankwirt"), ebenso im Altsächsischen durch *kōpon* und im Altnordischen durch *kaupa*. Dagegen haben got. *kaupōn* und ags. *cēapian* die ursprüngliche Bedeutung „Handel treiben" beibehalten und deswegen die einheimischen Verben *bugjan* bzw. *bycgan* nicht verdrängt. Und so erscheint in der gotischen Bibelübersetzung *bugjan* in Joh. 13, 29, wo auch die angelsächsischen Evangelienfassungen *bycgen*, der althochdeutsche Tatian aber *coufen* enthält. Die letzteren Synonyme sind in den westgermanischen Sprachen bis heute erhalten: nhd. *kaufen* – ne. *to buy*.

4.1.6. Technik, Kriegswesen

Unter den Bezeichnungen für Waffen gab es im Germanischen mehrere Synonyme und semantische nahestehende Substantive. Aus indogermanischer Zeit stammt der Begriff got. *haírus* (nur in Eph. 6,17 belegt), ags. *heoru*, an. *hjǫrr* „Schwert" aus prg. **kérus*, der in jeder Hinsicht mit ai. *śáru-* „Geschoss, Pfeil, Speer" übereinstimmt. Im Althochdeutschen fehlt eine Parallele **hiru*, für das Westgermanische ist als Vorform **χeru* anzusetzen. Eine rein innergermanische Bezeichnung

---

[404] Siehe zu den Bierbezeichnungen und ihrer Herkunft jetzt Euler 2000a: 90f., speziell zu finn. *olut* Ritter 1993: 104.
[405] Siehe Kluge/Seebold 1995: 108 mit dem Ansatz germ. **beura-*.

stellt dagegen got. *mēkeis*, as. *māki* „Schwert", ags. *mēce* „Schwert, Klinge", an. *mǽkir* (urn. Akk. *makija*) „Schwert" (aus spg. **mēkijaz*, daraus wohl finn. *miekka*[406]) dar. Auch hier fehlt eine althochdeutsche Entsprechung, im Westgermanischen hat dieses Substantiv **mēki* gelautet. In der westgermanischen und altnordischen Heldendichtung wird ein weiteres Wort für „Schwert" verwendet, nämlich ahd. *suert* im Hildebrandslied (V. 53) = ags. *sweord* im Beowulf = an. *sverð* in der Edda – und dieses Substantiv setzt sich dann überall durch. Ags. *mēce* und an. *mǽkir* sind bereits seltener als *sweord* bzw. *sverð* und viel seltener als *heoru* bzw. *hjǫrr* belegt; beide Begriffe finden sich im Beowulf bzw. in der Lieder-Edda, der indogermanisch ererbte jedoch nur noch vereinzelt (in Beowulf 1285 mit variierendem *sweord* im Folgevers bzw. in der Edda, Locasenna 49 und 50).

Schon im Protoindogermanischen gab es zwei Bezeichnungen für das Rad, von denen beide bis in die germanischen Einzelsprachen erhalten sind – im Gotischen ist freilich keines der beiden Erbwörter belegt. Im Althochdeutschen hat nur das Neutrum *rad* (*s*-Stamm, Plural *radir*) überlebt, vgl. dazu lat. *rota*, ir. *roth* und lit. *rãtas* „Rad" sowie ai. *rátha-* m. „Streitwagen", aus idg. **róto-* (ursprünglich ein zu idg. **ret-* „laufen, rollen" gehörendes Verbalnomen, daraus air. *rethid* „läuft"). Im Altenglischen hingegen hat sich *hweogul, hweohl, hweowol, hwēol* n. und im Altnordischen *hvel, hvél* und *hjól* n. „Rad" durchgesetzt, vgl. dazu vor allem ai. *cakrá-* m., n. = gr. *κύκλος* in derselben Bedeutung, zu *hvel* indes am ehesten apr. *kelan* und mit Wurzelablaut aksl. *kolo* „Rad"[407]. Die reduplizierten Bildungen setzen idg. **kʷe-kʷló-* fort, ein redupliziertes Verbalnomen zur Wurzel **kʷel-* (daraus ai. *cárati* „geht, wandert", gr. *πέλομαι* „rege, bewege mich")[408]. Die altenglischen Varianten mit der Alternation *-h-/-g-* lassen einen Rückschluss auf die frühere Betonung zu, so dass für das späte Urgermanische wie Westgermanische ebenfalls eine Dublette **χweχla-/χwegla-*, also für das Protogermanische **kʷé-kʷlo-/*kʷe-kʷló-* mit sekundär mobilem Akzent (ausgehend wohl vom kollektiven Plural **kʷe-kʷlā́*) anzusetzen ist[409], neben dem bis in westgermanische Zeit wohl das Synonym **raþa-* gestanden hat. Beide Synonyme sind indogermanischer Herkunft und existieren heute noch in den westgermanischen Sprachen: nhd. *Rad* – ne. *wheel*.

Die indogermanische Bezeichnung für „Schiff", **nāus*, ursprünglich mit der Bedeutung „Boot, Kahn", die in den älteren außergermanischen Sprachen erhalten

---

[406] Siehe dazu Ritter 1993: 127 und 170. Aksl. *mečь* „Schwert" wird allgemein als Lehnwort aus got. *mēkeis* beurteilt, s. dazu jetzt Euler 2005/06: 43. Etym. Anknüpfungsversuche zu *mēkeis/ mǽkir* s. bei Lehmann 1986: 250 und de Vries 1977: 399.
[407] Siehe zu den an. Parallelen de Vries 1977: 232 und 270.
[408] Die letztere Bezeichnung für das Rad spielte auch in der Dichtersprache eine wichtige Rolle, da die Indogermanen die Vorstellung von einem Rad der Sonne hatten; sowohl ai. *sū́ryasya ... cakrám*, *cakrám ... sū́ryasya* und *sū́rás cakrám* (jeweils ein paar Mal im Rigveda) als auch gr. *ἡλίου κύκλος, κύκλος ἡλίου (ἀελίοιο)* (att. Tragödie) sowie im Germanischen ags. *sunnan hweogul* (in Hymn. Surt. 22,25!) und an. *sunnu hvél fjǫrnis* „Rad des Helms der Sonne" (Harmsól 36,7, vgl. auch *fagrahvél* in Alvíssmál 16) basieren letztliche auf einer indogermanischen Junktur. Zur Gleichung für „Sonnenrad" s. Schmitt 1967: 166–169.
[409] Siehe zu diesem Substantiv mit der mobilen Akzentuation jetzt Mottausch 2011: 124, zur Entstehung des mobilen Akzents aufgrund des oxytonen Plurals dort S. 6.

geblieben ist, nämlich als ai. *náu-* „Schiff, Kahn", gr. ναῦς (ion. νηῦς), lat. *nāvis* und ir. *nāu* f. „Schiff", hat in den germanischen Einzelsprachen nur in spärlichen Resten überlebt, im Altnordischen als *nór* m. „Schiff" (poet.) und im Kompositum *naust* „Bootsschuppen" sowie im Altenglischen ebenfalls im Kompositum *nō-wend* „Schiffer". Für das Protogermanische wäre wie für das Indogermanische demnach **náus* in der Bedeutung „Boot, Schiff" als Etymon anzusetzen, für das späte Urgermanische **nōz* und für das Westgermanische **nō*[410]. Dieses Substantiv wurde erkennbar schon im Urgermanischen durch ein Neutrum an den Rand gedrängt, das in allen Einzelsprachen vorhanden ist: got., as., an. *skip*, ahd. *scif*, ags. *scip*.

Ein alteuropäischer Begriff liegt vor in ags. *secg* „Mann, Krieger", an. *seggr* „(Gefolgs)mann", das in lat. *socius* „Genosse" eine formal genaue Parallele hat; hierzu ist weder im Althochdeutschen noch im Gotischen eine Entsprechung überliefert. Als Vorformen wären wgerm. **saggi* und spg. **sagjaz* sowie idg. **sok^{w}yós* „Gefolgsmann" anzusetzen, die etymologische Verwandtschaft mit dem Verbum **sek^w-* (ai. *sácate*, gr. ἕπεσθαι, lat. *sequī*, air. *sechithir* „folgen") steht auch aus semantischen Gründen fest[411]. – Im Gotischen müsste dieses Substantiv **sagjis* gelautet haben, möglicherweise ist es von *sipōneis* verdrängt worden, das in der Wulfila-Bibel für gr. μαθητής „Schüler" steht (vgl. dagegen ahd. *jungoro* im Tatian und as. *jungaro* im Heliand). Vielleicht ist *sipōneis* aus dem Gallischen entlehnt worden und würde somit etymologisch auf einer Basis gall. **sep-*, idg. **sek^w-* beruhen. – Im Altsächsischen könnte das Kompositum *helm-gitrōstio* „bewaffneter Gefolgsmann, Krieger" **sagi* verdrängt haben.

Nicht ganz scharf abgegrenzt in seinem Bedeutungsumfang war ursprünglich das Substantiv as. *erl* „Mann", ags. *eorl* „Edler", an. *jarl* „Häuptling", für das wgerm. **erilă* anzusetzen ist. In urnordischen Runeninschriften findet sich mehrfach der Begriff *erilaR, irilaR*, der von Krause aufgrund des Kontextes in den Inschriften mit „Runenmeister" interpretiert wurde, aber dennoch vielfach auch mit den ersteren Parallelen und sogar mit dem Stammesnamen *Heruli* etymologisch gleichgesetzt wurde, obwohl er in Wirklichkeit eine Standesbezeichnung darstellt[412]. Das Fehlen einer Entsprechung **erl* im Althochdeutschen liegt wohl in der relativ geringen Überlieferung begründet.

4.1.7. Mythologie, Religion

Die altnordische Edda-Dichtung gibt Aufschluss darüber, dass die Germanen zumindest zwei Bezeichnungen für die Götter verwendeten. Das erstere erscheint indes nur als Hinterglied in Komposita wie in *sig-tívar* „Sieggötter" sowie indi-

---

[410] Siehe Pokorny 1959: 755 zu idg. **náu-* „ausgehöhlter Einbaum" (der auch kymr. *noe* und norw. *no* zum semantischen Vergleich heranzieht).
[411] Wie in an. *ylgr* wurde auch hier der Labiovelar vor *-j-* zum Velar reduziert, s. dazu Schaffner 2001: 62
[412] Siehe Düwel 2001: 12.

rekt als *tyz* im gotischen Runenalphabet der Alcuin-Handschrift. Es entspricht lautlich genau ai. *devá-*, lat. *deus* „Gott", *dīvus* „göttlich", keltib. *Teiuo-*, apr. *Deiws* usw. Die ursprüngliche Bedeutung von idg. **deiwós* war „Himmlischer" (vgl. dazu ai. *dyáu-* „Himmel(sgott)" sowie gr. Ζεύς und lat. *Iū-piter*). Die westgermanischen Sprachen haben dieses Substantiv nur als Name des Kriegsgottes bewahrt, vgl. an. *Týr* mit ahd. *Ziu* und ags. *Tīw*, aus spg. **Tīwaz*. Die andere allgemeine Bezeichnung für die Götter kehrt auch im Westgermanischen wieder, vgl. an. *áss* „Gott, Ase" mit ags. *ōs* „Gott" aus spg. **ansu-*, das in wenig veränderter Form noch in den Namen urn. *asu-gasdiR* und *asu-gisalas* (vgl. ahd. *Ansigisel*) sowie in althochdeutschen Namen als Vorderglied *ans(i)-* auftritt. Auch für das Gotische ist *anses* „Halbgötter" bezeugt (latinisiert bei Jordanes, Getica); der Vergleich dieser Götterbezeichnung mit ai.-ved. *ásu-* „Leben, Lebenskraft" und ai. *ásura-*, aw. *ahura-* „Herr" ist möglich, jedoch nicht gesichert[413]. – In den althochdeutschen Sprachdenkmälern christlichen Inhalts wie dem fränkischen und niederdeutschen Taufgelöbnis (s. Seite 215f.) wird freilich nicht mehr die heidnische Bezeichnung, sondern *got* bzw. *god* (Maskulinum) im Plural verwendet, vgl. dazu auch das gotische Neutrum *guþ* „Gott"[414].

Im Germanischen gab es einen neutrischen Begriff **ragina-*, der wie noch got. *ragin* „Rat, Beschluss" bedeutete und auch in an. *regin* (Neutrum Plural) seinen Fortsetzer hat, das aber stets in mythologischem Sinne kollektiv mit „Götterrat" als „Versammlung von Göttern" gebraucht wird. Im Urnordischen ist in der Runeninschrift von Noleby (um 600) das Kompositum *ragina-kudo* „von den (ratenden) Göttern stammend" (Femininum) belegt, hier kann *ragina-* ebenfalls nur dieselbe Bedeutung wie an. *regin* haben, zumal dieses Kompositum semantisch gut zu got. *himina-kunds* und ags. *heofoncund* „von himmlischer Abkunft" passt und noch genauer zu außergermanischen Komposita mit etymologisch demselben Hinterglied, gall. *Devognata* (Personenname) und ai. *devá-jāta-* „von Göttern entsprossen" (aus idg. **deiwó-ĝn̥h₁to-*). Im Westgermanischen erscheint dieses Substantiv indes nur als Vorderglied, sei es in as. *regan(o)giskapu* „Geschick", in fränk. *ragin-burgius* „Gerichtsbesitzer" (Lex Salica) oder in ags. *regn-* „mächtig". Somit kommt auch für wgerm. **ragina-* am ehesten eine Bedeutung „göttlicher Rat, Geschick" in Betracht, mit einer ähnlichen semantischen Ambivalenz wie nhd. *Rat*. Genauere außergermanische Entsprechungen hierzu fehlen[415].

Drei Namen von Riesengeschlechtern finden sich nur im Altenglischen und Altnordischen, zum einen ags. *eoten* „Ungeheuer", an. *jǫtunn* „Riese, Ungeheuer" aus west- und nordgerm. **etuna-* m. (vielleicht zu **etan* „fressen") und zum an-

---

[413] Siehe Lehmann 1986: 38f. und de Vries 1977: 16.
[414] Dieses Substantiv wird heute gewöhnlich etymologisch mit ai. *hu-* „gießen, opfern" verbunden und im Sinn von „Gießung, Opferung" interpretiert, s. einerseits Lehmann 1986: 165f. und Kluge/Seebold 1995: 332, andererseits Mayrhofer 1996: 809. – Zum diesen gesamten Themenkreis, s. a. Udolph (2000a: 415–425).
[415] Etymologisch wird dieses Substantiv in den germ. Etymologika mit got. *rahnjan* „rechnen" (Verners Gesetz), aber auch mit ai. *racáyati* „verfertigt, bildet", aksl. *rokъ* „bestimmte Zeit" verbunden, s. Lehmann 1986: 280 und de Vries 1977: 436f. sowie jetzt Mottausch 2011: 111.

dern ags. *þyrs* m. „Riese", an. *þurs* m. „Riese" aus spg. **þursa-* (daraus finn. *-turso* „Riese")⁴¹⁶. Als Drittes kommt die Gleichung ags. *fīfel* n. (?) „Riese, Ungeheuer" = an. *fífl* n. „Narr, Tölpel" hinzu, vgl. auch an. *fimbul-* „riesig" als Vorderglied in Komposita; zugrunde liegt offenbar eine Dublette spg. **fimfla-/fimƀla-* (mit Alternation des Labials nach Verners Gesetz)⁴¹⁷. Die ersteren Begriffe sind im Beowulf bzw. in der Edda belegt, ags. *fīfel* indes nur in den kleineren poetischen Sprachdenkmälern und an. *fífl* in der Sagaliteratur. Zwei Riesennamen lebten auch in Ortsbezeichnungen: in norw. *Jotunheim* „Riesenheim" (höchstes Gebirge Norwegens) und ags. *fīfel-dor* für die Eidermündung (vgl. Seite 193). Dass im Althochdeutschen zu keinem der drei Namen eine Entsprechung belegt ist, liegt in der spärlichen Überlieferung heidnischer Dichtung begründet.

Zur religiösen Bedeutungssphäre gehört auch das Substantiv ags. *nēo-* „Leichnam, Toter", das allerdings nur als Vorderglied in ein paar Komposita belegt ist, am häufigsten in *nēo-bedd* „Totenbett". Innergermanische Parallelen sind got. *naus* „Toter" (Pl. *naweis*), an. *nár* „Leiche" (Pl. *náir*), die alle spg. **nawi-* fortsetzen. Dieses Etymon wiederum entspricht recht genau apr. *nowis* „Rumpf, Toter" und ksl. *navь* „Toter", vgl. außerdem lett. *nāve* „Tod"; zugrunde liegt all diesen Parallelen nordidg., prg. **nāwis* „Toter", weitere Etymologien sind unsicher⁴¹⁸. – In den westgermanischen Sprachen wurde dieses Wort durch eine substantivierte archaische Partizipialbildung mit ablautender Hochstufe verdrängt⁴¹⁹: ahd. *tōt*, as., ags. *dēaþ* „Toter", die tatsächlich im Tatian bzw. in den altenglischen Evangelienfassungen und Glossen an den entsprechenden Stellen auftreten, vgl. auch genau got. *dauþs* und an. *dauðr*, alle aus spg. **dauđaz* „Toter". Zugrunde liegt hier ein Verbum der 6. starken Klasse, an. *deyja* „sterben" (Präteritum *dó*, Präteritalpartizip *dáinn*), ahd. *touwen* „sterben, fallen" (in die 1. schwache Klasse übernommen) aus wgerm. **daojană* bzw. urn. **daujan*, vgl. auch got. *diwans* „sterblich" (nur einmal belegt). Die Wurzel dieses Verbums basiert auf idg. **dʰeu-*, vgl. dazu außerdem got. *diwans*, mit dem der Plural air. *doíni* „Menschen" (im Sinn von „Sterbliche") genau übereinstimmt, beide setzen mit Sicherheit westidg. **dʰewonos* fort⁴²⁰.

Das Verbum got. *hazjan*, ags. *herian* „preisen" an, das bestenfalls auf spg. **χazjanan* zurückgeführt werden kann, gehört der Dichtersprache an. Der Vergleich mit ai. *śáṃsati* „preist" mag semantisch bestechen, lässt sich aber aus phonologischen Gründen nicht halten. Got. *hazjan* ist in Luk. 2, 13 und 20 (der Weihnachtsgeschichte) belegt, auch die angelsächsischen (westsächsischen) Übersetzungen bieten das Verbum *herian*. Im althochdeutschen Tatian erscheint

---
416 Siehe zu beiden Namen de Vries 1977: 295f. bzw. 627.
417 Siehe zum Verhältnis von *fífl* und *fimbul* sowie zur Etymologie de Vries 1977: 119 und 120.
418 Siehe an germ. Etymologika Lehmann 1986: 264 und de Vries 1977: 405.
419 Im Indogermanischen wiesen die Partizipien auf **-to-* allerdings nullstufige Wurzeln auf, s. weitere reliktliafte Partizipialbildungen im Germanischen bei Krahe/Meid 1967: 142.
420 Siehe zum Vergleich von *diwans* mit *doíni* Meid 1976b: 178f., der für *doíni* frühir. **doinī* und auch für *diwans* idg, **dʰewono-* ansetzt. Der Singular von *doíni* lautete *duine*, vgl. dazu gall. *devo-gdonion* „deis et hominibus" (Gen. Pl., Inschrift von Vercelli) und ai. *kṣámya-* „Irdischer", s. Meid, ebda.

jedoch das Verbum *lobōn* „loben, preisen" (vgl. dazu as. *lobōn* „ds.", an. *lofa* „ds., gestatten"; zu ahd. *lob*, as., ags. *lof* „Lob, Preis", an. *lof* „ds., Erlaubnis" aus spg. **luban*, prg. **lub^{h}on*, zur Verbalwurzel idg. **leub^h-* „lieben, mögen" gehörig). Gegenüber diesem denominalen Verbum konnte sich das isolierte Verbum **χazjanan* nicht behaupten; im Altenglischen spielte auch die lautliche Nähe zu *hergian* „plündern, verwüsten" eine Rolle, und im Altnordischen wäre **herja* „preisen" sogar mit *herja* „verheeren, plündern" lautlich zusammengefallen.

Dass im Altenglischen als Großcorpussprache gegenüber dem Althochdeutschen samt Altsächsischen als Kleincorpussprachen manche Lexeme überliefert, zu denen keine etymologischen Parallelen in den beiden anderen Sprachen bekannt sind, ist nur zu erwarten; unklar ist, ob diese dort verloren gegangen oder lediglich nicht überliefert sind. Finden sich aber etwa im Althochdeutschen jeweils andere Synonyme als im Altenglischen, liegt es nahe, einen Verlust anzunehmen, fehlen solche Synonyme, ist eine Überlieferungslücke wahrscheinlicher. Die Ursache eines Verlustes kann in der Homonymie mit einem Lexem anderer Bedeutung liegen (wie im Fall des Verbums für „preisen"). Wo diese Homonymie sich aufzeigen lässt, kann im Umkehrschluss angenommen werden, dass das unbelegte Etymon zunächst noch existiert hat.

4.2. Nordische Erbwörter ohne westgermanische Entsprechungen

Fragwürdig ist die Existenz von germanischen Lexemen im Westgermanischen der Völkerwanderungszeit, wenn diese überhaupt nur im Nordischen und evtl. Gotischen und in keiner westgermanischen Einzelsprache überlebt haben[421]; freilich kann das Fehlen von westgermanischen Entspechungen in der Verdrängung durch Synonyme begründet sein. Als Beispiele seien zuerst nordische Lexeme, teilweise mit gotischen Entsprechungen vorgeführt.

Im Germanischen gab es wenigstens eine spezielle Bezeichnung für den Krieger, diese liegt nicht nur in an. *guti* „Mann, Held; Gote; poet. Pferd" vor, sondern auch schon in der späturnordischen Runeninschrift von Eggjum (um 700 n. Chr.) als *gotna* (Genitiv Pl.) und ist etymologisch mit got. *Guta*, der Stammesbezeichnung der Goten identisch[422]. Möglicherweise war dieses Substantiv spg. **gutē, gutō* ursprünglich auf das Germanische in Skandinavien beschränkt, zumal die Urheimat der Goten ja im südschwedischen Raum lokalisiert wird, vgl. auch den Inselnamen *Gotland*. – Im Westgermanischen ist dazu keine etymologische Ent-

---

[421] Teilweise solche Lexeme dort nur noch in Ortsnamen nachweisbar; vgl. Udolph (2000b, 2004 und 2010b).
[422] Die Verbindung von *Gutans* mit dem Verb *giutan* im Sinn von „Samen ergießen" (so Lehmann 1986: 164 und jetzt Andersen 1998: 402f.) ist nicht abwegig: Als inhaltliche Parallelen werden ai. *ukṣā́n-* „Stier, Bulle" mit *ukṣáti* „befeuchtet, besprengt" (= toch. B *okso*, got. *aúhsa* mit germ. Parallelen „Ochse") und ai. *vŕ̥ṣā, -an-* „Bulle" (im Rigveda mehrfach für den Gott Indra, vgl. m. E. gr. ἄρσην „männlich", lat. *verrēs* „Eber" und lit. *veršis* „Ochsenkalb", samt dem Verb *várṣati* „regnet", s. Lehmann 1986: 154) herangezogen.

sprechung belegt und wenn es überhaupt eine gab, wurde sie wohl spätestens mit dem verstärkten Auftreten des Gotennamens wohl ab dem 4. Jahrhundert aufgrund der Homonymie verdrängt: Ags. *Guta* bedeutet ausschließlich „Gote", im merowingischen Fränkisch muss es **Gutō* gelautet haben. – Für „Held" stand im Westgermanischen vielmehr ein semantisch eindeutigerer Begriff zur Verfügung: as. *heliđ* (auch im Hildebrandslied) = ags. *hæle(þ)* „Held" (aus wgerm. **χaliþ*), vgl. dazu an. *hǫldar* „Männer, Erbbauern" (aus urn. **haluþa*, wohl mit ursprünglicher Bedeutung „Mitglied einer Kriegerschar, Bauernschaft")[423]. Für „Mann" allgemein gab es im Germanischen mehrere Substantive. Indogermanisch ererbt ist ist got. *waír*, ahd., as. *wer* „Mann", ags. *wer*, an. *verr* „Mann, Ehemann", aus prg. **wirós*, vgl. lat. *vir*, air. *fer* „Mann", lit. *výras* „Mann, Gatte" sowie ai. *vīrá-* „Held", aus idg. **wĭrós* „Mann, Held" (ein Derivat zu idg. **wī-* „Kraft", daraus lat. *vī-* „Kraft, Gewalt"). Das andere Substantiv hatte ursprünglich die Bedeutung „Mensch" (als „Irdischer"), wurde aber spätestens im Urgermanischen auf die Bedeutung „Mann" hin eingeengt, vgl. got. *guma* „Mann", ahd. *gomo*, as. *gumo*, ags. *guma* und an. *gumi* „Mensch, Mann" aus spg. **gumō*, prg. **gʰumṓ* mit lat. *homō, -inis* und lit. *žmuõ* „Mensch" (etymologisch zu lat. *humus* bzw. lit. *žêmė* „Erde" gehörig)[424].

In den westgermanischen Sprachen besteht keine etymologische Entsprechung mehr zu got. *riqis, -izis* „Finsternis" (für gr. σκότος, σκοτία), an. *rǫkkr, -rs* „Dunkel" (aus urn. **rekwiR-*), vgl. diese genau mit ai. *rájas-* „Nebel, Düsterkeit; Schmutz" und gr. ἔρεβος „Dunkel (der Unterwelt)", die allesamt auf idg. **régʷos, -es-* zurückgehen. – An den entsprechenden Bibelstellen (Matth. 6, 23; 27, 45; Joh. 12, 35) erscheinen in den westgermanischen Übersetzungen ahd. *finstarnessi* und ags. *þeostre, þystru*, denen das Adjektiv wgerm. **þimstra-* zugrundeliegt, eine Erweiterung von spg. **þémaz-* (daraus ahd. *demar* „Dunkelheit"), prg. **témos*, vgl. dieses mit ai. *támas-* „Finsternis, Dunkelheit".

Die älteste Bezeichnung für den Frühling im Germanischen ist im Neutrum an. *vár* aus urn. **wāra* erhalten, das in den heutigen nordischen Sprachen (sowie im Nordfriesischen als *Urs, Wors*) weiterlebt und in der Wurzel lautlich genau mit lat. *vēr, -is* „Frühling" übereinstimmt und mit gr. ἔαρ „ds." offensichtlich idg. **wésr̥* fortsetzt, vgl. auch lit. *vāsara, vasarà* „Sommer" mit qualitativem Ablaut in der Wurzel sowie mit anderem Stammauslaut, aksl. *vesna* und ai. *vasantá-* „Frühling". – Außerhalb des Nordischen und Friesischen fehlen im Germanischen etymologische Parallelen zu diesem Substantiv mit geringem Wortkörper, im Gotischen ist keine Bezeichnung für „Frühling" überliefert. Im Spg. lautet der Ansatz **wēran*, im Westgermanischen hätte dieses Erbwort **wērā* gelautet und wäre daher mit dem Adjektiv **wērā* (daraus ahd., as. *wār*) „wahr" lautlich zusammengefallen. Offenbar aus diesem Grund wurde es von einer Umschreibung verdrängt,

---

[423] Siehe zu dieser Bedeutungsveränderung de Vries 1977: 280.
[424] Zum Bedeutungsunterschied zwischen got. *waír* und *guma* „Mann" s. Meid 1976a: 72–75; der letztere Begriff steht vor allem zur Markierung des Geschlechtes gegenüber der Frau.

4. Archaismen und Innovationen im Wortschatz

die in ags. *lancten* noch am klarsten, weniger deutlich in ahd. *lenzo, -en* „Lenz, Frühling" zutage tritt und als wgerm. **lang(a)-tīn* in den ursprünglichen Bedeutung eines Bahuvrīhi-Kompositums „Jahreszeit der länger werdenden Tage" erschlossen werden kann. Der zweite Bestandteil hat seine Entsprechung in got. *sin-teins* „täglich" und bewahrt das indogermanische Erbwort für „Tag", vgl. dazu vor allem im Baltischen apr. *deina*, lit. *dienà* „Tag" mit hochstufiger Wurzel (s.Seite 181)[425].

Auf das Altnordische beschränkt ist auch das Neutrum *setr* „Wohnsitz", selten „Sonnenuntergang", das gewiss urn. **setiR-*, prg. **sédes-* „(Wohn)sitz" fortsetzt, vgl. dazu genau ai. *sádas* und gr. ἕδος „Sitz, Wohnsitz". Allerdings spielte es eine geringe Rolle neben den weitaus gebräuchlicheren Begriffe an. *bú* n. „Wohnung, Haushalt", vgl. dazu ags., as. *bū* „ds.", ahd. *bū* „ds., Bau" (aus spg. **būwa-*; zu an. *búa* „wohnen" = ags., as. *būan* „ds.", ahd. *būan* „ds., bauen", diese zu idg. **bʰeu-*, ai. *bhávati* „werden, sein", aksl. *byti*, lit. *búti* „sein" gehörig) und natürlich dem spezifisch germanischen Substantiv für „Haus", ags., as., ahd. *hūs* = an. *hús* n.

Das im Germanischen nur spärlich belegte Erbwort für „Boot, Kahn" spg. **nōz* aus prg./idg. **nā́us* wurde bereits diskutiert. Noch geringer, nämlich nur im Altnordischen ist ein zweites Erbwort für „Boot" überliefert: An. *fley* aus urn. **flauja*, prg. **plóujon*, findet sich in keiner anderen germanischen Sprache wieder, wohl aber in gr. πλοῖον „Fahrzeug, Schiff" (ion., att.), dem es formal genau entspricht. Die verbale Grundlage idg. **pleu-* (daraus gr. πλεῖν, aksl. *pluti* „fahren, segeln" und ai. *plávati* „schwimmt, fließt") ist im Germanischen dagegen noch vorhanden, allerdings nur erweitert in ags. *fleotan* „schwimmen, segeln", ahd. *fliozan* „fließen, schwimmen" (also zudem mit teils verschobener Bedeutung). – Im Westgermanischen hat das Altenglische hierfür noch ein weiteres Lexem, *bāt* „Boot", vgl. dazu an. *beit* „Schiff", beide aus nordwestgerm. **baita*, eigentlich „Einbaum" (nur lexikalisch bezeugt, zu an. *bíta* „beißen" = got. *beitan*, ags. *bītan* „beißen", ahd. *bīzzan* „beißen, stechen, quälen"). Im Althochdeutschen und Altsächsischen gab es dieses Lexem nicht, jedenfalls ist es dort nicht belegt[426].

Auch ein altes Verb für „fahren" ist auf das Altnordische beschränkt, *aka* „fahren" (mit dem regelmäßigen Präteritum *ók*, auch transitiv) setzt mit intransitivierter Bedeutung idg. **áǵeti* fort, vgl. ai. *ájati* „treibt", gr. ἄγειν und lat. *agere* „führen"; trotz seiner Isolation im Germanischen ist das Verbum in allen nordischen Sprachen bis heute lebendig. – In anderen germanischen Sprachen stand das ebenfalls intransitive Verbum got. *faran* „wandern, ziehen" und ahd., as., ags. *faran* „fahren, reisen, ziehen" wie auch im Nordischen *fara* „ds." zur Verfügung (vgl. auch semantisch recht genau ai.-ved. *píparti* „fährt hinüber, setzt über"). Als Transitiv

---

[425] Siehe Etymologie und ursprüngliche Bedeutung der wgerm. Frühlingsbezeichnung bei Kluge/Seebold 1995: 515.
[426] Wahrscheinlich ist das ags. Wort für „Boot" sowohl ins Niederdeutsche wie Altnordische gelangt, s. dazu Kluge/Seebold 1995: 125f.

bestand daneben got. *dreiban* „treiben", ahd. *trīban* „treiben, behandeln", as. *trīban* „treiben, verüben", ags. *drīfan* „treiben, verfolgen" wie im Altnordischen ebenfalls *drífa* „treiben"[427].

Zum Adjektiv an. *knár* „stark, tüchtig" existiert als etymologische Parallele nur krimgot. *knauen* „gut" (Akk., in der Grußformel *knauen tag*), mit dem es urn. *knāwaR* fortsetzt[428]. Für die jeweiligen Bedeutungen standen in den Einzelsprachen aber andere Adjektive zur Verfügung, zum einen im Westgotischen *gōþs* „gut" (mit genauen Parallelen in allen anderen germanischen Sprachen) und zum andern im Altnordischen etwa *starkr* „stark, gesund", ebenfalls mit Parallelen im West- und offenbar auch im Ostgermanischen, wie der ostgotische Personenname *Starcedius* zeigt.

4.3. Nur im Gotischen belegte germanische lexikalische Archaismen

Erst recht unsicher bleibt, ob und wenn ja wie lange im Westgermanischen Entsprechungen zu ausschließlich gotischen Lexemen überdauert haben, zumal sich die Goten mit ihrer Wanderung weichselaufwärts seit dem 1. Jahrhundert n. Chr. schon früh räumlich von den Westgermanen getrennt haben. Die daraus resultierende sprachliche Trennung von den Westgermanen hat (wie auf Seite 13f. dargestellt) vermutlich rund 300 Jahre früher eingesetzt als die Auseinanderentwicklung von West- und Nordgermanisch.

Eine alteuropäisch-westindogermanische Bezeichnung für das Jahr erscheint innerhalb des Germanischen nur noch in got. *aþns* (nur in Gal. 4, 10 belegt, für gr. ἐνιαυτός), das mit lat. *annus* lautlich, formal und semantisch völlig übereinstimmt und mit diesem westidg. **átnos* fortsetzt, vgl. dazu ai. *átati* „wandert". Daneben besteht im Gotischen das synonyme Neutrum *jēr* (mehrfach belegt, sowohl anstelle von ἐνιαυτός als auch von ἔτος), zu dem in allen anderen germanischen Sprachen genaue Parallelen existieren: ahd., as. *jār*, ags. *gēar* und an. *ár*, alle aus spg. **jēran*, vgl. dazu semantisch genau aw. *yār-*, ferner russ.-ksl. *jara* „Frühling", gr. ὥρα „Jahreszeit, Reifezeit, Tageszeit" usw. Wahrscheinlich wurde das erstere Substantiv infolge der völligen Synonymie im West- und Nordgermanischen schon frühzeitig von **jēra-* verdrängt.

Got. **kaúrus* „schwer, gewichtig" ist nur einmal in II. Kor. 10, 10 als Femininum im Plural *kaúrjos* als Übersetzung für das etymologisch identische βαρεῖαι (auf

---
427 Außerhalb des Germanischen wird hiermit vor allem lit. *drìbti* „in Flocken niederfallen" verglichen (mit Hinweis auf nhd. *Schnee-treiben*), s. Kluge/Seebold 1995: 834.
428 Außergerm. Entsprechungen sind unsicher, s. Lehmann 1986: 219f. und de Vries 1977: 320 mit Vergleich zu lat. *gnāvus* „regsam, tätig"; ersetzt verweist auf eine entsprechende lautliche Diskrepanz in den Gleichungen lat. *rāvus* = ahd. *grāo*, an. *grár* „grau" und lat. *flāvus* „goldgelb, blond" = ahd. *blāo*, an. *blár* blau".

ἐπιστολαί „Briefe" bezogen) belegt, vgl. dazu gr. βαρύς „schwer, schwerwiegend; tief" und ai. *gurú-* „schwer, heftig" sowie mit Stammerweiterung lat. *gravis* (gleichbedeutung mit βαρύς, ebenfalls in der Vulgata, II. Kor. 10, 10), die alle auf idg. *$g^w\rlap{,}rú$-* zurückgehen. Im Germanischen wurde der Labiovelar vor der dunkel gefärbten Liquida zu bloßem Velar (also spg. *kuru-) reduziert. – In den anderen germanischen Sprachen ist dieses Adjektiv ersetzt worden, nämlich durch ahd. *swār(i)*, as. *swār* „schwer", ags. *swǣr* „schwer, drückend; träge" und an. *svárr* „schwer, schmerzhaft". Das Adjektiv existiert auch im Gotischen als *swērs* mit der übertragenen Bedeutung „geehrt" und kann auf spg. *swēraz zurückgeführt werden, vgl. außerhalb des Germanischen vor allem lit. *svarùs* „schwer, gewichtig"[429]. Das gotische Standardwort für „schwer" war vermutlich *agluba*, das freilich auch nur zwei Mal belegt ist.

Für die Schulter hat nur das Gotische das indogermanische Erbwort bewahrt, vgl. got. *ams* mit ai. *ámsa-, gr. ὦμος, lat. *umerus* usw., alle „ds.", aus idg./prg. *ómsos. Überliefert ist das Substantiv *ams* nur in Luk. 15, 5 anstelle von ὦμος. Dagegen bietet das Althochdeutsche in der Tatianübersetzung zu dieser Bibelstelle *scultira*, das Altenglische in den westsächsischen Fassungen *eaxl*, während in althochdeutschen und angelsächsischen Bibelglossen umgekehrt *ahsala* bzw. *sculdor* auftauchen. Das Substantiv ahd. *ahsala*, ags. *eaxl*, vgl. auch genau an. *ǫxl*, hat lediglich in lat. *āla* „Achsel, Flügel" mit dessen Diminutiv *axilla* „Achsel, Achselhöhle" eine genaue außergermanische Entsprechung, während ags. *sculdor* m. und ahd. *scultira* f. allenfalls wgerm. *skuldra- m. bzw. *skuldrō- f. fortsetzen[430]. Die westgermanischen Lexeme haben die Entsprechung von got. *ams*, *amsǎ wahrscheinlich aufgrund seines kurzen Wortkörpers verdrängt.

Got. *háihs* „einäugig" hat mit lat. *caecus* „blind" und air. *caech* „einäugig, schielend" genaue etymologische Parallelen und setzt prg. und westidg. *káikos „einäugig, blind" fort; in den anderen germanischen Sprachen fehlt eine etymologische Entsprechung. Überliefert ist es nur in Mark. 9, 47, die althochdeutsche Tatian-Fassung enthält *ein-ougi*, in den altenglischen Bibelübersetzungen erscheint die Umschreibung *mid ānum ēagan*.

Im Gotischen existiert ein Adjektiv *sineigs, -a-* „alt, greis", das im Positiv mit einem Gutturalsuffix erweitert ist, während der Superlativ *sinista* „Ältester" diese Erweiterung nicht hat. Somit stimmt dieses Adjektiv gut mit lat. *senex, senis* „Alter, Greis" überein, das aber weder in den obliquen Kasus noch im Komparativ *senior* mit dem Guttural erweitert ist. Tatsächlich steht got. *sineigs* in Luk. 1, 18 ebenso wie lat. *senex* an der entsprechenden Vulgatastelle (für Zacharias), und got. *sinista* erscheint ebenso wie die Steigerungsform *senior* in der Bedeutung „Ältester" an der Bibelstelle Matth. 27, 3. Das Adjektiv stammt aus indogermanischer Zeit, vgl. ai. *sána-* „alt", gr. ἔνος „vom Vorjahr, Vormonat", air. *sen* und lit.

---

429 Siehe de Vries 1977: 565, mit weiteren Vergleichen Kluge/Seebold 1995: 750.
430 Wurzeletymologische Grundlagen zu dieser Körperteilbezeichnung s. bei Kluge/Seebold 1995: 744.

4.3. Nur im Gotischen belegte germanische lexikalische Archaismen

sēnas „alt", die anderen germanischen Sprachen weisen von diesem Adjektiv spg. **senaz* jedoch so gut wie keine Spur mehr auf: Im Tatian erscheint allgemein *alt* und in den altenglischen Evangelientexten *eald* für *senex* und der Komparativ *ealdre* für *senior*. Auch das Altsächsische bietet hierzu als Parallele *ald*. Im Altnordischen gibt es ebenfalls nur noch das Adjektiv *aldr* für „alt", das allerdings im Positiv mit dem Partizipialsuffix *-ina-* verbaut und lediglich in der Dichtersprache belegt ist, sonst jedoch nur in den Steigerungsformen *ellri, ellstr* zutage tritt; als gewöhnliche Bezeichnung für „alt" dient *gamall*. Andererseits existiert auch im Gotischen das Adjektiv *alþeis* „alt" mit einer Stammerweiterung *-ja-*. Abgesehen von *alþeis* basieren ahd. *alt*, ags. *eald* und an. **aldr* auf spg. **alđaz* (aus prg. **altós*), einer relikthaften Partizipialbildung, die mit lat. *altus* „hoch" sicher nicht nur formal übereinstimmt; daneben stand ein seit jeher anfangsbetones **alþaz* (prg. **áltos*) das eben in got. *alþeis* einen indirekten Fortsetzer hat[431]. Germ. **alþa-/alđa-* stimmt nicht nur mit lat. *altus* überein, sondern setzt auch ein westidg. **altós* in der Grundbedeutung „großgezogen, erwachsen" fort, ein Partizip zu einem thematischen Verbum **áleti*, das seinerseits in lat. *alere* „nähren, großziehen", air. *ailim* „nähre" sowie an. *ala* „nähren, hervorbringen" und im Intransitiv got., ags. *alan* „aufwachsen" weiterlebt[432].

Völlig isoliert steht im Germanischen das starke Verbum der 6. Klasse, got. *uzanan* „aushauchen" in der Präteritalform *uzōn*, es ist nur in Mark. 15, 37 und 39 belegt als Übersetzung für gr. ἐκπνεῖν. Zweifellos ist es mit ai. *ániti* „atmet" etymologisch identisch, und das Präteritum deckt sich formal genau mit dem Perfekt ai. *āna* (nur einmal im Rigveda belegt). Die angelsächsischen Fassungen enthalten an den Stellen bei Markus das Verbum *forð-feran* „versterben" (anstelle von lat. *exspirare* „aushauchen").

Im Gegensatz zu allen anderen germanischen Sprachen gibt es im Gotischen noch eine indogermanisch ererbte Bezeichnung für Speisefleisch, *mimz*, das zwar nur in I. Kor. 8, 13 als Übersetzung für gr. κρέα pl. „Speisefleisch" belegt ist, aber durch krimgot. *menns* „caro" zusätzlich gesichert ist. Dieses Substantiv hat in ai. *māṃsám* n. „Speisefleisch", armen. *mis*, aksl. *męso* n. (letztere in den Bibelübersetzungen ihrerseits nur für κρέας) sowie in den baltischen Feminina apr. *mensa*, lett. *miesa* „Fleisch" und lit. dial. *mėsà* „Speisefleisch" (ursprüngliche Kollektiva) recht genaue Entsprechungen, die letztlich alle idg. *mēmsóm*, kollektiv *mēmsā́* fortsetzen. – In den westgermanischen Sprachen wird lat. *caro* in der Bedeutung „Speisefleisch" mit einem neutrischen Substantiv ahd. *fleisk*, ags. *flǣsc* übersetzt, das in as. *flēsk* und in an. *flesk(i)* „Speck" Parallelen hat und zusammen mit diesen auf spg. **flaeska-, -iz-* basiert; außergermanische Entsprechungen hierzu fehlen[433].

---

[431] Siehe zu diesem Adjektiv mit ursprünglich mobilem Akzent jetzt Mottausch 2011: 129, der auch hier eine sekundär mobile Betonung im frühen Urgermanischen postuliert.
[432] Siehe zu diesen Partizipialbildungen Krahe/Meid 1967: 142.
[433] Zur Etymologie s. hierzu vor allem Kluge/Seebold 1995: 271,

Auch für den Honig hat das Gotische ein archaisches Neutrum bewahrt, *miliþ* (nur in Mark. 1, 6 belegt), das mit heth. *milit, -aĝ* n., gr. μέλι, -ιτος n., alb. *mjalt*^{wh} n. (aus **meliton*) im Stamm genau übereinstimmt, vgl. außerdem air. *mil* (*i*-Stamm, *t*-Stamm in air. *milis* „süß") und lat. *mel, mellis* n. „Honig" (aus umgestaltetem **mel-n-* assimiliert); innerhalb des Germanischen gibt es sonst lediglich ein denominales Adjektiv als weiteres Vergleichsstück: ags. *milisc* „honigartig, süß". – Das Substantiv wurde in den anderen germanischen Sprachen durch ein Synonym verdrängt, das in ahd. *honag*, as. *honeg*, ags. *hunig* und an. *hunang* (alle Neutrum) vorliegt, einem ursprünglichen Farbadjektiv, das wohl spg. **χunagan* fortsetzt, vgl. dazu am ehesten apr. *cu[n]can* „braun" und gr. κνῆκος „Saflor, falscher Safran", dor. κναχός „gelblich" sowie ai. *kanaka-* „golden" (meist als Vorderglied in Komposita), die allerdings im Wurzelvokalismus lautlich nicht mit *cuncan* übereinstimmen[434].

Die Reihe solcher Lexeme ließe sich fortsetzen, hier wurden nur einige besonders wichtige oder etymologisch besonders aufschlussreiche Begriffe aufgeführt, um an ihnen exemplarisch das Verschwinden urgermanischer Lexeme im Westgermanischen zu illustrieren. Zu einem größeren Teil handelt es sich um Begriffe aus dem Kriegswesen und aus der Natur, die durch Synonyme verdrängt worden sind.

---

434 Siehe Kluge/Seebold 1995: 382 und de Vries 1977: 266 sowie Mayrhofer 1992: 296.

5. Schluss: Auswertung, Ausblick

Am Schluss soll eine grundlegende Frage noch einmal gestellt werden: Gab es eine westgermanische Zwischenstufe ebenso wie die nordgermanische, sprich urnordische Zwischenstufe, wie sie so einheitlich in den Runeninschriften in allen drei nordisch-skandinavischen Ländern überliefert ist? Dass solche Zwischenstufen zwischen einer Ursprache und Einzelsprachen nichts Außergewöhnliches sind, bestätigen etwa das Indoiranische, das Britannische als *p*-keltische Sprachstufe und das Ostbaltische[435].

Im Gegensatz zum Urnordischen, dessen Periode erst etwa im 8. Jahrhundert mit Beginn der Wikingerzeit endete, war dem Westgermanischen als in sich mehr oder weniger einheitlicher Sprache sicher eine weitaus kürzere Dauer beschieden. Nachdem sich bereits im 3. Jahrhundert n. Chr. mehrere elbgermanische Stämme nach Süden ausgebreitet hatten, mag zwar immer noch eine relativ geschlossene Spracheinheit des West- oder Festlandgermanischen bestanden haben, das im Norden noch nicht durch einmal durch eine klare Dialektgrenze vom Urnordischen geschieden war. Mit der Abwanderung der Angeln samt Teilen der Sachsen und Jüten im 5. Jahrhundert nach Großbritannien war das westgermanische Sprachgebiet aber zunächst einmal geographisch auseinandergefallen, und im Zuge dieser Wanderungsbewegung bildete sich eine nordseegermanische Dialekteinheit heraus. Sehr wahrscheinlich stellte auch noch danach, zur Zeit Chlodwigs und der südgermanischen Runeninschriften die Verständigung zwischen einem Alemannen und einem Angeln sprachlich kein Problem dar. Doch kaum dass mit der Abwanderung insbesondere der Angeln nach Großbritannien das westgermanisch-nordische Dialektkontinuum unterbrochen war und etwa im 6./7. Jahrhundert im heutigen Schleswig eine klare Sprachgrenze zum Urnordischen hin entstanden war, zerfiel auch die westgermanische Spracheinheit durch die zweite Lautverschiebung von Süden her. Das Westgermanische war ebenso wie etwa zeitgleich das Vulgärlateinische im Mittelmeerraum und wenig später dann auch das Protoslawische infolge der Ausbreitung der Slawen seit dem 5. Jahrhundert in den Prozess des allgemeinen Umbruchs und der Sprachaufgliederung in Europa hineingeraten.

Sicher zeugen phonologische wie morphologische Neuerungen, vor allem der Abfall des auslautenden Sibilanten (und daher die Flexion der ursprünglichen *s*-Neutra mit verkürztem Stamm im Singular) und die Konsonantengemination vor *-j-* bzw. die Einführung der Aoristform auf *-i* in der 2. Person Singular des starken Präteritums im Indikativ und der Verlust der 4. schwachen Verbalklasse (mit Nasalsuffix), außerdem die Bildung präteritaler Partizipien mit Nasalsuffix zu den Präteritopräsentia nach dem Vorbild der starken Verben sowie etliche Neologismen klar für die Existenz einer westgermanischen Zwischenstufe. Eben diese

---

435 Siehe speziell zu den drei letzteren Zwischenstufen jetzt Euler 2005c.

Neuerungen zusammen mit einigen wenigen spezifischen Archaismen (darunter die Bewahrung mehrerer *mi*-Verben) unterscheiden das Westgermanische klar von den anderen germanischen Sprachen und bilden insofern die Grundlage der vorliegenden Monographie.

Ein anderes Phänomen scheint gegen die hier postulierte westgermanische Spracheinheit bis etwa ins 6./7. Jahrhundert zu sprechen. Dass das Altenglische und Nordische spezfische Neuerungen vollzogen, verwundert nicht, da die Nordsee schon in früher Zeit kein Hindernis für Handel, Austausch und Wanderung dargestellt hat. Es stellt sich nur die Frage, aus welcher Zeit die Neuerungen stammen. Handelt es sich noch um gemeinsam ererbtes Sprachmaterial (vor der angelsächsischen Landnahme in Britannien) oder um bereits unabhängige Parallelentwicklungen frühestens ab dem 6. Jahrhundert? Das letztere trifft zu für die Übernahme der Endung des Dativ Plural der *a*-Stämme in die *i*-Stämme wie im Fall von ags. *giestum* = spätern. *gestumR* (Inschrift von Stentoften, um 650) gegenüber „klass."-urn. *-gastiR* (Gallehus, um 400), vgl. auch ahd. *gastim*, da der *i*-Umlaut eindeutig ein spätes Datum dieses Sprachwandels belegt. Dagegen kann die Übernahme des ursprünglichen Diphthongs aus dem Plural in den Singular der obliquen Kasus bei dem Demonstrativ ags. *se* = urn. *sa* durchaus früh erfolgt sein, vgl. im Dat. Sg. m. ags. *þām*, afries. *tha(m)* genau mit spätern. *þAim*, an. *þeim* gegenüber ahd. *demu*, as. *themu* und im Dat. Sg. f. ags. *þǣre* mit an. *þeirar, þeiri* gegenüber ahd. *dera, -u*, as. *thera, -u* und afries. *ther(e)* (vgl. altind. *tásyāḥ, -ai*). Trotzdem sollte die letztgenannte anglo-nordische Neuerung nicht in dem Sinn überbewertet werden, dass damit das Westgermanische als sprachgeschichtlich existente Zwischenstufe in Frage gestellt wäre; vielmehr muss auch im Zeitraum bis zum 5. Jahrhundert mit geringen dialektalen Differenzierungen zum Nordischen hin gerechnet werden.

Die westgermanische Zwischenstufe währte jedenfalls kaum länger als etwa 300 bis 400 Jahre, sie endete spätestens im 7. Jahrhundert mit der Zweiten Lautverschiebung, begann aber auch kaum vor dem 3./4. Jahrhundert, weil davor noch annähernde Homogenität mit dem in Skandinavien gesprochenen Germanisch bestand. Dagegen war dem Urnordischen eine Lebensdauer von rund 900 Jahren beschieden, vom Zerfall der späturgermanischen Spracheinheit im 1. Jahrhundert v. Chr. bis zum Beginn der Wikingerzeit um 800 n. Chr., wobei man sich anhand der hier viel zahlreicheren Runeninschriften sowohl vom „klassischen" Urnordisch um 400 als auch von dessen Spätform des 8. Jahrhunderts ein aussagefähiges Bild machen kann.

Doch eben als das Westgermanische vermutlich ungefähr im 3. bis 5. Jahrhundert seine wesentlichen Neuerungen durchgeführt hatte und sich dadurch auch gegenüber dem Urnordischen abhob, zerfaserte gleichsam seine Spracheinheit aufgrund geographischer Expansion, verbunden mit räumlich weit auseinanderliegenden westgermanischen Staatsgründungen von Großbritannien (Angeln und Sachsen) über Gallien (Franken) und Galizien (Sueben) bis Italien (Langobarden). Die

Wanderungsbewegungen auf die iberische Halbinsel und nach Italien blieben ohne Folgen, da diese Gruppen später durch Assimilation untergingen. Auch die Expansion der Franken nach Gallien hinein – bei aller Dauerhaftigkeit des dort errichteten Staates – mündete sprachlich in diesem Raum letztlich in der Assimilation der fränkischen Oberschicht an die galloromanische Bevölkerungsmehrheit. Dagegen hatte insbesondere die westgermanische Expansion nach Britannien auch sprachlich dauerhafte Folgen.

In Mitteleuropa bot also die Sprachlandschaft nach dem Zerfall des Westgermanischen im Frühmittelalter folgendes Bild: Das Fränkische sowie das Alemannische und Langobardische im Süden bildeten weiterhin eine Spracheinheit, eben die voralthochdeutsche Sprache, gegenüber der sich im 6. Jahrhundert die nördlichen Dialekte Sächsisch, Anglisch und Jütisch wie auch das Friesische aufgrund ihrer gemeinsamen nordseegermanischen Neuerungen (wie vor allem des Zusammenfalls der pluralischen Verbalendungen) bereits klar abhoben.

Mit dieser Sprachaufgliederung war dann letztlich die Grundlage der heutigen westgermanischen Sprachen geschaffen. In Mitteleuropa blieb die Kontinuität des deutschen Sprachraumes erhalten, obwohl sich immer stärkere Dialektgrenzen herausbildeten. Zwar trachteten die römisch-deutschen Kaiser seit dem 10. Jahrhundert immer danach, die deutschen Volksstämme der Schwaben, Baiern, Franken und Sachsen zusammenzuhalten, doch wurde durch die Zersplitterung des Heiligen Römischen Reiches die dialektale Vielfalt begünstigt. In der frühen Neuzeit bildete dann die sächsische Kanzleisprache, ein ostmitteldeutscher Dialekt, als Sprache der Bibelübersetzung Martin Luthers die Ausgangsbasis für das Neuhochdeutsche schlechthin, das sich als Schrift- und Literatursprache nicht nur im gesamten mitteldeutschen, sondern auch im oberdeutschen Sprachraum einschließlich der Schweiz durchsetzte. Auf der anderen Seite entstand ein Riss zwischen den mittel- und niederdeutschen Dialekten, letztlich aufgrund der Tatsache, dass das Niederdeutsche die Zweite Lautverschiebung nicht vollzogen hatte. Ebenfalls seit der Reformationszeit wurde die niederländische Sprache zunehmend verschriftlicht, so dass sie heute nicht mehr nur eine Variante des Niederdeutschen, sondern neben dem Deutschen die zweite große festlandgermanische Sprache darstellt.

Das Friesische als dritte genuin westgermanische Sprache im Bereich der Nordseeküste spielt heute zahlenmäßig keine große Rolle mehr, zumal es seit jeher stark von den umgebenden niederdeutschen Dialekten beeinflusst wurde. Das Englische hingegen sollte mit den Eroberungen und Kolonisationen Englands in mehreren Kontinenten ab dem 18. Jahrhundert seinen Siegeszug als Weltsprache antreten, wie es zuvor noch keiner anderen Sprache beschieden war.

6. Textproben

6.1. Sprichwörter und Redensarten

In der Monographie des Autors über das Protogermanische vor der ersten Lautverschiebung von 2009 wurden im Schlusskapitel zur Veranschaulichung der Ergebnisse zwölf Sprichwörter und Redensarten in dieses früheste Germanisch und zusätzlich ins Späturgermanische übertragen. Daran wird hier angeknüpft, indem die selben Redensarten nun ins Westgermanische übersetzt werden.

Späturgermanisch:

χwaz sōkīđi, sa finþiđi.
eχwan, eχwan, rīkjan furi eχwan.
seiþu kwemeđe, ake kwemeđe.
wurđōn ganóχan kweþinan, nu dēþinz seχwaime.
berχtan sawel bringiđi it ana dagan.
χūsan meinan burgiz meinō.
īsarnan nuχ warman garwī.
wulfaz ne ferizō þuz kweþandi in iza.
wēran wenin (frijōndun) gakánnta in nauþēi.
ne anþerazmai dōz, χwat þu ne welīz.
kweþanan siluƀran, þaχēnan gulþan.
kwama, saχwa, segezōđōn.

Westgermanisch:

χwaz sōkiþ, sa finþiþ.
eχu, eχu, rīki furi eχu.
sīþŭ kwemeþ, ak kwemeþ.
wurđō ganōgă kweđină, nu dēþi seχwēm.
berχtă sunnō bringiþ it ana dagă.
χūsă mīnă burg mīnŭ.
īsarnă noχ warmă garwi.
wulfă ne ferizō þiz kweþandemu in es.
wēră frijōnd gaknāis in nauþi.
ne anþeremu dōs, þat þu ne welī.
kweþană siluƀră, þagēnă gulþă.
kwam, saχ, sigizōđā.

„Wer sucht, der findet." (nach einem Vers der Bergpredigt)
„A horse, a horse, a kingdom for a horse!" (Shakespeare)
„Spät kommt Ihr, doch Ihr kommt." (Schiller)
„Der Worte sind genug gewechselt, lasst mich endlich Taten sehen!" (Goethe)

„Die klare Sonne bringt es an den Tag." (Märchentitel, Gebrüder Grimm)
„My house is my castle." (Sir Edward Coke)
„Man muss das Eisen schmieden, solange es heiß ist."
„Quand on parle du loup, il n'est pas loin."
    (Wenn man vom Wolf redet, ist er nicht weit; französische Redensart)
„Einen wahren Freund erkennt man in der Not."
„Was du nicht willst, das man dir tu', das füg' auch keinem andern zu!"
„Reden ist Silber, Schweigen ist Gold."
„Veni, vidi, vici." (Caesar)

6.2. Heidnische Texte, Heldendichtung in westgermanischer Sprache

6.2.1. Die Runeninschrift von Gallehus

Wie mehrfach ausgeführt gab es bis mindestens in 5. Jahrhundert zwischen dem West- und Norgermanischen noch keine Sprachgrenze, sondern vielmehr ein Kontinuum zwischen beiden zu dieser Zeit noch sehr ähnlichen germanischen Dialekten[436]. Dies lässt sich anschaulich an der wohl bekanntesten urnordischen Runeninschrift aufzeigen. Sie entstand um 400 n. Chr. auf dem goldenen Horn von Gallehus in Nordschleswig, also noch vor der Abwanderung der Angeln mit Teilen der Jüten im südlichsten Gebiet des (nachmalig) nordgermanischen Sprachraums (Krause Nr. 43):

ek hlewagastiR holtijaR horna tawido
„Ich Hlewagast, Holtes Sohn, machte das Horn." (Krause)

In westgermanischer Sprache hätte die Inschrift nahezu gleich gelautet (mit dem archaischen Verbum für „tun, machen"):
ik χlewagastĭ χolti χornă dedā,

im Westgotischen, der Sprache Wulfilas, jedoch[437]:
ik hliwagasts hulteis haúrn tawida.

Abgesehen von dem anderen Verb unterscheidet sich das Westgermanische nur durch den Verlust des Sibilanten am Wortende, das Gotische dagegen primär im Vokalismus. Wie die folgenden Beispiele zeigen, war der Abstand zwischen West- und Nordgermanisch um 400 n. Chr. sogar weithin geringer als der zwischen West- und Ostgermanisch.

---

436 Speziell hierzu s. jetzt geschichtliche und sprachliche Überlegungen bei Euler 2002: 20–29.
437 Siehe die gotische Fassung bei Heusler 1967: 10.

6.2.2. Offa-Sage

In den westgermanischen Sprachen gibt es wesentlich weniger Heldenlieder mit vorchristlichem Inhalt als im Altnordischen mit der Lieder-Edda und der Prosa-Edda von Snorri Sturluson (1179 – 1241). Am umfangreichsten ist die altenglische Heldendichtung mit dem Beowulf-Epos von über 3100 Versen sowie ein paar kleineren Bruchstücken, während im Althochdeutschen lediglich der Beginn des Hildebrandsliedes mit 68 Versen überliefert ist. Das althochdeutsche Heldenlied berichtet in lyrischer Form vom Kampf des Ostgotenkönigs Theoderich von Verona (Dietrich von Bern) gegen den Skirenfürsten Odoaker (Otacher) in Italien im Jahre 486 n. Chr. Die Handlung des Beowulf-Liedes spielt etwa zur selben Zeit im heutigen Dänemark, wo der Gautenfürst Beowulf dem Dänenkönig Hrodgar im Kampf beisteht.

Noch aufschlussreicher ist im Fragment Wīdsīđ ein Abschnitt von zehn Versen, in denen kurz die Heldentaten Offas, des Fürsten der Angeln, beschrieben werden: Zusammen mit dem Dänenfürsten Alewih besiegt er einen südlichen Stamm (im Text die „Sueben", in Wahrheit wohl die Sachsen)[438]. Hier werden Ereignisse geschildert, die noch in der Zeit um 400, also ebenfalls vor der Abwanderung der Angeln nach Britannien geschehen sind. Es liegt daher nahe, diese Passage nicht nur im westsächsischen Originaltext vorzuführen, sondern auch in das (nördliche) Westgermanische umzusetzen, wie es zur Zeit dieser Kämpfe oder kurz danach gelautet haben müsste:

Offa weold Ongle, Alewīh Denum;
sē wæs þāra manna mōdgast ealra;
nōhwæþre hē ofer Offan eorlscype fremede,
ac Offa geslōg ǣrest monna
cnihtwesende cynerīca mǣst;
nǣnig efeneald him eorlscipe māran
on ōrette: āne sweorde
merce gemǣrde wiđ Myrgingum
bī Fīfeldore, heoldon forđ siþþan
Engle ond Swǣfe, swā hit Offa geslōg.

„Offa waltete über Angeln, Alewich über die Dänen;
der war unter den Männern der mutigste von allen;
doch keineswegs übertraf er Offa an Adel;
und Offa erkämpfte, der erste der Männer,
als Knabe noch das größte Königreich;

---

438 Siehe zu dem historischen Hintergrund der Offa-Sage in Wīdsīđ von See 1971: 78–80, der als „Sueben" die Langobarden vermutet, anders Uecker 1972: 100–102, der die südlichen Gegner mit Sachsen identifiziert, ähnlich auch Euler 2004: 61. Tatsächlich kämpft Offa in der dänischen Sage (dort *Uffi*) als Däne gegen Sachsen, auch in den *Gesta Danorum* des Saxo Grammaticus ist die Off-Sage überliefert.

kein Gleichaltriger zeigte mehr Adel (Heldenart)
im Kampf: mit einem einzigen Schwert
zoger die Grenze gegen die Myrginge
am Fifeldor[439]; es hielten sie seitdem
Angeln und Schwaben, so wie sie Offa erkämpfte."
(Übersetzung von K. von See 1971)

Uffō wewald Anglju, Allawīχă Danim;
sa was þaizō mannō mōdigastă allaizō;
naiw χweþru χē ufer Uffan erulaskipi framidē,
ak Uffō gaslōg airistă mannō
kneχtawesandi kunirīkō maistă;
nainigă ibnaldă imu erulaskipi maizon
an uzχaitē: ainu swerdu
marka gamēridē wið Murgingum
bī Fimbuldurē, χeχaldun furþ sīþ þan
Angli and Swēbā, swē it Uffō gaslōg.

6.2.3. In langobardischem Dialekt: Das Hildebrandslied

Das Hildebrandslied, ein letztlich ostgotischer Sagenstoff um den König Theoderich im Kampf mit seinem Gegner Odoaker, in dem Vater und Sohn in zwei feindlichen Kriegerscharen aufeinander treffen, ist wohl durch langobardische und bairische Vermittlung nach Norden gelangt. Wie der Tatian ist es in Fulda um 830 in fränkischer Sprache abgefasst worden. Es enthält indes sowohl oberdeutsche Einflüsse (z. B. *pist* statt *bist*) als auch altsächsische, wie *dat* statt *daz*, *twem* statt *zweim*, *usere* statt *unsere*, *odre* statt *andre*, *helidos* statt *helida*, *seggen* neben *sagetun* [440]. Das Epos weist also eine Mischsprache auf, die nirgends genau so gesprochen, aber dafür in einem umso größeren Gebiet verstanden wurde – ähnlich wie die homerischen Epen mit den äolischen und arkadisch-kyprischen Einschlägen. Auf der anderen Seite zeugt eine Hybridform wie *her* „er" von der Mittelstellung des Fränkischen zwischen Ober- und Niederdeutsch. Die althochdeutsche Fassung von Fulda lautet wie folgt:

Ik gihorta dat seggen,
dat sih urhettun   ænon muotin,
Hiltibrant enti Hadubrant   untar heriun tuem
sunufatarungo.   iro saro rihtun.
5 garutun se iro gudhamun,   gurtun sih iro suert ana,

---
439 Das „Fifeldor" wird allgemein mit der Eider in Schleswig identifiziert.
440 Siehe Allgemeines zur Sprache des Hildebrandsliedes Lühr 1982, Bd. I, S. 10–30, bes. 28, zu den bair. und sächs. Elementen S. 41–47 bzw. 47–75. Zur Herkunft des Sagenstoffes s. Lühr 1982, 361–374 (kritisch, aber nicht ablehnend gegenüber einer langobardischen Vermittlung).

helidos, ubar hringa,   do sie to dero hiltiu ritun,
Hiltibrant gimahalta [Heribrantes sunu]:   her uuas heroro man,
ferahes frotoro;   her fragen gistuont
fohem uuortum, hwer sin fater wari
10 *fireo in folche, ...*
    ... „eddo hwelihhes cnuosles du sis.
ibu du mi enan sages,   ik mi de odre uuet,
chind, in chunincriche: chud ist mir al irmindeot".
Hadubrant gimahalta,   Hiltibrantes sunu:
15 *„dat sagetun mi   usere liuti,*
alte anti frote,   dea erhina warun,
dat Hiltibrant hætti min fater: ih heittu Hadubrant.
forn her ostar giweit, floh her Otachres nid,
hina miti Theotrihhe   enti sinero degano filu.
20 *her furlaet in lante   luttila sitten*
prut in bure,   barn unwahsan,
arbeo laosa: her raet ostar hina.
des sid Detrihhe   darba gistuontun
fateres mines: dat uuas so friuntlaos man.
25 *her was Otachre   ummet tirri,*
degano dechisto miti Deotrihhe.
her was eo folches at ente: imo was eo fehta ti leop:
chud was her ...   chonnem mannum.
ni waniu ih iu lib habbe" ...
30 *„ wettu irmingot [quad Hiltibrant]   obana ab hevane,*
dat du neo dana halt mit sus sippan man
dinc ni gileitos"...
want her do ar arme   wuntane bauga,
cheisuringu gitan,   so imo se der chuning gap,
35 *Huneo truhtin: „dat ih dir it nu bi huldi gibu".*
Hadubrant gimahalta, Hiltibrantes sunu:
„mit geru scal man · geba infahan,
ort widar orte.   ...
du bist dir alter Hun,   ummet spaher,
40 *spenis mih mit dinem wortun,   wili mih dinu speru werpan.*
pist also gialtet man,   so du ewin inwit fortos.
dat sagetun mi   seolidante
westar ubar wentilseo,   dat inan wic furnam:
tot ist Hiltibrant,   Heribrantes suno".
45 *Hiltibrant gimahalta,   Heribrantes suno:*
„wela gisihu ih in dinem hrustim,
dat du habes heme   herron goten,
dat du noh bi desemo riche   reccheo ni wurti".
„welaga nu, waltant got [quad Hiltibrant],   wewurt skihit.

6.2. Heidnische Texte, Heldendichtung in westgermanischer Sprache

50 *ih wallota sumaro enti wintro   sehstic ur lante,*
dar man mih eo scerita   in folc sceotantero:
so man mir at burc enigeru   banun ni gifasta,
nu scal mih suasat chind   suertu hauwan,
breton mit sinu billiu,   eddo ih imo ti banin werdan.
55 *doh maht du nu aodlihho,   ibu dir din ellen taoc,*
in sus heremo man   hrusti giwinnan,
rauba birahanen,   ibu du dar enic reht habes".
„der si doh nu argosto [quad Hiltibrant]   ostarliuto,
der dir nu wiges warne,   nu dih es so wel lustit,
60 *gudea gimeinun: niuse de motti,*
hwerder sih hiutu   dero hregilo rumen muotti,
erdo desero brunnono   bedero uualtan."
do lettun se ærist   asckim scritan,
scarpen scurim: dat in dem sciltim stont.
65 *do stoptun to samane   staim bort chludun,*
heuwun harmlicco   huitte scilti,
unti imo iro lintun luttilo wurtun,
giwigan miti wabnum   ...

Die folgende Übersetzung von Rosemarie Lühr (1982 I: 5f., in neuer Rechtschreibung wiedergegeben) hält sich so weit wie möglich an den althochdeutschen Wortlaut und gibt dennoch den Inhalt des Textes so treffend wie möglich wieder, wie der ausführliche philologische Kommentar in Band II der Ausgabe von Lühr zeigt:

„Ich hörte das sagen,
dass sich Herausforderer einzeln gegenüber getreten seien,
Hildebrand und Hadubrand, zwischen den zwei Heeren
von Sohn und Vater, sie richteten ihre Rüstungen,
5 bereiteten ihre Kampfgewänder, gürteten sich ihre Schwerter um,
die Männer, über die Panzer. Dann ritten sie zu dem Kampfe.
Hildebrand sprach, Heribrands Sohn – er war der Ältere,
der mit höherem Lebensalter; er begann zu fragen,
mit wenigen Worten, wer sein Vater sei
10 im Menschenvolke
„oder aus welcher Sippe du sein magst.
Wenn Du mir einen nennst, kenne ich die anderen
junger Mann, im Königreich: Bekannt ist mir die ganze Heldenschar".
Hadubrand sprach, Hildebrands Sohn:
15 „Das bezeugten mir unsere Stammesgenossen,
alte und betagte, die früher lebten,
dass mein Vater Hildebrand geheißen habe: Ich heiße Hadubrand.
Einst brach er nach Osten – er floh vor Odoakers Hass – auf

mit Dietrich und vielen seiner Gefolgsleute.
20 Er ließ im Lande das Kleine sitzen
im Frauengemach, das unerwachsene Kind
das Erbelose: Er ritt nach Osten hinweg.
Ihn benötigte seitdem Dietrich dringend,
[nämlich] meinen Vater: Das war ein Mann so [völlig] ohne Schwurbrüder.
25 Er war auf Odoaker unmäßig erzürnt,
der Gefolgsleute liebster, solange Dietrich [seiner] bedurfte.
Er war stets an der Spitze der Kriegerschar, ihm war stets der Kampf sehr lieb:
Bekannt war er kühnen Männern.
Er ist, glaube ich, nicht mehr am Leben."
30 „Ich mache Gott", sagte Hildebrand, „oben im Himmel zum Zeugen,
dass du niemals mehr mit so einem [nah] verwandten Mann
einen Kampf ausführen wirst."
Er wand da vom Arm einen aus mehreren Windungen bestehenden Spiralring,
[der] aus einem Kaisermedaillon verfertigt [war], den ihm der König
gegeben hatte,
35 der Hunnenherrscher. „[Ich schwöre,] dass ich es dir jetzt
aus wohlwollender Gesinnung gebe."
Hadubrant sprach, Hildebrands Sohn:
„Mit dem Speer soll man eine Gabe empfangen,
Spitze gegen Spitze!
Du bist, alter Mann, unmäßig schlau,
40 verlockst mich mit deinen Worten, willst nach mir mit deinem Speer werfen.
So alt du geworden bist, ebenso lange hast du immerzu List im Schilde geführt.
Das bezeugten mir die Seefahrer,
[die] westlich über das Wendelmeer [fuhren],
dass ihn der Kampf dahinraffte:
Tot ist Hildebrand, Heribrands Sohn."
45 Hildebrand sprach, Heribrands Sohn:
„Deutlich erkenne ich an deiner Rüstung,
dass du zu Hause einen guten Herren hast,
dass du bei diesem Herrscher noch kein Verbannter geworden bist.
Weh nun, waltender Gott", sagte Hildebrand, „Unheil geschieht!
50 Ich zog 60 Sommer und Winter außerhalb des Heimatlandes umher,
wo man mich stets zu der Schar der Schützen stellte,
ohne dass man mir bei irgendeiner Stadt eine tödliche Verwundung zufügte.
Nun soll mich mein eigener Sohn mit dem Schwerte erschlagen,
töten mit seinem Schwert, oder ich ihm zum Mörder werden.
55 Doch vermagst du nun leicht, wenn dir dein Mut ausreicht
bei so einem alten Mann die Rüstung zu erlangen,
die Beute zu rauben, wenn du darauf irgendein Recht hast.
Der müsste doch nun der feigste," sagte Hildebrand, „der Ostleute sein,
der dir jetzt den Kampf verweigerte, da dich danach so sehr gelüstet,

60 nach dem gemeinsamem Kampf: Versuche, der es kann,
ob er sich heute der Brustpanzer rühmen kann
oder über diese beiden Brünnen Herr sein."
Da ließen sie zuerst [die Pferde] mit den Speeren laufen,
mit scharfen Waffen, so dass es an den Schilden zum Stehen kam.
65 Dann traten sie zusammen, spalteten die Kampfschilde,
hieben erbittert auf die glänzenden Schilde,
bis ihnen ihre Schilde klein wurden,
zerhauen mit den Schwertern..."

Von Willy Krogmann wurde 1959 der Rekonstruktionversuch einer langobardischen Urfassung unternommen, und zwar in einer Sprachstufe mit teilweise vollzogener Zweiter Lautverschiebung. Allerdings bleiben hier zumindest vor allem hinsichtlich des Wortgebrauchs, aber auch der Wortformen und der Zweiten Lautverschiebung, die in der Rekonstruktion etwa dem Lautstand des Fränkischen angepasst ist, ja selbst der Interpunktion Fragen offen; der Text wird hier daher unverändert wiedergegeben.

Gaaiskoda urhaizjon se ainon hizjan
Hildibrand and Hadubrand harjo in swaime
sunufader sundrungo: saro gaswidun,
garwidun se gundihamum, gurdidun se herum,
5 *halith ober hringan. tha se hildja ridun.*
Hildibrand ahob; was hairoro freko,
Ferhes frodoro. Fregnan gawais.
wainagem wordum, hwe wari fader
firhjo in folke. „hwalikera fara is,
10 *eb ainon aikis, me andare kan,*
kind in kuningrikje: kund ist me ermantheud."
„Sagedun me sando swase erlos,
alde and infrode air hwanne,
si Hildibrandes haido; Hadubrand im.
15 *forn azo ok, flauh Audawakkres thraka*
thanan Theudariku and thegano lidu.
les in lande luzil buan
brudi in bure barn unwahsan.
arbjon ano raid austar thanan.
20 *theuda sith Theudarike tharba fellun,*
fader ferro; warth freundlaus erl.
air was Audawakkre unmes thwerh
thegano thakkisto, Theudarikes gafori;
folkes as frume was fehta kaib.
25 *kund was karl konnjem liudim;*
ni galaubju lang, lib habe."

6. Textproben

„Wissi Wodan[441] wales in salir,
nai swa sibbjon saggju saka gaworhtes!"
wand tha ana waffan wundana kingan,
30 kaisaringu kannida, swa se kuning halith,
Huno harjan huldi gab.
„gairu skali gaba, gaida widra orde!"
„Is the, hairo Hun, hardo spahi,
spanis me spraka, wili min speru ahtjan;
35 is alswa ald, swa aiwin sarwides.
sagedun me sando saiwawikingos
westar obar wandilsai, ina wig hraffoda;
hauwan ist Hildibrand, Haribrandes sunu.
solist gasihu in swalikem hrustim,
40 habes haime harjan wodjan,
werodes bi warde wrakkjo ni is!"
„Wai lai, Wodan, wurd farsihu!
Sumaro undar swegle sehszig skok,
thar me skulljo skarida skeussando in bandwa,
45 swa badwe buri banon ni swalz;
nu me swas sunu swerdu bliuwith,
bredwoth billju, eththo bano ina.
thauh aiht audo, eb alljan habes,
swa hairon halith hrusti bireuban,
50 raubu birahnjan, eb reht aiht.
ik si nu argosto austarwerodes,
nu the wiges warne, thes swa wel mandis,
mosses gamainjon! Se the mossi hneuwe,
hiudagu hragalo hrodir bruke,
55 brunnjono brunono baijo walde!"
Airist ernosto se askum skridun;
skarffem skurum skildum stodun.
tha stoffidun stundum staimabord hludon,
heuwun harmo hwissan lairgan.
60 latist im lindan luzila wurdun,
gawigana waffnum. [obar willjon azo
abaron ainagon aldres sunnjoda.]

Nimmt man naheliegenderweise an, dass die Langobarden diesen Sagenstoff schon bald nach der Inbesitznahme Oberitaliens im Jahre 568 n. Chr., übernommen haben, dann hätte sich damals das Langobardische jedenfalls noch nicht allzu sehr vom Fränkischen unterschieden, weil die Hochdeutsche Lautverschiebung

---

441 Krogmanns Lesung *Wodan* anstelle von *irmingot, got* in V. 30 bzw. 49 in seiner Rekonstruktion ist durch den Stabreim durchaus begründet; daran ändert auch die Tatsache nichts, dass die Ostgoten bereits (arianische) Christen waren.

erst rund 100 Jahre später stattfand. Für eine frühe Übernahme dieses Heldenlieds durch die Langobarden spricht, dass das zugrundeliegende historische Ereignis im Jahre 486 stattgefunden hatte, also nur zwei Generationen vor der Errichtung des Langobardenreichs in Norditalien. Die Herrschaft Theoderichs war damals in der Erinnerung sicher noch sehr lebendig.

Möglicherweise hat sich der Wortlaut selbst von einer möglichen langobardischen Urfassung um 600 bis zur überlieferten ostfränkischen Fassung 830 nicht wesentlich verändert. Was das Langobardische des ausgehenden 6. Jahrhunderts, angeht, also einer Zeit in der (genau im Jahr 589) der Langobardenkönig Agilulf die bajuwarischen Prinzessin Theodolinde heiratete, so hatte sich dieses zwar gewiss schon vom Proto-Westgermanischen um 400 n. Chr., aber wohl noch kaum von der Sprache der zeitgleich entstandenen alemannischen Runeninschrift von Pforzen und auch noch nicht allzu sehr vom Fränkischen der Merowinger dieser Zeit unterschieden, vor allem weil die Hochdeutsche Lautverschiebung damals auch im Langobardischen noch nicht eingesetzt hatte. Im Folgenden wird eine Übertragung in eben diese Sprache versucht, bei der natürlich manche Fragen offen bleiben. So lehnt sich diese Übertragung im Wortlaut eng an das überlieferte Hildebrandslied an, ohne dass damit gesagt sein soll, dass dieses genau mit der langobardischen Urfassung übereingestimmt haben müsste. Bei unklaren Formen folgt diese Rekonstruktion den textkritischen Interpretationen von Lühr 1982 II (Kommentar). Annahmegemäß wurden in dieser eher späten Variante des Westgermanischen die überkurzen Auslautvokale nicht mehr artikuliert. Die gutturale Spirans wird im Folgenden wie auch sonst in diesem Buch mit χ wiedergegeben, hier auch als Majuskel X im Anlaut von Personennamen, die in den fränkischen Königsnamen sonst „Ch-" geschrieben wird. Der germanische Langvokal $*\bar{e}_1$ ist inzwischen endgültig zu $\bar{a}$ geöffnet[442].

Ik gaχōrdā þat sagēn,
þat sik urχaetjon aenon mōtidun,
Xildibrand andi Xađubrand under χarjum twaem
sunufadarungō. irō saru riχtidun.
5 *garudun se(r) irō gundiχamun, gurdidun sih irō suerdā ana,*
χelidā, uber χringā, dō siā tō deru χildju ridun,
Xildibrand gamaχaldā [Xaribrandes sunu]: ir was χaerōrō man,
ferχes frōdōrō; ir fragēn gastōd
faoχēm wordum, χwer sīn fader wārī
10 *firχjō in folkē, ...*
... „edō χwelīkes knōsles þu sīs.
ibō þu mir aenan sagēs, ik mir þae andrē waet,
kind, in kuningrīkē: kund ist mir allu irminþeodu".

---

442 Auch im Langobardischen wurde germ. *ē zu ā geöffnet, z. B. in den Wörtern *tāhhala „Dohle" (daraus italien. *taccola* „Elster", vgl. ohne Diminutivsuffix ahd. ahd. *tāhha* „Dohle") und *bāra* „Bahre, Trage" (daraus oberitalien. *bara* „Trage, Karre") = ahd. *bāra*, s. Gamillscheg 1935: 165 bzw. 131f.

Xađubrand gamaχaldā, Xildibrandes sunu:
15 „*þat sagēdun mir unserē liudī,*
aldē andi frōdē, þae aerχinā wārun,
þat Xildibrand χeχtī mīn fader: ik χaetē Xađubrand.
forn ir aoster gawaet, flaoχ ir Aodwakres nīþ,
χinā midi Þeodrīkē andi sīnerō þeganō filu.
20 *ir furlaet in landē lutilō sittjan*
brūd in būrē, barn unwaχsan,
arbjō laosō: ir raed ōster χina.
þes sīd Þeodrīkē þarƀā gastōdun
faderes mīnes: þat was sō friōndlaos man.
25 *ir was Aodwakrē ummeti irri,*
þeganō þakistō midi Þeodrīkē.
ir was ēu folkes at andjē: imō was ēu feχtā ti leuƀ:
kund was ir ... kōnnjēm mannum.
ni wāniu ik ju līƀ χabē"...
30 „*waesttu irmingod [quaþ Xildibrand] oƀanā aƀ χeƀanē,*
þat þu nēu þanā χald midi sus sibbjin man
þing ni galaedōs"...
wand ir þō ur armē undanē baogā,
kaesarχringu gadān, imō se þer kuning gaƀ,
35 *Xūnjō druχtin: „þat ik þir it nu bi χuldīn gibu".*
Xađubrand gamaχaldā, Xildibrandes sunu:
„*midi gaeru skal man geba andfāχan,*
ord wiđer ordē. ...
þu bist þir alder Xūni, ummet spāχi,
40 *spanis mik midi þīnēm wordum, wili mik þīnu speru werpan.*
bist alsō gealdēd man, sō þu aewīn inwid fōrdōs.
þat sagēdun mir saewalīđandjē
wester uber wendilsaew, þat ina wīg furnam:
daod ist Xildibrand, Xaribrandes sunu".
45 *Xildibrand gamaχaldā, Xaribrandes sunu:*
„*wela gasiχu ik in þīnēm χrustim,*
þat þu χaƀēs χaimē χaerōron gōdena,
þat þu noχ bi þesemu rīkē wrakkjō ni wurdī".
„*welaga nu, waldand god [quaþ Xildibrand], waewurd skiχid.*
50 *ik wallōdā sumarō andi wintrō seχstig ur landē,*
þar man mik aew skaridā in folk skeotanderō:
sō man mir at burg aenigeru banōn ni gafastidā,
nu skal mik swāsat kind swerdu χauwan,
bredōn midi sīnu billju, eđō ik imu ti banin werđan.
55 *þoχ maχt þu nu aodlīkō, iƀu þir þīn elin daog,*
in sus χaeremu man χrusti gawinnan,
raoƀā biraχnjan, iu þu þar aenig reχt χaƀēs".

> „þer sī þoχ nu argōstō [quaþ Χildibrand] aosterliudjō,
> þer þir nu wīges warnjē, nu þik es sō wela lustid,
> 60 gundjā gamaenjōn: niusē þer mōtī,
> χweđer sik χiudagu þaerō χragilō rōmjan mōtī,
> eđō þeserō brunnjōnō baeđerō waldan".
> þō lētun siā aerist askim skrīdan,
> skarpēm skūrim: þat in þēm skildum stōd.
> 65 þō stōptun tō samanē staembord klubun,
> χēuwun χarmlīkō χwītē scildī,
> unti im irō lindōn lutilō wurdun,
> gawigan midi wapnum ...

6.3. Texte christlichen Inhalts (in merowingisch-fränkischer Sprache)

In Klöstern wie Sankt Gallen, Freising und Fulda werden vornehmlich Texte christlichen Inhalts in althochdeutschen Dialekten niedergeschrieben, die wie auch die Glossen des 8. Jahrhunderts, aber im Gegensatz zu den Runeninschriften vom 6. und vielleicht auch noch 7. Jahrhundert inzwischen alle die zweite Lautverschiebung weitgehend durchgeführt haben. Doch ebenfalls im 9. Jahrhundert wird auch der Heliand im niederdeutschen Altsächsisch aufgezeichnet, so dass wir über das Verhältnis zwischen den althochdeutschen Dialekten Alemannisch (samt Bairisch), Fränkisch und Altsächsisch dieser Zeit recht viel wissen.

Wie wenig die ober- und niederdeutschen Mundarten trotz der Zweiten Lautverschiebung noch in karolingischer Zeit „auseinandergedriftet" sind, zeigen u. a. die nachfolgenden Fassungen des Glaubensbekenntnisses aus dem 9. Jahrhundert[443]:

6.3.1. Das Taufgelöbnis

Das rheinfränkische Taufgelöbnis ist die längere Fassung:
Forsahhistu unholdun? – Ih fursahu.
Forsahhistu unholdun werc indi willon? – Ih fursahhu.
Forsahhistu allem them bluostrum indi den gelton indi den gotum thie im heidene man zi bluostrum indi zi geldom enti zi gotum habent?
– Ih fursahhu.
Gilaubistu in got fater almahtigan? – Ih gilaubu.
Gilaubistu in Christ gotes sun nerienton? – Ih gilaubu.
Gilaubistu in heilagan geist? – Ih gilaubu.
Gilaubistu einan got almahtigan in thrinisse inti in einisse? – Ih gilaubu.

---

443 Das fränkische und niederdeutsche Taufgelöbnis s. bei Braune/Helm 1969, 38f. Anfänge von oberdeutschen Fassungen des Credos s. bei Sonderegger 1974, 78 (letzterer mit Auszügen weiterer Fassungen).

6. Textproben

Gilaubistu heilaga gotes chirichun? – Ih gilaubu.
Gilaubistu thuruh taufunga sunteono forlaznessi? – Ih gilaubu.
Gilaubistu lib after tode? – Ih gilaubu.

Im Vergleich das kürzere niederdeutsche (altsächsische) Taufgelöbnis:
Farsakis thu unholdon? – Farsaku.
Farsakis thu unholdun werkon endi willion? – Farsaku.
Farsakis thu allon hethinussion? – Farsaku.
Farsakis thu allon hethinon geldon endi gelpon, that hethina man te geldon ende te offara haddon? – Farsaku.
Gilouis thu an god fader alomahtigan? – Gilouiu.
Gilouis thu an thena helagon godas sunu, that he geboren endi gemartyrod wari? – Gilouiu.
Gilouis thu an thena helagon gest endi an thia hilagon samunga endi helagaro gimenitha, fleskas arstandanussi, that thu an themo fleska, the thu nu an bist te duomesdaga gistandan scalt endi gilouis thu livas ahtar dotha? – Gilouiu.

In der Wortwahl decken sich das althochdeutsche und niederdeutsche Taufgelöbnis zwar noch recht genau. Aber im ersteren tritt die Zweite Lautverschiebung ebenso klar zutage wie im letzteren die Monophthongierung der germanischen Diphthonge, vgl. einerseits *forsahhistu – forsakis thu* „widersagst du" und *got fater – god fader*, andererseits *gilaubistu – gilouis thu, geist – gest*. Sicher hat die lateinische Vorlage des Taufgelöbnisses zur Ähnlichkeit der Wortwahl der Übersetzungen beigetragen, aber gerade in den etymologisch entsprechenden Lexemen lässt sich auch die Divergenz zwischen dem Fränkischen und Niederdeutschen im 9. Jahrhundert recht genau ablesen.

Zur Zeit Königs Chlodwigs, genauer seiner Taufe wohl im Jahre 496, wurde ein solches Taufgelöbnis in einer Frühform der fränkischen Sprache noch ohne die hochdeutsche Lautverschiebung gesprochen[444]. Die dentale Spirans wird hier mit *th* statt sonst mit *þ* wiedergegeben; auch der Wandel von germ. *$\bar{e}$ zu $\bar{a}$[445] und der *i*-Umlaut (s. Seite 57) sind berücksichtigt:

Forsakis thu unχoldōm? – Forsaku.
Forsakis thu unχoldōm werkum endi willjum? – Forsaku.
Forsakis thu allēm χaethinussjōm? – Forsaku.
Forsakis thu allēm thaem blōstrum endi thaem geldum endi thaem godum, that χaethinā man tō blōstrum endi geldum endi godum χaƀēnd? – Forsaku.
Galaoƀis thu an god fader alamaχtigan? – Galaoƀju.

---

444 Die Taufe Chlodwigs ist überliefert in der Frankengeschichte des Gregor von Tours 2,31: *Igitur rex omnipotentem Deum in Trinitate confessus, baptizatus in nomine Patris et Filii et Spiritus sancti* „Also bekannte der König den allmächtigen Gott und wurde getauft im Namen des Vaters und Sohnes und des Heiligen Geistes."
445 Siehe zu diesem Lautwandel im Fränkischen Anm. 62 und 103.

Galaoḃis thu an Christ, thena χaelagan godes sunu nazjandan, that er gaboran endi gamartyrōd wāzī? – Galaoḃju.
Galaoḃis thu an thena χaelagan gaest? – Galaoḃju.
Galaoḃis thu an aenan god alamaχtigan in thrīnissī endi in aenissī? – Galaoḃju.
Galaoḃis thu an thia χaelagōn kirikōn endi χaelagarō gamaenitha? – Galaoḃju.
Galaoḃis thu thurχ daopunga suntjōnō forlātnessī? – Galaoḃju.
Galaoḃis thu lībes after daothiu? – Galaoḃju.
Galaoḃis thu flaeskes arstandanussī, that thu an themo flaeske, the thu nu an bist tō dōmesdagē gastandan skalt – Galaoḃju.

Auch im Alemannisch-Bairischen wie im Langobardischen dürfte das Taufgelöbnis im 6. Jahrhundert, also zur Zeit der Mission durch die Ostgoten in bairischem Gebiet, noch nicht viel anders gelautet haben.

6.3.2. Das Vaterunser

Noch innerhalb des Althochdeutschen im 9. Jahrhundert lässt sich nur eine Divergenz des Fränkischen gegenüber dem Oberdeutschen erkennen, während Alemannisch und Bairisch noch kaum zu unterscheiden sind. Eindeutig belegt wird dies durch überlieferte Fassungen des Vaterunsers in alemannischer und bairischer Mundart einerseits sowie in rheinfränkischer und ostfränkischer Mundart andererseits [446]:

1) St. Galler Paternoster

Fater unseer, thu pist in himile, wihi namun dinan, qhueme rihhi din, werde willo diin, so in himile sosa in erdu, prooth unseer emezzihic kip uns hiutu, oblaz uns sculdi unseero, so wir oblazem uns sculdikem, enti ni unsih firleiti in khorunka, uzzer losi unsih fona ubile.

2) Freisinger Paternoster

Fater unsēr, dū pist in himilum. Kawīhi sī namo dīn. Piqhueme rīhhi dīn. Wesa dīn willo, sama sō in himile est, sama in erdu. Pilipi unsraz emizzīgaz kip uns eogawana. Enti flāz uns unsro sculdi, sama sō wir flāzzamēs unsrēm scolōm. Enti ni princ unsih in chorunka. Uzzan kaneri unsih fona allēn suntōm.

---

446 Siehe das St. Galler Paternoster und Credo bei Braune/Helm 1969, 11f., das Freisinger Paternoster sowie Weißenburger Paternoster und Credo ebda. S. 34f. sowie das Paternoster im Tatian (Matth. 6, 9 – 13) S. 56; die alemannischen Texte datieren aus dem 8. Jahrhundert, die anderen aus dem 9. Jahrhundert. Alle vier Vaterunser-Fassungen siehe bei Vennemann (1989: 15), eine Zusammenstellung weiterer Fassungen (mit Zitat der 6. und 7. Bitte) bei Sonderegger 1974: 76f.

3) Weißenburger Paternoster

Fater unsēr, thu in himilum pist, giwīhi sī namo thīn. quaeme rīchi thīn. werdhe willeo thīn, sama sō in himile, endi in erthu. Broot unseraz emezzīgaz gib uns hiutu. endi farlāz uns sculdhi unsero, sama sō wir farlāzzēm scolōm unserēm. endi ni gileidi unsih in costunga. Auh arlōsi unsih fona ubile.

4) Tatian, Matth. 6, 9 – 13

Fater unser, thū thār bist in himile, sī giheilagōt thīn namo, queme thīn rīhhi, sī thīn willo, sō her in himile ist, sō sī her in erdu, unsar brōt tagalīhhaz gib uns hiutu, inti furlāz uns unsara sculdi, sō wir farlāzzamēs unsarēn sculdigōn, inti ni gileitēst unsih in costunga, ūzouh arlōsi unsih fona ubile.

Die Sprachen des St. Gallener und Freisinger Paternoster unterscheiden sich fast gar nicht, zumindest gegenüber den beiden fränkischen Fassungen. Abweichungen betreffen vor allem die Wortwahl, ein je eigenständiger alemannischer und bairischer Dialekt lässt sich noch nicht erkennen. Gegenüber den fränkischen Mundarten bilden das Alemannische und Bairische zumindest auf phonologischer Ebene noch eine Einheit, wie das St. Gallener und Freisinger Paternoster gegenüber dem Weißenburger Katechismus (und auch Tatians Evangelienharmonie) zeigen. Am auffälligsten tritt die oberdeutsch-fränkische Diskrepanz in den Tenues *p* und *k* gegenüber älterem *b* und *g* (in *kip – gib*), der Media *d* gegenüber der erhaltenen Spirans *th* und in der Affrikata *qhu* gegenüber der ursprünglichen Tenuis *qu* zutage; doch auch in der Wortwahl bilden oberdeutsche und fränkische Fassungen teilweise jeweils eine Gruppe, vgl. *khorunka, chorunka* gegenüber *costunga* sowie fränk. *furlāz/farlāz, gileide/ gileitēst* und *arlōsi* gegenüber variierenden Begriffen in den oberdeutschen Fassungen.

Die altenglische, genauer westsächsische Fassung des Vaterunsers lautet:
Fæder úre þu þe eart on heofonum. Si þin nama gehalgod, to-becume þin rice, gewurþe ðin willa on eorðan swa swa on heofonum. úrne gedæghwamlican hlaf syle us to dæg. And forgyf us úre gyltas swa swa wé forgyfað úrum gyltendum. And ne gelæd þu us on costunge ac alys us of yfele soþlice.

Die anglische Übersetzung liegt vor in den Glossen von Lindisfarne:
Fader urer ðu art/bist in heofnum/heofnas. Sie gehalgad noma ðin, to-cymeð ric ðin sie willo ðin suæ is in heofne and in eorðo, hlaf userne ofer wistlic sel ús todæg. And forgef us úre scylda usra suæ uoe forgefon scyldgum usum. And ne inlæd usih in costunge ah gefrik usich from yfle.

In beiden altenglischen Fassungen fällt die Übereinstimmung des Begriffes *costunge* mit *costungen* in den fränkischen Fassungen auf.

6.3. Texte christlichen Inhalts (in merowingisch-fränkischer Sprache)

In der fränkischen Sprache Chlodwigs müsste das Vaterunser wohl ähnlich wie das Weißenburger Paternoster, aber ohne die hochdeutsche Lautverschiebung wie folgt gelautet haben:
Fader unsēr, thu in χimilum bist, gawīχi sī namō thīn. quemē rīki thīn. werthē willjō thīn, sama sō in χimilē, endi in erthu. Braud unserat emetīgat gib uns χiudagu. endi farlāt uns skuldi unserō, sama sō wir farlātam skulōm unseraem. endi ni galaedēs uns(ik) in kustunga. Aok arlaosi uns(ik) fona ubilē.

Gerade hundert Jahre, bevor Chlodwig den letzten Rest des römischen Gallien eroberte, hatte Bischof Wulfila die Bibel vom Griechischen ins Gotische übersetzt; drei Jahre nach dem Sieg des Ostgotenkönigs Theoderichs über Odoaker unterwarf Chlodwig die Alemannen. Aber hätten sich Chlodwig und Theoderich in ihrer jeweiligen Sprache miteinander verständigen können? Die Antwort hierauf gibt das Vaterunser in der westgotischen Bibelübersetzung:
Atta unsar þu in himinam, weihnai namo þein, qimai þiudinassus þeins, waírþai wilja þeins swe in himinam jah ana aírþai, hlaif unsarana þana sinteinan gif uns himma daga, jah aflet uns, þatei skulans sijaima, swaswe jah weis afletam skulam unsaraim, ni briggais uns in fraistubnjai, ak lausei uns af þamma ubilin, [unte þeina ist þiudangardi jah mahts jah wulþus in aiwins. Amen.]

Diese Textbeispiele zeigen, wie nahe das Fränkische zur Zeit Chlodwigs bereits jenem in althochdeutscher Zeit stand und wie sehr sich andererseits dieses Westgermanisch schon vom Gotischen in Italien unterschieden hat, zumal man annehmen muss, dass das dortige Ostgotisch dem Westgermanischen zumindest nicht ähnlicher war als das Westgotische von Wulfilas Bibelübersetzung. Oder kurz gesagt: Die Könige Chlodwig und Theoderich brauchten offensichtlich Dolmetscher, um jeweils in ihrer Muttersprache miteinander reden zu können.

Der hier mit rein linguistischen Methoden erzielte Befund, dass Gotisch und Westgermanisch bereits in der Völkerwanderungszeit wechselseitig nicht mehr verständlich waren, aber die verschiedenen westgermanischen Varianten durchaus, stimmt gut überein mit den Hinweisen von Autoren aus der Völkerwanderungszeit und dem frühen Mittelalter über diese Sprachen. Der Mittelalterhistoriker Walter Pohl (Wien) hat unlängst darauf hingewiesen, dass es für einen Germanenbegriff im Sinne der neuzeitlichen Linguistik, in der Völkerwanderungszeit „kein zeitgenössisches Pendant [gibt], da Goten nicht als Germanen galten". Auch hätten griechische und lateinische Autoren die Goten regelmäßig den Skythen zugerechnet[447]. Ebenso seien die skandinavischen Völker von den Germanen unterschieden worden[448]. Dagegen seien die Langobarden in Italien den übrigen

---
447 Siehe Pohl 2004: 172 mit Hinweis auf eine Ausnahme: Zosimos berichtet an einer Stelle von germanischen Völkern unter dem gotischen Fürsten Fritigern (gestorben um 382).
448 Pohl 2004: 172 mit Hinweis auf die Unterscheidung von Jordanes, Getica § 24: *Hae gentes, Germanis corpore et anima grandiores* „Diese Völker (Skandinaviens), die die Germanen körperlich und seelisch übertreffen"; bei Jordanes werden zuvor unter den nordischen Volksstämmen auch die *Suethidi* und *Dani* aufgeführt.

"Germanen" jedenfalls sprachlich zugerechnet worden, etwa mit dem Hinweis im *Chronicon Salernitanum* von 974, die Langobarden hätten einst die "lingua todesca" gesprochen[449]. Der Germanenbegriff der Autoren des 3. bis 8. Jahrhunderts sei generell "eingeschränkt im Gebrauch und widersprüchlich in der Anwendung" gewesen[450]. Ersteres mag stimmen, doch die Widersprüchlichkeit in der Anwendung ist nicht so groß, wenn man sich verdeutlicht, dass nahezu alle Autoren dieses Zeitraums unter den "Germanen" schlicht *westgermanisch* sprechende Gruppen und Völker verstanden.

6.3.3. Die Weihnachtsgeschichte nach Lukas

Schließlich bliebe zu fragen, inwieweit sich die Weihnachtsgeschichte (Lukas 2, 1–20) analog in die dem Proto-Westgermanischen noch sehr nahe altfränkische Sprache Chlodwigs übertragen ließe. Wesentlich vereinfacht wird dies dadurch, dass nicht nur die Evangelienharmonie um 825 n. Chr. im Kloster Fulda vom Lateinischen in das Ostfränkische übersetzt wurde, sondern dieser Bibeltext auch in der westgotischen Wulfila-Bibel (bis 380 n. Chr.) und zusätzlich in einer altenglischen Fassung überliefert ist. Im Folgenden die drei belegten Texte und als viertes der rekonstruierte merowingisch-fränkische Text. Dessen Grundlage ist der ostfränkische Text, die beiden anderen Fassungen wurden bei Bedarf zum Vergleich herangezogen.

Der fränkisch-althochdeutsche Text aus Fulda lautet:

Ward thô gitān in then tagun, framquam gibot fon ðemo allwalten keisure, thaz gibrieuit wurdi al these umbiwerft. Thaz giscrib iz êristen ward gitan in Syriu fon ðemo grauen Cyrine, inti fuorun alle, thaz biiāhin thionost iogiwelih in sinero burgi. Fuor thô Ioseph fon Galileu fon thero burgi thiu hiez Nazareth in Iudeno lant inti in Dauides burg, thiu was ginemnit Bethleem, bithiu wanta her was fon huse inti fon hiwiske Dauides, thaz her giiahi saman mit Mariun imo gimahaltero gimahhun sô scaffaneru. Thô sie thar warun, wurðun taga gifulte, thaz siu bari, inti gibar ira sun êristboranon inti biwant inan mit tuochum inti gilegita inan in crippea, bithiu wanta im ni was ander stat in themo gasthuse.

Warun thô hirta in thero lantskeffi wahhante inti bihaltante nahtwahta uber ero ewit. Quam thara gotes engil inti gistuont nāh in, inti gotes berahtnessi bischein sie; giforhtun sie im thô in mihhilero forhtu. Inti quad im thie engil: "ni curet iu forhten, ih sagen iu mihhilan gifehon, ther ist allemo folke, bithiui wanta giboran ist iu hiutu Heilant, ther ist Christ truhtin in Dauides burgi. Thaz sī īu zi zeichane, thaz ir findet kind mit tuochum biwuntanaz inti gilegitaz in crippa." Thô sliumo

---

449 Pohl 2004: 166 mit Chronicon Salernitanum c. 38 als Belegstelle.
450 Pohl 2004: 170.

ward thar mit themo engile menigi himilisches heres got lobontiu inti qudentiu: „tiurida si in then hohistôm gote, inti in erdu si sibba mannun guotes willen."

Ward thô thaz arfuorun fon in thie engila in himil: thô sprachun thie hirta untar in zuisgen: „farames zi Bethleem inti gisehemes thaz wort thaz thar gitān ist, thaz truhtin uns araugta." Inti quamun thô ilente inti fundun Mariun inti Ioseben inti thaz kind gilegitaz in crippea. Sie thô gisehente forstuontun fon ðemo worte thaz im giquetan was fon ðemo kinde, inti alle thi thaz gihortun warun thaz wuntoronte inti fon ðêm thiu giquetanu wurdun zi im fon ðem hirtin. Maria wārlihho gihielt allu thisu wort ahtonti in ira herzen. Wurbun thô thie hirta heimwartes diurente inti got lobonte in allem them thiu sie gihortun inti gisahun, soso zi im gisprochan was.

Im Altenglischen, genauer in einer westsächsischen Fassung lautet der Beginn des 2. Kapitels im Lukas-Evangelium wie folgt (Schreibung wie in der Evangelien-Ausgabe von W. Skeat (1881/97)):

Soþlice on þam dagum wæs geworden gebod fram þam casere augusto, þæt eall ymbe-hwyrft wære to-mearcod; þeos to-mearcodnes wæs æryst gewórden fram þam deman syrige ciríno. Ænd ealle hig eodon, ænd syndrie férdon on hyra ceastre. Ža ferde iosep fram galilea of þære ceastre nazareth on iudeisce ceastre dauides, seo is genemned Bethleem, forþam þe he wæs of dauides húse ænd hirede, þæt he férde mid marian þe him beweddod wæs ænd wæs geeacnod. Soþlice wæs geworden þa hi þar wæron, hire dagas wæron gefyllede þæt heo cende. Ænd heo cende hyre frum-cennedan sunu, ænd hine mid cild-cláþum bewánd, æn hine on binne aléde, forþam þe hig næfdon rúm on cumena huse.

Ænd hyrdas wæron on þam ylcan rice waciende ænd niht-wæccan healdende ofer heora heorda. g^{h}a stód drihtnes engel wiþ híg ænd godes beorhtnes him ymbescean. Ænd hi him mycelium ege adredon. Ænd se engel him to cwæð: „Nelle ge eow adrædon. Soþlice nu ic eow bodie mycelne gefean, se bið eallum folce, forþam to-dǽg eow ys hælend acenned, se is drihten crist on dauides ceastre. And þis taken eow byð: Ge ge-metað án cild hreglum bewunden and on binne aled." And þa wæs fǽringa geworden mid þam engle mycelnes heofonlices werydes god heriendra and þus cweþendra: „Gode sy wuldor on heahnesse and on eorðan sybb mannum godes willan."

And hit wæs gewórden þa ða englas to heofene férdon, þa hyrdas him betwynan sprǽcon and cwǽdon: „Utun faran to bethleem and geseon þæt word þe gewórden ist, þæt drihten ús æt-ýwde." And hig efstende comon and gemetton marían and iosep and þæt cild on binne aled. g^{h}a hi þæt gesáwon þa on-cneowon hig be þam wórde þe him gesǽd wæs be þam cilde. And ealle þa ðe gehyrdon wundredon be þam þe him þa hyrdas sǽdon. María geheold ealle þas word on hyre heortan smeagende. Ða gewendon ham þa hyrdas god wuldriende and heriende on eallum þam ðe hi gehyrdon and gesáwon, swa to him gecweden wæs.

Vergleicht man diese Bibelstelle mit der westgotischen Übersetzung im Wulfila-Text, so wird erneut klar, dass für einen Franken im 5. Jahrhundert das Gotische eine Fremdsprache war, die dieser selbst beim Lesen nur mit Mühe halbwegs verstanden hätte:

Warþ þan in dagans jainans, urrann gagrefts fram kaisara Agustau gameljan allana midjungard. Soh þan gilstrameleins frumista warþ at raginondin Saurim Kwrineiau. Jah iddjedun allai, ei melidai weseina, ƕarjizuh in seinai baurg. Urrann þan jah Iosef us Galeilaia, us baurg Nazaraiþ, in Iudaian, in baurg Daweidis sei haitada Beþlahaim, duþe ei was us garda fadreinais Daweidis, anameljan miþ Mariin sei in fragiftim was imma qens, wisandein inkilþon. Warþ þan, miþþanei þo wesun jainar, usfullnodedun dagos du bairan izai. Jah gabar sunu seinana þana frumabaur jah biwand ina jah galagida ina in uzetin, unte ni was im rumis in stada þamma.

Jah hairdjos wesun in þamma samin landa, þairhwakandans jah witandans wahtwom nahtws ufaro hairdai seinai. Iþ aggilus fraujins anaqam ins jah wulþus fraujins biskain ins, jah ohtedun agisa mikilamma. Jah qaþ du im sa aggilus: „Ni ogeiþ, unte sai, spillo izwis faheid mikila, sei wairþiþ allai managein, þatei gabaurans ist izwis himma daga nasjands, saei ist Xristus frauja, in baurg Daweidis. Jah þata izwis taikns: Bigitid barn biwundan jah galagid in uzetin." Jah anaks warþ miþ þamma aggilau managei harjis himinakundis hazjandane guþ jah qiþandane: „Wulþus in hauhistjam guda jah ana airþai gawairþi in mannam godis wiljins."

Jah warþ, biþe galiþun fairra im in himin þai aggiljus, jah þai mans þai hairdjos qeþun du sis misso: „gʰairhgaggaima ju und Beþlahaim jah saiƕaima waurd þata waurþano, þatei frauja gakannida unsis." Jah qemun sniumjandans jah bigetun Marian jah Iosef jah þata barn ligando in uzetin. Gasaiƕandans þan gakannidedun bi þata waurd þatei rodiþ was du im bi þata barn. Jah allai þai gahausjandans sildaleikidedun bi þo rodidona fram þaim hairdjam du im. Iþ Maria alla gafastaida þo waurda, þagkjandei in hairtin seinamma. Jah gawandidedun sik þai hairdjos mikiljandans jah hazjandans guþ in allaize þizeei gahausidedun jah gaseƕun swaswe rodiþ was du im.

Die Vielfalt der erhaltenen altgermanischen Versionen erlaubt es, diesen Text ins späte Urgermanisch zu übertragen. Unsicherheiten bestehen bei einigen Lexemen, ansonsten ist die Wahrscheinlichkeit dieser Rekonstruktion vergleichbar mit der, die bei der Erschließung spätergermanischer Formen und Etyma auch sonst bestehen. Die folgende Version wurde erstmals 2009 publiziert, sie stützt sich allerdings vorwiegend auf das Gotische, so dass die Fassung am ehesten ein östliches Germanisch widerspiegeln kann. Ursprünglich auslautender Nasal in Akkusativendungen vokalischer Nominalklassen ist hier nicht mehr notiert[451]:

---

451 Übertragung vom Autor mit wesentlichen Hinweisen von Dr. Johannes Dörr (Köln). Erstmals veröffentlicht in *Preußische Allgemeine Zeitung* (Hamburg), 26.12.2009.

6.3. Texte christlichen Inhalts (in merowingisch-fränkischer Sprache)

Warþ þan in dagamiz jenamiz, framkwam gabuđa fram kaisari Augustēu gamēljan allana midjungarda. Sō gamēlīniz frumistō warþ at raginōndini Surimiz Kirineiēu. Andi ijjōdun allai, þata mēliđai wēzīna, χwarjazuχ in sīnōn burgu. Fōr þan auk Jōsef uz Galilaiai, uz burgi Natsareþ, in Iudaia, in burgu Dawides sō χaitađai Beþlaχem, fura þazmai þata was uz χūsai andi kunjai Dawides, anamēljan miđi Mariāi sō in fragiftimiz was ezmai kwēniz, wesandīn inkelþōn. Warþ þan, þō wēzun þar, gafullnōđēđun dagōz tō beran izāi. Andi gabar sunu sīnana þana frumaburi andi biwand ina andi galagiđa in uzētini, untēd ni was imiz rūmes in þazmai gastiχūsai.

Andi χerdjōz wēzun in þazmai landai, wakēndans andi witēndans naχtiwaχtwōmiz ufarō χerdāi sīnāi. Iþi angiluz fraujiniz anakwam inz andi wulþuz fraujinz biskain inz, andi ōχtēđun agizi mekilazmai, andi kwaþ to imiz sa angiluz: „Ni ōgīþ, untēd seχ, sagēm izwiz gafeχan mekilana, sa werþiþ allāi managīni, þata gaburanaz ist izwiz χijō dagō χailjandz, sa ist Xristuz fraujō, in burgi Dawides. Andi þata izwiz taiknaz: Gafinþiþ barna biwundana andi galagiđa in uzētini." Andi þō warþ miđi þazmai angilēu managīn χarjes χiminakundes χazjandīn guđa andi kweþandīn: „Wulþuz in χauχistjamiz guđai andi ana erþāi friþuz in mannamiz gōđes weljiniz."

Andi warþ, þō gafōrun ferrō imiz in χimina þai angiliwiz, þai χerdjōz kwēdun ainaz anþerazmai: „Faraima nu to Beþlaχem andi seχwaima wurda þata wurþanōn, þata fraujō gakanniđē unsiz." Andi kwēmun sniumjandiz andi fundun Mariōn andi Jōsef andi þata barna legandōn in uzētini. Gaseχwandiz þan gakanniđēđun þata wurda þata gakweđana was to imiz bi þazmai barnai. Andi allai þai gaχauzjandiz wundrōđēđun bi þaimiz kweđanaimiz fram þaimiz χerdjamiz to imiz. Iþi Maria gaχeχald allō χijō wurdō, þankjandīn in χertini sīnazmai. Andi gawandiđēđun sik þai χerdjōz χazjandiz andi lubōndiz guđa in allaimiz þō gaχauziđēđun andi gasēgwun swaswa gakweđana was to imiz.

Diese urgermanische Version wie sie am ehesten im 1. Jahrhundert v. Chr. gegolten haben dürfte, erlaubt es, anschaulich nachzuvollziehen, welchen Weg der östliche und der westliche Zweig des Germanischen in den folgenden rund 500 Jahren jeweils gegangen sind. Dazu wird dieser Text im Folgenden abschließend in das Merowingisch-Fränkische als späte Variante des Westgermanischen übertragen. In der Sprache Chlodwigs würde die Weihnachtsgeschichte etwa folgendermaßen gelautet haben, wobei sich die tatsächliche Lautung freilich nicht immer genau ermitteln lässt (χ steht hier wieder für velare Spirans *ch*):

Warth thō gadān in thaem dagum, framquam gabod fon themu allwaldin kaesarē, that gibrēvid wurdī all thesa umbiχwerft. That gaskribid aeristen warth gadān in Syriu fon themu grāfen Cyrēni, endi fōrun allē, that biiāχīn thionōst iogiχwelīχ in sīneru burg. Fōr thō Ioseph fon Galileu fon theru burg thiu χēt Nazareth in Iudenō land endi in Dauides burg, thiu was ganamnid Bethleem, bithiu wanda er was fon χūsē endi fon χīwiskē Dauides, that er giiāχī saman mid Mariūn imu gimaχalderu gamāχūn sō skapaneru. Thō siā thar wāzun, wurdhun dagā gafuldē, that siu bārī, endi gabar ira sunu aeristboranun endi biwand ina mid dōkum endi galagida inan in krippia, bithiu wanda im ni was ander stad in themu gastχūsē.

*Wāzun thō χirdā in theru landskepi wakēndjē endi biχaldandjē naχtwaχta uber erū awēdi. Quam thara godes angel endi gastōd nāχ im, endi godes berχtnissī biskaen sia; gaforχtun siā im thō in mikileru forχtu. Endi quath im the angel: „ni kuzīt iu forχtjan, ik sagēm iu mikilan gafeχun, the ist allemu folkē, bithiu wanda gaboran ist iu χiu dagu Xaeland, the ist Christ druχtin in Dauides burg. That sī iu tō taeknē, that ir findid kind mid dōkum biwundanat endi galagidat in crippia."
Thō sliumō warth thar mit themu angelē menigī χimiliskes χerjes god lobōndiu endi quethendiu: „diuritha sī in thaem χaoχistōm godē, endi in erthu sī sibba mannum gōdes willjin."*

Warth thō that arfōrun fon in thae angelā in χimil: thō sprākun thae χirdā undar in twisken: „faram tō Bethleem endi gaseχam that word that thar gadān ist, that druχtin uns araogida." Endi quāmun thō īlendjē endi fundun Mariūn endi Iosephon endi that kind galagidat in crippia. Sie thō gaseχendjē forstōndun fon themu wordē that im gaquedan was fon themo kindē, endi allē thae that gaχaordun wāzun that wundurōndjē endi fon thaem thiu gaquedanu wurdun tō im fon thaem χirdjum. Maria wārlīkō gaχēld allu thisu word aχtōndi in ira χertin. Wurbun thō thae χirdā χaemwardes diurjendjē endi god lobōndjē in allēm thaem thiu sie gaχaordun endi gasāwun, sōsō tō im gasprukan was.

Nur in kurzen Sätzen hätten Ost- und Westgermanen sich damals also noch verständigen können. Ein weiteres Beispiel dafür: Der gotische Trinkspruch in der Anthologia Latina (Riese I 285) *eils scapiamatziaiadrincan* (zu lesen *eils scapiam matzia[n] ia drincan*) „Heil, lasst uns Speise und Trank herschaffen!" würde im Fränkischen um 500 etwa gelautet haben: *χael skapjames etan endi drinkan*. Der erste Infinitiv hat seine etymologische Entsprechung zwar auch in got. *itan*, doch stand daneben auch synonymes *matjan* (zu *mats* „Speise" gehörig), vgl. nhd. *speisen* neben *essen*. Selbst dieser kurze Satz war also nicht mehr problemlos wechselseitig verstehbar.

West- und Nordgermanen hätten sich zu dieser Zeit noch eher miteinander verständigen können. Zwar fehlen hier längere Texte für einen Vergleich, aber die voralthochdeutschen Runeninschriften des 6. Jahrhunderts vom Typus *NN wraet (uraet) runa* und die nahezu zeitgleichen späturnordischen Inschriften wie jene von Istaby *hAþuwulafR hAeruwulafiR warAit runAR þAiAR* mit etymologisch genau vergleichbaren Lexemen (siehe dazu Seite 29) sind einander noch sehr ähnlich. Auch der Inhalt der Hlewagast-Inschrift (vgl. Kapitel 6.2.1.) wäre von einem Westgermanen gewiss noch mühelos verstanden worden.

Bei allen Unsicherheiten, die bei der Rekonstruktion der protowestgermanischen Sprache verbleiben, machen diese Textproben doch sehr deutlich, dass sich für die umwälzende Zeit um 400 n. Chr. und die Jahrzehnte danach ein Sprachzustand beschreiben lässt, der von den Angeln, Friesen, Sachsen, Franken, Alemannen, Baiern und Langobarden dieser Zeit wahrscheinlich problemlos verstanden worden wäre und in dem diese Gruppen miteinander hätten kommunizieren können. Eben dieser Befund bestätigt die Prämisse dieser Arbeit, dass das Protowestgermanische nicht etwa nur eine Gruppe mehrerer eng verwandter westgermanischer Varianten, die sich zeitweilig durch Nachbarschaft und Austausch parallel entwickelt haben, also ein Sprachbund war, sondern dass das Westgermanische eine eigene Sprachstufe gebildet hat.

Zusammenfassung

Unter Linguisten gibt es kaum Zweifel, dass es neben dem Urnordischen eine eigene westgermanische Zwischenstufe des Germanischen gegeben hat. Denn die Nachfolgesprachen Altenglisch, Althochdeutsch, Altfriesisch und Altsächsisch teilen analog zu den nordgermanischen Einzelsprachen eine Reihe spezifischer Gemeinsamkeiten und insbesondere gemeinsame Innovationen, die nicht anders als mit einer solchen Zwischenstufe zu erklären sind.

Wie in **Kapitel 1** dieses Buches aufgezeigt wird, sind die Verhältnisse beim Westgermanischen aber wegen späterer wechselseitiger Beeinflussungen der Nachfolgedialekte weniger klar als beim Nordischen. Außerdem beginnt in Skandinavien die Überlieferung mit vielen Runeninschriften um Jahrhunderte früher als in Zentraleuropa und in England, wo nur wenige Dutzend meist kurzer und zudem oft unklarer Inschriften gefunden wurden. Wohl wegen dieser Schwierigkeiten liegt bislang keine Monographie über das „Protowestgermanische" vor. Sie wird mit diesem Buch vorgelegt, wobei die Zeit des Protowestgermanischen auf die Periode von etwa dem 3. bis zur Zweiten Lautverschiebung im 7. Jahrhundert eingegrenzt werden kann. Die in diesem Buch vorgenommenen Rekonstruktionen zielen, soweit nicht anders gesagt, auf die Mitte dieses Zeitraums, also das 5. Jahrhundert, ab. In diese turbulente Zeit fallen mit der angelsächsischen Landnahme Großbritanniens und der Expansion der Franken nach Gallien zwei für die weitere Geschichte Europas und der germanischen Sprachen besonders wichtige Ereignisse.

Kapitel 2 behandelt die Phonologie. Zunächst werden zehn Innovationen aufgelistet, die das Westgermanische gemeinsam mit dem Urnordischen gegenüber dem Gotischen vollzogen hat. Der Befund bestätigt die heute allgemein akzeptierte Ansicht, dass sich zunächst das Ostgermanische von den anderen germanischen Sprachen wegentwickelt hat, und es impliziert, dass es für eine nicht allzu lange Zeit, am ehesten um das 1. Jahrhundert nach Christus, auch eine „protonordwestgermanische" Zwischenstufe gegeben hat. Wichtiger für das Buch sind die allein westgermanischen phonologischen Innovationen. Davon lassen sich sieben benennen, die für sämtliche westgermanische Nachfolgesprachen gelten, die anderen Neuerungen sind jünger und betreffen nur Teilgruppen, insbesondere das Nordseegermanische oder dessen Untergruppe das Anglo-Friesische. Während aber das Nordseegermanische offenbar selbst eine sprachliche Zwischenstufe – etwa aus der Zeit um 500 n. Chr. und insofern zugleich die nördliche Variante des Protowestgermanischen – darstellt, sind die etwas jüngeren anglofriesischen Spezifika besser durch wechselseitige Beeinflussungen im Sinne eines Sprachbunds zu erklären. Für das südliche Westgermanisch („Voralthochdeutsch") mit dem merowingischen Fränkisch als Hauptdialekt lassen sich bis zur Zweiten Lautverschiebung hingegen keine eigenen phonologischen Innovationen aufweisen. Die

Datengrundlage dafür bilden das überlieferte Althochdeutsche als direkter Nachfolgesprache, die wenigen Runeninschriften und die Entlehnungen aus dem Merowingisch-Fränkischen ins Galloromanische bzw. ins frühe Altfranzösische. Wegen fehlender Texte bleiben viele Fragen zur Morphologie und zum Lexikon offen, der phonologische Status des Merowingisch-Fränkischen vor der Zweiten Lautverschiebung kann jedoch mit einiger Sicherheit rekonstruiert werden. Er war noch so archaisch, dass dieses Idiom auch wegen seiner geographisch zentralen Stellung als stellvertretend für das (spätere) Westgermanische angesehen werden kann.

Stehen bei der Rekonstruktion des phonetischen Systems mit Runeninschriften und frühen Entlehnungen noch direkte Quellen zur Verfügung, so kann das Formensystem des Westgermanischen fast nur aus dem Vergleich der Einzelsprachen erschlossen werden. Wie die vielen in **Kapitel 3** angeführten Paradigmen zeigen, sind dennoch sehr oft plausible und teilweise geradezu sicher erscheinende Rekonstruktionen möglich. Hier bestätigt sich der Befund Klingenschmitts, der im Jahre 2002 bereits einige Paradigmen des „urwestgermanischen" Nominalsystems rekonstruiert hat, auch für das Verbalsystem, die Flexion der Adjektive und für die Pronomina. In diesem zentralen Teil des Buches wird zunächst wieder untersucht, welche morphologischen Charakteristika die westgermanischen Sprachen mit dem Nordgermanischen (gegenüber dem Gotischen) teilen und welche für sie spezifisch sind. Neun „nordwestgermanische" Innovationen lassen sich benennen, von denen indes manche vermutlich auf die spätere Überlieferung dieser Sprachen zurückzuführen sind: Der eine oder andere gotische Archaismus aus der Zeit Wulfila-Bibel wie etwa das Mediopassiv, die größere Zahl an Dualen und reduplizierenden Verbformen, Imperative der 3. Person oder der Vokativ kann damals auch im Westen und/oder Norden der Germania noch vorhanden gewesen sein. In dieser Arbeit werden sie für das Protowestgermanische vorsichtigerweise aber nicht angesetzt. Bemerkenswert lang ist dagegen die Liste der rein westgermanischen morphologischen Innovationen: Mindestens zwölf solcher Innovationen lassen sich benennen, und rechnet man Veränderungen mit, die nur einzelne Lexeme betreffen (vgl. S. 61f., Nr. 5, 11, 15 und 16), sind es sogar sechzehn. Da gerade solche gemeinsamen Neuerungen nur schwer durch „Sprachbund"-Effekte, also durch die wechselseitige Beeinflussung benachbarter Dialekte zu erklären sind, sind diese Innovationen ein zentrales Argument für die Existenz einer westgermanischen Zwischenstufe im Sinne einer zu einem bestimmten Zeitpunkt in einer bestimmten Region tatsächlich gesprochenen Sprache.

Trotz seiner späten Überlieferung hat das Westgermanische eine beachtliche Zahl an morphologischen Archaismen „exklusiv" gegenüber dem Nord- und Ostgermanischen bewahrt. Zu nennen sind hier der Instrumental, die komplette Bewahrung des grammatischen Wechsels, die altertümlichen mi-Verben (ahd. Formen der Verben „tun" und „gehen") und einige Formen von starken Verben im Althochdeutschen und Altenglischen, die wohl nur als Relikte des Aorist zu erklären sind. Letzteres wir hier in Übereinstimmung mit Hirt (1932), Meid (1971) und teilweise auch Bammesberger (1984) vertreten, wobei weitere Argumente für diese Annahme angeführt und zwei Paradigmen des Aorist Indikativ und ein Paradigma des Aorist Optativ für drei verschiedene Zeitstufen des Germanischen rekonstruiert werden. Selbstverständlich hat die Annahme, der indogermanische Aorist habe noch so lange existiert, erhebliche Implikationen für die innere Entwicklung des germanischen Tempussystems. Sie wurden bereits im Buch „Sprache und Herkunft der Germanen (Euler/Badenheuer, 2009) diskutiert und werden hier nur kurz angerissen.

Dieses Buch ist primär eine Grammatik und enthält schon deswegen keine systematische Analyse des westgermanischen Lexikons. In **Kapitel 4** werden dennoch einige Spezifika für den Umbau des Wortschatzes aufgezeigt. Trotz seiner späteren Überlieferung haben die westgermanischen Einzelsprachen und damit auch das Protowestgermanische selbst etliche Lexeme bewahrt, die im Norden und Osten fehlen. Häufiger ist naturgemäß der umgekehrte Fall, dass also indogermanische Erbworte nur im Nordgermanischen und/oder im Gotischen belegt sind, nicht aber im Westen. Offenbar hat die Christianisierung manches den heidnischen Glauben berührende Wort, dessen Existenz man für die Völkerwanderungszeit noch annehmen kann, gerade im Westen vor Beginn der Überlieferung verdrängt. Vor allem in den Bereichen Kriegswesen und Natur hat das Westgermanische auch sonst manche alten Lexeme durch Neologismen ersetzt.

Die **Schlusskapitel 5 und 6** enthalten einen zusammenfassenden Ausblick und mehrere rekonstruierte Textproben, darunter das Hildebrandslied in einer westgermanisch-langobardischen Fassung. Diese Textproben sprechen für sich und verdeutlichen ein zentrales Ergebnis dieser Untersuchung: Bereits zur Zeit der gotischen Bibelübersetzung haben sich West- und Ostgermanisch so deutlich unterschieden, dass zwischen Goten und beispielsweise Franken kein fließendes Gespräch mehr möglich war. Dagegen waren die Unterschiede innerhalb des Westgermanischen wahrscheinlich bis ins 6., wenn nicht bis zur Hochdeutschen Lautverschiebung im 7. Jahrhundert so gering, dass dessen Dialekte wechselseitig verstehbar waren. Dieser linguistische Befund passt bestens zum Sprachgebrauch der völkerwanderungszeitlichen und frühmittelalterlichen Autoren, die die Goten praktisch ausnahmslos nicht den Germanen zugerechnet, sondern mit dem Terminus „Germani" nur die *westgermanisch* sprechenden Stämme und Völker bezeichnet haben.

English Summary

There is little doubt among linguists that there is a West Germanic clade in the history of Germanic languages, just as there is a Proto-Norse. Similarly to North Germanic dialects, the Western ones – Anglo-Saxon, Old High German, Old Frisian and Old Saxon – share several specific patterns, and in particular common innovations, which cannot be explained without the existence of a Proto-West-Germanic language.

As **Chapter 1** shows, the situation regarding West Germanic is less clear than in the case of North Germanic, because of mutual influences among the successor languages. Furthermore, hundreds of Scandinavian runic inscriptions provide substantial language attestation from several centuries earlier than the few dozen found in Central Europe and England, most of which are very short and obscure in wording and meaning. These problems may explain why no comprehensive study of Proto-West-Germanic has been published before the present volume. It addresses the period of the 3rd to 7th centuries CE, with linguistic reconstructions referring to the 5th century CE unless otherwise specified. This turbulent century saw two events of extraordinary importance to the subsequent history of both Europe in general and the Germanic languages in particular: the Anglo-Saxon conquest and subsequent settlement of Britain, and the southern expansion of the Franks which ultimately turned Gaul into France.

Chapter 2 concerns phonology. It starts with ten innovations shared by Western Germanic and Proto-Norse, but not found in Gothic. This evidence confirms the general modern belief that the division of Proto-Germanic began with Eastern Germanic drifting away from the other dialects; it also implies that there was for a relatively short period, probably around the 1st century CE, a ‚Proto-Northwest-Germanic' linguistic stage. More important to the scope of this book are those phonological innovations found exclusively in West Germanic. Seven can be identified which apply to all West Germanic successor languages; further sound changes are demonstrably younger and occur in sub-groups only, especially North Sea Germanic and its own sub-group Anglo-Frisian. There is a systematic difference between these two subfamilies: North Sea Germanic can be identified as a linguistic stage of its own (taxonomically a clade), spoken about 500 CE and thus just the northern variant of Proto-West-Germanic. The slightly later stratum of common Anglo-Frisian features cannot be explained in the same way, but through mutual influences of distinct dialects (*Sprachbund* effects) across the North Sea. The southern group of West Germanic, often referred to as *Voralthochdeutsch* (Pre-Old High German) in German, has as its core dialect Merovingian French (often called simply ‚Old Frankish' in English). Unlike North Sea Germanic this southern group shows no specific phonological innovations until the High German consonant shift of the 7th century. The evidence for this consists in Old High

German as a direct successor language, a small number of runic inscriptions and some early loan words borrowed from Old Frankish by Gallo-Roman/early Old French. While many questions about morphology and vocabulary remain in the absence of texts from before the 8th century, the phonological status of Merovingian Frankish before the High German consonant shift can be determined with considerable confidence; being more archaic than North Sea Germanic, Merovingian Frankish can be virtually identified with (later) Proto-West-Germanic, the central geographic position of Frankish supporting this view.

While there is some direct evidence – runic inscriptions and early loan words – to help reconstruction of the phonological system, the grammar of Proto-West-Germanic can generally only be deduced by comparison of its successor languages. Despite this, **Chapter 3** shows that many reconstructions are possible, several highly probable and some nearly certain. In 2002 Gert Klingenschmitt published a pioneering series of paradigms of the Proto-West-Germanic *(urwestgermanisch)* nominal system; his results are carried on here with respect to verbal and pronominal systems and the flexion of adjectives. This core chapter begins again by examining features common to Western and Northern Germanic (in contrast to Gothic) in contrast to features which are exclusively Western. Nine ‚North-West-Germanic' innovations are identified, though some of them probably result from the later attestation of these languages. Some Gothic archaisms from the time of Bishop Wulfila (circa 375 CE) such as the medio-passive voice, the larger number of dual forms and of reduplicating verbs, imperative forms of the third person or the vocative case may have existed in Western and/or Northern parts of Germania of this time as well. However, with proper caution, none of these archaisms are reconstructed analogously here for Proto-West-Germanic. A remarkably long list of morphological innovations apply uniquely to West Germanic. At least twelve can be identified, and when we include those which refer to individual lexemes only (see page 61 et seq, no. 5, 11, 15 and 16) the number of specifically West Germanic morphological innovations reaches sixteen. Since such changes can scarcely be explained by *Sprachbund* effects (the mutual influence of dialects or languages which may not necessarily share a common origin) this set of innovations is a central argument for the existence of a Proto-West-Germanic linguistic stage, in the sense of a natural language spoken by a society in a specific area at a specific time.

In spite of its late attestation, Proto-West-Germanic uniquely retained a remarkable number of morphological archaisms lost in Northern and Eastern Germanic. Among them are the instrumental case, full retention of grammatischer Wechsel, the archaic athematic verbs (‚mi-verbs') and some forms of strong verbs in Old High German and Anglo-Saxon which seem to be explicable only as relics of the Indo-European aorist tense (in accordance with Hirt (1932), Meid (1971) and in part Bammesberger (1984)). In addition new arguments are presented to support this assumption, and two full paradigms of aorist indicative and one of aorist optative reconstructed, each for three different stages of early Germanic. Of course such a long retention of Indo-European aorist has significant implications for the internal development of the Germanic tense system. Since these implications are discussed in the author's ‚Sprache und Herkunft der Germanen' (Language and Origin of the Germanic Peoples: a Compendium of the Proto-Germanic Language prior to the First Consonant Shift) (2009), they are only touched on here.

Since it is in the first instance a grammar, this book doesn't attempt a systematic analysis of the vocabulary. **Chapter 4** does however feature several characteristics of the West Germanic lexicon. Though attested relatively late, the West Germanic languages and hence Proto-West-Germanic preserved several inherited Indo-European words missing in the North and East. Unsurprisingly, the converse – *Erbwörter* preserved in Old Norse and/or Gothic but not in the West – is more frequent. It seems that earlier conversion to Christianity and the later onset of language tradition in the West caused the loss of numbers of words relating to pagan thought and belief which can be assumed to have remained in existence in the Migration Period. Moreover, Proto-West-Germanic replaced several inherited words with neologisms in the spheres of warfare and nature.

The final **Chapters 5 and 6** contain a summary tour d'horizon and examples of reconstructed texts in Proto-West-Germanic, including the famous Lay of Hildebrand in a West Germanic/Lombardic version. These texts speak for themselves, illustrating a principal finding of the study: that by the time of the Gothic translation of the Bible, Western and Eastern Germanic were already so dissimilar that Gothic and for example Frankish people could not have held a fluent conversation. On the other hand, internal West Germanic differences were so slight that its dialects remained mutually intelligible into the 6th century and perhaps even until the High German consonant shift of the 7th century. This fits with the usage of Migration Period and early mediaeval authors, who almost never include the Goths among the *Germani*, but use the term only for tribes and peoples who speak West Germanic.

Bibliographie

Andersen, Th. (1998). *Goten. Philologisches*, in „Reallexikon der germanischen Altertumskunde" 12, 402–403.
Anton, H.H. (1995). *Franken. Historisches*, in „Reallexikon der germanischen Altertumskunde" 9, 414–435.
Antonsen, Elmar H. (1975). *A Concise Grammar of the Older Runic Inscriptions*. Tübingen: Niemeyer.
Antonsen, Elmar H. (1986). *Die ältere Runeninschriften in heutiger Sicht*, in Heinrich Beck, „Germanenprobleme in heutiger Sicht". Berlin, 321–343.
Århammar, Nils (1995). *Zur Vor- und Frühgeschichte der Nordfriesen und des Nordfriesischen*, in Volkert E. Faltings u. a., „Friesische Studien II, North-Western European Language Evolution", Suppl. Vol. 12. Odense, 63–96.
Austefjord, Anders (197). *Zur Diphthongierung im Gotischen*, in „Beiträge zur Geschichte der deutschen Sprache und Literatur" (Tübingen) 95, 163–169.
Bammesberger, Alfred (1980). *Das Präteritalparadigma einiger „reduplizierender" Verben im Urgermanischen*, in Manfred Mayrhofer et al., „Lautgeschichte und Etymologie". Wiesbaden, 1–19.
Bammesberger, Alfred (1982). *On the Ablaut of athematic Verbs in Indo-European*, in „Journal of Indo-European Studies" 10, 43–49.
Bammesberger, Alfred (1984). *Die urgermanischen Aoristpräsentien*, in Jürgen Untermann/ Béla Brogyanyi, „Das Germanische und die Rekonstruktion der indogermanischen Grundsprache". Amsterdam, 1–24.
Bammesberger, Alfred (1986a). *On the Germanic decades from „20" to „60"*, in Béla Brogyanyi/Thomas Krömmelbein, „Germanic Dialects. Linguistic and philological investigations". Amsterdam, 3–8.
Bammesberger, Alfred (1986b). *Der Aufbau des germanischen Verbalsystems*. Heidelberg: Winter.
Bammesberger, Alfred (1988). *Die halbthematische Präsensflexion auf -i im Baltischen*, in Peter Kosta et al., „Studia Indogermanica et Slavica". München, 3–7.
Bammesberger, Alfred (1990). *Die Morphologie des urgermanischen Nomens*. Heidelberg: Winter.
Bammesberger, Alfred (1996). *The Preterite of Germanic Strong Verbs in Classes Fore and Five*, in „North-Western European Language Evolution" 27, 33–43.
Bammesberger, Alfred (1998). *Die Runeninschrift auf der Bügelfibel von Freilaubersheim*, in „Münchener Studien zur Sprachwissenschaft" 57, 7–12.
Bammesberger, Alfred (1999). *Die Runeninschrift von Bergakker. Versuch einer Deutung*, in Alfred Bammesberger/Gaby Waxenberger, „Neue Untersuchungen zu Runeninschriften". Göttingen, 180–187.
Bammesberger, Alfred (2000). *Urgermanisch *mann-: Etymologie und Wortbildung*, in „Studia Etymologica Cracoviensia" 5, 7–11.
Beck, Heinrich (1973). *Arminius. Namenkundliches*, in „Reallexikon der germanischen Altertumskunde" 1, 420.
Beck, Heinrich (1995). *Franken. Philologisches*, in „Reallexikon der germanischen Altertumskunde" 9, 373–374.
Benediktsson, Hreinn (1983). *The Germanic Subjunctive: A morphological Review*, in „North-Western European Language Evolution" 1, 31–59.
Betz, Werner (1962). *Zum Germanischen Etymologischen Wörterbuch*, in „Festgabe Hammerich". Kopenhagen, 7–12.

Birkmann, Thomas (1987). *Präteritopräsentia. Morphologische Entwicklungen einer Sonderklasse in den altgermanschen Sprachen.* Tübingen: Niemeyer.

Bjorvand, Harald (1991). *Der Genitiv Singular der indoeuropäischen o-Stämme im Germanischen*, in „Indogermanische Forschungen" 96, 96–117.

Bleckmann, Bruno (2009). *Die Germanen. Von Ariovist bis zu den Wikingern.* München: Beck.

Böhme, Horst W. (1988). *Zur Bedeutung des spätrömischen Militärdienstes für die Stammesbildung der Bajwuaren*, in „Die Bajwuaren von Severin bis Tassilo 488–788. Gemeinsame Landesausstellung des Freistaates Bayern und des Landes Salzburg". Salzburg, 23–37.

Braune, Wilhelm/Helm, Karl (1969). *Althochdeutsches Lesebuch*, 15. Auflage. Tübingen: Niemeyer.

Braune, Wilhelm/Reiffenstein, Ingo (2004). *Althochdeutsche Grammatik I: Laut- und Formenlehre*, 15. Auflage. Tübingen: Niemeyer.

Bremmer, Rolf H., Jr. (2009). *An Introduction to Old Frisian. History, Grammar, Reader, Glossary.* Amsterdam/Philadelphia: Benjamins Publishing Company.

Bruckner, Wilhelm (1895). *Die Sprache der Langobarden.* Straßburg: Trübner.

Brunner, Karl (1965). *Altenglische Grammatik*, 3. neubearb. Auflage. Tübingen: Niemeyer.

Carruba, Onofrio (2004). *Die germanischen Dekaden*, in Maria Kozianka/Lühr Rosemarie Lühr/Susanne Zeilfelder, „Indogermanistik – Germanistik – Linguistik". Hamburg, 25–48.

van Coetsem, Frans (1970). *Zur Entwicklung der germanischen Grundsprache*, in „Kurzgefasster Grundriss der germanischen Philologie". Berlin, 1–93.

Dini, Pietro U./Udolph, Jürgen (2005). *Slawisch-Baltisch-Germanische Sprachbeziehungen*, in „Reallexikon der germanischen Altertumskunde" 29, 59–78.

Düwel, Klaus (1999). *Die Runeninschrift auf dem Elfenbeinring von Pforzen (Allgäu)*, in Alfred Bammesberger, „Neue Untersuchungen zu Runeninschriften". Göttingen, 127–137.

Düwel, Klaus (2001). *Runenkunde.* 3. Auflage. Stuttgart/Weimar: Metzler.

Eggers, Martin (2000). *Jüten. Historisches*, in „Reallexikon der germanischen Altertumskunde" 16, 93–96.

Eichner, Heiner (2005). *Etymologische Notiz zu gotisch* iddja *und altenglisch* ēode *„ging"*, in Günter Schweiger, „Indogermanica. Festschrift Gert Klingenschmitt". Taimering, 71–72.

Ernst, Peter/Fischer, Gottfried (2001). *Die germanischen Sprachen im Kreis des Indogermanischen.* Wien: Edition Praesens.

Euler, Wolfram (1984), in Jürgen Untermann/Béla Brogyanyi. *Das Germanische und die Rekonstruktion der indogermanischen Grundsprache.* Amsterdam, 89–90 (Diskussionsbeitrag zu Lühr 1984).

Euler, Wolfram (1985). *Gab es ein ostgermanisches Sprachgebiet in Südskandinavien? (Zur Frage gotisch-ostgermanischer Runeninschriften in Südschweden und Dänemark)*, in „North-Western European Language Evolution" 6, 3–22.

Euler, Wolfram (1987). *Gab es eine indogermanische Götterfamilie? – Die Rolle der Verwandtschaftsbezeichnungen bei den Götternamen*, in Wolfgang Meid, „Studien zum indogermanischen Wortschatz". Innsbruck, pp. 35–56.

Euler, Wolfram (1992). *Modale Aoristbildungen und ihre Relikte in den alteuropäischen Sprachen.* Innsbruck: Institut für Sprachwissenschaft.

Euler, Wolfram (1993a). *Oskisch-Umbrisch, Venetisch und Lateinisch – grammatische Kategorien zur inneritalischen Sprachverwandtschaft*, in Helmut Rix, „Oskisch-Umbrisch. Texte und Grammatik". Wiesbaden, 96–105.

Euler, Wolfram (1993b). *Ein nahdeiktisches Pronomen in den nördlichen indogermanischen Sprachen – seine voreinzelsprachlichen Grundlagen*, in „Linguistica Baltica" 2, 15–29.

Euler, Wolfram (1993c). *Moduskategorien der Perfektopräsentien im Indogermanischen.* Innsbruck: Institut für Sprachwissenschaft.

Euler, Wolfram (2000a). *Der Met – Rauschtrank oder Delikatesse der Indogermanen? Überlegungen zur Bedeutungsvielfalt von indoiranisch* *mádhu, in: Bernhard Forssman, Robert Plath, „Indoarisch, Iranisch und die Indogermanistik". Wiesbaden, 89–101.
Euler, Wolfram (2000b). *Das germanische Wort für „Sonne" – noch ein l/n-Heteroklitikon wie im Indoiranischen?* in „Linguistica Baltica" 8, 69–77.
Euler, Wolfram (2002). *Die Herausbildung von Übergangsdialekten und Sprachgrenzen – Überlegungen am Beispiel des Westgermanischen und Nordischen.* Innsbruck: Institut für Sprachwissenschaft.
Euler, Wolfram (2002/2003): *Vom Westgermanischen zum Althochdeutschen – Sprachaufgliederung im Dialektkontinuum,* In: „Klagenfurter Beiträge zur Sprachwissenschaft", Bd. 28/29, 69–90.
Euler, Wolfram (2004). *Ausbreitung germanischer und anderer Stammesbezeichnungen der Indogermania in vorgeschichtlicher Zeit,* in P. Anreiter, M. Haslinger, H.D. Pohl, „Artes et scientiae. Festschrift für Ralf-Peter Ritter zum 65. Geburtstag", Wien, 55–84.
Euler, Wolfram (2005a). *Vom Vulgärlatein zu den romanischen Einzelsprachen – Überlegungen zur Aufgliederung von Protosprachen.* Wien: Edition Praesens.
Euler, Wolfram (2005b). *Gab es im Indogermanischen „regelmäßige" Verben?* in Gerhard Meiser/Olav Hackstein, „Sprachkontakt und Sprachwandel". Wiesbaden, 75–90.
Euler, Wolfram (2005c) *Ostbaltisch, Westgermanisch, Britannisch – grundsätzliche Überlegungen zur Existenz von Zwischenstufen zwischen Protosprachen und Einzelsprachen,* in Günter Schweiger, „Indogermanica. Festschrift Gert Klingenschmitt". Taimering, 85–104.
Euler, Wolfram (2005/06). *Sprachwandel und -entwicklung in vorgeschichtlicher Zeit – Herausbildung indogermanischer Einzelsprachen, besonders des Germanischen und Slawischen,* in „Klagenfurter Beiträge zur Sprachwissenschaft" 31/32, 7–72.
Euler, Wolfram/Badenheuer, Konrad (2009). *Sprache und Herkunft der Germanen. Abriss des Protogermanischen vor der Ersten Lautverschiebung.* London/Hamburg: Verlag Inspiration Un Limited.
Euler, Wolfram (2010). *Der Schwund des Duals in der Flexion indogermanischer Einzelsprachen,* in „Studia Etymologica Cracoviensia" 15, 77–111.
Fingerlin, Gerhard/Düwel, Klaus/Pieper, Peter (2004). *Eine Runeninschrift aus Bad Krozingen (Kreis Breisgau/Hochschwarzwald),* in Hans-Peter Naumann, „Alamannien und der Norden". Berlin, 224–265.
Fischer, Thomas/Geisler, Hans (1988). *Herkunft und Stammesbildung der Bajwuaren aus archäologischer Sicht,* in Hermann Dannheimer/Heinz Dopsch, „Die Bajwuaren von Severin bis Tassilo 488–788. Salzburg, 61–69.
Franck, Johannes (1971). *Mittelniederländische Grammatik.* Arnheim: Gysbers & van Loon.
Frings, Theodor (1944). *Die Stellung der Niederlande im Aufbau des Germanischen.* Halle: Niemeyer.
Frings, Theodor (1966). *Niederländisch und Niederdeutsch. Aufbau und Gliederung des Niederdeutschen.* Berlin: Akademie–Verlag.
Frisk, Hjalmar (1960–1973). *Griechisches etymologisches Wörterbuch,* Bd. 1 + 2. Heidelberg: Winter.
Fritz, Matthias (2011). *Der Dual im Indogermanischen.* Heidelberg: Winter.
Gamillscheg, Ernst (1934, 1935, 1936). *Romania Germanica,* Band I–III, Berlin: de Gruyter.
Geary, Patrick J. (1996). *Die Merowinger. Europa vor Karl dem Großen.* München: Beck.
Giordani, Giovanni (1927). *La colonia tedesca di Alagna-Valsesia e il suo dialetto.* Varallo: Unione tipografica Valsesiana.
Goblirsch, Gustav (2005). *Lautverschiebungen in den germanischen Sprachen.* Heidelberg: Winter.

De Grauwe, Luc (1979/1982). *De Wachtendonckse psalmen en glossen: een lexisologisch-woordgeografische studie met proeve van kritische leestekst en glossaria.* Bd. 1 + 2. Gent: Koningl. Academie voor Taal- en Letterkunde.
Griepentrog, Wolfgang (1995). *Die Wurzelnomina des Germanischen und ihre Vorgeschichte.* Innsbruck: Institut für Sprachwissenschaft.
Gusmani, Roberto (2001). *Graphematische Überlegungen zur hochdeutschen Lautverschiebung*, in „Entstehung des Deutschen. Festschrift Heinrich Tiefenbach. Heidelberg, 143–152.
Hachmann, Rolf (1970). *Die Goten und Skandinavien.* Berlin: de Gruyter.
Härke, Heinrich (2011). *Anglo-Saxon Immigration and Ethnogenesis*, in: „Medieval Archaeology" No. 55, 2011, S. 1–28.
Hamel, Elisabeth (2007). *Das Werden der Völker in Europa. Forschungen aus Archäologie, Sprachwissenschaft und Genetik.* Berlin: Tenea.
Hamp, Erich P. (1979). *Indo-European *$g^{w}en$-H_a*, in „Kuhns Zeischrift" 93, 1–7.
Harðarson, Jón Axel (1989). *Die ōn-Feminina des Germanischen und der Gen. Plur. anord. kvinna, kvenna*, in „Acta Linguistica Hafniensia" 21, 2, 79–93.
Harðarson, Jan Axel (1993). *Studien zum urindogermanischen Wurzelaorist.* Innsbruck: Institut für Sprachwissenschaft.
Harðarson, Jan Axel (2005). *Der geschlechtige Nominativ Singular und der neutrale Nominativ-Akkusativ Plural der n-Stämme*, in Gerhard Meiser/Olav Hackstein, „Sprachkontakt und Sprachwandel". Wiesbaden, 215–236.
Hartig, Margit (2005). *Westgermanische Toponymie: kot, spring, welle.* Magisterarbeitarbeit Universität Leipzig.
Haubrichs, Wolfgang (2001). *Eine neue Wormser Inschrift aus der Zeit um 500 und die frühen Personennamen auf germ. *-þewaz „Diener"*, in „Entstehung des Deutschen. Festschrift Heinrich Tiefenbach. Heidelberg, 153–170.
Haugen, Einar (1982). *Scandinavian Language Structures. A Comparative Historical Survey.* Tübingen: Niemeyer.
Haugen, Einar (1984). *Die skandinavischen Sprachen. Eine Einführung in ihre Geschichte*, Übersetzung der Originalausgabe 1976 von Magnús Pétursson. Hamburg: Buske.
Heliand und Genesis (1965), herausgegeben von Otto Behaghel, 2. Auflage (bearbeitet von Walther Mitzka). Tübingen: Niemeyer.
Heusler, Andreas (1967). *Altnordisches Elementarbuch*, 7. Auflage. Heidelberg: Winter.
Hiersche, Rolf (1968). *Neuere Theorien zur Entstehung des germanischen Präteritums*, in „Zeitschrift für deutsche Philologie" 87, 391–404.
Hilsberg, Susan (2009). *Place-Names and Settlement History. Aspects of Selected Topographical Elements on the Continent and in England*, Magisterarbeit Universität Leipzig.
Hirt, Hermann (1932). *Handbuch des Urgermanischen, Teil II: Stammbildungs- und Flexionslehre.* Heidelberg: Winter.
Hoffmann, Erich (1995). *Historische Zeugnisse zur Däneneinwanderung im 6. Jahrhundert*, in Edith Marold/Christiane Zimmermann, „Nordwestgermanisch". Berlin, 77–94.
Hoffmann, Karl (1967). *Der Injunktiv im Veda. Eine synchronische Funktionsuntersuchung.* Heidelberg: Winter.
Holm, Hans J. (2005): *Genealogische Verwandtschaft.* Kapitel 45 in „Quantitative Linguistik; Ein internationales Handbuch" (HSK-Serie, Bd. 27). Berlin: de Gruyter.
Holzer, Georg (1998). *Zur Rekonstruktion urslavischer Lautungen*, in Jerzy Rusek/Wiesław Boryś, „Prasłowiańszczyzna i jej rozpad", Warschau, 57–72.
Jalink, J.M./van den Toorn, M.C. (1975). *Praktisches Lehrbuch Niederländisch*, 8. Auflage. Berlin: Langenscheidt.
Jellinghaus, Hermann (1898). *Englische und niederdeutsche Ortsnamen*; in: *Anglia* 20, S. 257–334.

Jellinghaus, Hermann (1902). *Bestimmungswörter westsächsischer und englischer Ortsnamen*, in: „Jahrbuch des Vereins für niederdeutsche Sprachforschung" 28, S. 31–52.
von Kienle, Richard (1969). *Historische Laut- und Formenlehre des Deutschen*. Tübingen: Niemeyer.
Klein, Thomas (2004). *Im Vorfeld des Althochdeutschen und Altsächsischen*, in „Entstehung des Deutschen. Festschrift Heinrich Tiefenbach". Heidelberg, 241–270.
Klingenschmitt, Gert (1987). *Erbe und Neuerung beim Demonstrativpronomen*, in Rolf Bergmann u. a., „Althochdeutsch, Teil I: Grammatik, Glossen, Texte". Heidelberg, 169–189.
Klingenschmitt, Gert (2002). *Zweck und Methode der sprachlichen Rekonstruktion*, in Peter Anreiter/Peter Ernst/Isolde Hausner, „Name, Sprache und Kulturen. Festschrift Heinz Dieter Pohl". Wien, 453–474.
Kluge, Friedrich/Seebold, Elmar (1995). *Etymologisches Wörterbuch der deutschen Sprache* 23. Auflage. Berlin/New York: de Gruyter.
Kortlandt, Frederik (1990). *The Germanic Third Class of Weak Verbs*, in „North-Western European Language Evolution" 15, 3–10.
Kortlandt, Frederik (2006a). *Germanic* $*\bar{e}_1$ *and* $*\bar{e}_2$, in „North-Western European Language Evolution" 49, 51–54.
Kortlandt, Frederik (2006b). *The Inflexion of the Germanic* n-*Stems*, in „North-Western European Language Evolution" 48, 3–7.
Kortlandt, Frederik (2008). *Anglo-Frisian*, in „North-Western European Language Evolution" 54/55, 265–278.
Krahe, Hans (1954). *Sprache und Vorzeit*. Heidelberg: Quelle & Meyer.
Krahe, Hans (1964). *Unsere ältesten Flußnamen*. Wiesbaden: Harrassowitz.
Krahe, Hans (1965). *Germanische Sprachwissenschaft II: Formenlehre*, 5. Auflage. Berlin: de Gruyter.
Krahe, Hans (1966). *Germanische Sprachwissenschaft I: Einführung und Lautlehre*, 6. Auflage. Berlin: de Gruyter.
Krahe, Hans/Wolfgang Meid (1967). *Germanische Sprachwissenschaft III: Wortbildungslehre*. Berlin: de Gruyter.
Krahe, Hans/Seebold, Elmar (1967). *Historische Laut- und Formenlehre des Gotischen*. Heidelberg: Winter.
Krause, Wolfgang (1966). *Die Runeninschriften im älteren Futhark*. Göttingen: Vandenhoeck & Ruprecht.
Krause, Wolfgang (1968). *Handbuch des Gotischen*, 3. Auflage. München: Beck.
Krause, Wolfgang (1971). *Die Sprache der urnordischen Runeninschriften*. Heidelberg: Winter.
Krogh, Steffen (1996). *Die Stellung des Altsächsischen im Rahmen der germanischen Sprachen*. Göttingen: Vandenhoeck & Ruprecht.
Krogmann, Willy (1959): *Das Hildebrandslied in der langobardischen Urfassung hergestellt*. Berlin: Schmidt.
Kroonen, Guus (2011). *The Proto-Germanic* n-*stems. A study in diachronic morphophonology.* Leiden Studies in Indo-European. Leiden: Editions Rodopi B.V.
Krooner, Gunnar (2008). *The Origin of Gothic* izwis, in „North-Western European Language Evolution" 53, 3–11.
Laitenberger, Hugo (1998). *Vorwort*, in Erwin Koller/Hugo Laitenberger, „Suevos – Schwaben. Das Königreich der Sueben auf der Iberischen Halbinsel (411–585)". Tübingen, IX–XIX.
Laur, Wolfgang (1964). *Nameńübertragungen im Zuge der angelsächsischen Wanderungen*, in „Beiträge zur Namenforschung" 15, S. 287–297.
Lehmann, Winfred P. (1986). *A Gothic Etymological Dictionary*. Leiden: Brill.

Lehnert, Martin (1969). *Altenglisches Elementarbuch*, 7. verb. Auflage. Berlin: de Gruyter.
Lejeune, Michel (1985). *Textes gaulois et gallo-romains en cursive latine: Le plomb du Larzac*, in „Études celtiques" 22, 95–177.
Leskien, August (1876). *Die Deklination im Slavisch-Litauischen und Germanischen*. Leipzig (unveränderter Nachdruck 1963: Zentralantiquariat der DDR).
Leumann, Manu (1977). *Lateinische Laut- und Formenlehre*, 2. Auflage. München: Beck.
Lindeman, Fredrik Otto (1968). *Bemerkungen zu den germanischen Nasalverben*, in „Norsk Tidsskrift for Sprogvidenskap" 22, 83–90.
Löfstedt, Ernst (1963/65; 1967; 1969). *Beiträge zur nordseegermanischen und nordseegermanisch-nordischen Lexikographie*, in „Niederdeutsche Mitteilungen" 19–21, 281–345; 23, 11–61; 25, 25–45.
Looijenga, Jantina Helena (1997). *Runes around the North Sea and on the Continent AD 150–700; Text & Contents*. Groningen: SSG Uitgeverij.
Lühr, Rosemarie (1977). *Die Dekaden „70–120" im Germanischen*, in „Münchener Studien zur Sprachwissenschaft" 36, 59–71.
Lühr, Rosemarie (1980). *Zu einem urgermanischen Lautgesetz*, in „Lautgeschichte und Etymologie". Wiesbaden 248–259.
Lühr, Rosemarie (1982). *Studien zur Sprache des Hildebrandsliedes*, Bd. I und II. Frankfurt/Main: Lang.
Lühr, Rosemarie (1984). *Reste der athematischen Konjugation in den germansichen Sprachen*, in Jürgen Untermann/Béla Brogyanyi, „Das Germanische und die Rekonstruktion der indogermanischen Grundsprache". Amsterdam, 25–90.
Lühr, Rosemarie (1987). *Zu Veränderungen im System der Modalverben*, in „Althochdeutsch, Teil I: Grammatik, Glossen, Texte". Heidelberg, 262–289
Lühr, Rosemarie (1988). *Expressivität und Lautgesetz im Germanischen*. Heidelberg: Winter.
Mallory, James P./Adams, Douglas Q. (1997). *Encyclopedia of Indo-European Culture*. London/Chicago: Fitzboy Dearborn Publishers.
Martinet, André (1996). *Comment les Anglo-Saxons ont-ils accédé à la Grande-Bretagne?*, in: „La Linguistique" 32, fasc. 2/1996, S. 3–10.
Matzinger, Joachim (2001). *Die „m-Kasus" des Balto-Slawischen und Germanischen,* in „Fremd und eigen. Untersuchungen zu Grammatik und Wortschatz des Uralischen und Indogermanischen in memoriam Hartmut Katz", Wien, 183–208.
Mayerthaler, Willi (1986). *Über die Nichtverschiebung des anlautenden* p- *im Bairischen* (Fortsetzung), in „Österreichische Namenforschung" 14, 7–80.
Mayrhofer, Manfred (1992/1996/2001). *Etymologisches Wörterbuch des Altindoarischen*, 3 Bände. Heidelberg: Winter.
Mees, Bernard (2002). *The Bergakker inscription and the beginnings of Dutch*, in „Amsterdamer Beiträge zur älteren Germanistik" 56, 23–26.
Meid, Wolfgang (1971). *Das germanische Präteritum*. Innsbruck: Institut für Sprachwissenschaft.
Meid, Wolfgang (1976a). *Die Bezeichnungen für den Menschen im Gotischen*, in „Klagenfurter Beiträge zur Sprachwissenschaft" 2/3, 65–77.
Meid, Wolfgang (1976b). *Zur Etymologie des Wortes für „Mensch" im Irischen*, in „Studies in Greek, Italic, and Indo-European Linguistics. Festschrift L. Palmer". Innsbruck, 173–179.
Meid, Wolfgang (1982). *„See" und „Meer"*, in „Investigationes philologicae et comparativae. Gedenkschrift für Heinz Kronasser". Wiesbaden, 91–96.
Meid, Wolfgang (1984). *Bemerkungen zum indogermanischen Wortschatz des Germanischen*, in Jürgen Untermann/Béla Brogyanyi, „Das Germanische und die Rekonstruktion der indogermanischen Grundsprache". Amsterdam, 91–112.

Meier-Brügger, Michael (1992). *Griechische Sprachwissenschaft II: Wortschatz, Formenlehre, Lautlehre, Indizes*. Berlin: de Gruyter.
Meier-Brügger, Michael (2000). *Indogermanische Sprachwissenschaft*, 7., völlig neu bearb. Auflage. Berlin/New York: de Gruyter.
Meiser, Gerhard (1998). *Historische Laut- und Formenlehre der lateinischen Sprache*. Darmstadt: Wissenschaftliche Buchgesellschaft.
Menghin, Wilfried (1985). *Die Langobarden. Archäologie und Geschichte.* Stuttgart: Theiss.
Meyer-Lübke, Wilhelm (1968). *Romanisches etymologisches Wörterbuch*, 4. Auflage. Heidelberg: Winter.
Mottausch, Karl-Heinz (1994). *Indogermanisch* *h₁ei- *"gehen" im Germanischen*, in „Historische Sprachforschung" 107, 123–140.
Mottausch, Karl-Heinz (1997). *Germanisch* *gæ-/gai- *"gehen"*, in „Historische Sprachforschung" 110, 252–271.
Mottausch, Karl-Heinz (1998). *Die reduplizierenden Verben im Nord- und Westgermanischen: Versuch eines Raum-Zeit-Modells*, in „North-Western European Language Evolution" 33, 43–91.
Mottausch, Karl-Heinz (2000). *Das Präteritum der 4. und 5. starken Verbalklassen im Germanischen*, in „North-Western European Language Evolution" 36, 45–58.
Mottausch, Karl-Heinz (2011). *Der Nominalakzent im Frühurgermanischen. Konstanten und Neuerungen*. Hamburg: Dr. Kovač.
Müller, Stefan (2007). *Zum Germanischen aus laryngaltheoretischer Sicht.* Berlin/New York: de Gruyter.
Neckel, Gustav (1927). *Die verwantschaften der germanischen sprachen untereinander*, in „Beiträge zur Geschichte der deutschen Sprache und Literatur" 51, 1–17.
Nedoma, Robert (2002). *Negauer Helm*, in „Reallexikon der germanischen Altertumskunde" 21, 52–61.
Nedoma, Robert (2004). *Noch einmal zur Runeninschrift auf der Gürtelschnalle von Pforzen*, in Hans-Peter Naumann, „Alamannien und der Norden". Berlin, 340–370.
Nedoma, Robert (2005). *Urnordisch -a im Nominativ Singular der maskulinen n-Stämme*, in „Papers on Scandinavian and Germanic Language and Culture". Odense („North-Western European Language Evolution" 46/47), 155–191.
Nedoma, Robert (2006). *Schrift und Sprache in den südgermanischen Runeninschriften*, in Alfred Bammesberger/Gaby Waxenberger, „Das *fuþark* und seine einzelsprachlichen Weiterentwicklungen". Berlin, 109–156.
Neumann, Günter (1989). *Erminonen*, in „Reallexikon der germanischen Altertumskunde" 7, 515–517.
Neumann, Günter (2000a). *Jüten. Namenkundliches*, in „Reallexikon der germanischen Altertumskunde" 16, 92–93.
Neumann, Günter (2000b). *Ingwäonen*, in „Reallexikon der germanischen Altertumskunde" 15, 431–432.
Neumann, Günter (2000c). *Ingwäonisch*, in „Reallexikon der germanischen Altertumskunde" 15, 432–439.
Neumann, Günter (2001). *Matronen*, in „Reallexikon der germanischen Altertumskunde" 19, 438–440.
Nielsen, Hans F. (1981). *Old English and the Continental Germanic languages. A Survey of Morphological and Phonological Interrelations*. Innsbruck: Institut für Sprachwissenschaft.
Nielsen, Hans F. (2000a). *The Early Runic Language of Scandinavia*. Heidelberg: Winter.
Nielsen, Hans F. (2000b). *Ingväonen*, in „Reallexikon der germanischen Altertumskunde" 15, 431–439.

Nielsen, Hans F. (2001). *Das Friesische in der Ausgliederung der altgermanischen Sprachen*, in Horst Munske u. a., „Handbuch des Friesischen". Tübingen, 512–522.
Noreen, Adolf (1913). *Geschichte der nordischen Sprachen*. Straßburg: DuMont Schauberg.
Nydén, E. (1998). *Gotland*, in „Reallexikon der germanischen Altertumskunde" 12, 466–483.
Old English Rune and their Continental Background, hrsg. v. Alfred Bammesberger (1991). Heidelberg: Winter.
Oppenheimer, Stephen (2006). *The Origins of the British: A Genetic Detective Story*. London: Constable.
Page, Raymond I. (1999). *An Introduction to English Runes*, 2.Auflage. Woodbridge: Bogdell Press.
Page, Raymond I. (2001). *Frisian Runic Inscriptions*, in Horst Munske u. a., „Handbuch des Friesischen". Tübingen, 523–530.
Pattison, John E. (2008). *Is it necessary to assume an apartheid-like social structure in Early Anglo-Saxon England?* In: "Proceedings of the Royal Society" B 275, Nr. 1650, S. 2423 –2429.
Pedersen, Holger (1909/1913). *Vergleichende Grammatik der keltischen Sprachen*, Bd. I + II. Göttingen: Vandenhoeck & Ruprecht.
Peeters, Christian (1974). *Germanic* *kwō(z) *„cow"*, in „Kuhns Zeitschrift" 88, 134–136.
Penzl, Herbert (1987). *Dialektmerkmale und Dialektkriterien*, in Rolf Bergmann u. a., „Althochdeutsch, Teil I: Grammatik, Glossen, Texte". Heidelberg, 103–113.
Penzl, Herbert (1989). *Die Gallehusinschrift*, in Heinrich Beck, „Germanische Rest- und Trümmersprachen". Berlin, 87–96.
Pieper, Peter (1989). *Die Weser-Runenknochen. Neue Untersuchungen zur Problematik: Original oder Fälschung*, in „Archäologische Mitteilungen aus Nordwestdeutschland", Beiheft 2. Oldenburg: Isensee.
Pieper, Peter (2006). *Weserrunen*, in „Reallexikon der germanischen Altertumskunde" 33, 494–505.
Piroth, Walter (1979). *Ortsnamenstudien zur angelsächsischen Wanderung*. Wiesbaden: Franz Steiner.
Plum, Mechthild (2007). *Ein Ortsnamenvergleich zur Herkunft der germanischen Siedler Englands*. Magisterarbeit Universität Leipzig.
Pohl, Walter (1998). *Goten. Geschichtliches*, in „Reallexikon der germanischen Altertumskunde" 12, 427–443.
Pohl, Walter (2004). *Der Germanenbegriff vom 3. bis zum 8. Jahrhundert – Identifikationen und Abgrenzungen*, in Heinrich Beck et al., „Zur Geschichte der Gleichung ‚germanisch-deutsch' – Sprache, Namen, Geschichte und Institutionen" (Band 34 der Ergänzungsbände zum Reallexikon der germanischen Altertumskunde). Berlin, 163–183.
Pokorny, Julius (1959). *Indogermanisches etymologisches Wörterbuch*. Bern: Francke.
Polomé, Edgar (1964). *Diachronic Development of Structural Patterns in the Germanic Conjugation System*, in "Proceedings of the IXth International Congress of Linguists". Den Haag, 870–880.
Porzig, Walter (1954). *Die Gliederung des indogermanischen Sprachgebiets*. Heidelberg: Winter.
Post, Rudolf (2004). *Zur Geschichte und Erforschung des Moselromanischen*, in „Rheinische Vierteljahrsblätter" 68, 1–35.
Quak, Arend (1992). *Versuch einer Formenlehre des Altniederländischen auf der Basis der Wachtendonckschen Psalmen*, in Rolf H. Bremmer/Arend Quak, „Zur Phonologie und Morphologie des Altniederländischen", „North-Western European Language Evolution" Suppl 7, 81–123.

Quak, Arend (1995). *Franken. Sprachliches*, in „Reallexikon der germanischen Altertumskunde" 9, 374–381.
Ramat, Paolo (1976). *Das Friesische*. Innsbruck: Institut für Sprachwissenschaft.
Ramat, Paolo (1981). *Einführung in das Germanische*. Tübingen: Niemeyer.
Ranke, Friedrich/Hofmann, Dietrich (1967). *Altnordisches Elemantarbuch*, 3. Auflage. Berlin: de Gruyter.
Rasmussen, Jens E. (1996). *On the Origin of the Germanic Weak Preterite*, in „Copenhagen Working Papers in Linguistics" 4, 161–168.
Reindel, Kurt (1988). *Herkunft und Stammesbildung der Bajwuaren nach den schriftlichen Quellen*, in „Die Bajwuaren von Severin bis Tassilo 488–788. Gemeinsame Landesausstellung des Freistaates Bayern und des Landes Salzburg". Salzburg, 56–60.
Reichert, H. (2006). *Vahalus*, in „Reallexikon der germanischen Altertumskunde" 32, 30–32.
Reindel, Kurt (1988). *Herkunft und Stammesbildung der Bajwuaren nach den schriftlichen Quellen*, in Hermann Dannheimer/Heinz Dopsch, „Die Bajwuaren von Severin bis Tassilo 488–788. Salzburg, 56–60.
van der Rhee, Florus (1970). *Die germanischen Wörter in den langobardischen Gesetzen*. Rotterdam: Bronder.
Riemann, Erhard (1939). *Germanen erobern Britannien. Die Ergebnisse der Vorgeschichte und der Sprachwissenschaft über die Einwanderung der Sachsen, Angeln und Jüten nach England*. Königsberg-Berlin: Osteuropa.
Ringe, Don (2006). *From Proto-Indo-European to Proto-Germanic*. Oxford: University Press.
Ritter, Ralf-Peter (1993). *Studien zu den ältesten germanischen Entlehnungen im Ostseefinnischen*. Frankfurt/Main: Lang.
Rix, Helmut et al. (1998) *Lexikon der indogermanischen Verben. Die Wurzeln und ihre Primärstammbildungen*. Wiesbaden: Reichert.
Robinson, Orrin W. (1992). *Old English and Its Closest Relatives. A Survey of the Earliest Germanic Languages*. Stanford University Press.
Rösel, Ludwig (1962). *Gliederung der germanischen Sprachen*. Nürnberg: Carl.
Scardigli, Piergiuseppe (1986). *Das Problem der suebischen Kontinuität und die Runeninschrift Neudingen/Baar*, in Heinrich Beck, „Germanenprobleme in heutiger Sicht". Berlin/New York, 344–357.
Scardigli, Piergiuseppe (1987). *Goti e Longobardi. Studi di filologia Germanica*. Rom: Istituto Italiano di Studi Germanici.
Scardigli, Piergiuseppe (2002). *Nordic-Gothic Linguistic Relations*, in Oskar Bandle u. a., „The Nordic Languages". Berlin, 553–558.
Schäfer, Ch. (1984). *Zur semantischen Klassifizierung germanischer denominaler ôn-Verben*, in „Sprachwissenschaft" 9, 356–383.
Schaffner, Stefan (2001). *Das Vernersche Gesetz und der innerparadigmatische Wechsel des Urgermanischen im Nominalbereich*. Innsbruck: Institut für Sprachwissenschaft.
Scheungraber, Corinna (2010). *Die Entwicklung der urindogermanischen Nasalpräsentien im Germanischen*. München: Institut für Vergleichende und Indogermanische Sprachwissenschaft der Ludwig-Maximilians-Universität.
Schleicher, August (1861). *Compendium der vergleichenden Grammatik der indogermanischen Sprachen*. Bd. 1, 2. Auflage 1876. Weimar: Böhlau.
Schlerath, Bernfried (1983). *Sprachvergleich und Rekonstruktion. Methoden und Möglichkeiten*, in „Incontri linguistici" 8, 53–69.
Schlerath, Bernfried (1995). *Bemerkungen zur Geschichte der -es-Stämme im Westgermanischen*, in Heinrich Hettrich et al., „Verba et structurae. Festschrift für Klaus Strunk". Innsbruck, 249–264.

Schmid, Wolfgang P. (1966). *Baltische Beiträge IV: Zur Bildung des litauischen Praeteritums*, in „Indogermanische Forschungen" 71, 286–296.
Schmid, Wolfgang P. (1994). *Bemerkungen zum Werden des Germanischen*, in „Linguisticae Scientiae Collectanea. Ausgewählte Schriften". Berlin/New York: de Gruyter.
Schmidt, Gernot (1970). *Zum Problem der germanischen Dekadenbildungen*, in „Kuhns Zeitschrift" 84, 98–136.
Schmidt, Gernot (1977). *Das germanische schwache Präteritum mit idg. „-dh-"*, in „Kuhns Zeitschrift" 90, 262–269.
Schmidt, Gernot (1978a). *Stammbildung und Flexion der indogermanischen Personalpronomina*, Wiesbaden: Harrassowitz.
Schmidt, Gernot (1978b). *Das keltische und das germanische t-Präteritum*, in „Zeitschrift für Celtische Philologie" 36, 13–22.
Schmidt, Gernot (1984). *Gotisch standan, gaggan, iddja*, in „Sprachwissenschaft" 9, 211–230.
Schmidt, Johannes (1872). *Die Verwandtschaftsverhältnisse der indogermanischen Sprachen*. Weimar: Böhlau.
Schmitt, Rüdiger (1967). *Dichtung und Dichtersprache in indogermanischer Zeit*. Wiesbaden: Harrassowitz.
Schrijver, Peter (1999). *Old British* (Vorläufige Fassung eines Kapitels in *Compendium Linguarum Celticarum*, hrsg. v. Kim McCone).
Schubert, Hans-Jürgen (1968). *Die Erweiterung des bibelgotischen Wortschatzes mit Hilfe der Methoden der Wortbildungslehre*, Dissertation. München: Hueber.
Schuppener, Georg (1998). *Einschnitte bei den indogermanischen Zehnerzahlen*, in Wolfgang Meid, „Sprache und Kultur der Indogermanen". Innsbruck, 293–321.
Schwarz, Ernst (1951): *Goten, Nordgermanen, Angelsachsen*. Bern/München: Francke/Lehnen.
Schwerdt, Judith (2000). *Die 2. Lautverschiebung. Wege zu ihrer Erforschung.* Heidelberg: Winter.
von See, Klaus (1971). *Germanische Heldensage*. Frankfurt/Main: Athenäum.
Seebold, Elmar (1966). *Die Geminata bei germ. kann, ann und anderen starken Verben*, in „Kuhns Zeitschrift" 80, 273–284.
Seebold, Elmar (1984). *Das System der Personalpronomina in den frühgermanischen Sprachen*. Göttingen: Vandenhoeck & Ruprecht.
Seebold, Elmar (1995). *Völker und Sprachen in Dänemark zur Zeit der germanischen Wanderungen*, in Edith Marold/Christiane Zimmermann, „Nordwestgermanisch". Berlin, 155–186.
Seebold, Elmar (1998). *Die Sprache(n) der Germanen in der Zeit der Völkerwanderung*, in Erwin Koller/Hugo Laitenberger, „Suevos–Schwaben. Das Königreich der Sueben auf der Iberischen Halbinsel (411–585)". Tübingen, 11–20.
Seebold, Elmar (1999a). *Hanf. Kulturgeschichtliches*, in „Reallexikon der germanischen Altertumskunde" 13, 628–629.
Seebold, Elmar (1999b). *Der Helm von Negau. Eine Auseinandersetzung mit dem Forschungsstand*, in „Gering und doch von Herzen. Festschrift für Bernhard Forssman". Wiesbaden, 259–270.
Seebold, Elmar (2000). *Wann und wo sind die Franken vom Himmel gefallen?* in Beiträge zur Geschichte der deutschen Sprache und Literatur (PBB) 122, 40–56. Berlin: de Gruyter
Seebold, Elmar (2006). *Westgermanische Sprachen*, in „Reallexikon der germanischen Altertumskunde" 33, 530–536.
Sjölin, Bo (1973). *Anglofriesisch*, in „Reallexikon der germanischen Altertumskunde2 1, 329–331.

Sjölin, Bo (1998a). *Friesen. Besiedlungsgeschichte Nordfrieslands*, in „Reallexikon der germanischen Altertumskunde" 10, 53–54.
Sjölin, Bo (1998b). *Friesen. The linguistic provenance oft the Frisian runic corpus*, in „Reallexikon der germanischen Altertumskunde" 10, 29–34.
Snyder, Christopher A. (2003). *The Britons.* 331 S., Malden Mass. u. a.: Blackwell.
Solta, Georg Renatus (1980). *Einführung in die Balkanlinguistik mit besonderer Berücksichtigung des Substrats und des Balkanlateinischen.* Darmstadt: Wissenschaftliche Buchgesellschaft.
Sonderegger, Stefan (1974). *Althochdeutsche Sprache und Literatur.* Berlin/New York: de Gruyter.
Stearns, MacDonald (1978). *Crimean Gothic. Analysis and Etymology of the Corpus.* Saratoga/California: Anma libri.
Steuer, H. (2006). *Westgermanen*, in „Reallexikon der germanischen Altertumskunde" 33, 526–530.
Stifter, David (2009). *The Proto-Germanic shift *ā > ō and early Germanic linguistic contacts*, in „Historische Sprachforschung" 122, 268–283.
Stiles, Patrick V. (1985). *The fate of the numeral "4" in Germanic (1)*, in „North-Western European Language Evolution" 6, 81–104.
Stiles, Patrick V. (1986a). *The fate of the numeral "4" in Germanic (2)*, in „North-Western European Language Evolution" 7, 3–27.
Stiles, Patrick V. (1986b). *The fate of the numeral "4" in Germanic (3)*, in „North-Western European Language Evolution" 8, 3–25.
Stiles, Patrick V. (1995). *Remarks on the "Anglo-Frisian" thesis*, in „Friesische Studien I". Odense, 177–220.
Stiles, Patrick V. (2010). *The Gothic extended forms of the dental preterit endings*, in "The Gothic Language. A Symposium". Odense, 343–366.
Strunk, Klaus (1967). *Nasalpräsentien und Aoriste. Ein Beitrag zur Morphologie des Verbums im Indo-Iranischen und Griechischen.* Heidelberg: Winter.
Strunk, Klaus (1987). Besprechung zu Jürgen Untermann/Béla Brogyanyi, *Das Germanische und die Rekonstruktion der indogermanischen Grundsprache*, Amsterdam, 1984. – „Beiträge zur Namenforschung. Neue Folge" 22, 3, 319–323.
Szemerényi, Oswald (1960). *Studies in the Indo-European System of Numerals.* Heidelberg: Winter.
Szemerényi, Oswald (1989). *Einführung in die Vergleichende Sprachwissenschaft*, 3. Auflage. Darmstadt: Wissenschaftliche Buchgesellschaft.
Thomas, Mark G. et al. (2006). *Evidence for an apartheid-like social structure in early Anglo-Saxon England*, in: „Proceedings of the Royal Society", Bd. 273, S. 2651–2657.
Tischler, Johann (1989). *Zum Langobardischen*, in Heinrich Beck, „Germanische Rest- und Trümmersprachen". Berlin, 195–209.
Udolph, Jürgen (1994). *Namenkundliche Studien zum Germanenproblem,* Berlin – New York: de Gruyter.
Udolph, Jürgen (1995). *Die Landnahme Englands durch germanische Stämme im Lichte der Ortsnamen*, in: Edith Marold/Christiane Zimmermann (Hg.), „Nordwestgermanisch". S. 223–270. Berlin – New York: de Gruyter.
Udolph, Jürgen (1996). *Fulda.* Namenkundliches, in: „Reallexikon der Germanischen Altertumskunde", Band 10, Berlin – New York: de Gruyter.
Udolph, Jürgen (1999). *Sachsenproblem und Ortsnamenforschung*, in: „Studien zur Sachsenforschung" 13, S. 427–448. Oldenburg: Isensee.
Udolph, Jürgen (2000a). *Kultische Namen – Kontinent.* In: „Reallexikon der Germanischen Altertumskunde", Bd. 17, S. 415–425, Berlin – New York 2000.

Udolph, Jürgen (2000b). *Nordisches in niedersächsischen Ortsnamen*, in: „Raum, Zeit, Medium – Sprache und ihre Determinanten". Festschrift f. H. Ramge, S. 59–79, Darmstadt: Hessische Historische Kommission.
Udolph, Jürgen (2004). *Nordisches in deutschen Ortsnamen*; in: „Namenwelten. Orts- und Personennamen in historischer Sicht", Ergänzungsbände zum Reallexikon der Germanischen Altertumskunde, Bd. 44, S. 359–371, Berlin – New York: de Gruyter.
Udolph, Jürgen (2006). *England und der Kontinent: Ortsnamenparallelen (Ein Situationsbericht)*, in: „Language and Text. Current Perspectives on English and Germanic Historical Linguistics and Philology", S. 317–343. Heidelberg: Winter.
Udolph, Jürgen (2010a). *Onomastik und Genetik*, in „Onoma" 45, 277–299.
Udolph, Jürgen (2010b). *Skandinavische Wörter in deutschen Ortsnamen*. In: „Probleme der Rekonstruktion untergegangener Wörter aus alten Eigennamen", S. 141–158. Uppsala: Swedish Science Press.
Uecker, Heiko (1972). *Germanische Heldensage*. Stuttgart: Metzler.
Vekeman, Herman/Ecke, Andreas (1992). *Geschichte der niederländischen Sprache*. Bern/Berlin/Frankfurt (Main): Lang.
Vennemann, Theo (1987). *Betrachtung zum Alter der Hochgermanischen Lautverschiebung*, in Rolf Bergmann u. a., „Althochdeutsch, Teil I: Grammatik, Glossen, Texte". Heidelberg, 29–53.
Vennemann, Theo (1989). *Der Ursprung der Baiern in sprachwissenschaftlicher Sicht*, in „Jahresberichte der Stiftung Aventinum" 3, 5–31.
Vennemann, Theo (2005). *English – a German Dialect?* München: Rotary Club.
Vennemann, Theo (2006). *Grimm's Law and Loanwords*, in „Transactions of the Philological Society" 104: 2, 129–166.
Voyles, Joseph B. (1992). *Early Germanic Grammar: pre-, proto-, and post-Germanic Language*. San Diego: Academic Press.
de Vries, Jan (1956/1957). *Altgermanische Religionsgeschichte*, Band I + II. Berlin: de Gruyter.
de Vries, Jan (1977). *Altnordisches etymologisches Wörterbuch*, 2. Aufl. Leiden: Brill.
Wagner, Norbert (1986). *Um die Endung von althochdeutsch* taga (-ā), in „Zeitschrift für deutsches Altertum" 115 (97), 37–47.
Walther, Hans (1971). *Namenkundliche Beiträge zur Siedlungsgeschichte des Saale- und Mittelelbegebietes bis zum Ende des 9. Jahrhunderts*. Berlin: Akademie-Verlag.
Wiegels, Rainer (2007). *Die Varusschlacht – Wendepunkt der Geschichte?* Stuttgart: Theiss.
Wiese, Harald (2007). *Eine Zeitreise zu den Ursprüngen unserer Sprache. Wie die Indogermanistik unsere Wörter erklärt*. Berlin: Logos.
Wilts, Ommo/Walker, Alistair (2001). *Die nordfriesischen Mundarten*, in Horst Munske u. a., „Handbuch des Friesischen". Tübingen, 284–304.
Wolf, Lothar/Hupka, Werner (1981). *Altfranzösisch – Entstehung und Charakteristik. Eine Einführung*. Darmstadt: Wissenschaftliche Buchgesellschaft.
Wolters, Reinhard (2008): *Die Schlacht im Teutoburger Wald*. München: C. H. Beck.
Wright, Joseph & Wright, Elizabeth Mary (1925). *Old English Grammar*. 3. Ausgabe. Oxford: Oxford University Press.

Die wichtigsten Abkürzungen

1) Sprachen

afries.	= altfriesisch
afrz.	= altfranzösisch
ags.	= angelsächsisch
ahd.	= althochdeutsch
ai., altind.	= altindisch
air.	= altirisch
aksl.	= altkirchenslawisch
alat.	= altlateinisch
alb.	= albanisch
alem.	= alemannisch
alit.	= altlitauisch
an.	= altnordisch
angl.	= anglisch
anl.	= altniederländisch
apr.	= altpreußisch
arm(en).	= armenisch
aschwed.	= altschwed.
aw(est).	= awestisch
bair.	= bairisch
balt.	= baltisch
frk., fränk.	= fränkisch
fries.	= friesisch
frz.	= französisch
germ.	= germanisch
got.	= gotisch
gr(iech).	= griechisch
heth.	= hethitisch
idg.	= indogermanisch
indoiran.	= indoiranisch
italien.	= italienisch
kelt.	= keltisch
krimgot.	= krimgotisch
ksl.	= kirchenslawisch
kymr.	= kymrisch
lat.	= lateinisch
lett.	= lettisch
lgb.	= langobardisch
lit.	= litauisch
ne.,	= neuenglisch
nhd.	= neuhochdeutsch
nord.	= nordisch
norw.	= norwegisch
obd.	= oberdeutsch
prg.	= protogermanisch
russ.	= russisch
sächs.	= sächsisch
slaw.	= slawisch
spg.	= spätgermanisch
urn(ord).	= urnordisch
venet.	= venetisch
westidg.	= westindogermanisch
wgerm.	= westgermanisch
ws.	= westsächsisch

2) Grammatische Begriffe

Abl.	= Ablativ
Akk.	= Akkusativ
Aor.	= Aorist
Dat.	= Dativ
Du.	= Dual
Fem.	= Femininum
Gen.	= Genitiv
Imp.	= Imperativ
Inf.	= Infinitiv
Instr.	= Instrumental
Lok.	= Lokativ
Mask.	= Maskulinum
Med.	= Medium
Nom.	= Nominativ
Ntr.	= Neutrum
Opt.	= Optativ
Perf.	= Perfekt
Pl.	= Plural
Präs.	= Präsens
Prät.	= Präteritum
Sg.	= Singular
Vok.	= Vokativ

3) Sonstiges

ep.	= episch
ved.	= vedisch
poet.	= poetisch